16	3	2	13
5	10	11	8
9	6	7	12
4	15	14	1

Roberto Lavagna

O DESAFIO DA VONTADE

Treze meses cruciais na história argentina
(abril de 2002-maio de 2003)

Tradução de Jonas Rama
Prefácio de Luiz Carlos Bresser-Pereira

editora 34

EDITORA 34

Editora 34 Ltda.
Rua Hungria, 592 Jardim Europa CEP 01455-000
São Paulo - SP Brasil Tel/Fax (11) 3811-6777 www.editora34.com.br

Título original:
El desafío de la voluntad

Capa, projeto gráfico e editoração eletrônica:
Bracher & Malta Produção Gráfica

Revisão:
Danielle Cabral
Valeska de Aguirre
Camila Boldrini

1ª Edição - 2013

CIP - Brasil. Catalogação-na-Fonte
(Sindicato Nacional dos Editores de Livros, RJ, Brasil)

Lavagna, Roberto, 1942
L115d O desafio da vontade: treze meses cruciais na história argentina (abril de 2002-maio de 2003) / Roberto Lavagna; tradução de Jonas Rama; prefácio de Luiz Carlos Bresser-Pereira. — São Paulo: Editora 34, 2013 (1ª Edição).
352 p.

ISBN 978-85-7326-525-5

Tradução de: El desafío de la voluntad

1. História econômica - Argentina - Século XXI.
2. Estabilização econômica. Crescimento econômico.
I. Rama, Jonas. II. Bresser-Pereira, Luiz Carlos.
III. Título.

CDD - 330

O DESAFIO DA VONTADE

Prefácio

Luiz Carlos Bresser-Pereira

É diante de crises extremas que se revela a grandeza de um homem público e o seu compromisso com a nação. Foi diante de uma crise dessa natureza — a crise do Plano de Convertibilidade, que mantivera a taxa de câmbio fixa em relação ao dólar por dez anos — que Roberto Lavagna revelou essa qualidade ao ser ministro da Economia da Argentina entre 2002 e 2005. Neste livro, ele nos conta a história de como enfrentou a crise durante o governo Duhalde, entre abril de 2002 e maio de 2003. Conta-a de maneira viva e detalhada, em um estilo muito pessoal. Embora o tema — a política econômica — seja um tema árido, a leitura do livro é muito agradável, porque é bem escrito, porque conta um drama no qual, de um lado, está a Argentina e seu povo, e do outro, o FMI e os interesses do sistema financeiro internacional, e porque está entremeado de sua própria filosofia sobre a vida.

Entre 1989 e 1991, a Argentina viveu em um quadro de hiperinflação que foi "resolvido" com o Plano de Convertibilidade, que fixou, por lei, a relação de 1 para 1 entre o peso e o dólar. Nos dez anos seguintes, prevaleceu a estabilidade de preços e a Argentina foi apresentada pelo *establishment* internacional como um exemplo de boa política econômica. Mas o plano, como qualquer sistema baseado em um regime de câmbio legalmente fixo, não tinha qualquer possibilidade de sobrevivência. Entretanto, como nascera de uma experiência dolorosa de hiperinflação, o plano, além de estar fixado em lei, transformou-se em um tabu para o povo argentino. Quem, nesses dez anos, falasse em terminar com ele, era considerado um traidor da pátria. Não obstante, seja porque nesse período, na Argentina, houve variação da produtividade menor, ou dos salários e da inflação maior do que nos Estados Unidos, no final a taxa de câmbio estava altamente apreciada. Em consequência, produziu-se um grande déficit em conta-corrente, o endividamento externo cresceu com violência, e os credores externos suspenderam a rolagem das dívidas da Argentina, produzindo-se a clássica crise de balanço de pagamentos, que inevitavelmente ocorre em países cujo câmbio se aprecia devido à política de crescimento com poupança externa e à política de âncora cambial contra a inflação.

Foi uma crise clássica, mas incrivelmente violenta, e imediatamente se transformou em crise política. Em alguns dias a taxa de câmbio foi de 1 para 3 pesos por dólar, depreciando-se, portanto, em 200%. Essa desvalorização não foi naturalmente planejada. O governo estava completamente imobilizado pela crise e pelo tabu de que fora revestido o Plano de Convertibilidade, e o presidente De la Rúa acabou renunciando. Coube então ao Congresso decidir sobre seus sucessores. Estes se sucederam brevemente no cargo, por dias, até que Eduardo Duhalde foi escolhido presidente transitório. Enquanto isso, a inflação explodia, as empresas faliam, o desemprego aumentava, a desindustrialização causada pela sobreapreciação cambial se acelerava, e os índices de pobreza alcançaram níveis inimagináveis na Argentina.

Esse era o quadro quando Roberto Lavagna foi chamado a assumir o Ministério da Economia. Em uma situação semelhante àquela na qual eu assumi o Ministério da Fazenda do Brasil em abril de 1987, em seguida ao colapso do Plano Cruzado. Como fizeram comigo, disseram a ele que era "louco" em assumir o comando da economia durante uma crise daquele tamanho. Mas Lavagna tinha um compromisso com sua nação, e, mais seguro do que o presidente que o convidava de forma hesitante, afirmou: "se Vossa Excelência está me oferecendo o Ministério da Economia, minha resposta é sim".

A principal política de correção de rumo, a desvalorização do peso, já havia sido feita pelo mercado, de maneira traumática, mas efetiva. Restavam, porém, imensos problemas. O país estava em moratória externa; os depósitos e as poupanças nos bancos estavam congelados; os próprios bancos permaneciam a maior parte do tempo fechados. E havia as pressões. De um lado, a grande pressão do FMI, do sistema financeiro internacional, e do sistema financeiro nacional dominado por bancos estrangeiros. Essencialmente o que queriam era que a Argentina transformasse compulsoriamente os depósitos e poupanças retidos nos bancos por lei em títulos do governo. Em outras palavras, queriam que o Estado argentino arcasse com toda a conta da crise. E a pressão era explícita, envolvendo, inclusive, a ideia de a economia argentina ser administrada temporariamente por um comitê de tecnocratas estrangeiros. Ora, sabemos o que significa para um país entregar sua soberania aos interesses estrangeiros. De outro lado, havia a pressão muito mais fraca dos sindicatos e da esquerda "populista", que demandavam o controle de preços.

Roberto Lavagna disse não a todas essas demandas. Ele chegou ao Ministério da Economia com ideias claras. Ao contrário do que muitos pensavam, o problema a ser resolvido estava dentro da nação, não nas suas relações com os países ricos e o FMI. Para ele, "o eixo da gestão estava primeiro dentro do país, e, depois, atuaríamos fora, invertendo a ordem de prioridade vigente até esse momento". Sua política não seria aquela defendida pela direita conservadora, pelo Banco Central da Argentina comandado por um economista ortodoxo e pelo sistema financeiro internacional, mas aquela que atendesse aos cidadãos argentinos, que garantisse a estabilidade financeira e recuperasse o emprego. Duas ideias a norteavam: primeiro, "a política econômica e a social passavam a ser uma só e indivisível"; segundo, não bastaria às províncias fazer o ajuste fiscal necessário, a tarefa principal cabia ao governo federal, porque, ao contrário do que se afirmava, apenas um terço do déficit era de responsabilidade das províncias.

Ninguém acreditava que Lavagna permaneceria muito tempo no governo. As pressões que recebia de todo lado eram enormes, principalmente do FMI, que queria que a Argentina assinasse um acordo de ajustamento claro, e, para isso, impunha condições inaceitáveis porque contrárias ao interesse nacional. Apoiado por seu presidente, Lavagna enfrentou a todos com grande firmeza. E, aos poucos, a situação começou a se normalizar. O principal problema que o governo enfrentava — a falta de confiança da sociedade argentina — foi superado, ao mesmo tempo em que a economia começava a se recuperar.

Uma vez serenado o *front* interno, Lavagna dedicou-se ao externo. Dividiu o problema da dívida em duas partes: primeiro, a dívida para com as agências internacionais; depois, a com o setor privado. No livro, nós temos o relato apenas da primeira, que foi duríssima, mas, afinal, as agências concordaram com a reestruturação da dívida nos termos da Argentina, sem que tivesse de atender às demandas do FMI e de sua economista-chefe, Anne Krueger. Sem, inclusive, ter que revogar a Lei de Subversão Econômica, uma velha lei argentina que agora punha em risco os dirigentes dos bancos estrangeiros. No relato aparecem velhos nomes que eu conheci muito bem no meu ministério, como David Mulford e Charles Dallara, que então assessoravam o secretário do Tesouro norte-americano James Baker, e agora, como soe acontecer com economistas ortodoxos, estavam no setor financeiro. No início de 2003 a situação econômica e financeira da Argentina estava claramente melhor, Lavagna tornara-se popular no seu país, e o jornal conservador *La Nación* reconhecia que ele era "um negociador com nervos de aço". No final do ano, quando terminava o mandato provisório de Duhalde, recusou ser candidato à presidência, e, igualmente, recusou ser candidato à vice-presidência na chapa de Néstor Kirchner — mas se dispôs a continuar ministro, caso este fosse eleito.

Ainda em 2003, depois de resolvida a reestruturação da dívida com as entidades financeiras internacionais, Lavagna estabeleceu as bases da negociação com o setor privado. Demandou um desconto de 70% da dívida. A história de como essa negociação foi feita não nos é contada aqui, porque o livro termina com a vitória e a posse de Kirchner, mas Lavagna continuaria ainda à frente do Ministério da Economia por quase dois anos. Quando saiu, por se desentender com Kirchner, havia terminado uma obra notável, na qual revelou coragem, firmeza e compromisso com a nação.

Lavagna denominou seu livro *O desafio da vontade*. De que vontade se trata? Ele nos explica na conclusão: "o desafio era da nossa própria vontade, enquanto povo, de encontrar os caminhos que nos conduzissem da crise à recuperação, da desintegração à oportunidade".

Maio de 2013

O DESAFIO DA VONTADE

Treze meses cruciais na história argentina
(abril de 2002-maio de 2003)

Para os argentinos,
eles fizeram o esforço.

Prólogo: Prestar contas

Ao decidir escrever este livro, uma de minhas inspirações foi *Danúbio*, do escritor italiano Claudio Magris, uma obra envolvente, cuja leitura pode ser feita como se fosse uma viagem de verdade: com saídas e chegadas, descansos, paradas e regressos a lugares ou passagens que convidam a um novo olhar, a um novo registro sensorial. Magris percorre a extensão do rio Danúbio — que atravessa boa parte da Alemanha e da Europa Central — por um caminho que, a partir da mescla de origens, culturas, povos e religiões, permite a construção de um relato que funde história, ensaio, autobiografia e diário de bordo.

Magris nos convida a percorrer os 2.888 quilômetros de distância a partir de uma incógnita milenar: Donaueschingen ou Furtwangen, em qual destas duas cidades alemãs, próximas à Suíça e de nomes impronunciáveis, nasce o Danúbio?

É a pergunta que dispara a aventura, a leitura, ou a "navegação". Toda essa distância não nos leva a um porto seguro; durante o trajeto surge uma nova incógnita. Afinal, onde desemboca o rio? Como saber? Epílogo sonolento, talvez. No Mar Negro? Na Romênia, quem sabe? Em várias fozes e córregos lamacentos? Possivelmente na antiga e opulenta cidade turca de Sulina (atualmente na Romênia), hoje em ruínas. Ou seria em Chilia Veche, em Sfintu Gheorge, no delta em Tulcea?

No meu caso, optei por fazer o percurso no tempo — e não no espaço. Iniciei uma travessia por volta de abril de 2002, que se estendeu até maio de 2003: treze alucinantes meses na vida da nação argentina, entre o caos desintegrador e a recuperação econômica e social.

Durante essa viagem no tempo também surgiu uma incógnita: conseguiríamos, os argentinos, sair do profundo poço social, político e econômico em que nos encontrávamos (a maior crise vivida por nós desde o fim do século XIX, ou seja, há mais de cem anos)? Ou, como previa a maioria das pessoas, dentro e fora do país, o pior ainda estava por vir? Seria verdade, como anunciavam analistas especializados, que nos aguardavam ainda mais desemprego, hiperinflação incontrolável, quebras generalizadas e a intervenção do país?

Eu pretendo explicar, por meio desse relato, como a sociedade argentina em seu conjunto — os cidadãos, um governo transitório e sua equipe econômica — trabalhou para desvendar e resolver essa incógnita até chegar, em maio de 2003, à plena recuperação econômica. Abria-se então a possibilidade — com um novo governo — de navegar em um novo tempo. Não obstante, e assim como na viagem de Magris pelo Danúbio, o epílogo deixa uma interrogação aberta, um grande enigma, um questionamento axial sobre a que devemos estar atentos para que a viagem não tenha um destino incerto.

Tulcea, a última cidade em terra firme às margens do Danúbio, equivale a dezembro de 2005 (fim do meu mandato como ministro). Até lá, conhecíamos nosso norte, o crescimento e a melhoria social alcançados, e a enorme oportunidade, a melhor que se apresentava ao país em muitas décadas, de começar um processo de desenvolvimento sustentável e mais justo. Desenvolvimento que está além do simples crescimento econômico: justiça e mobilidade social, cultura, qualidade de vida, política nacional, regional e internacional, planejamento a médio e longo prazos. Definitivamente, a construção de um novo país.

Depois, em 2006, entramos — nesse trânsito temporal — num delta lamacento, impreciso, oportunista, sem grandeza e com a incógnita de não saber exatamente o rumo a ser seguido e qual oportunidade nos escapou.

Não poderíamos ter saído de uma crise terminal como a vivida em 2001-2002 sem uma grande dose de solidariedade, coragem e trabalho coletivo, frutos do empenho de toda a sociedade argentina.

Um pouco disso foi o que perdemos. Sobretudo por parte da cúpula governante.

A falta de rumo característica de nosso tempo não é privilégio dos governantes — que como todo governo tem sim a maior responsabilidade —, mas também se reflete nitidamente na postura de lideranças políticas, da situação e da oposição, assim como em alguns setores da sociedade civil. Ultrapassa a descrição dos incontáveis erros cometidos na condução das políticas interna, econômica e externa.

Trata-se de um problema cultural, de conduta, de capacidade e atitude dos dirigentes. É, definitivamente, um desafio de grande responsabilidade.

O movimento do caos à recuperação, um verdadeiro desafio da vontade, foi uma obra coletiva executada em 2002, e é de fundamental importância reconhecer que de nada valem as iniciativas, os pedidos e as definições de um governo se a sociedade não os aceita, não os escuta e não reage. Com esperançosa ilusão, ainda que o faça de maneira resignada.

Relato aqui, em primeira pessoa, e a partir do lugar que ocupei à frente do Ministério da Economia e da Produção, apoiado por uma equipe que não teve medo de enfrentar o desconhecido, esse percurso que nos levou do caos à recuperação. A narrativa é em "tempo real", ou seja, em seu contexto, com as ideias e consequências do momento, sem a vantagem do distanciamento temporal, que faz com que as decisões tomadas pareçam algo possível e até simples.

Tempo real significa pensar no ano de 2002, época em que as decisões — tomadas com consciência por nós — de priorizar o consumo, evitar execuções hipotecárias massivas, utilizar o gasto público a favor dos mais pobres, lutar contra o desemprego com métodos não convencionais, reestruturar dívidas com enormes descontos, defender o papel igualitário do gasto público, apoiar determinados setores ou regiões, alterar contratos, dividir prejuízos com igualdade, eram consideradas por muitos, até mesmo pela maioria, como atitudes exóticas, heterodoxas, duvidosas e até de má-fé.

Essa era a realidade mundial em 2002, e a Argentina se viu obrigada a encontrar uma alternativa baseada em um pensamento autônomo e rigoroso.

Que fácil teria sido sete anos depois, em 2008-2009, quando o mundo desenvolvido enfrentou a maior crise desde 1930 com os mesmos instrumentos econômicos, condutas e atitudes que o nosso país havia utilizado. Hoje, já não são considerados instrumentos heterodoxos, exóticos, e já não pressupõem nenhuma má-fé.

No decorrer da leitura, há explicações técnicas que poderão ser evitadas, com a condição de que fiquem claras as opções presentes em cada situação, as alternativas. As que existiam e as que criamos. Enfim, contanto que se possa entender o porquê de nossas decisões.

Certamente, esse percurso poderia ser contado de forma diferente da que eu escolhi: agrupando temas, de maneira anedótica e divertida, segundo critérios de "importância" — podendo incluir atores e protagonistas —, mas me pareceu que por esse caminho ficaríamos com uma série de fotos diversas, passíveis de comparações estáticas, e terminaríamos perdendo *o melhor* do filme. Sentia que dessa maneira percorreríamos uma rodovia, quando na verdade o caminho era sinuoso e cheio de pedregulhos, quando o centro do percurso havia sido, precisamente, a dinâmica e o movimento do processo: as ações, as pressões — principalmente as maquinações contrárias, ainda que hoje saibamos parte do final —, a tensão ao longo do périplo, as vivências, o comportamento de distintos atores locais e internacionais. Os atos de coragem, de nobreza e de racionalidade de muitos e a pequenez do cálculo político de curto voo, as atitudes imaturas daqueles que estavam mais interessados em suas "carreiras" políticas do que no destino da nação ou mais preocupados com suas rendas de agiotagem do que com as pessoas que não tinham nem para comer.

Inevitavelmente, a dinâmica mistura muitos temas. E precisamente por isso trata-se de um relato mais real: é impossível governar tratando de um assunto por vez. Enfrenta-se, simultaneamente, diversas situações de conflito, queixas justas e injustas. E a solução para um determinado tema não é independente, e nem deixa de influenciar e ser influenciada pelos demais. Por isso, assim como na viagem de Magris, talvez este percurso também exija etapas e, por que não, eventuais recuos.

Este não é um livro de memórias. Trata-se de prestar contas, de resgatar experiências e contar em primeira mão — como fonte primária — o vivido. Para entender, para aprender, para repetir os acertos e corrigir os erros.

Duas grandes frases embasam essa postura: Kierkegaard dizia que a vida "só pode ser compreendida olhando-se para trás, embora deva ser vivida olhando-se para frente". E George Orwell sustentava que "quem controla o passado, controla o futuro. E quem controla o presente, controla o passado". Definitivamente, esse é um resgate de experiências para evitar que o nosso futuro seja controlado.

Os anglo-saxões, especialmente os estadunidenses, souberam cultivar o modelo de prestação de contas com importantes frutos, precisamente porque aprenderam o enorme valor de conhecer o quê, o como, o quando e as interrelações presentes no exercício de uma função. Inclusive na área privada, mas imprescindivelmente na função pública.

"Proíbe-se qualquer combate ao exército auxiliador do Peru sem que se tenha a certeza do êxito."[1] A ordem — absurda — que chegou a Castelli, proveniente da Junta de Saavedra, nos primórdios da pátria argentina, é um bom exemplo para entender a atitude e as motivações de nossa equipe: com a certeza do êxito, qualquer um é corajoso. Tratava-se, então, de agir com responsabilidade, mas sem contar com redes de proteção, sem a "certeza" do êxito.

Minhas anotações pessoais e as de meus colaboradores — realizadas no calor da hora —, os documentos e arquivos, as bases estatísticas e os acontecimentos públicos divulgados pela imprensa nacional e internacional são o pilar factual que alimenta esta viagem de treze meses no tempo. Poucas situações permanecerão anônimas — pois envolvem pessoas que ainda ocupam cargos públicos, principalmente no exterior. Será preciso respeitar a regra dos dez anos, e até mesmo dos 25, para poder relatá-las com toda transparência. Alguém ainda o fará.

O prestar contas deve ser entendido como uma aquisição cultural para nossa Argentina — parte da construção de um novo país. As experiências desse tipo são raras e o exercício é inconstante em uma nação mais acostumada a esquecer seus erros do que a aprender com eles. De nada servem as proclamações que se autoconfirmam ou os manifestos de premissas indiscutíveis; ao contrário, deve-se construir explicações fundamentadas em fatos e abertas às críticas construtivas.

É bem provável que o relatado aqui venha a desagradar a algumas pessoas — talvez a muitas. Outros seguramente terão esquecido e perdido o registro dos fatos; daí a importância das anotações feitas no exato momento em que se gravava o filme da transição entre a crise e a recuperação. Certamente, os incomodados — muitos deles com poder — reagirão com veemência diante de minha versão, mas, na busca desse destino promissor, devem entender que essas linhas não foram escritas com o intuito de denunciar, criticar e nem para ir "contra", muito pelo contrário, foram pensadas e esboçadas com um caráter de supera-

[1] Em Felipe Pigna, *Los mitos de la historia argentina*, Buenos Aires, Grupo Editorial Norma, 2006.

ção. Vale, então, uma menção à última estrofe da obra *Martín Fierro*, de José Hernández:

Mas naides se crea ofendido
pues a ninguno incomodo
y si canto de este modo
por encontrarlo oportuno
no es para mal de ninguno
sino para el bien de todos.

Que ninguém se sinta ofendido
pois a ninguém incomodo
e se canto deste modo
por achá-lo oportuno
não é para mal de nenhum
e sim para o bem comum.

Se entendermos que *é a cultura e não a política o que condiciona o êxito de uma sociedade*, teremos iniciado um novo ciclo. Nenhuma estatística mede a mudança de mentalidade. O acúmulo cultural que envolve o conhecimento íntimo e profundo da História e seus acontecimentos ajuda a alcançar essa transformação de mentalidade.

Durante muitos anos vivemos uma versão do mundo, do continente e da Argentina, que era parte do discurso único construído nos anos 1990, transmitido à exaustão, sem espaço para divergência. E assim foi... Aqui temos uma versão e uma visão diferentes que relatam, quase dia após dia, a maneira como saímos das horríveis consequências geradas por aquela versão do final do século XX.

A aprendizagem que podemos tirar disso é meramente intelectual e passiva, se não a pensamos como algo valioso para a ação, uma ação que não pode desprezar o fato de que nos últimos anos (2007-2010) muitos cidadãos argentinos voltaram a cair abaixo da linha de pobreza, parte deles crianças. Muitos também pertencem a uma segunda ou mesmo terceira geração de excluídos.

Assim como o rio Danúbio apresenta a Claudio Magris a pergunta sobre o final, o que é o fim, este percurso temporal pelos treze meses que transcorreram entre abril de 2002 e maio de 2003 me faz pensar em como terminaremos, onde terminaremos ou, melhor dito, me faz sondar o grande enigma de qual é o destino de nosso país, dez anos após a crise de 2001. Trabalho — e sempre o fiz — para que ao fim do percurso possamos estar mais desenvolvidos, com maior igualdade social e integrados no mundo. Para que tenhamos um país cada dia mais justo.

Enquanto escrevo essas linhas, escuto por puro acaso um tango que não posso deixar de repetir:

> *Quiero tomar un tren... que salga de este infierno*
> *y llegue a Belén.*
> *Y si llego a Belén al Supremo pediría*
> *que no sigan en la vía los que perdieron el tren.*
>
> Quero tomar um trem... que saia deste inferno
> e que chegue em Belém.
> E se chegasse em Belém, ao Supremo pediria
> que não sigam na via os que perderam o trem.

Roberto Lavagna
janeiro de 2011

I

Enfrentando o caos (do final de abril até o começo de maio de 2002). As decisões iniciais que marcaram o rumo da gestão

"Sempre somos responsáveis pelo que não tentamos impedir."

Jean-Paul Sartre

"Sim, presidente, se Vossa Excelência está me oferecendo o Ministério da Economia, minha resposta é sim." A convicção com que disse essas palavras a Eduardo Duhalde representou meu compromisso diante da gravíssima situação política, econômica e social que atravessava a Argentina. E refletia também a minha firme convicção de que os homens públicos não podem se esquivar em momentos difíceis.

Até então, eu não conhecia Duhalde pessoalmente, mas a partir daquele dia trabalhamos juntos para tirar a Argentina do buraco negro em que se encontrava, para transitar da crise à recuperação, com posturas firmes e a certeza de que as decisões que íamos tomando, criticadas forte e impiedosamente pelos mais poderosos, abriam caminho a um futuro promissor e sustentável para todos os argentinos, e não somente para alguns.

A convicção das decisões e a confiança com que adotamos nossa postura permitiram delinear o rumo da gestão.

1. De Genebra e Bruxelas a Buenos Aires. Da primavera ao outono

Poucos lugares parecem mais calmos em um dia ensolarado de abril, durante a primavera no hemisfério norte, do que o lago Léman, com seu enorme jato d'água. Ali, ao redor do lago, estende-se Genebra, a cidade suíça de idioma francês, onde se concebeu, depois da Primeira Guerra Mundial, a Liga das Nações, a primeira tentativa de multilateralismo, de governança mundial. Ali, precisamente em suas margens, e como um símbolo do fim de uma época eurocêntrica, caiu assassinada a imperatriz Isabel da Áustria. E, também ali, em uma ornamentada tumba, descansam os restos de um desconhecido que simplesmente tinha uma avultada carteira para comprar esse lugar privilegiado: talvez seja um monumento ao dinheiro e um lembrete do poder de quem o ostenta, mas também um lembrete de que nada é para sempre.

A calma e a ordem são mais ilusórias do que reais, já que na cidade estão várias entidades internacionais das Nações Unidas: a Organização Internacional do Trabalho (OIT) e a Organização Mundial do Comércio (OMC), onde mais de uma centena de países — grandes, médios e pequenos —, dentro de um regime de "multilateralismo vigiado", procuram estabelecer normas de validade internacional em temas de suma importância para a vida dos povos: comércio, meio ambiente, trabalho, desenvolvimento; além disso tudo, eles tentam, muitas vezes de maneira infrutífera, organizar o mundo e torná-lo mais justo.

Não passaram muitas semanas desde que entre Genebra e Doha se iniciara uma grande batalha em torno do comércio internacional. Rios de tinta substituíam, felizmente, os rios de sangue de outrora. A batalha ocorreu durante os dois anos em que eu servi como embaixador da República Argentina em Genebra, consumiu milhares de horas de trabalho, para terminar nas areias de Doha, com a inauguração da Rodada de Desenvolvimento, que deveria acarretar — o que ainda não aconteceu — condições comerciais mais equitativas e justas do que as alcançadas na Rodada precedente, realizada em meados da década de 1980, no Uruguai. Junto com Brasil, Uruguai, Paraguai, Índia, Tailândia, Malásia, Indonésia e muitos outros países em desenvolvimento, estávamos satisfeitos porque os membros do Grupo dos 20 — ainda que fôssemos muitos mais — tinham conseguido que a agenda de negociação se afastasse dos temas requisitados pela Europa, por um lado, e pelos Estados Unidos, por outro, para se concentrar em temas que eram de interesse dos nossos povos.

Eu era então embaixador na Organização Mundial do Comércio e em alguns organismos das Nações Unidas em Genebra, como sua agência de desenvolvimento (UNCTAD), quando em 24 de abril de 2002 recebi uma convocatória do presidente Duhalde para viajar com urgência, na mesma noite, a Buenos Aires. Isso não foi possível porque não havia tempo suficiente para chegar ao voo noturno que saía de Paris, o que não foi fácil de explicar ao assessor do presidente — que enfatizava a urgência da viagem. Como é de praxe nos governos, confunde-se o desejo dos governantes, e de quem os acompanha, com as realidades objetivas e concretas. A viagem seria feita no dia seguinte, ou não seria feita caso, em Buenos Aires, por alguma razão, a urgência desaparecesse.

As 24 horas que se seguiram serviram para que eu viajasse a Bruxelas — sede da União Europeia, onde eu também ocupava o cargo de embaixador —, para arrumar algumas coisas, e também para comunicar-me com minha mulher Claudine, em Buenos Aires, com meu amigo e ex-sócio Alberto Paz, e com outras pessoas próximas para que me dissessem — tarefa quase insalubre — qual era a gravidade da situação e qual era, ou qual seria, o motivo da convocatória do presidente.

Os jornais digitais daquele dia reportavam uma ligação telefônica do presidente Duhalde ao economista argentino Guillermo Calvo, empossado em Washington a serviço do Banco Interamericano de Desenvolvimento, e outra a mim. Circulavam outros nomes que, segundo o então ministro de Relações Exteriores, Carlos Ruckauf, com quem também conversei, não passavam daqueles frequentes autoproclamados candidatos ao cargo.

O que meus familiares e amigos me transmitiram por telefone, de acordo com o que estava sendo veiculado no país, não era exatamente tranquilizador. A crise, deflagrada com a renúncia do presidente Fernando de la Rúa e o fim do Plano de Convertibilidade do ex-ministro da Economia Domingo Cavallo, havia alcançado seu ápice, gerando uma implosão e deterioração da malha social jamais vistas. Entre a renúncia do governo da Alianza, em dezembro de 2001, manchada de sangue e mortes,[2] e abril de 2002, o grau de agitação social, somado à inflação e contínua queda nos índices de produção e emprego, abriu caminho para a pior crise econômica e social do país em mais de um século.

A reação política aos fatos de dezembro permitiu a escolha de um sucessor que atendesse às formalidades, graças, em boa medida, a

---

[2] *Alianza por el Trabajo, la Justicia y la Educación*: coalizão formada pela União Cívica Radical e pelo Frepaso que venceu as eleições de 1999, elegendo Fernando de la Rúa presidente. Com o agravamento da crise, De la Rúa renunciou ao cargo em 20 de dezembro de 2001, deixando um enorme vazio institucional no país. (N. do T.)

Eduardo Camaño, o então presidente da Câmara dos Deputados. Camaño tomou posse do governo interino quando Adolfo Rodríguez Saá declinava e o senador Ramón Puerta viajava ao exterior para não assumir. A posse de Camaño evitou que se rompesse a ordem institucional e permitiu que se elegesse, finalmente, um presidente de acordo com as normas ditadas pela Constituição Nacional de 1994.

No entanto, essa reação positiva do corpo político não conseguiu estabilizar a situação econômica e, menos ainda, a situação social. A combinação de uma inflação alta — e progressiva —, aumento do desemprego e uma economia em recessão desde 1998, ou seja, quase quatro anos antes, fazia estragos ao corpo social do país. Metade dos argentinos estava abaixo da linha da pobreza, e um em cada quatro cidadãos estava abaixo da linha da indigência. Internacionalmente, o país havia perdido sua relevância. Era um espectro na procura de um lugar onde repousar.

Durante essa noite em Bruxelas, cidade que abrigou, alguns séculos atrás, o imperador Carlos V, designado representante da América Espanhola nos primórdios de sua exploração e evangelização, me preparei para voltar a Buenos Aires. Se Genebra era símbolo de um mundo global, Bruxelas representava o avanço colonial: dali, Carlos V, aquele homem que tinha nascido em uma cinzenta fortaleza de Gantes e morrido sob o sol abrasador em um mosteiro espanhol em Cuacos de Yuste, conduzia seu enorme império europeu e suas colônias americanas — um império no qual o sol nunca se punha. Tomei o *Thalys* [rede de trens de alta velocidade que liga as cidades de Paris, Bruxelas, Colônia e Amsterdã] que me levaria ao aeroporto Charles de Gaulle, em Paris, e de lá ao aeroporto de Ezeiza, em Buenos Aires.

Os membros da embaixada com quem trabalhei para reabrir o mercado de carnes, proteger a produção de alho das províncias de Mendoza e San Juan da ameaça representada pela China, o mel da província de Entre Ríos, as frutas da Patagônia, os cítricos de Tucumán e da região conhecida como Mesopotâmia argentina, o vinho e a pesca, despediram-se de mim perplexos e intrigados na estação de trem parisiense, Gare du Nord.

Havíamos juntos dado início às negociações entre a União Europeia e o Mercosul — primeira negociação mundial entre dois mercados comuns, um já consolidado e o outro em formação. Uma dura negociação, que começou com os europeus acreditando que seria fácil convencer os países do Mercosul, e ainda não terminou. Outras questões comerciais também eram discutidas em Genebra, em paralelo, e essa era a razão pela qual uma só pessoa, um único embaixador, conduzia as negociações simultaneamente na Organização Mundial do Comércio e entre o Mercosul e a União Europeia.

Com meu retorno a Buenos Aires, o ministro da embaixada Alberto Dumont ficou responsável pela missão em Genebra, e o ministro Horacio Salvador, em Bruxelas. Lucy Aguirre, minha secretaria por trinta anos, permaneceu em Genebra, com esperanças e a súplica inapelável para que eu voltasse, e logo.

Durante a longa — longuíssima — viagem, eu não pude deixar de refletir sobre a opinião unânime de tantos amigos antigos, parceiros em muitos projetos políticos, no sentido de que eu não deveria "em hipótese alguma" considerar a possibilidade de assumir o Ministério da Economia, se de fato essa fosse, como adiantavam certos meios jornalísticos, a razão do pedido para minha viagem a Buenos Aires. A crise argentina era terminal, diziam, e estava fora de controle.

A chegada à sombria *Reina del Plata* não foi pior do que em minha viagem anterior, poucos meses antes. Em dezembro de 2001, passei as festividades de fim de ano reunido com minha família em meio às incríveis sucessões de eventos que levaram à mudança do governo, de maneira que os gritos de "que saiam todos", os panelaços, os bancos cercados por grades de proteção e sitiados, o humor carrancudo e o comportamento autista de certos membros da classe política local não me eram estranhos. Já os havia percebido. O elemento adicional agora era a sensação de que os prazos se esgotavam.

Encontrei rapidamente minha esposa e meus dois filhos, Sergio e Marco, que me esperavam em Ezeiza. Meu terceiro filho, Nicolás, não pôde ir pois tinha uma prova. A polícia do aeroporto me sugeriu usar a saída lateral, diretamente da pista, ideia que descartei. Disse que preferia sair pela saída de sempre, a saída normal. Arrependido, voltei atrás em minha decisão: o enxame de repórteres e jornalistas que buscavam — avidamente — uma manchete bloqueava o caminho. Vociferavam perguntas, amontoando-se, entre empurrões e microfones que caíam pelo chão. Não se apresentavam as mínimas condições para falar de maneira prolongada, tanto pelo aglomerado de gente, como pelo fato de eu não saber bem o que se podia dizer responsavelmente. De qualquer forma, reconhecendo o fato de que os jornalistas me esperavam no aeroporto desde as cinco da manhã, não quis deixar de atendê-los.

Ainda que pudesse imaginar as razões do chamado do presidente Eduardo Duhalde, a verdade é que desconhecia os motivos reais da convocatória. Portanto, ali mesmo, ainda na pista, desmenti qualquer convite e disse aos repórteres que "qualquer plano econômico deveria contemplar e equilibrar o marco internacional e suas exigências com as necessidades internas das pessoas, os cidadãos argentinos".

Estava absolutamente convencido disso — independente se me oferecessem o cargo ou não —: a questão social deveria ser central em todo programa econômico e tudo seria mais difícil se não chegássemos a um acordo com os organismos internacionais de crédito que permitisse nossa reinserção no mundo.

Não houve outra opção a não ser sair pela pista do aeroporto em um veículo enviado pelo Ministério de Relações Exteriores, com o apoio do jovem secretário diplomático Leonardo Constantino. Durante o percurso, comunicamos a minha chegada à residência presidencial em Olivos, e logo depois de uma rápida passagem por minha casa no bairro portenho de Saavedra, percorri as poucas quadras até a residência do presidente.

Pode parecer mentira, mas eu não conhecia Duhalde pessoalmente. Durante os mais de dez anos do governo de Carlos Menem, eu me retirei voluntariamente de toda atividade política pública, apesar de ter sido convidado para exercer dois cargos de suma importância. Nesse período, trabalhei como consultor, professor universitário e participei de muitas reuniões internacionais sobre questões estratégicas de comércio exterior e integração econômica, mas nunca me encontrei com Duhalde pessoalmente. Com certeza eu sabia mais sobre ele do que ele, e muitos de seus colaboradores, sabiam sobre mim.

Alguns integrantes do grupo me consideravam um bom candidato por eu ser peronista, declarado defensor da indústria argentina e das exportações, e um dos responsáveis pela criação do que hoje é o Mercosul. Outros, no entanto, pensavam que eu representava uma má opção, pois não me consideravam um "autêntico" peronista, justamente pelo meu afastamento das atividades políticas durante os anos 1990. Uns consideravam minhas relações com a União Cívica Radical e com o Frepaso (Frente País Solidário) como um aspecto positivo, outros como uma característica negativa.

Enquanto as ruas eram dominadas pelos panelaços, na municipalidade de Olivos prevalecia um ambiente de congresso partidário multitudinário. Naquela mesma sexta-feira, 26 de abril, eu me reuní com o presidente Duhalde em seu gabinete, onde já se encontrava o recém-afastado ministro da Economia Jorge Luis Remes Lenivov, meu amigo de vários anos, que em um dado momento da reunião nos deixou a sós.

Diversos ministros e funcionários esperavam. O afastamento de Jorge Remes se deu entre a segunda-feira 22 e a terça-feira 23, por causa, entre outras coisas, da negativa do Congresso a um plano para a substituição compulsória de depósitos pessoais por títulos públicos. Além disso, no fim de semana anterior, Remes havia estado em Washington e, aparentemente, não tinha conseguido um acordo com o Fundo Monetário Internacional. O diretor-gerente do FMI advertiu sem piedade que a Argentina poderia entrar em *default* com os organismos internacionais no mês seguinte, e seus técnicos seguiam responsabilizando as províncias argentinas e exigindo um plano de resgate para os bancos.

Dois prestigiosos jornais do mundo ocuparam suas principais páginas com a situação argentina. No dia 25 de abril, o *Herald Tribune* noticiava: "Argentina afunda um pouco mais", e descrevia o que considerava a pior crise da história do país. O jornal inglês *Financial Times*, especializado em temas econômicos e um dos mais influentes do mundo, apresentava a seguinte manchete: "Crise profunda", e lembrava o fato do país ter tido cinco presidentes e ministros da Economia em um ano.

Reuniões entre pessoas que não se conhecem são complicadas, ainda mais se acrescentarmos de minha parte certa atitude pessoal "distante", da qual vários amigos meus, e inclusive pessoas que não o são, sempre me acusaram. Não nego tal característica, com ressalvas sobre seu real motivo: pareço ser distante e o sou com quem não conheço simplesmente por timidez.

O encontro passou rapidamente dos cumprimentos protocolares à troca de ideias sobre a situação geral e sobre alguns temas em particular. Conversamos sobre a dolarização da economia, sobre o *corralito* [congelamento de depósitos de conta-corrente], o sistema de títulos do governo proposto por Remes, e também sobre a crítica situação social.

Porém, em um dado momento da reunião, a conversa se deteve em uma questão precisa, que estava vinculada a uma ideia que muitos propunham — transformar o sistema financeiro e bancário argentino em um sistema "extraterritorial", ou seja, em uma *off-shore*, na qual os argentinos pudessem depositar seu dinheiro de acordo com regras e leis internacionais. Entendi, ali, a razão da minha convocatória.

O chanceler Ruckauf tinha me ligado algumas semanas antes para falar precisamente sobre este assunto, e eu disse a ele que me parecia um total desatino: seria a entrega definitiva do país. A situação era tão extrema, que um reconhecido economista norte-americano, Rudiger Dornbusch, sugeriu à comunidade internacional a intervenção na economia argentina e que sua condução ficasse a cargo de especialistas estrangeiros. Queria um comissionado para um país que considerava em "falência econômica, política e social", aos moldes do que a Liga das Nações tinha feito na Áustria, logo depois da Primeira Guerra Mundial.

Depois de algumas horas, o chanceler voltou a me ligar para dizer que o presidente me procuraria em seguida. Assim foi, e naquela oportunidade repeti ao presidente Duhalde minha opinião sobre as infelizes ideias que circulavam, que sugeriam desde a completa dolarização econômica argentina até a transformação do sistema financeiro nacional em *off-shore*. Essa primeira conversa com Duhalde foi curta e formal. Durante várias semanas não tivemos mais contato, até o final de abril.

O tema reapareceu durante a reunião e ficou claro que esta era a razão da convocatória. Duhalde me oferecia o Ministério da Economia sem fazê-lo abertamente. Talvez porque seu estado anímico, depois de uma semana atribulada, não era o melhor, ou, quem sabe, para evitar uma negativa enfática, que era o que todos me aconselhavam. Nenhum de seus conselheiros ou assessores me indagou com antecedência— como é habitual — sobre minha possível reação. Foi nesse momento que disse: "Sim, presidente, se Vossa Excelência está me oferecendo o Ministério da Economia, minha resposta é sim". Suspeito que ele recebeu minha resposta com alívio, ante tantas incertezas e versões desencontradas. Durante aqueles dias, os rumores iam de opções tão opostas como a de Daniel Carbonetto (de esquerda) a Guillermo Calvo (de direita), e uma ciranda de nomes que, fossem de interessados ou autopostulantes ao cargo, não parava de girar. Além disso, segundo se dizia, os governadores haviam vetado o nome do economista Alieto Guadagni, prestes a tomar posse, o que agravou ainda mais a crise.

Imediatamente após aceitar o cargo, deixei claro duas coisas: a primeira foi que, se assumisse a pasta, o faria com um programa diferente do declarado pela ortodoxia da direita conservadora argentina. A segunda, menos transcendente, mas nem por isso menos importante, foi que não havia votado em Duhalde nas eleições de 1999 (na qual venceu Fernando de la Rúa). Fui um dos muitos peronistas que votou na coalizão liderada pelo Frepaso e mais tarde se decepcionou. Queria deixar as coisas claras desde o primeiro minuto.

Nesse mesmo dia, eu me reuni com Remes, com o secretário de Programação Econômica, Jorge Todesca, e o de Finanças, Lisandro Barry, e logo com Mario Blejer, presidente do Banco Central da República Argentina (BCRA). Eu já tinha dito publicamente: "Temos que dar fim à asfixia causada pelos bancos fechados", de modo que se anunciou oficialmente — nos jornais do sábado — que terminava o feriado bancário. Os bancos abririam na segunda-feira.

2. Posse e o primeiro contato com a classe política argentina

Quando saímos do gabinete do presidente, quase ao meio-dia daquela sexta-feira, 26 de abril, aqueles que nos esperavam tomaram conhecimento de minha decisão e reinou um clima temporário de alívio. Ao menos momentaneamente havia algo novo para ser anunciado: o Ministro da Economia. Falou-se também sobre a possibilidade, logo descartada, de uma posse às pressas ali mesmo em Olivos, o que refletia o clima de urgência da época. Finalmente, decidiram realizar a cerimônia de posse no *Salón Blanco* da Casa Rosada no dia seguinte, 27 de abril de 2002.

Durante essa semana havia acontecido de tudo: Carlos Menem, Adolfo Rodríguez Saá e Néstor Kirchner pediam eleições antecipadas e o fim do governo de transição de Eduardo Duhalde; a maioria dos governadores demonstrou ter mais juízo, e, após doze horas de reunião, delinearam os chamados *14 pontos* que, segundo eles, deveriam balizar a gestão do governo de transição.

O governador de Salta, Juan Carlos Romero, foi um dos propulsores desse documento firmado por nove governadores do Partido Justicialista (peronista) e cinco do partido União Cívica Radical (UCR), ao qual somou-se, no baixar das cortinas, o governador da província do Chaco, Ángel Rozas.

Parecia que todos estavam de acordo em propor ao presidente Duhalde que, se em noventa dias a situação do país não se estabilizasse, a eleição presidencial seria antecipada (Romero e José Manuel de la Sota verbalizaram a proposta). O poder já não estava somente com o presidente Duhalde, que fora designado pelo Congresso, mas também na liga dos governadores e no próprio Parlamento.

O *Documento dos 14 pontos* tinha boas intenções, mas sua linha geral era o mais importante: havia surgido como resultado de uma forte batalha interna entre a posição dos governadores que se inclinavam a respeitar os acordos internacionais diante dos organismos financeiros de crédito e a posição de certos setores próximos ao presidente e do próprio Duhalde, que começavam a avaliar a possibilidade de romper com o FMI e implementar medidas estatizantes. Não foi casual, então, que o ponto número 1 do *Documento* estabelecia: "Respeitar os acordos internacionais da Nação e reafirmar a vocação de integrar a Argentina ao resto do mundo".

Se a discussão de fundo estava resolvida a favor dos que defendiam manter as relações com o mundo, muitas outras ficaram sem acordo e, como consequência, sem menções explícitas.

O presidente e a maioria dos governadores apoiavam a taxa de câmbio fixa (valor do dólar), mas havia muitas dúvidas sobre a capacidade das reservas nominais — pouco mais de 12 bilhões de dólares — de evitar uma eventual corrida contra o peso argentino. Não faltavam, naqueles dias vertiginosos, os que falavam de uma "nova convertibilidade", como fez o governador de Córdoba, José Manuel de la Sota, proposta que por si só tinha uma ressonância negativa, e lembrava a absurda "convertibilidade ampliada" que o ex-ministro Domingo Cavallo tentou implantar nos últimos dias do governo da Alianza.

Uma minoria, sem dúvida partidária de Guillermo Calvo, aconselhava consultar o FMI, o Banco Mundial e o Banco Interamericano de Desenvolvimento (BID) antes de se tomar qualquer decisão. Calvo havia afirmado que a Argentina precisava conseguir 25 bilhões de dólares para estabilizar suas reservas, e que isso, logicamente, demandava um plano conjunto com o FMI. Naquele momento, eram muitos os que asseguravam que Enrique Iglesias, presidente do BID, daria seu aval para a designação de Calvo como ministro.

As mensagens do exterior eram muito claras. O secretário do Tesouro dos Estados Unidos, Paul O'Neill, apoiou o acordo dos governadores, mas insistiu na "necessidade de cumprir com os requisitos do FMI". O chefe de governo espanhol, José María Aznar, que se preparava em Washington para uma privilegiada visita a Camp David com George W. Bush, não teve meias palavras: "Pior será o que virá caso não se chegue a um acordo". Paul Krugman, economista destacado mundialmente, apontou: "O sistema financeiro colapsará como na Indonésia em 1998". Para que não restasse nenhuma dúvida, em uma entrevista com o embaixador argentino nos Estados Unidos, Diego Guelar, Anne Krueger, diretora-adjunta do FMI, disse que a missão (do FMI) estava pronta para ir a Buenos Aires. De forma manifesta, ou velada, estava claro que o objetivo era a intervenção na economia argentina, e muitos, internamente, entendiam que essa era a única solução.

Nos poucos minutos que tive para falar com minha esposa Claudine, entre o aeroporto e Olivos, perguntei-lhe o que considerava que eu deveria fazer. Sua resposta ("Faça o que você sentir") pareceu-me oracular. A interpretação para mim era clara. Essa frase tinha uma mensagem de calor e apoio, a promessa dela de estar junto a mim naquilo que eu decidisse. O que me levou a aceitar uma posição tão arriscada, claramente desvantajosa por eu não pertencer a nenhum dos dois grupos que disputavam o poder? Eu não pertencia ao grupo dos estadistas-populistas, que havia conduzido Duhalde, e tampouco contava com o aval internacional de Guillermo Calvo.

Não é fácil desvendar o que está por trás de uma decisão desse tipo, ainda que muito se escrevesse a respeito.[3] Razões econômicas cer-

---

[3] Mario Wainfeld, jornalista do *Página/12*, escreveu um artigo intitulado "Com a última bala no tambor": "O que motiva Roberto Lavagna a deixar sua relativa comodidade na função diplomática em Bruxelas e aceitar se meter nesta confusão? Talvez ele cultive um sentimento superior de responsabilidade pública, talvez busque o gostinho de enfrentar um desafio quase impossível. Ainda que pareça mentira, onde existir um cargo disponível, por mais espinhoso que seja, sempre haverá postulantes a ocupá-lo. Ainda que seja algo tão insalubre como o Ministério da Economia ou como ser treinador do time *lanterna* da segunda divisão. Um técnico com boa reputação entre seus pares, peronista de longa data, declarado entusiasta do Mercosul e industrialista, La-

tamente não foram. Eu chegava ao Ministério sem a intervenção de nenhum poder empresarial, e, por ter estado no exterior, me coloquei à margem das intrigas, manobras e pressões que costumam acontecer nesses casos.

Na realidade, as pressões maiores vinham do exterior. Os de dentro estavam muito assustados, divididos e desorientados para poder tomar posições proativas que fossem eficazes. Fazia vinte anos — desde o restabelecimento da democracia em 1983 e a atuação dos dois primeiros ministros da Economia, Bernardo Grinspun e Juan Vital Sourrouille —, que não se apresentava uma situação de maior independência entre o ministro designado e o mundo dos grandes interesses empresariais.

Razões de aparência social também não foram determinantes. Junto a Claudine sempre estivemos afastados desse tipo de teatro político-empresarial que percorre coloridas festas beneficentes nas quais se misturam algumas boas intenções com outras pseudossolidárias, e onde é mais importante se mostrar do que ser.

Talvez a razão mais profunda seja um condicionamento adquirido, fruto de uma educação ética e moral dentro de um determinado ambiente social, e também de certa inclinação inata do ser humano aos desafios. No plano dos princípios, eu já havia inúmeras vezes refletido com amigos — inclusive no âmbito universitário — sobre as responsabilidades de minha geração, da anterior e também da seguinte, no processo de deterioração do país. Por ação ou por omissão éramos todos responsáveis e, consequentemente, cabia a nós, de todas essas gerações, assumir — em diferentes graus — a questão.

Considerei que esse não era o momento de fugir do desafio que se apresentava. Tanto os que me acompanharam como eu teríamos de nos impor uma condição iniludível para não terminar de joelhos diante de uma realidade que talvez não pudéssemos controlar: a condição básica para isso seria não se preocupar em durar. Emil Cioran escreveu: "Durar

---

vagna não é um pior candidato ao cargo do que seu antecessor. Mas é evidente que Lavagna terá menor margem de manobra do que Remes. Surgido de uma assembleia do Partido Justicialista em Olivos, Lavagna vai enfrentar dificuldades para evitar o escrutínio dessa hidra de trinta cabeças que se tornou o peronismo da província de Buenos Aires, que já escoltou à guilhotina dois presidentes e que esta semana cortou o cabelo de um terceiro, só para mantê-lo alerta".

é diminuir-se: a existência é perda de ser. A partir de certo momento, perseverar é consentir, é decair". Há os que se conformam com "estar", com "durar", mas esse não sou eu. Essa não é minha postura nem minha forma de encarar a vida. Sempre escolhi o caminho do "fazer". E esse foi, creio eu, o componente assimilado, uma espécie de impulso, de imperativo moral para responder positivamente ao presidente.

Por outro lado, estavam as tendências naturais do homem de enfrentar e superar obstáculos e desafios, algo que está na própria fundação do processo de avanço da civilização. Todos, ainda que em diferentes graus, temos incorporadas a aceitação e a vontade de correr riscos. Esse era o momento de arriscar e de enfrentar a realidade de frente. Há os que cavalgam sobre os feitos, sobre as circunstâncias extraordinárias como as que vivíamos, e terminam prisioneiros delas. E há aqueles que, em contrapartida, forçam a mudança dessas circunstâncias, convertem-se em "transformativos", para utilizar a terminologia de Joseph Nye, porque tentam transformar o curso dos acontecimentos.

Em plena preparação do Regimento de Granadeiros a Cavalo, em 1812, o então tenente-coronel San Martín, com o objetivo de disciplinar a tropa para que tivesse uma conduta exemplar perante a sociedade, redigiu um Código de Honra com uma série de "Delitos pelos quais os oficiais devem ser expurgados". Entre eles figura o seguinte: "Por não cumprir um desafio, seja ele justo ou injusto".

Essa mistura do assimilado e do inato, o imperativo moral e a tendência natural de superação de desafio, me levou a aceitar o cargo de ministro da Economia.

A cerimônia de minha posse no *Salón Blanco* do Palácio do Governo não passou de mero formalismo em meio ao caos. O país seguia exatamente igual do lado de fora, fosse a metros da esplanada da Casa Rosada ou em todos os rincões do território. Acompanharam-me Claudine e meus filhos: Sergio e Teresita, sua esposa; Marco com sua mulher, Natalia; e Nicolás; e também meus sobrinhos Luis e Santiago, filhos de meu único irmão Eduardo, que faleceu em junho de 1978.

Pensei muito em meus pais já falecidos e no apoio que me deram para que eu seguisse os estudos de Economia. Na época em que entrei na faculdade, Economia era um dos novos cursos introduzidos pela valiosa reforma universitária do reitor da Universidade de Buenos Aires, Risieri Frondizi. Na ocasião, um bom e velho amigo de meus pais lhes disse: "Que ele não faça esse curso, é para ricos, se for para trabalhar, deve ser contador". Apesar dessa advertência, minha decisão e o apoio familiar me conduziram à Economia — e talvez à situação em que eu me encontrava naquele momento.

Muitas pessoas foram à minha posse, algumas conhecidas e outras que diziam me conhecer. Recebi cumprimentos e apertos de mão efusivos, típicos dessas ocasiões, de amigos verdadeiros, militantes comprometidos e por conveniência, empresários e sindicalistas, e muitos "por via das dúvidas". Também estiveram presentes todos do Gabinete, senadores, deputados, empresários, sindicalistas e governadores, ainda que tenham ficado evidentes as ausências dos governadores José Manuel de la Sota, de Córdoba, e Carlos Reutemann, de Santa Fé.

A verdade, a mais pura verdade, é que ninguém apostava nem um centavo na minha gestão. E não era por maldade. Naquele momento, não havia razões para culpá-los pelo sentimento de desconfiança. Um homem conhecido do mundo petroleiro disse, com uma soberba quase texana: "O cargo é demais para ele, e, além disso, já chega com uma política preestabelecida", fazendo referência aos *14 pontos*, que, conforme ele acreditava, em sua ignorância, constituíam um programa econômico e não apenas vagas diretrizes.

A situação era catastrófica, e de repente chegava alguém que tinha estado no exterior por mais de dois anos, distante dos cargos públicos por mais de uma década e que, provavelmente, seria rapidamente engolido pela realidade. Mas isso não era dito em voz alta. Era o que todos — ou quase todos — dentro do governo cochichavam e pensavam.

Lembro-me que ao sair da Casa Rosada, em meio a um enxame de jornalistas, microfones, cabos e câmeras que impediam a possibilidade de reflexões sérias e profundas, declarei à imprensa uma de minhas principais obsessões: "Sem dúvida me preocupa o fechamento dos mercados (bancos), que provoca nas pessoas uma enorme incerteza e nas atividades econômicas uma enorme paralisia". O fechamento dos bancos é sempre um indicador suspeito, e não podíamos admitir que, no meio de tal crise, as entidades bancárias mantivessem suas portas fechadas e suas fachadas cercadas com grades de proteção.

Guardadas as devidas proporções, eu conhecia o cerimonial de posse porque, cerca de uma década atrás, em 1985, eu tinha assumido o cargo de secretário da Indústria e Comércio Exterior — cujo *status* era de ministro — no governo do presidente Raúl Alfonsín. Como agora, aquela havia sido uma decisão arriscada: um peronista em um governo radical. Porém, eu não via as coisas dessa maneira. Para mim, era um compromisso político com o primeiro presidente da democracia depois da longa e terrível noite do regime militar de 1976-1983. Além disso, era um compromisso com a ideia estratégica e o desenho de integração que eu havia preparado para Antonio Cafiero, caso ele fosse o candidato do Partido Justicialista (peronista) e eleito presidente.

A ideia era de um acordo estratégico econômico, comercial e político com o Brasil e o Uruguai (o Paraguai não tinha sido incluído por não satisfazer a cláusula democrática, dado que ainda era governado pelo ditador Alfredo Stroessner). Esse projeto, cujos antecedentes — ainda que em formatos distintos — se encontravam nas políticas de Julio Argentino Roca, Juan Domingo Perón, Getúlio Vargas, Arturo Frondizi e Carlos Muñiz, foi concretizado, finalmente, em 1986, e leva hoje o nome de Mercosul.

Naquele dia de abril de 2002, o país continuava convulsionado do lado de fora. Se os que faziam parte do sistema duvidavam, por que seria diferente com o cidadão comum? Alguns nem sequer estavam sabendo, e muitos, se chegavam a saber, não se interessavam.

Alguns anos depois, nas eleições de 2007, quando era candidato à presidência da República, decidi caminhar até minha zona eleitoral. Era uma manhã de outubro de sol radiante e, junto com alguns colaboradores e vários repórteres que decidiram plantar-se em frente a minha casa, caminhei os seis quarteirões até a escola onde sempre votei. Na metade do caminho, fomos abordados por um homem de meia-idade que tinha vivido as inúmeras crises argentinas. Suas ideias eram passíveis de serem qualificadas como progressistas de esquerda ou centro-esquerda. Ali, diante de testemunhas, ele me declarou, com inusitada sinceridade e linguajar direto, que, no momento de minha posse como ministro, em 2002, ele havia comentado com a sua família que eu seria só "mais um pilantra", mas agora ele reconhecia que não tinha sido assim e estava agradecido por isso.

Horas depois de aterrissar em Buenos Aires, Guillermo Calvo chegou de Washington, também convocado pelo presidente. Calvo disse em uma reportagem ao jornal *Ámbito Financiero* que tinha um almoço agendado com Duhalde para aquele mesmo dia, mas que ao chegar lhe avisaram que havia sido cancelado. A razão foi que a decisão de nomear um novo ministro tinha sido tomada havia poucos minutos. Isso não impediu que logo depois eles se encontrassem em um hotel do centro de Buenos Aires para esboçar a ideia de uma colaboração extraoficial, o que não se concretizou devido à dinâmica na condução desse tipo de supercrise. Nessas condições, o que importa é estar na trincheira, no dia a dia. Numa reportagem, Calvo diagnosticou: "Na minha condição de acadêmico da Economia não posso afirmar se o país tem ou não saída. Nunca se viu algo assim em tempos de paz".

Naquele dia, nada havia mudado para as pessoas. Ou, talvez sim, mas elas ainda não sabiam. Em todo caso, isso teria que ser provado. Sem floreios.

As propostas que Guillermo Calvo e eu podíamos oferecer eram muito diferentes. Não por uma questão de seriedade, de conhecimentos ou de contatos, mas simplesmente porque temos pontos de vista distintos. Por isso digo que talvez alguma coisa pudesse ter mudado nesse dia, mas, sem dúvida, perceber a mudança estava além da possibilidade do cidadão comum. Como é de praxe, os reais candidatos a conduzir a economia do país portaram-se com seriedade, respeito e discrição. Os ataques e as mensagens negativas saíram da boca de outros, os pretendentes de sempre.

Da Casa Rosada fomos para Olivos, o velho casarão sem grandes pretensões, com um enorme e triste jardim, doado para servir de residência aos presidentes. O cimento do caminho, a tumba onde ficou por algum tempo o corpo de Juan Domingo Perón, as incontáveis casamatas e edificações — obsessões dos governos militares —, e uma monótona vegetação fazem com que o lugar tenha a graça de uma péssima natureza-morta. Quem sabe algum dia alguém entenda que quanto menos cimento, melhor, e que a natureza nos oferece uma infinita paleta de verdes, ocres, vermelhos, que distinguem um amontoado de plantas de um jardim.

Na grande sala de reunião, que até a década de 1990 havia sido uma garagem, estavam presentes todos os governadores e parte substancial dos deputados e senadores do Partido Justicialista, da União Cívica Radical e do Frepaso, além de todo o Poder Executivo. Como nos antigos filmes de comédia, ao conceder-me a palavra, Duhalde me mandou ao centro, sem cerimônia, com um empurrão simbólico, e foi se sentar junto a sua esposa "Chiche" (Hilda González) na primeira fila, à direita do púlpito.

Ainda que eu imaginasse que eles iriam perguntar minha opinião, o ato súbito me pegou desprevenido. O momento era muito delicado. Os governadores, por meio de sua informal e recém-criada Liga, eram uma parte essencial do poder. O presidente havia sido designado pelo Congresso da Nação, assim como prevê a Constituição, e isso, naquela circunstância, conferia aos demais poderes, especialmente aos governadores, um peso muito maior do que em condições normais.

A essência do meu pronunciamento era a mesma que eu tinha sustentado quando estava no exterior. Expliquei que existia uma linha tênue de equilibro entre as necessidades dos investidores externos e os interesses das pessoas, e que escolher entre ignorar o mundo ou ignorar as pessoas era seguir um caminho que agravaria a crise.

Apresentava duas ideias centrais e concretas.[4] A primeira era a de que *as políticas econômica e social passavam a ser uma só e indivisível.*

O que isso significava? Em Economia, quando há um problema, aqueles que tomam as decisões têm que optar entre muitos instrumentos ou medidas. Para além da qualidade intrínseca da proposta, é preciso distinguir o que serve do que não serve. Para escolher, são necessários certos modelos, "filtros" que definem quais medidas serão incluídas. Ou seja, o que eu queria dizer com aquela definição era que dali em diante o filtro da política econômica incluiria o social.

O país tinha uma enorme dívida social, a pobreza era inimaginável para os padrões argentinos e, consequentemente, toda medida econômica, por melhor que fosse para resolver um problema específico, teria de ser descartada caso apresentasse um efeito negativo na distribuição de renda e na divisão de tributos. O aspecto social era central. Logo, os programas se executariam em diversas áreas do Estado e especialmente na área social, mas a concepção deveria ser global. Não se tratava de uma pequena mudança. Há muitos anos que os interesses econômicos passavam por cima dos sociais e, no melhor dos casos, consideravam as políticas como compensadoras das decisões econômicas. Claro que chegavam sempre tarde e de maneira inadequada, e foi justamente por isso

[4] Disponível na seção "Discursos" da página web do autor: www.robertolavagna.com.ar.

que o tecido social do país havia se deteriorado tanto. A melhora não deveria chegar a conta-gotas ou por enxurrada proveniente do lucro dos mais ricos, como nos diziam nos anos 1990, nem por remendos compensatórios como recomendava o Banco Mundial, depois de reconhecer o fracasso das políticas de derrame. Se a política econômica e social é uma só, não há o que compensar, ainda mais se, desde sua própria origem, evitem-se e descartem-se aquelas decisões contrárias ao interesse das grandes maiorias.

A segunda ideia sugeria que *as províncias não eram "os vilões do filme", como era dito desde 1994. Elas eram responsáveis por somente um terço do déficit; o restante, 70%, correspondia ao governo nacional.* A afirmação gerou assombro. Tanto que o próprio Duhalde se mexeu de maneira inquieta em sua cadeira dado o impacto da declaração. Fazia mais de dez anos que o governo nacional e os ministros da Conversibilidade descarregavam todas as culpas nas províncias.

Como acontece com o hábito de gritar "Pega ladrão" para poder escapar, o governo ocultava seu fracasso acusando as províncias — e o fez desde o início dos anos 1990. Assumiu o papel de "mocinho do filme" e colocou as autoridades provinciais como "vilãs". De tanto repetir, a mentira se tornou uma verdade inquestionável. Mas a realidade era outra: as províncias, no pior momento, não foram responsáveis por mais de, aproximadamente, um terço do déficit; o restante foi responsabilidade exclusiva do governo nacional.

Esse novo diagnóstico teve uma forte e positiva repercussão na liga de governadores e creio que ajudou a estabelecer uma relação que era imprescindível para governar. Em todo caso, essa não era mais do que a verdade objetiva e era bom afirmá-la. Por outro lado, em uma nação onde a palavra tinha desvalorizado ainda mais do que a moeda, era preciso evitar criar falsas expectativas, exterminando as ilusões.

Depois disso, o governador de Río Negro, Pablo Verani, falou em nome da Alianza e deixou perplexos vários de seus colegas peronistas. Em seu pronunciamento reconheceu a "vocação patriótica de Duhalde para trabalhar em função dos problemas argentinos" e, entusiasmando-se, completou: "com esse acordo colocado em prática, na eleição de dezembro de 2003 Duhalde será eleito presidente", garantindo o apoio da UCR ao governo. Por sua vez, o peronista Rubén Marín, governador de La Pampa, foi sincero, disparando a gargalhada de vários dos presentes: "A verdade é que depois do discurso do companheiro Pablo Verani, não tenho muito a acrescentar". E depois acrescentou: "as províncias devem recuperar a capacidade de arrecadação". O clima ficava mais leve. De la Sota não pediu nesse dia, como muitos haviam previsto, que se antecipassem as eleições. Os jornais destacavam minha posição sobre o déficit das províncias e a repercussão positiva entre os governadores. Não obstante, quase nenhum dos meios de comunicação se deteve em minha declaração sobre o social. Na Argentina parece que tratar dos aspectos sociais não interessa, não "vende".

Alguns anos depois, mais precisamente no dia 18 de outubro de 2006, enquanto eu definia se iria ou não assumir a responsabilidade política de me candidatar à presidência da República, convoquei uma "Cruzada contra a pobreza", um ato importante, com a presença de mais de mil profissionais, e delineei minhas políticas para a área social. Os jornais do dia seguinte detalhavam a minha vestimenta e o cenário do discurso, mas não falavam sobre o tema central, importante naquele momento e ainda hoje. Assim caminha nossa sociedade. Karl Marx dizia que, comumente, a conscientização vem depois da realidade. A sociedade argentina, em particular seus líderes, não tinha se conscientizado em 2002, e hoje, quase nove anos depois, ainda não o fez plenamente.

No sábado, dia 27, durante a tarde, respondi a várias entrevistas que foram manchetes no dia seguinte. Entre as principais referências jornalísticas, não podemos deixar de observar os seguintes comentários:

— Fim do longuíssimo feriado bancário e cambiário, que levara ao extremo de se fazer pagamentos de aposentadorias em padarias.
— O dólar flutuaria livremente, mas com maior intervenção do Banco Central.
— Não haveria um Plano BONEX (troca compulsória de depósitos congelados por títulos públicos).
— Corrigir-se-ia o índice de ajuste de créditos (CER) por um índice que refletisse a evolução salarial e, deste modo, a capacidade real de compra das pessoas.
— Aprovar-se-ia uma Lei de Falências seguindo as práticas internacionais e com instrumentos mais modernos para evitar a

ruína de empresas que poderiam ser viáveis em condições normais, evitando assim afetar os trabalhadores.
— Revogar-se-ia a Lei de Subversão Econômica.

O plano para recuperação dos depósitos reprogramados (a poupança) e, mais importante, a correção do CER (Coeficiente de Estabilização de Referência) eram de vital interesse para o cidadão comum. A flutuação do valor do dólar, depois de mais de uma década de rigidez, no meu entender, era de interesse nacional. A Lei de Falências era de absoluta importância para os investidores nacionais e estrangeiros e, portanto, para o FMI. A temática da Lei de Subversão Econômica só interessava no exterior.

No domingo de 28 de abril, durante a manhã, começamos a tratar paralelamente de duas questões: a designação de uma equipe de assessores e o confronto com os problemas mais urgentes.

3. O ataque da direita e da esquerda. A equipe

Até então eu era acompanhando apenas pelo deputado nacional Alberto Coto, um velho amigo com quem eu tinha trabalhado durante minha gestão na Secretaria de Indústria e Comércio Exterior, quase quinze anos antes. Como deputado, Coto se converteu em um personagem central no processo de articulação política com o Congresso. Ativo e eficaz, durante todo aquele período foi o responsável pelos inúmeros vínculos, consultas e consensos, tanto no Ministério, como no Parlamento.

Os contatos para formar a equipe não poderiam ser mais decepcionantes. Os mesmos amigos e colaboradores de toda uma vida que haviam me aconselhado a não correr o risco de aceitar o cargo foram coerentes em suas posições. Quando lhes ofereci cargos importantes no governo, responderam negativamente. Todos, sem exceção, se ofereceram para colaborar, mas "fora do governo". A boa vontade existia, mas qualquer um com experiência de governo sabe que de fora é impossível governar. Pode-se contribuir com opiniões e ideias, mas na hora da verdade, como eu disse antes, só contam os que estão no pelotão de frente.

Amigos, conhecidos e pessoas que eu acreditava poderem contribuir em diversas áreas deram todo tipo de desculpas e justificativas. Do mais corajoso e sincero "minha mulher não deixa", passando por "não posso deixar minha empresa" ou "o estudo profissional", até o "não posso por motivos de saúde". Os mais objetivos simplesmente disseram que "não acreditavam que algo poderia ser feito".

A mesa octogonal em meu gabinete ministerial foi testemunha — encabuladamente silenciosa — dos inúmeros *nãos* que recebi. A lista era longa. Dois anos depois, alguns me diziam honestamente que lamentavam não terem se arriscado e demonstravam outra disposição. De qualquer forma, naquela altura era tarde, dado que o núcleo central da equipe já estava formado e consolidado. Devo dizer que entendi e respeitei a postura deles, eram coerentes com o que me haviam recomendado. Ao mesmo tempo agradeci — e muito — aos que aceitaram o desafio de me acompanhar: seus nomes irão surgindo nessas páginas.

Já expliquei por que aceitei o desafio. Acreditava que devia tentar mudar as coisas e estava num momento da vida em que podia enfrentar desafios. Talvez alguns anos antes eu tivesse sido mais cauteloso, menos arrojado. Em todo caso, se alguém nos dissesse que ficaríamos somente 72 horas no cargo, ainda assim eu manteria minha decisão. Certo mesmo, para desmentir alguns presságios, era que eu não abriria mão da responsabilidade de fixar a política econômica e social. Não me importava em permanecer no cargo, mas trabalhar pelo que eu acreditava. A crise não deixava espaço para concessões e manobras políticas.

Por fim, me acompanharam vários amigos, companheiros de outros tempos, e um grupo de jovens profissionais que me surpreenderiam com seu talento. Alberto Enrique Devoto, que até então era diretor da Entidade Reguladora de Energia Elétrica (ENRE), foi nomeado secretário de Planejamento Econômico. Alberto tinha me acompanhado na Secretaria da Indústria e do Comércio Exterior durante o governo de Alfonsín e desfrutava de minha total confiança, tanto por sua capacidade profissional, como por suas qualidades humanas.

Para a Secretaria da Fazenda foi nomeado Jorge Sarghini, que até aquele momento era responsável pela Secretaria de Comunicações, e que contava com o pleno apoio e confiança do presidente havia muitos anos.

Guillermo Nielsen ocupou a Secretaria de Finanças. Tratava-se de um homem com grande experiência nacional e internacional, e com vasta trajetória na iniciativa privada. Eu conhecia Guillermo desde o final da década de 1970, quando ele era o responsável pela Fundação de Pesquisas Econômicas Latino-Americanas, e, apesar de não sermos amigos, mantínhamos uma relação muito boa. Junto dele trabalharam Leonardo Madcur e Sebastián Palla.

Alberto Abad continuou na Administração Federal de Ingressos Públicos (AFIP); Eduardo Pérez em Legal e Técnica; Alieto Guadagni seguiu como secretário de Energia; Marcelo Kohan em Comunicações; e Alberto Coto teve a importante responsabilidade de conduzir a articulação política do Ministério com o Congresso e com os governadores. Seu papel foi fundamental para construir o apoio político e parlamentar às nossas decisões.

Por fim, meu amigo José Octavio "Pilo" Bordón, a quem tive a satisfação de acompanhar em sua candidatura presidencial de 1995 contra Menem, conduziu um grupo de assessores em questões internacionais. Outro querido amigo, Alberto Biagosh, ficou responsável pela análise da situação de empresas de serviços públicos que haviam sido privatizadas. Mais adiante, outros se juntaram: Hugo Medina, Hugo Settembrino, Federico Poli e Ismael Malis.

Também houve mudanças em outros Ministérios: Graciela Camaño assumiu o Ministério do Trabalho, Alfredo Atanasof se tornou chefe de Gabinete[5] e Jorge Matzkin o ministro do Interior.

José Ignacio de Mendiguren se afastou — ou foi afastado — do Ministério da Produção, e tive que assumir esta pasta conjuntamente com a de Economia. Essas mudanças nos Ministérios deixaram claro até aonde os governadores estavam dispostos a se comprometer, já que vários — Eduardo Fellner, Néstor Kirchner e o próprio De la Sota — não aceitaram assumir o posto de chefe de Gabinete. Preferiram ficar longe do fogo.

4. Os bancos. O embate da direita

A discussão de fundo era sobre o que aconteceria com os bancos. Eles fecharam 24 dias úteis dos primeiros 85 dias de 2002, apesar da

[5] Equivalente à ministro da Casa Civil no Brasil. (N. do T.)

proteção do *corralito* (congelamento das contas-correntes) e do *corralón* (congelamento da poupança), que impediam aos legítimos donos o acesso aos depósitos. Naquele momento, fazia uma semana que estavam inativos. Ao longo da breve presidência de Rodríguez Saá, em dezembro de 2001, também haviam fechado suas portas. A ideia era que enquanto não abrissem evitavam pressões e corridas, e ganhavam tempo para encontrar meios de enfrentar os pedidos dos correntistas, que legitimamente demandavam a liberação de suas economias.

As chapas metálicas e grades na frente dos bancos eram provas inquestionáveis da fúria dos correntistas com as instituições financeiras. Não tinham à disposição o que lhes era de direito e não entendiam o abuso que sofriam. Durante anos, na década de 1990, os sucessivos ministros e presidentes do Banco Central afirmavam que tínhamos, nos moldes do Plano de Convertibilidade, "o sistema financeiro mais sólido do mundo". E agora esse sistema financeiro se protegia atrás de portas fechadas e grades para prevenir o seu esvaziamento.

Durante o feriado bancário e cambiário, Jorge Remes e o ministro de Justiça, Reinaldo Vanossi, da UCR, conseguiram que se aprovasse no Congresso a chamada Lei "Antigotas", que, segundo se esperava, pararia as liminares que autorizavam os correntistas a sacarem o dinheiro das contas congeladas. Houve umas 19 mil liminares que autorizaram o saque de mais de 1,9 bilhões de pesos. Sendo que 75% dos saques eram superiores a 100 mil pesos. Como sempre, aqueles que mais têm, os "vivos" e alguns trapaceiros, tiravam vantagem e agravavam um problema que era de todos.

Vanossi acreditava que a lei aprovada bastaria para estancar os saques e dar tempo de se formular uma solução definitiva e igual para todos. Eduardo Amadeo, porta-voz do governo, que durante a gestão de Remes havia mantido relações abertas com o FMI, tinha, em contrapartida, uma visão mais apocalíptica sobre o incontrolável processo de fuga de depósitos. Havia em torno de 30 bilhões de pesos em contas-correntes e 40 bilhões de pesos na poupança. Logo se constatou que os juízes não respeitavam essa lei, julgavam-na inconstitucional e continuavam concedendo liminares para a retirada de dinheiro dos bancos.

Naquele primeiro domingo como ministro, poucas horas depois de ter aterrissado, quase sem descanso, com uma enxurrada de problemas e com mais dúvidas do que certezas, tive meu batismo com fogo. Foi em uma reunião com os representantes da elite financeira argentina no *Salón de los Cuadros* do Palácio da Fazenda. O salão tem uma espetacular mesa ovalada com uma enorme placa de bronze no centro dizendo que ali se firmou a paz depois da Guerra do Chaco entre Bolívia e Paraguai. A Argentina atuou como mediador para deter essa disputa absurda — na verdade todas são —, criada por interesses de uma empresa petroleira. O chanceler argentino na época (anos 1930), Carlos Saavedra Lamas, recebeu o Prêmio Nobel da Paz, precisamente por seu ato pacificador.

Na reunião estavam os principais representantes dos bancos, presididos por Manuel Sacerdote, do Banco de Boston, que cumpria um papel central como representante do setor. Minha posição, que sentenciei sem hesitar, foi simples: "Os bancos abrem amanhã". Já tinha comunicado essa informação aos governadores, e, ao longo desse eterno dia e meio, busquei transmiti-la à imprensa. Também tinha combinado com as autoridades do Banco Central de desenhar um plano emergencial para dissipar a desconfiança e evitar as altas desproporcionais do dólar.

O fato de os bancos terem mantido suas portas fechadas — lembrando que dos 85 dias úteis do ano, permaneceram 24 sem abrir — era uma demonstração clara e evidente da existência de problemas. Com um apoio político renovado e com a convicção técnica e profissional de que o dólar não iria disparar, as entidades financeiras deveriam abrir, sem rodeios, no dia seguinte. Proibir que os clientes tivessem acesso a seus depósitos já era uma afronta, pior ainda era não "dar as caras" e forçar que operações tão absurdas como o pagamento de aposentadorias ocorressem em pontos comerciais não financeiros.

A resposta de Sacerdote foi igualmente simples e direta: "Não. Se abrirmos, a pressão será tão grande que o sistema vai colapsar". Era um cabo de guerra. Se nós do Estado tivéssemos consentido, teria significado ficar no passado. Os bancos argentinos fizeram, durante anos, o que bem entenderam, e seus interesses não podiam mais se sobrepor aos interesses gerais do país e de seus habitantes. Além disso, ceder e consentir significaria "decair" — utilizando os termos de Emil Cioran — sem "perseverar". Seria me curvar aos interesses do setor financeiro menos de 72 horas depois de ter assumido o cargo. Que fique claro que eu não estava medindo forças com alguém em particular ou com interesses setoriais. Era muito mais do que isso. Pensei e executei, talvez quase sem pensar.

Entre o agravamento do desastre econômico por inação dos bancos ou pelo colapso do sistema, preferia correr o segundo risco. Ou os bancos abririam por decisão de seus acionistas ou o Estado tomaria os bancos para mantê-los abertos. Bancos privatizados e em funcionamento ou a estatização do sistema.

O cabo de guerra terminou, por sorte, a nosso favor, e desde aquela segunda-feira não houve mais fechamentos. Na mesma reunião anunciei outras coisas, mas o que determinou o destino de nossa gestão foi o resultado dessa contraposição de interesses.

Alguns economistas, assim como um setor do governo, acreditavam que a decisão era não só arriscada, mas irresponsável. O economista Orlando Ferreres disse: "[o governo] está pulando numa piscina sem água"; Aldo Abram sentenciou: "Vamos terminar com uma hiperinflação e uma crise social muito séria". O sindicalista e senador Luis Barrionuevo também foi direto quando, alguns dias depois, num país que havia produzido mais de 2 mil panelaços, transmitiu uma mensagem aos correntistas: "Vão e quebrem os bancos. Eles roubaram o dinheiro".

Os bancos abriram naquela segunda-feira e nunca mais voltaram a fechar. Algum tempo depois, representantes de todo o sistema financeiro me visitaram para pedir ponto facultativo no dia do aniversário de morte de Maximiliano Kosteki e Darío Santillán.[6] Havia manifestações previstas e o temor de que as mesmas terminassem em ataques aos bancos e à Bolsa de Valores. Receberam um *não* como resposta. O fechamento de bancos, ainda que como ponto facultativo, traz sempre desconfiança. O que faríamos era tomar medidas preventivas de segurança. Liguei para o então chefe de Segurança, Juanjo Álvarez, e uma elaborada operação foi preparada — que, por sorte, não teve de ser acionada.

Houve uma segunda tentativa, em dezembro de 2004 — sem dúvida, menos arriscada. O dia 1° de janeiro caía em um sábado, e Martín Redrado, presidente do Banco Central, me transmitiu o pedido do Sindicato Bancário de fechar na sexta-feira 31, para compensar o feriado do primeiro dia do ano que se perdia. Outra vez a minha resposta foi

[6] Dois militantes do Movimento de Trabalhadores Desempregados que foram mortos no dia 26 de junho de 2002 durante um confronto com policiais em Avellaneda, na Grande Buenos Aires, conhecido como "Massacre de Avellaneda". (N. do T.)

não. "Simplesmente", lhe disse, "façamos uso de menos funcionários prevendo uma atividade abaixo do normal, mas os bancos devem estar sempre abertos".[7]

Voltando à reunião inicial com os banqueiros, devo destacar que deixei claro que não viajaria ao FMI, como todos esperavam. O eixo da gestão estava primeiro dentro do país, e só depois atuaríamos fora, invertendo a ordem de prioridade vigente até aquele momento. Também disse que, definitivamente, era contra os títulos compulsórios para reprogramar os depósitos e que não faríamos mais do que a rolagem de nossa dívida com o FMI, Banco Mundial e BID, ou seja, receber o equivalente à amortização, e assim ficar com a mesma dívida. Nenhum dos três pontos era o que os banqueiros pensavam, principalmente o que se referia à dívida externa. Lembrem-se de que alguns especialistas em assuntos de dívida externa — Guillermo Calvo, por exemplo — falavam sobre a necessidade de contar com reservas de 25 bilhões de dólares para estabilizar a situação, o que implicaria em um novo empréstimo com o FMI.

Minha visão da realidade era a seguinte: bancos abertos, prioridade para as urgências internas, não realizar novos empréstimos e não aceitar a troca compulsória de depósitos por títulos públicos. Era, sem dúvida, uma visão muito diferente daquela que predominava no *establishment* financeiro. Muitos anos antes, no final do triste regime militar (1976-1983) e, por conseguinte, com o fim da nefasta *tablita cambiaria*[8] — sistema embrionário e precursor do Plano de Convertibilidade —, fui convidado pela Associação de Bancos para falar em sua convenção anual sobre uma proposta para o sistema financeiro. Usei os poucos minutos que tive para demolir a proposta que, como sempre, era mais autocentrada do que o país necessitava logo após uma dura crise.

O afável Roque Maccarone, que presidia a Associação de Bancos, me disse, anos depois, que ele tinha se chateado porque acreditava que

---

[7] No final de 2010, por falta de papel-moeda, os bancos se mantiveram fechados no dia 24 de dezembro e também nos dias 30 e 31.

[8] Sistema de fixação da cotação do dólar estabelecida por uma tabela que determinava a sua cotação diária, implantada pelo ministro José Alfredo Martínez de Hoz. Tratava-se da desvalorização programada e gradual do peso argentino, uma variante do sistema de flutuação cambial conhecido por *crawling peg*. (N. do T.)

a proposta dos bancos seria aceita e que começaríamos um novo período para o sistema financeiro. A meu ver, não podíamos "apagar e começar de novo". O sistema bancário foi a base de sustentação da *tablita*, como também o foi durante a Convertibilidade. Parte dos resultados negativos eles teriam de arcar. Minha apresentação naquela convenção, pensada para "clarear", matou a proposta e me rendeu, por muito tempo, o rancor das pessoas do setor financeiro.

Acredito que nos primeiros anos da década de 1980 eles não entendiam realmente qual era a situação, assim como acontecia novamente vinte anos depois. Alguns, de posições de esquerda, diziam que os banqueiros entendiam perfeitamente, mas que eles só queriam defender o interesse do setor e por isso concluíam que era necessário liquidar o sistema. Entretanto, o desemprego, a desindustrialização e a inflação, nos dois momentos, requeriam a participação ativa e criativa do sistema financeiro no processo de recuperação. Destruir os bancos não consertaria nada. O que precisávamos era uma participação diferente da que queriam os homens de finanças.

Depois da abertura dos bancos, não houve corridas bancárias e o dólar caiu para 2,95 pesos no oficial e 3 no paralelo, abaixo dos valores anteriores, que giravam em torno de 4 pesos por dólar. O Banco Central não interveio, e inclusive comprou dólares excedentes. Momentaneamente, uma prova de fogo havia sido superada.

Se o mercado tinha respondido bem, entre outras coisas pela necessidade de dinheiro e a liquidez operante, os *lobbies* seguiram atuando nos dias seguintes. Na mesma segunda-feira, Sacerdote pediu, para os depósitos de poupança, um título compulsório, assegurando que havia um acordo fechado com o presidente da Comissão de Finanças da Câmara dos Deputados, Rodolfo Frigeri, para agir nesse sentido.

A casa matriz do Banco Río, do Santander espanhol, anunciou de Madri — com muita irresponsabilidade — que dispunha de liquidez para somente três meses e que não contribuiria com mais capital. Eram "bombeiros piromaníacos". Reclamavam contra as corridas — e por isso queriam ter suas portas fechadas — e, ao mesmo tempo, proclamavam: "apressem-se porque em três meses não restará nada". A declaração coincidiu — novamente — com as do espanhol José María Aznar, primeiro-ministro da Espanha, país que mais investia na Argentina: "A Argentina deve pôr em prática, no menor tempo possível, as medidas estipuladas pelo FMI" e que "não podem obrigar os bancos espanhóis a ficarem na Argentina".

A Associação de Bancos Públicos e Privados (Abappra) se posicionou de maneira distinta e assertiva: "A Argentina atravessa a crise mais profunda de sua história", e culpou as políticas macroeconômicas inconsistentes. Todos se esqueciam que essas eram as mesmas políticas que tinham aplaudido durante muitos anos sem vacilação.

Curiosamente, a única voz um pouco mais calma foi a do — para muitos — mítico William Rhodes, do Citibank, um dos personagens centrais na má reestruturação da dívida de todos os países latino-americanos e na emissão de títulos compulsórios para os argentinos, após a queda orquestrada entre a política econômica de José Alfredo Martínez de Hoz[9] e a caótica passagem de Domingo Cavallo pelo Banco Central. Aquela era a primeira vez em vinte anos (1982-2002) que os depósitos sofriam por decisões que implicavam confiscos, ainda que somente parciais. As outras duas ocorreram na crise de 1989-1991 e na crise de 2001 que começou com o *corralito* do mesmo ministro que tinha participado da crise duas décadas antes. Rhodes disse que os bancos não deveriam deixar a Argentina e declarou que a reestruturação a ser feita não seria como nenhuma das realizadas recentemente. Disse que levaria anos, talvez décadas, para resolver-se, e que por sua gravidade, se parecia mais, no que diz respeito ao impacto local, com a crise mundial de 1930.

As mensagens oficiais do exterior eram mais sutis, mas não menos claras. Condoleezza Rice disse: "Se a Argentina puder realizar o que requer o FMI, acreditamos que encontrará um caminho para um crescimento duradouro". E reiterou a vontade de ajudar, claramente condicionada ao FMI.

Sempre acreditei que deveria responder a essas pressões de maneira respeitosa, mas firme. Tanto é assim que em uma entrevista ao *Dow Jones* afirmei: "Os investidores e os credores estrangeiros terão que sofrer tanto quanto a gente. Os investidores terão de sentir a crise da

---

[9] Político, economista, advogado e professor universitário argentino. Foi ministro da Economia em duas oportunidades: em 1963, durante somente alguns meses, e entre 1976 e 1981 na ditadura militar argentina, autodenominada Processo de Reorganização Nacional. (N. do T.)

mesma forma que os pobres, sem tratamento especial". E em uma entrevista coletiva com veículos de comunicação estrangeiros declarei que o FMI devia fazer seu próprio exame de consciência sobre sua responsabilidade no longo período do Plano de Convertibilidade. Trabalharíamos para estar inseridos no mundo, mas sem aceitar exigências que fossem contra a nossa visão da coisas. Era um sim ao ponto um dos *14 pontos* dos governadores, mas não a qualquer preço.

5. Os intervencionistas. A investida do "populismo"

Enquanto a direita, representada pelo setor bancário nacional e internacional, se fazia presente por meio de pressões, outra frente surgia no extremo oposto do espectro ideológico.

Os índices de preços estavam descontrolados. A inflação da cesta básica tinha sido, só em abril, de 10,4%, e os preços atacadistas registravam inflação mensal de 19,9%. Este considerável desajuste afiançava a ideia geral que a esquerda e a direita utilizavam como arma contra o governo: se não mudássemos o rumo, terminaríamos em hiperinflação.

Nesse contexto, Pablo Challú, que havia sido da equipe de José de Mendiguren e agora era responsável pela Secretaria de Defesa da Concorrência, sugeriu ao presidente aplicar a Lei de Abastecimento para controlar os preços mediante "preços indicativos" e fixar valores máximos para a comercialização de vários produtos com a finalidade de controlar a inflação. Esta não era uma ideia isolada, mas respaldada por um time de economistas próximos a Daniel Carbonetto, cuja visão econômica era claramente intervencionista, e cujos vínculos dentro do peronismo, e mesmo com o próprio presidente, eram muito fortes. Ele tinha sido assessor direto do presidente peruano Alan García, na época em que a CGT (Confederação Geral do Trabalho) espalhava cartazes pelas ruas de Buenos Aires com dizeres como "Pátria querida, dê-nos um presidente como Alan García". A experiência do intervencionismo estatal peruano terminou em catástrofe.

O intervencionismo estatal era um germe que em nenhuma circunstância poderíamos incubar, de tal forma que fui taxativo: o secretário devia renunciar. A minha rejeição categórica dos métodos de controle de preço foi tão fundamental para definir o rumo da política econômica quanto a decisão de forçar a abertura dos bancos. Uma coisa é a defesa da livre concorrência, essencial em toda economia moderna, e outra é o caminho do controle policial de preços. E fui muito claro na decisão de atacar a inflação por outro caminho: "Será através da política monetária, da política fiscal e, de qualquer forma, por meio da política da livre concorrência quando os problemas dos preços forem por distorções de mercado", declarei à imprensa dando a discussão por encerrada.

6. Decretos privados: assim não

Os anos em que estive longe do setor público me reservavam mais surpresas. Um renomado empresário, cujo nome mantenho em generoso sigilo, me visitou para explicar um problema cambial que podia gerar implicações penais para o seu setor. Até aí, nada fora do comum. Porém, para solucionar o problema, ele me mostrou um decreto passado a limpo, redigido em papel oficial do Poder Executivo, cumprindo todos os requisitos formais desse tipo de documento, como margens, espaços, tipografia e assim por diante. Custei a superar o espanto. Alguém que tinha acesso ao papel oficial, que conhecia todas as regras formais, trazia-me um decreto em que as únicas coisas que faltavam eram a minha assinatura e a apreciação do presidente. Que maravilhosa expressão de um Estado bobo e ausente! Sem sequer ler o documento lhe disse que era absurdamente descabido uma pessoa do setor privado trazer um decreto redigido e formatado, no qual faltava apenas a assinatura do ministro para que fosse conduzido, em seguida, ao presidente. Ele parecia tão surpreso quanto eu, e, para minha maior irritação, respondeu, não sei se candidamente: "Mas, qual o problema? Se há anos este é o costume".

Assim não, nunca mais. A reunião terminou com o meu interlocutor perguntando-me se poderia mandar uma nota que resumisse o assunto e a a solução aventada pelo seu setor. Minha resposta foi positiva. Todo cidadão ou setor tem o direito legítimo de se manifestar. O que não pode é substituir o Estado em sua função de governar, e colocá-lo em uma situação na qual só lhe resta assinar. O pedido não foi concedido.

Como as notícias se espalham rapidamente nos corredores ministeriais, o fato nunca mais voltou a se repetir. Os memorandos eram bem-vindos, mas passar por cima das funções do Estado, não.

Acredito firmemente que esses três gestos e decisões das primeiras horas — a exigência de que os bancos abrissem as portas, a recusa de controles quase policiais de preços e minha atitude diante do decreto feito pelo setor privado — estabeleceram pautas de conduta da gestão.

Nem aqueles que me acompanhavam, nem eu, estávamos dispostos a simplesmente "manter" o cargo ou jogar o jogo dos que mais têm, numa sociedade em que os que tinham menos eram muitos. Menos até do que o imprescindível para sobreviver dignamente.

7. Contatos

Nessas primeiras horas e dias recebi uma ligação telefônica do subsecretário do Tesouro dos Estados Unidos, John Taylor. Em suas memórias, publicadas com o título de *Global Financial Warriors*, Taylor relata essa ligação: "Liguei para Lavagna assim que ele foi designado".

> Taylor: "Felicitações, Ministro".
>
> Minha resposta: "Obrigado pela ligação, mas não estou seguro de que haja motivo para felicitações. É uma tarefa extremamente difícil".
>
> Taylor: "Mas é bom que você deseje fazer alguma coisa por seu país. Estamos ansiosos para conhecer seus planos. Alguma novidade sobre a taxa de câmbio?".
>
> Minha resposta: "Convenci as pessoas (lembre-se que Duhalde queria a taxa de câmbio fixa) de que seria um equívoco retornar a uma taxa de câmbio fixa ou a um aumento gradual pré-fixado. Vamos manter o câmbio flutuante com intervenções".

Acredito que suas anotações coincidem com as minhas e refletem o que foi o principal da conversa.

Já tinha sido taxativo em minhas declarações no país: "Escolhemos deixar a moeda flutuar frente ao resto das divisas e, especialmente, frente ao dólar, porque acreditamos que é possível restabelecer a confiança no peso pelo caminho que começamos a percorrer [...]. Qualquer outra medida, de caráter mais dirigista ou autoritária, nos teria dado um empurrão final no sentido da ideia de que o país só pode ter moeda se recorrer a sistemas artificiais".

A União Europeia se expressou por meio de seu comissionado de Relações Exteriores, Chris Patten, que eu havia conhecido em Bruxelas. Antes de voltar à Europa, Patten foi o último governador da Hong Kong britânica, e foi quem devolveu — elegantemente — o enclave colonial à China. Suas palavras foram de estímulo e de boas-vindas. Celso Lafer, chanceler do Brasil, também me transmitiu por telefone palavras de alento.

Em Buenos Aires, acompanhado do ministro de Relações Exteriores, Carlos Ruckauf, recebemos um numeroso grupo de embaixadores para explicar as ideias e a situação na qual o governo se encontrava. Os representantes estrangeiros expressaram o que ao longo dos anos eu escutaria exaustivamente: devia-se respeitar a segurança jurídica na defesa das empresas privatizadas nos anos 1990. Era sua obrigação dizê-lo e era nosso dever lembrá-los que também acreditávamos ser vital respeitar a segurança jurídica, mas que tal princípio não acontece no vazio e que as circunstâncias excepcionais reclamam decisões igualmente excepcionais.

Foi interessante escutar o que disse publicamente o embaixador do Brasil, José Botafogo Gonçalves: "Jamais na história do Brasil houve uma crise tão profunda como a da Argentina".

Também tive a iniciativa de visitar o cardeal primaz da Argentina Jorge Mario Bergoglio.[10] Na verdade foi a primeira pessoa distante do mundo político com quem quis me reunir, e assim o fiz logo cedo na manhã de segunda-feira, 29 de abril, primeiro dia útil no cargo. Interessava-me dizer-lhe minha impressão sobre onde estávamos e os riscos que corríamos e, principalmente, escutar qual era a sua opinião, dado o estreito contato da Igreja com a realidade social do país. Fui até os escritórios do Arcebispado que ficam ao lado da Catedral, onde falamos a sós. Acredito que terminei falando mais do que o cardeal, cuja prudência é conhecida. No fim da reunião houve uma anedota que vale a pena contar.

---

[10] Em 13 de março de 2013, Bergoglio tornou-se o 266º papa da Igreja Católica, adotando o nome de Francisco. (N. do T.)

Bergoglio teve a gentileza de me acompanhar do primeiro andar até o térreo, e no caminho me perguntou o que deveríamos dizer aos jornalistas. Respondi que a reunião tinha sido privada e que não havia jornalistas. O cardeal não disse nada, mas seu porta-voz e assistente comentou com Leo Costantino, um dos membros do Ministério que me acompanhava, que Bergoglio certamente se surpreendera positivamente, porque era comum as pessoas do governo, e da política em geral, "usarem" estas reuniões jornalisticamente. Não sei como terá sido em outros casos, mas minha intenção era trocar informações e percepções com um dos homens mais bem-informados, principalmente, sobre a situação social e socioeconômica do país. "Servir-se" de outros, de forma especulativa, com uma foto ou declaração, ou com o que quer que seja, é uma das maneiras mais evidentes de falta de respeito, de mesquinhez e de visão limitada.

Essas foram as primeiras grandes decisões do mandato. Em cada uma delas tivemos que enfrentar e contradizer interesses poderosos, internos e externos, e qualquer uma delas, ou a combinação de algumas, poderia ter derrubado a mim e a minha equipe. Provavelmente a todo o governo. Esse era o preço que deveríamos estar dispostos a pagar. Era preferível deixar o cargo a seguir com o esquema de concessões que fora instalado vários anos antes e cujos desastrosos resultados estavam a vista de todos.

Enquanto isso, os produtores rurais, sem o apoio da Federação Agrária, preparavam uma greve. Os exportadores estavam em greve e Hugo Moyano,[11] do Sindicato dos Caminhoneiros, também convocara uma greve geral para o dia 14 de maio, uma terça-feira. As reações de fúria frente aos bancos não cessavam.

E o mundo seguia seu curso: os estadunidenses sofriam uma crise de confiança com respeito aos executivos de grandes empresas como a General Electric, WorldCom e Enron; crise da qual, lamentavelmente, se esqueceram rápido demais, tendo criado as condições para a grande crise de 2008-2009. A Europa temia entrar em uma onda de antissemitismo fruto dos resultados eleitorais de alguns países, que apontavam

---

[11] Em agosto de 2003, Hugo Moyano assumiria oficialmente, e com o apoio de Néstor Kirchner, o cargo de Secretário-Geral do maior sindicato argentino, a Confederação Geral do Trabalho (CGT). (N. do T.)

para o forte surgimento de partidos de extrema direita, anti-imigrantistas e neonazistas.

No Oriente Médio, Arafat recuperava sua liberdade.

Na América Latina, depois de uma tentativa de golpe, Chávez se mostrava conciliatório, mas o prognóstico era que se tratava de algo temporário, o que efetivamente acabou acontecendo: seu apaziguamento não passou de uma trégua depois do susto que levou. O México sofria a decepção da fraca presidência de Vicente Fox, e o Brasil, como sempre olhando para o futuro, se concentrava em discutir um salto em sua produção de produtos tecnológicos. Morria a criadora da popular boneca Barbie, uma história de êxito ao estilo norte-americano. A boneca que custava três dólares era agora disputada por colecionadores dispostos a pagar 5 mil dólares: um exemplo de rentabilidade e uma demonstração de marketing capaz de criar uma realidade imaginária. Nós conhecíamos um pouco dessa história, já que estávamos no meio de uma crise fenomenal porque por mais de dez anos havíamos acreditado e sustentado um modelo imaginário no qual o peso argentino não só não se desvalorizaria, como, ao contrário, se valorizaria frente ao dólar.

II

Os favoráveis se calam, os contrários atuam (maio-junho de 2002). As pressões internas e os agoureiros de sempre

"A época é terrível: o caminho está cheio de espinhos."

Manuel Dorrego, ao assumir o governo
da província de Buenos Aires (1827)

1. Poucos amigos

Os primeiros sete dias de mandato não podiam terminar com outra frase: Que semana!

Na leitura dos jornais que costumo fazer todas as manhãs encontrei uma frase que se repetia: "Mais uma jornada perturbadora para o governo". Realmente era assim. Os problemas surgiam a todo momento, coisas para resolver e inconveniências. A semana começou em meio ao caos e terminou com algumas decisões muito significativas, que nos trouxeram mais inimigos do que amigos. Mas, no meu ponto de vista, elas marcaram a diferença entre o passado e o futuro.

O economista Juan Carlos de Pablo, em sua coluna jornalística, lembrava que o ex-ministro da Economia argentino Federico Pinedo dizia que havia dois tipos de ministros da Economia: os "conselheiros", que atuavam com grande independência e cujas posições ultrapassavam sua área de responsabilidade direta, e os "secretários", que viam o resto da política como algo fora de seu alcance e se dedicavam exclusivamente a "cuidar de seu quintal". Juan Carlos de Pablo terminava dizendo que esperava que eu fosse um ministro do tipo "conselheiro".

Era uma opinião que eu compartilhava. Achar que a economia argentina pudesse ser manejada à margem das relações com os governadores, com a oposição, com a Corte Suprema e fora do marco internacional, só poderia resultar em um rotundo fracasso. Não bastava tomar decisões definitivas diante das diversas pressões internas e externas: era preciso, além disso, a partir do meu posto no Ministério da Economia, e agora também da Produção, influenciar as outras políticas de relacionamento interno e nas relações exteriores, que naquele momento se centravam nas questões econômicas e financeiras.

Superada a primeira semana, já havíamos cumprido tecnicamente com um de nossos primeiros compromissos: proteger os interesses da população e substituir o índice de atualização de créditos CER (Coeficiente de Estabilização de Referência) por um índice novo, vinculado aos salários, o CVS (Coeficiente de Variação Salarial). No último ano, o CER, índice vinculado à inflação, tinha aumentado muito mais do que o CVS, índice vinculado aos salários, tornando eminente a execução de um grande número de hipotecas de casas residenciais que eram reajustadas pelo CER. A partir da decisão de substituir o índice de atualização das hipotecas, o reajuste das mesmas se dava de acordo com a capacidade real de pagamento da população assalariada; a medida tomada afetava as hipotecas de moradias únicas e permanentes, os créditos pessoais de até 12 mil pesos ou dólares e as penhoras em até 30 mil pesos ou dólares. Depois da sugestão do senador José Luis Gioja, resolvemos adicionar cláusulas preventivas estabelecendo que as prestações hipotecárias não poderiam superar 30% da renda familiar e também que os aluguéis seriam protegidos de modo similar.

O fantasma de perder a casa por uma execução, seja por créditos penhoráveis ou pessoais, foi afastado dos cidadãos assalariados. A população recebia uma mensagem de "normalidade" graças ao retorno da ordem do sistema financeiro e pela determinação do governo de implantar um novo índice de atualização, medida que beneficiaria a 1 milhão de famílias. Uma mensagem de "normalidade" era algo que não existia nos discursos de ministros "iluminados" (dos anos 1990), sempre carregados de voluntarismo e de ideologia, mas carentes de realidade.

A decisão adotada custaria ao Estado entre 4 e 5 bilhões de pesos,[12] mas a estabilização social e, consequentemente, econômica que proporcionaria era inestimável. Por outro lado, assim como com outros temas, não atuamos de maneira populista: não aceitamos a intransigência dos

[12] Por fim, com a estabilização dos preços, o aumento dos salários e a nova metodologia adotada, o Estado acabou não arcando com estes custos (ver capítulo IX).

bancos em realizar qualquer mudança no sistema indexador, mas também não admitimos o argumento dos endividados que exigiam que todos os tipos de créditos fossem indexados pelo CVS, o que implicaria em dar dinheiro, que pertencia a toda população, a setores restritos ou de alto poder econômico.

Disse que nessa primeira semana não fizemos amigos, e é verdade. O sistema financeiro havia tomado uma atitude claramente oposta. Forçar os bancos a abrir suas portas, substituir o indexador CER pelo CVS e, ainda por cima, resistir à ideia de emissão de títulos compulsórios para o pagamento de depósitos de poupança que haviam sido reprogramados no começo do ano, eram demonstrações claras de que pela primeira vez em muitos anos o setor financeiro tinha perdido sua capacidade de decidir sobre a política econômica do país. Não obstante minha firme posição contra os títulos compulsórios, muitos continuavam insistindo nas vantagens de lançar tal plano. Ter sucumbido a tais pedidos teria significado ao Estado — e inevitavelmente a toda a sociedade — assumir a dívida dos bancos com a poupança, e também seus eventuais custos — por meio dos títulos — para sanear as suas contas. Entre os que insistiam nessa ideia se destacava o próprio presidente do Banco Central da República Argentina (BCRA), Mario Blejer, que apostava na introdução de um plano compulsório, similar ao implementado no começo da década de 1990. O argumento utilizado para a emissão dos títulos públicos compulsórios era que esta seria a melhor maneira de frear a hiperinflação, que a liberação dos depósitos congelados, o famoso *corralito*, desencadearia. Na visão dos defensores desta ideia ou lançava-se um plano compulsório ou sofreríamos com a hiperinflação.

Jorge Todesca, o ex-secretário de Planejamento Econômico da equipe de Jorge Remes, também concordava com eles. Não estávamos afinados. No meu ponto de vista, o argumento contrário aos títulos compulsórios era o deságio aos correntistas que viessem a vender seus títulos no mercado secundário. Segundo todas as principais estimativas privadas, o deságio seria de 70%, similar ao que acontecera na década de 1960 com o "título patriótico" de Álvaro Alsogaray. Dessa forma, alguns poucos agentes econômicos comprariam os títulos abaixo dos preços nominais e teriam lucros significativos em poucos meses. Grande parte da sociedade perderia e somente ganhariam os bancos e alguns oportunistas e especuladores.

Qual era o ponto central da questão? Nada menos que decidir sobre quem, entre os agentes públicos e privados, arcaria com o prejuízo da crise. Era a grande batalha que iríamos enfrentar e que definiria o êxito ou o fracasso de nossa gestão no Ministério da Economia e, também, do próprio presidente do país.

Deveria o Estado arcar com os prejuízos? Ou os bancos, que haviam realizados grandes negócios apoiados pelo Plano de Convertibilidade? Estava claro que havia dois pontos de vista diametralmente opostos.

Os bancos tinham créditos que estavam duplamente desvalorizados: de um lado, porque o Estado os obrigava a pagar 1,40 pesos por cada depósito de dólar e, por outro, porque só podiam cobrar seus créditos respeitando a paridade peso/dólar de 1 a 1. Tal condição, produto de uma decisão tomada pelo Estado antes que eu assumisse o Ministério, era, gostássemos ou não, inalterável.

A segunda razão para explicar a deterioração nos balanços dos bancos era que o sistema da Convertibilidade — plano econômico que os bancos haviam apoiado e que tantos bons negócios lhes havia rendido — tinha colapsado de maneira irreversível; colapso que começou em 1995 com a crise Tequila-Tango,[13] se aprofundou em 1998, e sofreu a hecatombe final em 2001. O setor financeiro havia cometido um grande "erro de cálculo", isto não era responsabilidade do Estado e, portanto, suas consequências não deveriam ser pagas por toda a sociedade. Os bancos desejavam que o governo emitisse títulos compulsórios para os correntistas e para os depósitos da poupança, e, como resultado, o Estado se converteria em credor, liberando os bancos desta responsabilidade junto a seus próprios correntistas. Como sempre, em tempos de vacas gordas os lucros tinham sido para poucos, e agora todos tinham que arcar com o prejuízo.

Desde a primeira reunião no *Salón de Cuadros* disse que não haveria emissão de títulos compulsórios. No máximo, para ir desarmando o *corralito* e o *corralón*, poderíamos estudar a possibilidade de programar um sistema de títulos voluntários dando aos correntistas a possibilidade de escolha. Era oferecer uma opção concreta aos correntistas: ou o banco continuava sendo o credor, ou decidia-se pelo título público.

---

[13] Crise econômica vivida pelo México em 1995, com consequências diretas na Argentina. (N. do T.)

Estava claro que, para completar nossa opção, tinha um elemento central de contrapartida por parte dos bancos: em troca de cada título emitido pelo Estado, os bancos — que em suas carteiras contavam com distintos tipos de títulos públicos e créditos emitidos ao Estado (ou seja, débito do Estado com os bancos) — deveriam liquidar débitos do Estado equivalentes à emissão de títulos voluntários emitidos que fossem entregues aos correntistas. A alternativa de títulos "voluntários" permitia que as pessoas, naquele momento, escolhessem entre assegurar-se com um título público ou simplesmente continuar com seus depósitos bancários.

Obviamente, a maioria dos economistas que apareciam na mídia discordava de nossa posição. Um grupo cujos membros haviam integrado o governo menemista ou eram próximos ao ex-presidente — entre eles, Pedro Pou, Horacio Liendo, Jorge Castro, Miguel Ángel Broda e Jorge Ávila — insistia na dolarização, no ajuste e no alinhamento automático com os Estados Unidos.

Em 31 de maio, o economista Jorge Ávila profetizou: "Não haverá moeda nem sistema financeiro argentino em duas gerações; isso termina com uma hiperinflação. A confiança na moeda não se recupera nem sequer com uma política fiscal coerente". Pouco antes, no dia 22 de abril, o engenheiro Manuel Solanet havia sido contundente em seu vaticínio no jornal *El Cronista*: "O sistema financeiro vai ficar com poucos ou nenhum depósito. Vão se passar muitos anos até que um argentino volte a fazer um depósito bancário". Seguindo o mesmo raciocínio, Miguel Ángel Broda pressagiava no Instituto Argentino de Executivos de Finanças (IAEF), em 23 de abril: "O melhor panorama é que ao final do ano o dólar esteja cotado a 5 pesos e a inflação supere 175% ao ano; o pior cenário é de 1 dólar a 20 pesos e uma hiperinflação de 1.100% ao ano". As vozes que vinham do exterior não eram menos pessimistas. O reconhecido economista da Universidade de Harvard, Robert Barro, apregoou: "A Argentina vai direto à hiperinflação. Terão que dolarizar, ninguém confia na moeda e nem na flexibilidade cambial vigente".

Não obstante, e apesar de tantas e fortes oposições, tivemos uma colaboração inesperada: o sindicato *Confederación General del Trabajo de la República Argentina* (CGT), liderado pelo caminhoneiro Hugo Moyano, suspendeu a greve geral e a mobilização contra o FMI, acredite se quiser, devido às "más condições climáticas".

Reações à nossa proposta não demoraram. O setor financeiro, cujas demandas não aceitávamos, fez circular o boato de que o plano compulsório (conhecido como Plano BONEX) estava atrasado por minha própria indecisão e, ao mesmo tempo, escurecia o panorama — ainda mais — difundindo rumores de novos feriados bancários e falsas notícias de confiscos aos cofres dos bancos. Também se dizia que o *corralito*, que impedia o livre acesso aos fundos de contas-correntes, não seria desfeito em menos de oito meses. O próprio Banco Central acreditava que não deveríamos desfazer o *corralito* sem antes ter assinado um acordo com o FMI. Eu e a minha equipe no Ministério acreditávamos, em contrapartida, que a liberação dos depósitos não deveria estar sujeita às negociações com o FMI. Deveria ser feita assim que possível.

Em uma população tantas vezes enganada não era difícil, com a ajuda de alguns meios de comunicação, difundir rumores que atuavam no sentindo contrário à tranquilidade proporcionada pelo indexador baseado na variação salarial (CVS).

No sábado, 11 de maio de 2002, o jornal *Clarín* publicava: "Dias de rumores e tensão no sistema financeiro", e o genial cartunista Alfredo Sábat me desenhava tocando uma campainha que dava choque: a campainha era a dos bancos, e o choque elétrico, a resposta. As pessoas se amontoavam nos bancos e nos caixas eletrônicos e buscavam respaldo no dólar. Os rumores falavam em interrupção no diálogo entre o Ministério e os banqueiros. Somente Norberto Peruzzotti (gerente da Associação de Bancos Argentinos — ABA) teve a coragem de descartar uma ruptura e afirmar que as reuniões continuavam.

Iniciei uma dessas reuniões dizendo que todos os presentes (governo e banqueiros) sabiam que estávamos trabalhando com o dinheiro das pessoas, ou seja, o dinheiro não pertencia ao Estado nem aos bancos. Nosso principal objetivo era dar aos legítimos donos do dinheiro a maior flexibilidade possível para que pudessem usá-lo no futuro, e também restabelecer a confiança no sistema financeiro. Essa frase foi dita com o intuito de lembrar que não se tratava de uma disputa de forças entre os que ali estavam presentes, mas que os principais interessados eram os correntistas cujos fundos haviam sido confiscados e congelados pela terceira vez em vinte anos (no início dos anos 1980, nos primeiros anos da década de 1990 e com o *corralito* de 2001).

Afirmei, dando sequência à minha posição, que esse tipo de crise se supera de duas maneiras: com dinheiro ou com tempo. Coreia, Suécia e Noruega haviam solucionado suas respectivas (e relativamente recentes) crises com dinheiro. A Argentina não dispunha de dinheiro e nem estava em condições de pedi-lo emprestado, ou seja, em nosso caso, precisaríamos de tempo.

O dólar, que reagia positivamente desde a abertura dos bancos, subiu diante dessas operações de desestabilização, e alcançou a cotação de 3,10/3,20 pesos, e mesmo 3,30 em operações menores.

Apesar disso, começaram a surgir demonstrações de otimismo. Alguns bancos reagiram positivamente. O Banco Francés, do grupo espanhol Bilbao Vizcaya, anunciou uma injeção de 50 milhões de dólares, e o Banco Río, do grupo Santander, que tinha reagido muito mal na Espanha, voltou atrás e anunciou voluntariamente um plano de créditos que evidenciava a sua liquidez.

O presidente do Banco Central, Mario Blejer, tinha viajado para uma reunião com os presidentes dos bancos centrais do mundo inteiro, no Banco de Basileia, na Suíça. De lá, Blejer nos enviou uma mensagem encorajadora: em Washington começavam a separar o joio do trigo e se davam conta de que avançávamos na direção certa.

No dia 14 de maio, tomei café da manhã com ele em minha casa, o que ajudou a flexibilizar a postura do Banco Central. Não obstante, Blejer repetiu seu prognóstico: sem um título compulsório, 40% dos bancos cairiam. O que ficou muito evidente nessa conversa foram as grandes diferenças, inclusive de personalidade, entre Blejer e Guillermo Nielsen, que durante o mandato de Jorge Remes tinha sido representante do Ministério da Economia no diretório do Banco Central e agora era secretário de Finanças.

A briga era antiga, mas tinha se aprofundado com a discussão sobre as medidas a serem tomadas na questão do *corralito* e do *corralón*. A relação terminou de vez quando Guillermo Nielsen apresentou um interessante projeto — que afinal não se concretizou, mas que deveria ter sido aprovado — para que se desvinculasse a Superintendência de Bancos do Banco Central. Uma coisa é fazer política monetária e outra, muito diferente, é regular e controlar normativamente os bancos. Não é saudável que reguladores — com sua influência — terminem comprometendo e tirando sua liberdade no momento da definição da política monetária. Eu, de minha parte, me limitei a dizer a Blejer que não concordava com suas previsões e lhe ofereci aquilo que já estávamos tendo: um diálogo direto para analisar nossas diferenças.

Blejer estava chocado com a situação. Em uma reportagem de janeiro de 2008, ele lembrava: "achei que os gritos de 'que saiam todos' significavam que iam nos matar. Não quero exagerar, mas era uma crise terminal. Poderíamos ter acabado em uma hiperinflação...".

A verdade é que se tivéssemos aceitado o que pediam os bancos, o custo para todos os argentinos seria de 25 bilhões de dólares. Eu estava convencido da necessidade de terminar com as versões herdadas do Plano BONEX e repensar tudo seriamente.

Esta nova estratégia, destinada a mudar as políticas e as alternativas até então debatidas, seria, sem sombra de dúvida, apresentada como uma atitude tardia, reflexo da desorientação e inexperiência da equipe econômica. Sabíamos que este era um preço alto a pagar, mas estávamos dispostos a fazê-lo. A política econômica não podia continuar sendo pautada pelas primeiras páginas dos jornais e pela pressão daqueles que acreditavam ser onipotentes.

Tampouco foi possível fazer bons amigos pelo lado político-sindical, já que os sindicalistas reivindicavam um aumento salarial de 20% e apresentavam projetos de lei nesse sentido. Agir como alguns de seus representantes propunham quando a inflação mensal no varejo era de quase 11%, no atacado de 20% e a taxa de desemprego de 24% — isto é, quase um em cada quatro argentinos com idade para trabalhar estava desempregado, sendo que outro quarto vivia de subemprego —, parecia-nos a pior saída possível. Respondemos, então, que os aumentos salariais deveriam ser negociados em conjunto, para que fosse possível contemplar a situação específica de cada setor da economia. Na desastrosa queda de produção, nem todos os setores apresentavam as mesmas condições de recuperação e, por conta disso, nem todos tinham capacidade de promover ajustes salariais. Em todo caso, se naquele momento a equipe econômica dispunha de menos amigos nos círculos de poder e pressão do que uma semana antes, a expectativa por parte da população possivelmente aumentara. Parecia que ela sentia um exercício maior do poder e, justamente por isso, o governo era visto com mais respeito. Difícil afirmar, mas não era impossível pensar.

O presidente Duhalde, que antes de minha posse tinha sido fortemente pressionado pelos governadores, sofria agora uma pressão mais moderada para antecipar as eleições, e inclusive anunciou publicamente que havia "relançado" o governo, o qual entrava em uma nova fase.

Ao final da primeira reunião de ministros, no dia 15 de maio, o chefe de Gabinete Alfredo Atanasof, o ministro do Interior Jorge Matzkin e a ministra do Trabalho Graciela Camaño tiveram a gentileza de destacar o respeito que o ministro da Economia e sua equipe tinham alcançado perante o Congresso, e que isso se refletia na assiduidade dos deputados e senadores nas reuniões para avançar na aprovação de leis e decisões importantes.

A experiência, nesse aspecto, foi a de trabalhar em um país onde para governar é necessário buscar e criar consensos. Passamos muitas horas trabalhando com os senadores e deputados de quase todos os partidos. Não ditávamos ordens ou regras. Explicávamos as consequências, os prós e contras, e assim avançávamos. O governo tinha bases de apoio muito frágeis — é importante lembrar que substituíamos um governo de outro partido —, mas trabalhávamos intensamente em busca de consensos, o que na Argentina não acontecia há décadas. A resposta do Congresso foi positiva e criativa em muitos aspectos. Infelizmente, essa experiência de democracia civilizada se esvaiu a partir de 2006, perda que se fundamentou na mesma base dos graves problemas sofridos nos últimos anos por conta de uma sociedade dividida.

Naqueles dias, o governador de Córdoba, De la Sota, propôs eleições somente para o início de 2003, ao invés dos comícios imediatos que havia defendido até então. O menemismo seguiu com seu prazo de sessenta ou noventa dias, e o jornalista Eduardo van der Kooy, em sua coluna no jornal *Clarín*, escrevia que a orientação de Adolfo Rodríguez Saá, o "presidente efêmero", era votar contra o governo com o mote "temos que derrubá-los".

2. O FATOR EXTERNO

A postura oposicionista do sistema financeiro não contava só com seu poder interno, mas tinha o suporte do Fundo Monetário Internacional, que nos pressionava por conta de uma dívida junto ao Banco Mundial de 700 milhões de dólares com vencimento em maio, e que, caso não fosse paga, representaria um isolamento ainda maior do país. Durante sua breve semana como presidente, Adolfo Rodríguez Saá[14] declarou moratória, algo que, do ponto de vista técnico, era inevitável, tendo em vista o endividamento que havia sido herdado da experiência da Convertibilidade dos anos 1990. Infelizmente, essa moratória foi irresponsavelmente festejada por uma grande parte da liderança política argentina. Entrar numa cessação de pagamentos com os organismos financeiros públicos internacionais (FMI, Banco Mundial, BID) era algo que, ao contrário, deveríamos evitar a todo custo.

Vale a pena lembrar que, na semana de minha posse, os governadores, junto ao presidente, firmaram o *Documento dos 14 pontos*, no qual se comprometiam a dar prioridade ao pagamento da dívida que vencia em maio. Duhalde sofreu uma forte pressão para se decidir entre um isolamento total e políticas populistas ou reintegrar-se à comunidade financeira internacional por meio de um acordo com o FMI. Assim, horas antes de minha posse, os governadores impuseram a ideia de reinserção internacional e privilegiaram o acordo com o FMI.

Com tais antecedentes, três *experts* em assuntos financeiros do FMI me visitaram deixando claro o seu diagnóstico e a sua solução:

— O capital dos bancos, que em dezembro de 2001 era de 21,7 bilhões de pesos/dólares, seria ao final de 2002 de somente 4,3 bilhões de pesos e menos de 2 milhões de dólares. Os bancos estrangeiros — obviamente os que eles mais queriam proteger — ficariam com um capital negativo de aproximadamente 1,4 bilhão de pesos, dado que seus prejuízos alcançariam 116% de seu capital.

Portanto, disseram que:

— O governo deveria respeitar as liminares, mas compensar — quer dizer, pagar — os bancos por elas. Alguns correntistas recuperariam na Justiça seus depósitos congelados, por meio

[14] Com a saída de Fernando de la Rúa, Adolfo Rodríguez Saá foi eleito presidente interino pelo Congresso Nacional em 21 de dezembro de 2001. No dia 27 do mesmo mês, renunciou ao cargo. (N. do T.)

de liminares que obrigariam os bancos a devolver ao correntista seu dinheiro depositado.

— O governo deveria ajudar os bancos a se recapitalizarem, e dar o devido tempo aos proprietários privados para que fizessem aportes de capital próprio.
— Os bancos privados inviáveis deveriam ser vendidos ou sofrerem fusão com apoio de dinheiro público.
— Os bancos públicos deveriam, por um lado, ter sua expansão limitada e, por outro, suas privatizações avaliadas.

Basicamente insistiam de todas as formas no Plano BONEX (ou seja, nos títulos compulsórios) e no desmantelamento gradual do *corralito* somente depois de um acordo com o FMI. Esse último ponto coincidia com a posição do Banco Central, que, como eu disse anteriormente, não queria a abertura.

Todas e cada uma dessas propostas foram rejeitadas, porque atendiam aos interesses das instituições financeiras privadas e iam contra os interesses do país.

Nossa resposta foi:

— As liminares para a retirada de fundos são decisões judiciais de primeira instância, portanto não definitivas. Em nenhuma hipótese o Estado empregará dinheiro público para cobrir as responsabilidades dos bancos. Aos bancos resta decidir entre a realização de um novo aporte de capital ou dar por encerradas suas atividades no país. Não haverá dinheiro público para proteger os acionistas, fosse por meio de aportes de capital público ou como financiamento de fusões e aquisições entre bancos privados.
— Os esforços para pagar os "estragos" da Convertibilidade são de toda a sociedade. Proceder como pede o FMI implicaria em deixar o sistema bancário e seus acionistas privados à margem dos fenomenais prejuízos ocasionados pela crise.
— Os bancos privados, aqueles que segundo os ministros da Convertibilidade faziam parte do sistema financeiro mais sólido do mundo, demonstraram, no meio da megacrise, que constituíam um sistema não tão sólido, e como consequência muitos

correntistas, procurando segurança — o que em economia se denomina *fly to quality* —, emigraram no sentido inverso ao esperado pelos defensores da Convertibilidade, do FMI e do Banco Mundial: a segurança estava nos bancos públicos.

— Em meio à crise, os correntistas que reagiram a tempo fugiram para os bancos públicos, e não deles. De tal forma, era inadmissível a ideia de limitar sua expansão que, na verdade, ajudava na estabilização do sistema, e, menos aceitável ainda, considerar sua privatização.

Não posso continuar o relato cronológico dos acontecimentos sem abrir um parêntesis para observar que o que nos sucedia naqueles dias voltaria a se repetir no mundo desenvolvido alguns anos depois. Em meio à crise financeira internacional de 2008-2009, o Fundo Monetário Internacional manteve sua postura lobista, favorecendo os interesses do setor financeiro em detrimento do interesse geral. Não foi, obviamente, um fenômeno vinculado exclusivamente à Argentina, mas algo que abrangeu todas as latitudes. Simon Johnson, economista-chefe do FMI, escreveu durante a crise: "Nos Estados Unidos, assim como no Terceiro Mundo, os interesses das empresas tiveram um papel central na criação da crise. Fizeram apostas cada vez maiores com o apoio implícito do governo, até o inevitável colapso. E agora estão usando sua influência para evitar, precisamente, as reformas que são necessárias".

Cabe destacar, de modo ilustrativo, que entre os documentos elaborados no marco do G-20 sobre a crise financeira mundial de 2008-2009, o único que se tornou público foi o redigido pelo FMI, cujo objetivo era fazer *lobby* pela iniciativa conhecida por *bad bank*, uma proposta que promovia a criação de um banco estatal para limpar os balanços dos bancos privados em dificuldade. Ou seja, o mesmo critério que o Fundo Monetário e os banqueiros tentavam implementar na Argentina de 2002. Enquanto durar a festa, os lucros são para os banqueiros. Quando a bonança termina, o prejuízo é transferido para a sociedade.

Além desta diferença crucial com o FMI em matéria econômico-financeira, adicionou-se outra de enorme importância política: a revogação da Lei de Subversão Econômica. Antes de minha chegada, tinham prometido a revogação de tal lei (o compromisso número 10 dos *14 pontos* dos governadores), mas, assim que percebi que a revogação não passaria no Congresso, e que talvez os legisladores tivessem razão, concluí que o mais sensato seria, ao invés de revogar, realizar modificações parciais.

O Fundo Monetário havia estabelecido a revogação da Lei de Subversão Econômica como condição *sine qua non* para firmar qualquer tipo de acordo com a Argentina. E fazia uma enorme pressão: revogação ou nada.

Mas isso era impossível. Nunca, em uma negociação, a melhor proposta pode ser exatamente igual à pior. Pois, desta forma, não há margem. E se não há margem, não há negociação. E se não há negociação, não há política, cuja essência é a intermediação de interesses. Alguns políticos não aprendem nunca, continuando — e certamente continuarão, pois esse é seu "estilo" — a afirmar demagogicamente para os meios de comunicação que negociam e dialogam, mas na verdade só discutem política em termos de "tudo ou nada". E assim vamos, rolando ladeira abaixo, perdendo oportunidades e disputando batalhas insensatas.

Enquanto outros servidores públicos continuavam respeitando o acordo com o FMI pela revogação da lei — como Eduardo Amadeo, porta-voz e conselheiro do presidente —, adotei a posição de que a lei deveria ser reformulada, mas não revogada. E isso foi o que eu comuniquei, em três diálogos telefônicos carregados de tensão, a Anne Krueger, número dois do FMI, responsável pelo caso Argentina.

A resistência por parte dela foi incrível. E não ficava claro por que o FMI fazia dessa questão um ponto central, imprescindível para se chegar, ou não, a um acordo. Alguns apontavam para as pressões de um agente oculto, David Mulford, o ex-subsecretário do Tesouro norte-americano durante a administração George Bush sênior, e, naquele momento, cabeça do Credit Suisse. Mulford participou ativamente do processo de emissão de títulos da dívida argentina durante o mandato do ministro da Economia Domingo Cavallo. Não posso confirmá-lo, mas posso dizer que no FMI havia uma preocupação com a possibilidade de que se criassem problemas legais para os banqueiros.

Anne Krueger, assim como outros altos funcionários do FMI, solicitou mais de uma vez — a mim e ao presidente Duhalde — que se protegesse o ex-ministro Cavallo. Ele tinha sido detido pela Justiça por assuntos relacionados a sua gestão, e segundo Krueger "sua cela era fria e não tinha internet". Minha garantia foi simples: eu e minha equipe não estimularíamos represálias e nem dedicaríamos nosso precioso e escasso tempo a denúncias ou caça às bruxas. O Estado dispõe de organismos internos de controle e a ordem institucional faz parte do próprio Poder Judiciário, cuja função é justamente tratar desse tipo de questão. Nada que fosse politicamente favorável ou contrário ao ex-ministro nos dizia respeito. Não sei se minha postura a tranquilizava, mas garanti que de minha parte não haveria intervenções com inspirações políticas. Minhas diferenças com Cavallo, no passado e no presente, eram conceituais — sobre o país e seu futuro. Ponto final.

Volto a repetir, era difícil entender o interesse do FMI na questão da Lei de Subversão Econômica. O fato é que junto às pressões sempre saltavam os nomes do ex-ministro Cavallo, de David Mulford e de pessoas ligadas ao Banco General de Negocios (BGN) — um banco de investimento com participação do Credit Suisse, cujo diretório era formado por figuras como o ex-ministro da ditadura militar José Martínez de Hoz. O BGN, em meio ao fogo cruzado de seus próprios acionistas, havia pedido uma suspensão de suas operações por 120 dias para apresentar uma proposta de liquidação ordenada.

Mulford teve o privilégio, enquanto credor do país, de ser condecorado pelo governo argentino durante o período Menem-Cavallo. Em matéria de fatos estranhos, totalmente inusitados, sempre tem um governo argentino para reivindicar sua presença na lista dos tristes recordes.

Minha justificativa por ter mudado de opinião quanto à Lei de Subversão Econômica — lembrem-se que no começo aceitei o estipulado pelos *14 pontos*, ou seja, a revogação da Lei, mas depois mudei de ideia e optei por sua modificação — foi a de que algumas pessoas consideravam que a revogação implicaria uma "anistia", o que poderia gerar o arquivamento dos processos já iniciados. Havia juristas que afirmavam que a revogação afetaria doze processos por "esvaziamento" bancário em períodos anteriores. O Banco Central, por exemplo, tinha denúncias — em muitos casos em causas de mais de dez anos — contra as autoridades do Banco de Intercambio Regional, Banco Los Andes, Banco de Italia, Banco General de Negocios, Banco Patricios, entre outros.

A verdade é que a lei datava de 1974, e definia os infratores de forma tão ampla e imprecisa que se tornava altamente subjetiva, o que poderia eventualmente prejudicar futuros investimentos locais ou estrangeiros. O mais razoável era especificar infrações sem revogar a lei. A posição de Krueger foi inflexível, não aceitaria sua modificação. Não obstante, esse foi o caminho escolhido junto ao Congresso.

É bem verdade que dentro do governo havia certa confusão entre os que propunham uma modificação e os que pediam a revogação da lei — a qualquer custo — se aproximando da posição do FMI e inviabilizando as condições para que se alcançasse um acordo. Muitos intermediários rodeavam o assunto, um número maior do que o recomendável. Nesta balbúrdia, o senador Gioja, líder do Bloco Justicialista, esteve a ponto de conseguir a revogação, mas finalmente se juntou à proposta de modificação apresentada pelos senadores da oposição Ricardo Gómez Diez e Pablo Walter, a qual também incluía uma reforma do Código Penal conferindo maiores especificações aos delitos e seus infratores.

O único ponto em comum com o FMI foi o relacionado à Lei de Falências, que também não foi modificada totalmente de acordo com as expectativas do Fundo, mas ao menos seguia a mesma direção conceitual. O fato é que durante a crise, em janeiro de 2002, o Congresso havia votado modificações nesta lei que outorgava toda a proteção ao devedor e deixava os credores sem recursos reais para proteger seus créditos. A intenção pode ter sido boa: evitar falências generalizadas como consequência da crise. Mas era um instrumento de curto prazo, não podendo durar para sempre já que implicava a eventual redução ou desaparecimento do crédito, precisamente por não oferecer a proteção necessária aos prestamistas.

Algumas décadas atrás, algo similar aconteceu com os aluguéis. Leis favoráveis aos inquilinos haviam destruído o mercado de moradia de aluguel, o que piorava a situação dos cidadãos sem casa própria. Essas são matérias em que o equilíbrio dos direitos entre as partes é fundamental para o funcionamento do sistema.

Ao ser reformada, a Lei de Falências suspendia toda e qualquer execução até dezembro de 2003, liberava os fiadores de suas responsabilidades e dava um extenso período de exclusividade para que se oferecesse uma solução aos credores.

Com um total de 178 votos, entre os partidos Justicialista, União Cívica Radical, Acción por la República e alguns partidos provinciais, foi aprovada uma reforma que equilibrava o interesse em manter uma empresa em dificuldades financeiras em funcionamento, sem afetar ainda mais o emprego e a produção com eventuais falências. A modificação limitava em até 180 dias a suspensão de execuções creditícias e fixava em 120 dias o período de exclusividade a favor dos proprietários endividados. Além disso, fazia com que o papel dos juízes fosse mais ativo e decisivo, respeitando os valores de mercado e não somente os valores contábeis, que haviam ficado claramente supervalorizados.

Decorrido o período de exclusividade, credores, terceiros e proprietários poderiam fazer propostas em leilão para assumir a empresa e mantê-la em funcionamento (procedimento conhecido por *cram down*). Como já mencionado, esta lei era de nosso interesse, pois buscávamos normas próximas aos padrões internacionais e que, como consequência, não atuassem como obstáculo para os investimentos e para a expansão da produção, tão necessária para sairmos do buraco negro da crise.

Por influência do jornal *Clarín*, e com apoio ministerial, o Congresso excluiu do *cram down*, com base em antecedentes internacionais, empresas do setor da indústria cultural.

No dia 1º de maio, pouco tempo depois de ter tomado posse, escrevi um artigo para o *Financial Times* argumentando que a Argentina teria que resolver seus problemas buscando um caminho próprio e que era fundamental contar com o apoio internacional para avançar neste sentido. Esse critério era o exato oposto do que sugeriam aqueles que queriam intervir no país. Naqueles dias, o subsecretário norte-americano Peter Fisher disse que o FMI preparava um Plano B para a Argentina. O Fundo Monetário manteve silêncio sobre essa declaração, dando a entender que era verídica. Após um enérgico protesto de nossa parte, o Fundo desmentiu Fisher e declarou que não estava entre as funções do FMI preparar planos econômicos para países. Declaração que continha mais mentira — mentira piedosa — do que verdade, já que, sim, preparam planos econômicos quando os países permitem, e justamente parte da discussão entre a Argentina e o FMI era que não permitiríamos tal intromissão.

Em todo caso, a aplicação do critério de um "caminho próprio" nos levou a ter sérias discordâncias com o FMI sobre os bancos e no tocante ao tema institucional da Lei de Subversão Econômica.

O Fundo Monetário não poderia estar satisfeito: não obtivera nada. Nenhuma concessão aos bancos — quando Guillermo Calvo declarava que o que estava sendo feito aos bancos era "um massacre". E nada relativo à Lei de Subversão Econômica. Sim, houve modificações, ainda que em um sentido positivo (acatando parte do recomendado pelo FMI), para a Lei de Falências. Em tais condições, mantinha-se a espada de Dâmocles do pagamento da dívida de 700 milhões de dólares e poucas alternativas de receber, como repetiu Calvo, os 9 bilhões de dólares de adiantamento imediato caso firmasse o acordo de 20/25 bilhões de dólares.

Realizamos uma consulta com os governos do México e do Brasil sobre a possibilidade de um crédito-ponte para que nós pudéssemos efetuar o pagamento da dívida com o Banco Mundial. Diferentemente do que aconteceu na década de 1990, a resposta foi negativa, e decidimos dar o assunto por encerrado. Na segunda-feira, dia 13 de maio de 2002, dois dias antes do vencimento, pagamos ao Banco Mundial 680 milhões de dólares com um crédito sobre as reservas do Banco Central, que nessa data eram de 11 bilhões e 740 milhões de dólares, e assim demos continuidade às negociações. No futuro já não agiríamos dessa forma, como será explicado mais adiante.

Do exterior, além de chamadas telefônicas, havíamos recebido a visita do ministro da Economia chileno, Nicolás Eyzaguirre, e do vice--chanceler italiano Mario Baccini.

Nicolás foi o primeiro estrangeiro a nos visitar, quase imediatamente após minha posse. Ele havia sido o representante chileno no Fundo Monetário Internacional antes de ser designado ministro, e alguns anos depois, mais precisamente em setembro de 2008, foi indicado pelo Fundo para ser o responsável pela supervisão da região denominada Hemisfério Ocidental, que inclui a Argentina (cargo que no momento das negociações era ocupado por Anoop Singh). Claramente, a missão de Nicolás Eyzaguirre, como oficial de um país amigo e ex-funcionário do FMI, era ter uma primeira impressão do novo ministro da Economia argentino, e de suas ideias. Foi uma boa reunião, e com o tempo nos tornamos bons amigos. Suponho que daquele primeiro encontro com Eyzaguirre tenha saído um relatório não muito favorável sobre as intenções do novo ministro em aplicar políticas econômicas ortodoxas.

O vice-chanceler italiano Baccini não deixou de contribuir com a pressão que sofríamos. Ao lhe perguntar sobre o que aconteceria se fizéssemos um plano econômico sem o apoio do FMI, ele foi contundente: "Não passa pela cabeça de ninguém na Itália tal possibilidade" e enfatizou a necessidade do acordo com o Fundo.

A unanimidade nas opiniões, por mais que fossem cheias de boas intenções, era irritante, pois jamais considerava os níveis de pobreza e desemprego gerados pela crise argentina. Por uma questão de enfrentar "o mau tempo com boa cara" éramos íntegros no trato com nossos interlocutores, mas firmes no âmago da questão, ou seja, na defesa dos interesses da nação argentina.

A melhor visita que tive foi a do uruguaio Enrique Iglesias, presidente do Banco Interamericano de Desenvolvimento. Ele tinha acabado de chegar a Montevidéu, vindo de Washington, e, mesmo em meio a um temporal e fora de sua agenda, visitou-me em Buenos Aires. Além disso, Iglesias nos trazia o primeiro crédito oferecido ao país desde a moratória: 700 milhões de dólares. O crédito representava um gesto positivo da comunidade internacional pelo pagamento, de praticamente igual valor, feito ao Banco Mundial dias antes. Enrique Iglesias demonstrou ser, ao longo dos anos que se seguiram, o melhor amigo da Argentina no exterior. O dinheiro foi usado para atender aos grupos sociais mais afetados. Assim sendo, já em meados de maio, iniciou-se o pagamento do *Plano Jefes y Jefas de Hogar* [Plano Chefes e Chefas do Lar], que previa atender a 1 milhão e 50 mil argentinos, mas que alcançou 2,1 milhões de pessoas. Era uma resposta emergencial ao desemprego massivo e à pobreza, não menos massiva, parte do legado da crise do ano anterior. Segundo o Banco Mundial, esse foi um dos programas sociais mais massivos e inicialmente bem-sucedidos que se tinha conhecimento até então.

Entre tantas discussões com os bancos e tantas idas e vindas com o FMI era importante não esquecer o compromisso inicial que assumimos: dentro da política econômica deveríamos dar total atenção à questão social. O Plano Chefes e Chefas do Lar foi paradigmático, já que permitiu distinguir o que era importante do que era midiático. Enquanto a imprensa gastava páginas e páginas com notícias — *corralito*, *corralón*, pressões dos bancos sobre o governo etc. —, a ajuda aos mais pobres ocupou somente algumas poucas — pouquíssimas — linhas. Os jornais não são feitos para os mais pobres, mas para as classes média e alta e para os setores influentes que, em muitos casos, fazem uso deles para exercer pressão sobre o governo e defender seus interesses.

3. Genebra — Madri — Bruxelas — Washington

Em 15 de maio de 2002 parti rumo à Europa, minha primeira viagem ao exterior como ministro. Tinha que me despedir formalmente da Organização Mundial do Comércio e da UNCTAD (*United Nations Conference on Trade and Development*), ambas em Genebra, e também da União Europeia, em Bruxelas. Em ambas as cidades, tive reuniões com colegas, autoridades multilaterais (Mike Moore e Rubens Ricupero) e representantes da Comissão Europeia (Romano Prodi, Pascal Lamy e Chris Patten). As demonstrações de solidariedade para com a difícil situação argentina foram a ordem do dia.

Minha mulher ficou encarregada de nossa mudança, principalmente dos muitos papéis que juntei durante o período em que fui embaixador. Compartilho o costume dos estadunidenses de que os funcionários públicos devem guardar todos os elementos importantes de arquivo que fazem parte da vida, da história e do aprendizado do país. Como já escrevi, eles são pioneiros e grandes conhecedores do significado de se prestar contas.

Houve ainda um outro motivo para ir a Genebra: festejar um êxito de minha gestão. A Argentina nunca havia iniciado nenhum painel por iniciativa própria na Organização Mundial do Comércio. Sim, havia constado como parte ou como terceira parte interessada, mas nunca havia litigado e atuado sozinha. Não obstante, apesar de ser um país com pouco peso específico no comércio mundial, a Argentina havia sido objeto de frequentes demandas por parte da União Europeia e dos Estados Unidos. De fato, era um dos países com mais painéis (tribunais) contrários. Era sempre a parte demandada, nunca a demandante. Estranha situação! Um amigo, alto funcionário da União Europeia, me explicou confidencialmente que a Argentina era vista como um país fácil para demandar, pois se ganhava com facilidade e isso impactava nas estatísticas oficiais da OMC sobre os casos apresentados e bem-sucedidos, publicados anualmente como justificativa do orçamento dos painéis. Por isso, desde o começo, me impus a tarefa de mudar esse "histórico". Comecei por um caso em que demonstrava que a Argentina também podia atuar como demandante.

As circunstâncias fizeram do Chile o nosso primeiro país demandado. Questionamos o sistema chileno de bandas de preço que obstaculizava o comércio de trigo, farinhas, azeites e de outros produtos agrícolas. Eu e outros dois funcionários, José Pérez Gabilondo e Gustavo Lunazzi, realizamos o *début* argentino como país demandante. Naqueles dias de maio de 2002 os juízes *ad hoc* da Organização Mundial do Comércio deram razão a nosso pedido ao advertir que o Chile, com esse sistema, violava normas internacionais acordadas.

De Genebra fui a Madri para um encontro com o presidente Duhalde, no Palácio de *La Moncloa*. Duhalde, o chanceler Ruckauf e eu almoçamos com o presidente do governo espanhol, José María Aznar, seu ministro da Economia, Rodrigo de Rato, e seu chanceler Josep Piqué. Aznar não é um homem de sutilezas, ou pelo menos foi a impressão que ele deixou naquele dia. Pressionou em favor da posição do Fundo e, o mais incômodo, em dado momento do almoço e de maneira imperativa, disse a Duhalde: "Você tem que fazer o que o seu ministro da Economia disser". Não foi uma frase feliz, por mais que me favorecesse.

Pela tarde tive uma longa reunião com o ministro Rodrigo de Rato, que exerceu pressão de maneira ainda menos dissimulada, defendendo os interesses dos dois grandes bancos espanhóis.

Também tivemos reuniões com Emilio Botín, do Santander Central Hispano [Banco Río na Argentina], e com Francisco González, do Banco Bilbao Vizcaya [Banco Francés na Argentina], que comentou que deveríamos sair juntos desta crise. Decodificar a mensagem das reuniões não foi difícil; a Espanha ajudaria, mas com condições estritas.

Na coletiva de imprensa da qual participei ao término das reuniões, eu disse que aqueles que queriam assustar a todos apregoando sobre a hiperinflação eram os mesmos agentes que levaram a Argentina à hiper-recessão e ao hiperdesemprego, e que alguns bancos queriam que o Estado — ou seja, toda a população — arcasse com os custos da quebra do *corralito*. Como não tinha dado nenhuma declaração direta sobre os bancos ou empresas espanholas com atividades na Argentina, um jornalista espanhol me disse: "Senhor ministro, você não nos deu nenhuma manchete". Minha resposta, acompanhada de um dos poucos sorrisos que consegui dar naqueles dias, foi: "Sinto muito, mas não sabia que eu trabalhava para o seu jornal e que tinha a obrigação de lhe dar uma manchete". A coletiva de imprensa terminou com uma gargalhada geral.

E, ainda durante esta mesma conversa, um exilado argentino que estava presente reclamou contra os crimes cometidos pelo governo militar.

Finalmente, viajei de Bruxelas a Washington, onde participei de três reuniões com matizes distintos. A primeira delas foi mais informal. Anne Krueger convidou-me para jantar com ela e Anoop Singh — um jantar que durou até tarde da noite, mesmo diante da impaciência dos garçons. O detalhe curioso foi o restaurante sugerido, The Aquarelle, ser localizado no edifício do caso *Watergate*, onde aconteceu a invasão clandestina, organizada por pessoas ligadas ao então presidente Richard Nixon, aos escritórios do Partido Democrata, que terminou custando-lhe a presidência, depois de sofrer o primeiro processo de *impeachment* da história dos Estados Unidos.

Não conhecia Singh pessoalmente. Nossos contatos haviam sido feitos por intermédio de meu secretário de Finanças, Guillermo Nielsen. E com Anne Krueger eu tinha tido somente conversas telefônicas, nas quais ela atuava como um trator: direta ao ponto e segura de seu poder. Ela era uma *expert* nos temas de comércio e integração econômica, e, coincidentemente, eu havia escrito alguns trabalhos — inclusive em Harvard — criticando-a por sua postura contrária aos acordos comerciais bilaterais ou regionais e também por sua defesa do livre comércio em sua forma mais extrema. Além disso, Krueger era contrária a projetos de integração como o Mercosul, cuja formulação e negociação inicial — em 1986, com Brasil e Uruguai — tinha sido de minha responsabilidade. Poderíamos ter mais diferenças? Com o tempo descobri que sim. Minhas diferenças com Krueger iam muito além da visão comercial — eram gritantes no que diz respeito à macroeconomia e ao funcionamento de economias em desenvolvimento.

Anoop Singh me pareceu ser muito mais delicado, com essa peculiaridade de um indiano de classe alta. Tudo o que eu sabia sobre ele era que havia estado na missão que deu assistência ao Sudeste Asiático durante a crise financeira e econômica de 1998 e 1999.

O jantar, que tinha um caráter social, sofreu um tropeço logo no início, quando, sem segundas intenções, eu perguntei a Anoop: "Essa é a sua primeira experiência na América Latina?". Antes que ele pudesse responder, Krueger teve um falso ataque de pigarro. Tenho certeza de que ela não gostou da minha pergunta, assumindo que eu estava duvidando da capacidade de Singh em compreender a América Latina. Não foi minha intenção, mas reconheço a delicadeza do assunto, pois, segundo consta, foram levantadas suspeitas sobre a decisão de colocar alguém que havia trabalhado e nascido na Ásia para tratar de temas do Hemisfério Ocidental (particularmente do caso argentino).

De qualquer forma, ficou claro que naquele mundo nenhuma frase era considerada gratuita ou casual. Como diria minha mulher, "vocês que estão nessas coisas, não sei como aguentam", referindo-se à dificuldade de poder falar abertamente, liberdade que ela exerce sem muitos limites. O certo é que entre um excelente prato de peixe, um vinho branco e uma conversa sobre nossas histórias pessoais não tocamos em questões relevantes, e a noite terminou.

O prato principal foi a reunião formal do dia seguinte, no edifício do Fundo Monetário Internacional, com Krueger, Singh e outros funcionários, na qual repetimos nossa posição e nossos princípios fundamentais enquanto os representantes do Fundo continuavam com suas recomendações e exigências para que pudéssemos avançar com o acordo.

O terceiro encontro, que não estava previsto, foi com o diretor-geral do FMI — a autoridade máxima —, o alemão Horst Köhler, que chegou ao cargo após uma forte disputa entre a Alemanha e os Estados Unidos. Normalmente, a posição de diretor-geral do FMI fica nas mãos de um europeu, e a Alemanha havia indicado Caio Koch-Weser para o cargo, mas seu nome foi vetado pelo governo de Bill Clinton. O impasse se resolveu com a indicação de um nome transitório: Horst Köhler. E ao que tudo indica, alguns anos depois, um impasse parecido levou o mesmo Köhler à presidência da Alemanha, o que fez com que ele se afastasse do FMI antes do final de seu mandato.

Realizamos a reunião sentados em grandes poltronas azuis, acompanhados por Krueger, Singh e nosso representante no FMI, Guillermo Zocalli. Obviamente que, comparado a Krueger, o conhecimento de Köhler sobre a crise argentina era superficial. O auge da reunião foi quando declarei que a Argentina retirava todos os pedidos de novos financiamentos. Aspirávamos apenas a realizar a rolagem da dívida que vencia e, sendo assim, descartávamos a ideia — dos governos anteriores — de receber novos aportes de capital.

É bom lembrar que Calvo havia mencionado a necessidade, mais ou menos imediata, de um financiamento de 9 bilhões de dólares, e que o mesmo Calvo e o ministro Remes haviam chegado a cogitar um número entre 20 e 25 bilhões de dólares em novos empréstimos ao país. Tive que repetir três vezes nossa posição.

Primeiro pensei que a incompreensão era resultado de uma dificuldade de comunicação entre meu inglês latino e o inglês germânico de Köhler, mas não foi o caso. O diretor-geral do FMI parecia simplesmente não acreditar no que eu estava dizendo, e se dirigiu surpreendido à equipe de Krueger-Singh, para quem aquela posição também era novidade. O assunto não havia sido tratado nas reuniões técnicas porque eles não queriam falar sobre novos fundos para a Argentina. Concentravam-se nas *condições* impostas, buscando nos encurralar. Eu não pretendia confirmar nem negar a ideia que eles tinham de que nossa suposta ilusão de conseguir novos financiamentos seria o caminho que condicionaria nossa política econômica. Queria saber até onde eles levariam suas exigências, de sorte que minha declaração surpreendeu a todos. O espanto, ou melhor, a incredulidade levemente disfarçada era resultado do fato de que todos estavam acostumados a uma Argentina que sempre pedia mais dinheiro.

Alguns acharam que eu tinha enlouquecido. Meu raciocínio era bem simples: jamais receberíamos uma soma significativa, e o que pudéssemos obter teria como contrapartida imposições sobre temas importantes de política econômica sobre os quais diferíamos muito. Em última instância, ou a Argentina saía dessa monumental crise por conta própria ou não saía, mas não deveríamos hipotecar mais uma vez a capacidade nacional de tomar decisões. Tanto a "blindagem"[15] no governo de Fernando de la Rúa durante o Ministério de José Luis Machinea (2000), como o "*megacanje*"[16] de De la Rúa-Cavallo fracassaram,

---

[15] Acordo assinado com o FMI para fortalecer a situação argentina por meio de refinanciamento e troca de títulos argentinos em risco de *default* no valor de 39,7 bilhões de dólares. (N. do T.)

[16] Após o fracasso da "blindagem" e as renúncias de José Luis Machinea e Ricardo López Murphy como ministros da Economia, Domingo Cavallo foi o substituto escolhido por Fernando de la Rúa. O "*megacanje*", ou "megatroca" em português, foi a derradeira tentativa de evitar o calote argentino. Consistiu em uma rolagem da dívida externa por meio da troca de títulos públicos no valor de 16 bilhões de dólares, com risco de entrar na moratória realizada em 2001, passando os vencimentos de 2001 e 2005 para 2006 e 2031, mas acompanhada de um substancial aumento dos pagamentos

piorando substancialmente a situação. Não que eu fosse teimoso. Teimosia seria seguir nesse mesmo caminho.

Assim terminava nosso primeiro encontro com o FMI, com um estudo das personalidades e dos grandes delineamentos e, concretamente, com ambos os lados repetindo seus posicionamentos. Mas havia um elemento novo, surpreendente e incomum: a Argentina não pedia novos empréstimos. Renovação de empréstimos antigos, sim. Novos empréstimos, não.

Um pequeno incidente ocorreu antes dessas reuniões. O embaixador argentino em Washington, Diego Guelar, costumava participar com outros ministros de reuniões com o FMI. Eu considerei, naquele momento, que já existiam fontes demais que poderiam originar e reforçar rumores, portanto o ideal seria manter o curso das negociações com um grupo reduzido. Desse modo, fui obrigado a informar a Guelar que organismos internacionais ou multilaterais (Fundo Monetário Internacional, Banco Mundial, Banco Interamericano de Desenvolvimento) não faziam parte de sua jurisdição, e por isso eu agradeceria sua não intervenção. Ele participaria, obviamente, de todas as reuniões com o governo dos Estados Unidos, mas não das reuniões com os organismos internacionais. Não foi de seu agrado, mas Guelar acatou a decisão.

Uma das críticas que se difundiram era precisamente que a viagem havia sido excessivamente "secreta". Eu acreditava que atuar com resguardo era parte da prudência com que se deveria tratar esse tipo de assunto. Os vazamentos que partiam do FMI e de fontes argentinas eram sempre utilizados em detrimento da posição negociadora do país.

Em todo caso, o governo estadunidense deu certos passos que nos propiciaram uma certa margem de manobra. Isso se confirmava, objetivamente, com a autorização dada a Enrique Iglesias para que disponibilizasse o crédito que mencionei e para que o FMI prorrogasse por um ano o vencimento de uma dívida de 134 milhões de dólares, como era permitido pelas normas do Fundo. Nem um, nem outro seria possível sem um sinal positivo do governo dos Estados Unidos.

---

da dívida em 53,7 bilhões de dólares entre juros e amortização de 2001 a 2031. As taxas de juros da dívida argentina subiram para 7% ao ano. O total da dívida externa foi alçado de 124 bilhões de dólares a 126,6 bilhões, sendo que o valor dos juros passou de 82,3 bilhões a 120,6 bilhões de dólares. (N. do T.)

Alguns relacionaram tais acontecimentos com o fato da Argentina ter pago ao Banco Mundial, mas também com o fato de que o candidato Luiz Inácio Lula da Silva aumentava suas chances de chegar à presidência do Brasil, o que gerava preocupação no governo estadunidense dada a trajetória ideológica de Lula. Em síntese, a Argentina tinha conseguido receber do BID e do FMI um montante igual ao que tinha sido pago ao Banco Mundial.

No aeroporto de Nova York, horas antes de meu regresso à Argentina, estive com o chamado Grupo Varenike, integrado por jovens argentinos que trabalhavam no Goldman Sachs, Bear Stearns, Merrill Lynch etc. Foi uma reunião melhor do que eu esperava, considerando a relação deste grupo de operadores e analistas financeiros com a ortodoxia econômica, e o vínculo de alguns deles com o Plano de Convertibilidade.

III

Fatores de poder (maio e junho de 2002)

> "O FMI de hoje não é o mesmo que conduziu à crise argentina em 2001, intransigente na recuperação [...]; hoje sabemos que aquela visão não existe mais e podemos dizer que, graças à ajuda da Argentina, o FMI mudou."
>
> Joseph Stiglitz

1. O Banco Central, de novo

Ficou evidente, no pior momento — quando parte de minha equipe econômica estava no exterior —, que a relação do Ministério da Economia com o Banco Central se deteriorava.

Talvez sem se dar conta da imprudência do ato, Mario Blejer, presidente do Banco Central, tornara público um almoço com Pedro Pou, presidente da instituição durante o menemismo. Pou havia declarado não concordar com as medidas adotadas pelo governo. Dois diretores do BCRA renunciaram, e os rumores eram que o próprio Blejer também cogitava a renúncia. O jornal *El Cronista* divulgou: "Bancos baixam o polegar ao plano Lavagna contra o *corralito*", e declarava que eu era contra os *14 pontos* dos governadores, os quais eram apoiados pelo FMI, por Blejer e pelos bancos.

Essa formidável conjunção de opositores era reforçada pela opinião do economista Miguel Ángel Broda de que, caso liberássemos os depósitos "encurralados" no *corralito* e no *corralón*, sofreríamos com a hiperinflação; e também pela coluna jornalística de Joaquín Morales Solá, que afirmava que Duhalde e Blejer estavam fadados ao mesmo destino, ou seja, que a permanência do presidente do Banco Central dependia da estabilidade do presidente da Nação. Eram opiniões fundamentadas em um comentário extraoficial de Blejer, prontamente desmentido; no apoio dos governadores De la Sota e Reutemann; em rumores de que haveriam sérios desentendimentos entre Blejer e Nielsen; enfim, em todo tipo de versão alarmista.

Outro jornal questionava como Roberto Lavagna voltaria de Washington depois de um banho de realidade; insinuava, em outras palavras, que eu voltaria disciplinado ou, com menos elegância, domado.

A batalha entre o Banco Central, por um lado, que forçava a emissão de títulos compulsórios para os correntistas presos no *corralito* e no *corralón*, e o nosso posicionamento ministerial, por outro, que permitia somente a emissão de títulos voluntários, alcançava seu ápice. Além disso, houve um pedido do diretório do BCRA para que eles recebessem "imunidade e proteção legal por suas decisões", o que requereria modificar a Lei de Entidades Financeiras e a Carta Orgânica do Banco Central.

As diferenças não paravam por aí. Outro importante desentendimento era sobre a política de redesconto bancário (empréstimos oferecidos pelo Banco Central, geralmente apoiado em emissão de moeda, aos bancos comerciais com insuficiência de caixa) que havia alcançado os 16,5 bilhões de pesos e que, no meu entender, era uma das fontes de emissão monetária responsável pela altíssima inflação divulgada durante o mês de abril de 2002. Além disso, os bancos não assumiam nenhum tipo de compromisso, como novos aportes de capital próprio ou a permanência no sistema financeiro nacional, pelo recebimento da assistência oferecida pelo BCRA.

O banco canadense Scotiabank, por exemplo, tinha recebido 180 milhões de pesos em redescontos e, de repente, de maneira estrondosa, fechou as portas. Os bancos franceses do Crédit Agricole (Suquía, Bisel e Bersa) foram mais corretos: não pediram redescontos e resolveram sair do país de maneira organizada. Decidimos que esses três bancos seriam administrados e garantidos pelo Banco de La Nación, em defesa dos seus correntistas.

Nessas condições, reafirmei que não apoiaria "nada que pudesse ser objetado pela Corte Suprema, que não contasse com o respaldo do Congresso Nacional ou que fosse contrário ao interesse geral dos cidadãos". Mais uma vez, disse *não* para a emissão de títulos compulsórios que o Banco Central, o FMI e os bancos queriam impor.

Blejer, finalmente, mudou sua postura e afirmou que não era contra os títulos voluntários, mas que deveria haver uma transferência muito limitada de dinheiro do *corralón* (dinheiro da poupança) para as contas--correntes, e que também deveria ser limitado o uso de títulos voluntários para a compra de bens. O plano de títulos voluntários contemplava que os mesmos fossem utilizados para a compra de bens, um recurso para manter o seu valor. O presidente do Banco Central insistia que seu uso com finalidade de compra fosse o menor possível. Após uma reunião com Blejer e Duhalde, o porta-voz Eduardo Amadeo anunciou que Blejer continuava à frente do BCRA.

Em poucos dias o ambiente se inflamara novamente. No âmbito político, Ángel Rozas, do partido UCR, queria romper o acordo de governabilidade e Duhalde declarou a Raúl Alfonsín: "Se não houver apoio, deixarei o cargo".[17]

Curiosamente, as vozes menos agressivas eram as que vinham do exterior. Joseph Stiglitz, Prêmio Nobel de Economia, disse: "O desastre não acontece por não escutar o FMI, mas precisamente por escutá-lo". Nenhum outro comentário era mais próximo de nosso modo de pensar. Thomas Dawson, porta-voz do Fundo, declarou: "Parece que há certo progresso, ainda que errático" (referindo-se à Lei de Falências e aos acordos de disciplina fiscal que estavam sendo firmados pelas províncias por meio do secretário da Fazenda Jorge Sarghini e pelo subsecretário das Províncias Alejandro Arlía). David de Ferranti, vice-presidente do Banco Mundial, também demonstrava boa vontade para com a Argentina.

Entre o final de maio e o início de junho de 2002, as estatísticas iam confirmando alguns dados econômicos positivos: a arrecadação fiscal, que vinha diminuindo de maneira muito acentuada, começou a se recuperar, com aumento de 50%, e também a taxa de variação de preços, que era quase hiperinflacionária ao fim do mandato de Remes, apresentava sinais mais moderados. Essa diminuição das expectativas negativas exerceu, sem dúvida, um papel importante, e parecia justificar boa parte de nossos atos.

Nas exportações também colhíamos bons resultados, consequência de uma medida recente: pequenas e médias empresas, com exportações de até 20 milhões de dólares ao ano, pagariam impostos sobre as expor-

[17] Raúl Alfonsín foi presidente argentino entre 1983 e 1989 pela *Unión Cívica Radical*, partido do qual era líder em 2002. (N. do T.)

tações na efetivação da cobrança da exportação e não no momento do embarque da mercadoria. Foi uma medida muito valorizada pelos pequenos e médios exportadores, pois atingia 12 mil empresas e 25% do total exportado pelo país.

Em linhas gerais, os setores produtivos da economia real eram mais discretos do que o setor financeiro na avaliação do governo. Mantínhamos reuniões com Héctor Massuh, da União Industrial Argentina (UIA); Eduardo Baglietto, da Câmara da Construção; Jorge Di Fiori, da Câmara de Comércio; Ovidio Bolo, representante dos supermercados e Alberto Álvarez Gaiani, da Copal Alimentos; em todas elas se reconhecia que o ambiente era mais favorável, com esperança de que a economia melhoraria.

2. *Te Deum* de 25 de maio [missa em comemoração à Revolução de 25 de Maio]

Como manda a tradição argentina, o dia da Pátria começou para o alto escalão do governo, na residência presidencial em Olivos, com chocolate quente e *pastelitos*.[18] Leo Costantino foi quem se lembrou da tradicional roseta de lapela,[19] que por descuido havíamos esquecido. Em seguida, nos dirigimos ao *Te Deum*, na Catedral Metropolitana no centro de Buenos Aires. Caminhamos da esplanada da Casa Rosada até a Catedral, na Praça de Maio, que estava cercada de grades, ainda que o número de pessoas fosse muito reduzido. Entre os cidadãos presentes constavam aqueles que nos apoiavam e outros, mais distantes, que pediam a liberação de seus depósitos com suas panelas em riste. Eu já tinha feito esta mesma caminhada nos anos 1980, mas, desta vez, o que me impressionou foi a ausência de pessoas, o que ajudou a manter a ordem (não sei se foi bom, limito-me a descrever).

O clima dentro da Catedral era mais dramático. O cardeal primaz Jorge Bergoglio disse: "A dissolução nacional está próxima" e instigou a população a "abrir os olhos" ante "atitudes, negócios e compromissos

---

[18] Espécie de pão de ló tipicamente argentino. (N. do T.)

[19] Nó de fita, em forma de rosa com as cores da bandeira argentina — azul-celeste e branco — usado em dias pátrios. (N. do T.)

que impedem uma ação soberana, manobras de desinformação que confundem, desestabilizam e nos levam ao caos". A primeira-dama, "Chiche" Duhalde, tinha lágrimas nos olhos.

A frase de Bergoglio revelava o sentimento que prevalecia na população. Era uma sensação de vazio, estupor e espanto, enquanto alguns grupos buscavam ficar à margem dos custos da hipercrise derivada do colapso da Convertibilidade e de alguns erros iniciais cometidos nos dias que sucederam à saída do ex-presidente Fernando de la Rúa do Poder Executivo. Trágicos dias que resultaram em mais de trinta mortes.

3. Governadores em La Pampa

Na noite de 26 de maio, Duhalde viajou para a província de La Pampa. Eu viajaria no dia seguinte. O motivo da viagem era uma reunião com todos os governadores das províncias argentinas, inclusive um duro opositor do governo, que continuava exigindo a antecipação das eleições: Néstor Kirchner, governador da província de Santa Cruz [no extremo sul do país]. Em um dado momento, e de maneira intempestiva, Kirchner esteve prestes a abandonar a reunião, mas foi ignorado pelos demais. Nesse encontro, Duhalde foi franco com os governadores ao reconhecer: "meu governo tem debilidade congênita". Falou-se muito do acordo dos *14 pontos* e da necessidade de que as províncias assinassem o Compromisso de Disciplinamento Fiscal. Das catorze províncias com governadores do Partido Justicialista (peronista), apenas cinco haviam ratificado o compromisso até aquele momento, e entre as nove restantes, havia duas imprescindíveis, Buenos Aires e Santa Fé. Alguns governadores esboçaram novamente a ideia de uma taxa de câmbio fixa, posição a que minha equipe econômica se opunha fortemente.

Naqueles dias, o dólar chegou a 3,55/3,70 pesos. As reservas eram de 10 bilhões de dólares, e pelas esquinas de Buenos Aires ainda se via a chamada "sopa". Jovens desempregados fazendo fila em alguns bancos onde, por 25 pesos, "alugavam" seus documentos de identidade para que outras pessoas pudessem comprar dólares (já que havia um limite por cidadão para compra de dólares). As reservas oficiais do país, no ano, haviam diminuído em mais de 4 bilhões de dólares, cerca de 2 bilhões desde minha posse. Por outro lado, a saída de dólares, que havia sido superior a 20 bilhões em 2001, chegava a 17,9 bilhões de dólares nos cinco primeiros meses de 2002.

Nesse contexto, a Associação dos Bancos Argentinos (ABA), que, apesar do nome, agrupava os bancos estrangeiros, manifestou-se contra as ideias do Ministério da Economia, depois de uma reunião na casa de campo de Carlos Giovanelli, do Citibank. Essa declaração, como era habitual, chegou ao governo ao mesmo tempo que a Anoop Singh e ao FMI, a quem esses bancos se reportavam diariamente.

Em contrapartida, a Associação de Bancos Públicos e Privados da República da Argentina (Abappra) assinou uma ata de apoio ao governo com ativa participação de Carlos Heller. Na prática, os fatos se contradiziam: o banco Société Générale, acompanhado pelo embaixador francês Paul Dijou, anunciava a realização de novo aporte de capital, enquanto o HSBC, de Hong Kong, advertia que não faria, por conta própria, ampliação de capital.

Além dessas, outra associação foi criada, a AEA (Associação de Empresas Argentinas), constituída por um ativo grupo de empresas da economia real e cuja presidência ficou com o petroleiro Oscar Vicente, do grupo Pérez Companc. A AEA pedia a criação de um "seguro cambial" que compensasse os custos gerados pela desvalorização da moeda argentina. Era uma solicitação normal após uma grande desvalorização, e tinha, portanto, o intuito de ajudar na formulação de um plano econômico viável.

Foi declarado pela AEA que as dívidas privadas teriam que estar dentro do marco do eventual acordo entre o governo e o Fundo Monetário. Era uma maneira indireta de introduzir o tema do seguro cambial e de resolver diferenças internas no meio empresarial sobre a possibilidade de seguir com tal exigência; a ideia de um seguro de câmbio representava um custo altíssimo ao fisco e a toda população.

4. Problemas internos da equipe econômica, a Lei de Subversão Econômica e os apocalípticos

Além das fortes pressões do setor financeiro e do esboço de pressão por parte do setor de produção de bens com o pedido de um seguro cambial, existiram também certos desencontros dentro da própria equipe econômica. Citarei dois exemplos. O primeiro surgiu quando algum técnico de escalão inferior da Secretaria de Finanças recomendou estabelecer limites para saques de contas-salário. A ideia ia totalmente contra a filosofia, com a qual trabalhávamos, de dar maior flexibilidade e normalidade às operações bancárias. No entanto, foi transmitida aos meios de comunicação, o que me obrigou a desmenti-la de maneira enfática. Nosso objetivo, meu e de minha equipe, era flexibilizar e não imputar mais restrições.

O segundo caso ocorreu quando equipes técnicas da área de energia fizeram ao secretário de Planejamento Econômico, Enrique Devoto, uma proposta de aumento das tarifas de eletricidade e gás para 1° de junho, que vazou para a imprensa. De novo, fui forçado a desmentir publicamente e declarar que, naquele momento, o único assunto relacionado à energia e ao gás que estava sendo negociado era uma "proteção jurídica" entre o Estado e as empresas privatizadas para que abdicássemos, temporariamente e mutuamente, de ações jurídicas por não cumprimento contratual. O Estado abriria mão de questionar o não cumprimento de planos de investimentos, por parte das empresas, e as empresas aceitariam a não autorização de reajuste de tarifas, por parte do Estado.

Neste contexto, surgiram boatos sobre a minha renúncia. A resposta de Duhalde foi uma visita ao Ministério da Economia. Isso tinha acontecido poucas vezes na história do país: uma delas durante o governo de Raúl Alfonsín, num momento delicado da gestão do ministro Sourrouille, e a do presidente Menem ao ministro Cavallo, no meio da crise da Tequila (1995).

Nesta reunião, da qual também participaram o presidente do BCRA, Mario Blejer, o secretário de Finanças, Guillermo Nielsen, além do secretário Legal e Administrativo Eduardo Pérez, analisamos, entre outros assuntos, um em particular: o ingresso de moeda estrangeira para liquidação. A preocupação era dar celeridade à liquidação de divisas no mercado cambial nacional para que as mesmas chegassem o quanto antes às reservas oficiais. Estimava-se que tínhamos retidos, para serem liquidados, uns 4,2 bilhões de dólares, originários das exportações realizadas entre janeiro e abril. Vinte grandes empresas exportadoras, dos setores de cereais, petroleiro e alimentício (Cargill, YPF, Bunge, Dreyfus, Nidera etc.), eram responsáveis por 2,5 bilhões de dólares. Dessa reunião saíram ideias que flexibilizaram o tema.

Em todo caso, a presença do presidente Duhalde foi um gesto de apoio político diante de tantas pressões e rumores.

O mês terminou com a aprovação da revogação-substituição da Lei de Subversão Econômica e com a ampliação do Código Penal, que introduzia e clarificava delitos que constrangiam empresas que agissem "com ânimo de lucro e maliciosamente". No Senado, a votação terminou empatada, com 34 votos favoráveis e 34 contra, e o desempate coube ao presidente provisório do Senado, Juan Carlos Maqueda, que apoiou a iniciativa do governo.

Não foi fácil chegar a este resultado. Para que o empate se efetivasse, a senadora Amanda Isidori, da província de Río Negro, teve que se retirar do recinto, obedecendo às instruções do governador Pablo Verani, do partido UCR, que por sua vez atendia a um pedido direto do presidente Duhalde. Mas antes mesmo que a senadora deixasse o recinto, o governador Néstor Kirchner já havia disponibilizado um avião ao senador Lázaro Chiappe, da província de Corrientes, para que ele fosse ao plenário votar contra o governo. Cristina Fernández de Kirchner, então senadora, e seu esposo e governador Néstor Kirchner, ambos pela província de Santa Cruz, foram ferrenhos opositores da iniciativa proposta pelo governo. Opunham-se à revogação e não aceitavam a substituição dos tipos de crimes descritos no Código Penal. Finalmente, votaram contra o projeto de lei oito senadores do Partido Justicialista, 22 da UCR, um do Frepaso e três de partidos provinciais. Os senadores José Luis Gioja e Miguel Ángel Pichetto participaram ativamente da aprovação do projeto.

O projeto votado foi apresentado pelos legisladores Ricardo Gómez Diez e Pablo Walter, integrantes de partidos provinciais, e não era uma revogação simples e direta, como queria o Fundo Monetário — era a revogação da lei acompanhada da incorporação de características penais similares ao Código Penal.

O tempo provou que essa discussão foi desnecessária e de caráter politiqueiro, uma demonstração de como a mesquinhez da política de curto prazo pode se impor sobre a visão de médio e longo prazo. Lideranças políticas opositoras usavam todo tipo de argumento para boicotar o governo de transição e assim conseguir a convocação de eleições imediatas. Diferentemente do que era argumentado, nenhum processo foi descontinuado pela vigência da nova medida. Alguns buscavam mostrar que o governo cedia às exigências feitas pelo Fundo Monetário Internacional. O próprio FMI usou esse debate como forma de pressionar o governo e, em um comunicado, expôs suas dúvidas sobre a decisão da Lei de Subversão Econômica. Infelizmente, no meio desse tiroteio estava o país e seus cidadãos.

Ao final do mês de maio, no Clube do Petróleo, Ricardo López Murphy, ex-ministro de Defesa e ex-ministro da Economia (ainda que brevemente) do governo De la Rúa, havia sido ovacionado por dizer que "as ideias de Duhalde levam à repressão". Seu comentário me fez lembrar que duas semanas antes, no dia 13 de maio, em uma reunião com minha equipe econômica, alguém mencionou que tínhamos superado os treze dias que López Murphy havia estado à frente do ministério da Economia. Era um comentário que revelava o clima de interinidade que vivíamos.

5. Enfrentando o *corralito* e o *corralón*

Nas primeiras horas do trigésimo dia como ministro, nossa equipe começava a desmembrar os dois monstros herdados do fim da Conversibilidade e do caos do início de 2002: o *corralito* e o *corralón*. Mais de 60 bilhões de pesos em depósitos em conta-corrente e na poupança foram incluídos no programa de títulos voluntários. Rios de tinta rolaram com inumeráveis pressões internas e externas. Não obstante, a equipe econômica conseguiu impor seu critério para que o sistema bancário nacional voltasse a funcionar com normalidade.

O Decreto 905/02 foi redigido minuciosamente por mim, Guillermo Nielsen, Leonardo Madcur, Sebastián Palla e Eduardo Pérez. Atendendo ao meu pedido, Juan Cambiaso, um amigo de muitos anos e responsável pelo maior escritório de advocacia do país, leu o projeto de lei e salientou a importância de se declarar que a troca voluntária de depósitos por títulos públicos era "pagamento total e definitivo", o que mais tarde evitaria processos contra o Estado. O decreto estabelecia que:

— Os títulos entregues aos detentores de fundos no *corralito* (basicamente contas-correntes) e no *corralón* (poupança) eram *voluntários* e não compulsórios.

— O Estado *não* assumia o pagamento aos depositantes com a emissão dos títulos. O banco detentor do depósito teria que devolver ao Estado o valor equivalente aos títulos públicos voluntários emitidos por meio de devolução de títulos públicos, previamente emitidos, que contassem com a garantia do Tesouro.

— A partir daquela data ficava liberada a abertura de novas contas bancárias, fossem contas-correntes ou contas-poupança, categorizadas como "sistema L" (de livre). Seriam contas sem nenhum tipo de restrição na entrada e saída de fundos, como em qualquer sistema bancário normal.

— Os novos depósitos em dólares só deveriam ser aplicados pelos bancos em empréstimos para a exportação, evitando assim os empréstimos em pesos lastreados à captação em dólares de depositantes, o que havia sido um dos grandes problemas do período do Plano de Convertibilidade.

— Os detentores de depósitos em pesos com vencimentos fixos poderiam se manter no sistema anterior (implantado por meu antecessor, Jorge Remes) e esperar seu vencimento no final de 2005, ou aceitar os novos títulos, fosse no valor total ou parcial. Os novos títulos poderiam ser utilizados para o pagamento de dívidas tributárias e também para a compra de bens (seguindo uma lista de bens específicos), como casas ainda em construção, automóveis, caminhões e bens de capital novos, e ainda para a participação em fundos de investimento para projetos produtivos. Usar os títulos para compra de bens e participação em fundos de investimento tinha como objetivo estimular a demanda de consumo e investimentos, ajudando a reativação da economia.

— Os novos títulos seriam negociados livremente nas bolsas de valores, de tal forma que quem desejasse poderia comprar os títulos com benefício mútuo, para si mesmo e para o poupador "encurralado".

— Os correntistas com depósitos de prazo fixo em dólares poderiam trocar seus depósitos por títulos voluntários com cotação de 1,4 pesos por cada dólar, vencimento de cinco anos e taxa de juro anual de 2% mais CER, ou escolher diretamente títulos emitidos em dólares, mas com vencimento de dez anos e taxa Libor. Esses títulos estavam aptos para a comercialização em mercados de valores, poderiam ser utilizados para pagamento de impostos, moratórias, dívidas bancárias, e também para a compra dos bens mencionados anteriormente, desde que fossem utilizados na mesma entidade em que se encontrava o depósito.

— Os pequenos poupadores e pessoas com mais de 75 anos de idade, com fundo de indenização ou problemas de saúde, poderiam optar por um título de curta duração, com vencimento de três anos.

— As contas-correntes poderiam continuar funcionando dentro do sistema financeiro. Contas-correntes e poupança estavam autorizadas a saques de até 1.200 pesos por mês, ou serem trocadas pelos títulos em pesos (com vencimento de cinco anos) ou em dólares (dez anos), com as mesmas possibilidades de uso já mencionadas, ou aceder via licitação a títulos emitidos em dólares com vencimento mais curto, de três anos.

— Os bancos poderiam melhorar a oferta monetária, sempre e quando não utilizassem fundos de redesconto provenientes do Banco Central da República Argentina.

— Para os novos créditos, indispensáveis no processo de investimento e na reativação econômica, permitia-se o uso do CER como indexador.

— Ampliou-se a garantia dos depósitos, pois se os fundos da Sedesa, Sociedade de Garantia, não fossem suficientes, o Estado se responsabilizaria pelos depósitos de bancos que pudessem quebrar com a emissão de títulos em pesos (caso do Scotiabank). As "contas-salário" foram priorizadas na liberação dos depósitos.

— O imposto sobre as transações financeiras sofreu uma redução drástica, de 0,6% para 0,05%, para movimentação de depósitos com prazo fixo ou para a compra de títulos emitidos pelo Banco Central, como medida estimulante aos depósitos pré-fixados.

Os depósitos, desta maneira, não seriam pagos pelo Estado, já que os bancos deveriam devolver ao mesmo parte equivalente de seus ativos (créditos contra o Estado), compensando-o pelos títulos voluntários emitidos. Haveria, sim, no momento certo, compensação aos bancos pela medida de pesificar os depósitos em dólares com cotação de 1,4 pesos e pelos créditos em dólares cotados em paridade de 1 para 1. Essa era uma decisão política tomada pelo presidente Duhalde e pela equipe de Remes, sem a intervenção dos bancos, e que provocou desequilíbrios no sistema financeiro.

Apesar de termos triunfado sobre o *lobby* do setor financeiro, que queria que os títulos fossem compulsórios e não voluntários, no dia do anúncio, eu disse: "Não há o que festejar, este é o resultado de uma tentativa de distribuir os custos do colapso (da Convertibilidade) do modo mais equitativo possível".

Nielsen, por sua vez, assinalou: "O Estado deve deixar de intervir na relação banco-cliente". E acrescentou: "São as instituições financeiras que devem restabelecer a confiança de seus clientes".

O custo fiscal do programa foi estimado entre 3,5 e 4 bilhões de dólares. O custo fiscal, para os contribuintes, do plano de títulos compulsórios, que liberava os bancos da responsabilidade frente a seus clientes, seria de 22 a 25 bilhões de dólares se fosse aplicado.

No FMI, membros do *staff* continuavam contrários à nossa medida. Os representantes dos Estados Unidos, França e, em menor medida, Grã-Bretanha e Alemanha, mostraram mais flexibilidade, optando por dar tempo à nossa iniciativa. Alguns se manifestaram contra a emissão de títulos compulsórios, que não estava entre as pré-condições do FMI para o acordo.

No dia 3 de junho, em Barbados, houve uma reunião entre o ministro de Relações Exteriores, Carlos Ruckauf, e o secretário dos Estados Unidos, Colin Powell, na qual ficou evidente uma maior flexibilidade dos governantes e políticos frente à resistência dos técnicos do Fundo Monetário. Otto Reich, o subsecretário para a América Latina, um "linha dura", foi quem influenciou a posição "amigável" de Colin Powell. A nosso favor estava o medo de que o Brasil se contagiasse, agravado com a possível vitória de Luiz Inácio Lula da Silva nas eleições presidenciais, a frágil situação do Uruguai e alguns efeitos da crise argentina sobre o sistema financeiro chileno.

No Brasil, o risco-país alcançaria os 1.018 pontos básicos no dia 12 de junho de 2002. E, no mês de outubro do mesmo ano, o ministro Pedro Malan e o presidente do Banco Central Armínio Fraga não conseguiram colocar no mercado todos os papéis da dívida interna. Na Argentina, alguns governadores, principalmente Kirchner e De la Sota, insistiam na antecipação das eleições.

Por mais que eu jamais tivesse prometido uma data precisa para o acordo com o FMI, o presidente Duhalde sentia a necessidade política de estipular uma, e sua mais recente previsão anunciava que o acordo sairia o mais tardar em trinta dias. O tempo demonstraria que esse prazo era inexequível; decorreriam mais de seis meses, com uma moratória em meio a duríssimas negociações, antes de chegarmos a um acordo (alcançado somente em janeiro de 2003). Intimamente, eu era cético em relação ao prazo fixado pelo presidente, e, mais do que isso, nunca dei ao acordo com o FMI a importância atribuída pelos *14 pontos* e por todos os setores do poder político e econômico. Não valia a pena chegar a um acordo se o preço era retomar às velhas receitas fracassadas.

Por mais que não tenha dito publicamente, por prudência, em minha opinião as prioridades da Argentina eram outras, e não fazia sentido aceitar um acordo, que muitos acreditavam ser a solução mágica, sem debate. Passamos muitos anos acreditando que o Fundo Monetário e os mercados internacionais de capital eram a resposta para nossos problemas (em 1983, e ainda com maior veemência entre 1990 e 2001). Parece que ter acreditado nisso por tanto tempo acabou por comprometer nossa capacidade de pensar de maneira distinta.

O tempo seria testemunha de que a Argentina tinha os meios necessários para sair da crise sem o apoio do FMI. Por isso eu não dava prazos, nunca os dei. Preferia ficar calado sobre a importância, ou a falta de importância, do acordo. Enquanto isso, dedicava os esforços de minha gestão a atender às prioridades internas.

As pressões favoráveis à presença do FMI eram tão fortes que os jornais, de maneira unânime, noticiaram que na noite de 3 de junho (2002), às 21 horas, eu teria conversado com Anne Krueger para solicitar o envio da missão do FMI à Buenos Aires. Era verdade que havíamos conversado, mas não houve o pedido para o envio da missão. A conversa foi uma atualização da situação econômica do país e sobre dados pertinentes para a solução que demos aos correntistas via títulos voluntários.

O que eu achava absurdo nisso tudo era que os jornais faziam citações textuais da conversa telefônica, que tinha ocorrido em meu gabinete no ministério, sem a presença de terceiros. A intenção dos meios era pressionar, evidentemente, por conta de interesses locais tanto quanto estrangeiros. Alguns jornalistas inventavam diálogos inteiros, sempre qualificados como secretos, buscando pressionar a favor de interesses particulares.

Nesse contexto, ressurgiram nossas diferenças com o Banco Central. Mais precisamente no que se referia à política de redescontos bancários. Nossa posição era a de que deveríamos ser fortemente restritivos, enquanto a entidade monetária nacional tratava de "prover fundos generosamente" para evitar a suposta quebra dos bancos. Os redescontos passavam de 19 bilhões de pesos. O mais importante fora o destinado ao privado Banco Galicia, com mais de 4,5 bilhões de pesos, e, em segundo e terceiro lugares, os destinados aos públicos Banco de La Nación e Banco Provincia de Buenos Aires.

Outros grandes bancos internacionais também haviam recebido redescontos, ainda que em valores menores, como o Banco Francés, o Sudameris e o HSBC. O Ministério da Economia ressaltou a importância de conter a emissão como canal de controle da inflação, e admitiu, inclusive, que estávamos dispostos a aceitar o fato de que algum banco viesse a fechar suas portas como consequência de uma política de redesconto mais rigorosa. Entre um fechamento ordenado, administrado pelo Estado, e uma política de redesconto "generosa", preferíamos a primeira opção. Obviamente era uma postura que escandalizava os funcionários do Banco Central, e mais uma vez se cogitou a saída de Mario Blejer da presidência do BCRA.

Apesar de nossas diferenças, eu e Blejer demos uma conferência no Ministério para explicar o programa de títulos voluntários. Na ocasião, o presidente do Banco Central declarou que havia conversado com Anoop Singh, do FMI, sobre os avanços alcançados e sobre a importância de que o FMI não impusesse novas pré-condições para o acordo.

As pré-condições anteriores haviam sido a implantação da Lei de Falências, seguindo os padrões internacionais, que já havia sido votada; a revogação da Lei de Subversão Econômica, que não foi uma revogação, mas uma alteração no Código Penal; e, finalmente, o compromisso para que a maioria das províncias ordenasse suas contas fiscais — condição que, de qualquer forma, era uma necessidade nacional.

Entretanto, o FMI não estava satisfeito com as modificações incorporadas à Lei de Falências, com a reforma fiscal das províncias e, menos ainda, com as decisões que haviam sido tomadas sobre a Lei de Subversão Econômica. E insistia — sem êxito — para que o presidente vetasse todos os artigos da Lei de Subversão, exceto o primeiro, que era a revogação da própria lei. Assim, excluíam-se todas as caracterizações de crimes financeiros incorporadas ao Código Penal que, com maior seriedade, substituíam a lei anterior.

Horst Köhler tomou uma posição equidistante dos diretores dos países e de seus funcionários no FMI e comentou: "Realizaram o suficiente para o envio de uma missão de avance com a finalidade de preparar as negociações, algo que já havia sido oferecido há algumas semanas". Eles não propunham negociações, mas um tipo de missão exploratória. Essa distinção foi logo desmentida por Thomas Dawson, o porta-voz do FMI, para quem "missão de avance" não era diferente de "missão negociadora". A mão do governo dos Estados Unidos estava por trás, o que ficou evidente em um comunicado do Tesouro.

Cada passo da equipe econômica dava margem a novas investidas de setores de interesse, tanto que voltou à tona a ideia de uma taxa de câmbio fixa e se cogitou até mesmo a criação de um sistema bimonetário peso-dólar — o que teve de ser terminantemente desmentido.

Menem, em Washington, defendeu a dolarização da economia. Alguns diziam que tais ideias eram geradas no instituto de centro-direita norte-americano Cato, o que conferia um peso muito maior à proposta. As expectativas empresariais, medidas para o Colóquio do IDEA, ainda eram negativas: 28% dos empresários pensavam que o segundo semestre de 2002 seria muito pior, 36% que seria moderadamente pior e 17% igualmente ruim. Somente 14% acreditavam que o segundo semestre do ano seria moderadamente melhor.

Se não foi trágico, podemos dizer que ao menos foi engraçado o que disse o presidente do Uruguai, Jorge Batlle, sobre os argentinos: "são um bando de ladrões, do primeiro ao último". Como se não bastasse, Batlle ainda disse que Duhalde estava perdido no cargo e prognosticou que Carlos Menem seria o próximo presidente argentino. Depois vieram pedidos de desculpas e correram algumas lágrimas de crocodilo. Como disse certa vez o escritor colombiano Gabriel García Márquez: "O problema da América Latina não é falta de imaginação, mas o seu excesso" — e eu diria que isso piorava ainda mais nossa situação.

6. Uma etapa chave da negociação. A missão do Fundo em Buenos Aires

Enquanto internamente aprofundávamos o debate sobre qual posição adotar, o inglês John Thornton, representante do Fundo Monetário Internacional, chegava ao país. Alguns que o conheciam e sabiam de sua intervenção na crise do Equador definiam Thornton com três palavras: "Austero, blefista e segredista". Era de conhecimento público que o quarteto Köhler-Krueger-Singh-Thornton era muito mais duro do que fora Michel Camdessus, ex-diretor do FMI, e Stanley Fischer, condutor do caso argentino na década de 1990.

O fato é que a missão do Fundo Monetário desembarcou com novas exigências:

— Insistiam com os títulos compulsórios, arguindo que, caso contrário, não haveria "ancoragem" monetária, ou seja, não haveria um programa monetário consistente. Entendiam que não era possível um programa monetário sem saber o resultado exato da emissão monetária para o lançamento dos títulos voluntários.

— Krueger queria — ratificado em uma das tantas conversas telefônicas que tivemos — que vetássemos cinco artigos da Lei de Subversão Econômica, ou seja, todos menos o que revogava a normativa. Porém, nós do governo considerávamos que somente podia ser objeto de veto o artigo que se referia a prejuízo ou esvaziamento patrimonial da empresa por imprudência ou negligência, porque era uma figura legal muito subjetiva e a médio prazo poderia ser usada contra os processos de investimento no país. Isto significava que, assim como explicou o ministro da Justiça Jorge Vanossi, se mantinha no

Código Penal a forma dolosa e saía a forma culposa, algo com o que ele concordava, uma vez que nosso Código tende a reduzir ao mínimo as formas culposas.

— Pediam intervenção direta nas províncias e que condicionássemos o envio da coparticipação federal (remessa enviada às províncias de parte da arrecadação federal) ao cumprimento do Programa de Disciplinamento Fiscal. As cartas de intenção assinadas pelos governadores não eram suficientes, o FMI pedia a substituição das cartas por acordos definitivos que incluíssem penalidades por descumprimento.

— Exigiam o aumento das tarifas de serviços públicos.

— Exigiam que não se usasse mais reservas para estabilizar o valor do dólar, deixando o câmbio flutuando livremente. Thornton chegou ao descaramento de dizer: "não queremos que vocês vendam nossos dólares".

Além disso, pairava nos discursos dos representantes do Fundo, em suas queixas e posições intransigentes, a sensação de uma demanda "velada" para que o governo convocasse eleições imediatamente. Ao menos, era essa a sensação que muitos compartilhavam. Anoop Singh, que tinha sido o responsável pelas relações com a Indonésia durante a crise de 1998 — que ocasionou a queda de onze bancos e uma grave crise recessiva — havia encorajado a renúncia do presidente Suharto, e suspeitava-se que algo parecido poderia estar acontecendo.

A verdade é que isso jamais foi mencionado de forma explícita. Falavam, tangencialmente, da dificuldade de se chegar a um acordo com um governo transitório, cuja duração seria menor do que a própria duração do acordo com o FMI: "Como realizar um acordo com um governo que não sabemos se continuará?", repetiam. Não obstante, em um almoço com o presidente Duhalde, o embaixador estadunidense afirmou com veemência que seu país não tinha intenção de pressionar nesse sentido.

Na reunião com o enviado do Fundo, David Hoeschler, estive acompanhado de Guillermo Nielsen. Após escutar as exigências, a minha resposta foi categórica: *não*. Surgiam novas condições. Comuniquei minha posição por telefone ao ministro de Finanças do Canadá, John Manley, que em Halifax presidia a reunião do G-7.

Diante das circunstâncias, pedi ao presidente Duhalde para que ele (ou qualquer outro funcionário) não estabelecesse uma data para o acordo com o FMI. Meu pedido foi aceito, pois a determinação de datas nos imputaria ainda mais pressão. O interesse em se estabelecer uma data era tão grande, que alguns jornais publicavam em meu nome promessas que eu nunca havia feito. Pelo contrário, dei passos para demarcar limites.

O primeiro e mais importante passo foi quando, no dia 15 de maio, anunciei que não usaríamos nossas reservas para pagar a dívida com o FMI que venceria no dia 15 de julho. Ficava implícito que a Argentina entraria em moratória com os organismos internacionais. Em condições relativamente normais, isso teria sido um desatino; entretanto, a situação do país era de extrema pobreza, indigência e desemprego.

A intransigência do FMI era tamanha que cheguei à conclusão de que não conseguiríamos repetir o feito anterior: realizar um pagamento (ao Banco Mundial) e receber fundos equivalentes (do BID e do FMI). Sem garantias, iríamos "sangrar" lentamente. Cada pagamento levaria mais tempo para ser compensado e a compensação já não seria equivalente, senão cada vez menor, de maneira que, aos poucos, ficaríamos sem reservas e em posição de maior vulnerabilidade frente às exigências do Fundo.

Também fiz pressão sobre as empresas privatizadas. Em uma reportagem ao jornal espanhol *El País*, declarei que não haveria negociações para o ajuste de tarifas de serviços prestados por empresas privatizadas, nem negociações com os detentores da dívida argentina, sem que antes chegássemos a um acordo com o FMI.

O primeiro-ministro espanhol, José María Aznar, que tinha sido muito duro com nosso país, agiu de forma inesperada — talvez convencido de que alguma coisa havia mudado na economia argentina — e falou com o presidente George W. Bush a favor da negociação e de um acordo entre a Argentina e o FMI. Acredito que aos poucos ele tenha percebido que a situação das empresas espanholas no país não melhoraria no caso de uma ruptura.

Pela primeira vez, o G-7 aprovou um comunicado que dizia que a Argentina havia realizado "progressos significativos", ainda que assinalasse que deveríamos fazer muito mais em termos de política monetária e na reestruturação do sistema financeiro. Estávamos totalmente de acordo com os dois pontos levantados. As tarefas eram claras; a questão era saber como seriam realizadas. Esse comunicado era radicalmente diferente do anterior, emitido em 20 de abril, no momento em que Remes renunciava ao cargo, que dizia: "A situação gera séria preocupação".

Um homem responsável como o ministro Giulio Tremonti, da Itália, que havia sido quase irritante durante a visita do chanceler Ruckauf à Itália, país mais afetado por nossa moratória, disse ao término da reunião do G-7: "A Argentina tem uma chance, desta vez há uma esperança".

A situação econômica na América Latina mudava rapidamente. Até então, o consenso era de que os demais países da região estavam desacoplados da Argentina, portanto sem risco de contágio. Mas o cenário começava a mudar. Um dia antes da reunião do G-7, em um relatório ao Diretório do FMI, o *staff* afirmava que, se eventualmente o peso argentino colapsasse, gerando uma piora na economia do país, o cenário inicialmente formulado de desacoplamento com os demais países da região poderia mudar.

O Brasil anunciou que usaria uma linha de crédito de 10 bilhões de dólares, obtida no ano anterior, para reforçar suas reservas. O piso das reservas brasileiras havia caído de 20 para 15 bilhões, um indicador claro de saída dos dólares. George Soros dizia abertamente que se Lula ganhasse as eleições haveria uma desvalorização do real. O ministro da Fazenda, Pedro Malan, pediu para que Soros se mantivesse calado, mas nada pôde fazer para evitar que o risco-país subisse a 1.300 pontos e que a cotação do dólar chegasse a 2,77 reais.

O tempo hábil para a negociação ia se esgotando, já que no dia 15 de julho venceria o prazo para o pagamento de mais de 1 bilhão de dólares para o FMI e poucos dias depois haveria o vencimento de 750 milhões para o BID.

Tanto nós, da equipe econômica, como o FMI, sentíamos a pressão. Nosso entendimento era que já não havia margem para a realização de um acordo de longo prazo; assim, nos preparávamos para um acordo "curto" ou "emergencial". A situação do FMI não era mais fácil do que a nossa, pois nos anos anteriores emprestaram 14 bilhões de dólares à Argentina e, agora, em meio a uma negociação que já durava meses, deixariam o país declarar moratória por não facilitar a rolagem de uma dívida de 1 bilhão de dólares (seria a primeira moratória de um país de porte médio/grande com organismos multilaterais). Em uma reunião de diretores representantes dos países membros do FMI, a dupla Köhler-Krueger foi abertamente criticada e questionada pela dureza que adotava em uma situação que representava risco de contágio para toda a América Latina. Outro dado que ia contra o FMI é que em meses anteriores alguns funcionários do Fundo de origem latino-americana tinham sido afastados, justamente quando poderiam ter sido mais úteis. O argentino Claudio Loser, responsável pelo Hemisfério Ocidental, foi substituído por Anoop Singh, até então a cargo de operações especiais, particularmente a da Argentina. Pouco depois, outro latino-americano foi substituído na gerência do organismo: o chileno, ex-ministro da Economia e terceiro na hierarquia do FMI, Eduardo Aninat.

Enquanto isso, a turbulência econômica aumentava, principalmente na América do Sul. O Uruguai eliminou o sistema de banda cambial, depois de uma década de implantação, e, após violentas flutuações, terminou com a moeda desvalorizada em 10%. Caíram grandes bancos, como o Comercial (Rohm), o Galicia Uruguay e o Banco de Montevideo (Peirano). O impacto era grande para o governo de Batlle, já que o Uruguai tem um sistema bancário altamente dolarizado. Por essa liberalização da taxa de câmbio, que gerou muita volatilidade e desvalorização da moeda uruguaia — muito parecida com a que queriam impor na Argentina —, o Uruguai recebeu do FMI 1,5 bilhões de dólares.

O risco-país do Brasil, que em abril de 2002 era de 700 pontos, chegou a 1.700 ao final de maio. No Chile, a bolsa de valores caía enquanto o dólar subia, ainda que de forma moderada. Fernando Henrique Cardoso, poucos meses antes do fim de seu mandato, declarou à rede mexicana *Televisa* que Bush não sabia nada sobre a América Latina e que o fato de sermos considerados irrelevantes pelos Estados Unidos nos dava espaço para fazer o que bem entendêssemos. Uma linda frase, mas que não refletia a realidade; Lula, antes mesmo de assumir o governo, teve que ceder ao FMI e se comprometer a não alterar o rumo da política econômica, respaldando a carta de compromisso que o FMI exigiu de todos os candidatos à presidência do Brasil.

Aos problemas da América do Sul se somava algo até então impensado: a crise começava a atingir o México. O secretário da Fazenda mexicano, Francisco Gil Díaz, declarou que o país estava em situação igual à da Argentina dos anos 1990, um momento explosivo, que talvez fosse terminal para o modelo de déficit externo financiado principalmente pelos ingressos de capitais originários das privatizações. O impacto da declaração foi tão forte que o presidente mexicano Vicente Fox teve que desmenti-lo.

Eu não estava de acordo com a ideia de que a Argentina era responsável pelo contágio na região. "A Argentina não contagiou ninguém. Isto é consequência de políticas econômicas similares (fazendo referência implícita às políticas baseadas no Consenso de Washington e às ideias dos anos 1990), de capitais financeiros especulativos, governos irresponsáveis, bancos que emprestam sem critérios e avaliadoras de risco que não se antecipam aos acontecimentos". Isto, que podia parecer uma ousadia ou irresponsabilidade na boca de um ministro de um país em desenvolvimento, depois da eclosão, em 2008, da maior crise financeira internacional desde 1930, passou a ser dito pelos governantes do mundo desenvolvido.

7. Nem tudo era Fundo Monetário Internacional. As decisões internas

A data crucial para a negociação se aproximava. Mantendo minha postura inicial de dar ao Congresso um papel ativo e central nas decisões, contando assim com o respaldo do Poder Legislativo, preparei, junto de Alberto Coto, uma reunião com a principal bancada no Parlamento: a do Partido Justicialista. Era a primeira vez em mais de dez anos que tal encontro acontecia (o último ocorrera durante a gestão de Néstor Rapanelli no começo do primeiro mandato de Menem). Nos anos 1970, uma visita similar terminou com a renúncia do ministro dois dias depois, o que indicava o risco potencial do diálogo.

Diante de 94 deputados justicialistas expliquei a situação econômica e nosso plano, os próximos passos e dei algumas declarações que foram consideradas impactantes:

— Não mudaríamos o funcionamento do BODEN (Bônus do Estado Nacional, títulos públicos voluntários).
— Não aceitaríamos mais uma política de redescontos frouxa como era a que vinha sendo oferecida pelo BCRA aos bancos.

Os bancos teriam que injetar capital próprio para poder ter acesso às linhas de apoio do Banco Central. Para cada peso de redesconto, os banqueiros teriam que aportar valor equivalente de capital próprio.

Houve, por exemplo, uma proposta de um banco nacional para adquirir três bancos que eram de propriedade do Crédit Agricole (que tinham ficado em poder do Banco de La Nación), caso recebessem redescontos, embora sem aporte de capital próprio. Dissemos que não. Nossa postura foi criticada pelo setor privado, por Javier González Fraga e por Roque Fernández, ex-ministro de Menem. Alguns dias depois, o HSBC, que tinha sido muito duro ao anunciar que não haveria novos aportes de capital, voltou atrás e injetou 211 milhões de dólares. Tal atitude foi seguida pelo BBVA (Banco Francés) com aplicação de 209 milhões, pelo Sudameris com 200 milhões e pelo Société Générale com 50 milhões.

Em vários casos, esses aportes bancários serviram para cumprir obrigações negociáveis que venciam e, como consequência, reduziam a dívida total do sistema financeiro nacional. A razão dessa postura estrita com relação à emissão da moeda era clara — nos primeiros cincos meses de 2002 a principal fonte de emissão monetária havia sido por meio de redescontos bancários.

— Não haveria aumento de tarifas nos serviços de utilidade pública nos meses por vir.
— Não haveria aumento de salários para o setor público. Esta definição eludia toda demagogia e, mais uma vez, mostrava na prática o critério do plano econômico de evitar a facilitação e o voluntarismo.

Como um jovem servidor público nos anos 1970, vivenciei o voluntarismo populista da administração do terceiro mandato de Perón e seus resultados negativos na economia e catastróficos na política.

— Em nosso acordo com o FMI (ainda em aberto) não pediremos nem receberemos novos empréstimos. A proposta é de um plano de reprogramação de vencimentos, e um registro contábil entre pagamentos comprometidos e realizados por governos anteriores ao FMI. Sobre isso não há Plano B; "trabalhamos em um acordo para não ficarmos isolados do mundo".

Finalmente declarei aos legisladores peronistas que o Ministério da Economia não concordava com o pedido de imunidade feito pelos diretores do Banco Central e por Blejer. E disse que todos nós corríamos riscos ao tomar decisões no meio de uma crise singular — esse foi o único momento da reunião em que me aplaudiram. Esse último esclarecimento sobre o posicionamento do Ministério foi uma resposta a Alfredo Atanasof e Eduardo Amadeo, que apoiavam a ideia da imunidade, e aos deputados Rodolfo Frigeri e Arturo Lafalla, junto ao senador Jorge Capitanich, que a consideravam uma alternativa possível.

A manchete do jornal *Ámbito Financiero* do dia seguinte foi: "Lavagna insiste em incomodar Blejer", o que em minha opinião era extremamente inoportuno, considerando a proximidade da negociação com o FMI.

Quando se governa, não se deve titubear, mesmo que essa confiança "incomode" certas pessoas. Sem prepotência, no contexto de uma política orgânica e não meramente confrontante, sempre haverá alguém insatisfeito. O idílio da unanimidade é uma ideia falsa que os regimes comunistas ensaiaram por décadas até se renderem às forças do sindicato Solidariedade, dirigido por Lech Walesa na Polônia, que viria a ser a primeira peça do dominó que terminou com a queda do Muro de Berlim e a reunificação da Alemanha. Assim se encerrava o curto século XX, que começou na Primeira Guerra Mundial e terminou em 1989.

O que o jornal não entendia é que eu não titubearia diante de posturas que eu considerasse inoportunas. Inoportuno tinha sido, no meu ponto de vista, deixar a negociação nas mãos de pessoas com tendência, pelas suas próprias histórias de vida, a seguir os ditames do FMI. Sem entrar no mérito sobre boas intenções em tais posições, meu diagnóstico era que havíamos passado muito tempo seguindo receitas do FMI para continuar por esse caminho.

Paralelamente às negociações, e em meio ao caos imperante, íamos tomando outras decisões e surgiam dados estimulantes.

O mais importante: o ajuste no orçamento tinha aumentado os recursos para o Plano Chefes e Chefas do Lar, de 750 milhões de pesos para mais de 2 bilhões de pesos. Durante o mês de maio, mais de 1 milhão de pessoas haviam sido beneficiadas e em junho os beneficiados chegaram a 1,6 milhão de pessoas/famílias. Os pagamentos eram feitos com recursos que provinham da redução de gastos na SIDE (Secretaria de Inteligência do Estado), 138 milhões de pesos; no Ministério da Defesa, 365 milhões de pesos; e no Ministério da Economia, especialmente na Secretaria de Energia, 294 milhões de pesos. Além disso, parte dos recursos vinha do Banco Mundial.

Ao mesmo tempo, foi destinada uma quantia de 150 pesos mensais para 170 mil pessoas com mais de 70 anos e sem previdência, e o Plano Filhos assistiu as famílias com crianças de até 14 anos de idade, com um adicional de 50 pesos para o primeiro filho e de 20 pesos para os demais.

De igual importância foi o acordo alcançado entre empresários e sindicalistas da CGT para que se aumentasse o salário dos trabalhadores da iniciativa privada em 100 pesos ao mês. Nossa resposta foi: "É importante que a sociedade como um todo entenda a emergência social sem a necessidade da intervenção do Estado".

Além disso, fixamos em 5 mil dólares o limite por pessoa para a compra de moeda estrangeira, a fim de evitar maiores saídas de divisas. Também foram estabelecidas obrigações para a liquidação de divisas provenientes das exportações, que deveriam ser realizadas diretamente no Banco Central.

Outra iniciativa que executamos foi deter um projeto de lei, apresentado pelo deputado Lafalla, ex-governador de Mendoza, que propunha uma maior ingerência estatal no setor petroleiro. Ao mesmo tempo, nos dispusemos a dar maior flexibilidade a uma decisão de Alieto Guadagni, da Secretaria de Energia, para que os limites para as exportações de petróleo fossem apenas para garantir o abastecimento interno de combustível. Não era necessário exercer um maior controle sobre o setor energético. Houve, sim, um aumento nas retenções (impostos) das exportações de petróleo, que passaram de 5% para 20%. A medida se justificava pela necessidade de aumentar a arrecadação pública e o fizemos captando uma parte maior dos lucros da indústria petroleira.

Assinamos um decreto autorizando os bancos, que quisessem, a devolver em melhores condições os depósitos aos correntistas, evitando assim as imposições do Estado. Se não devolviam mais rapidamente era porque as entidades não tinham condições. Se alguma coisa desagradava mais aos banqueiros, era que ficassem lembrando-lhes — permanentemente — suas obrigações para com os correntistas.

Também foi estabelecido que os correntistas que optassem pelas liminares não teriam a alternativa dos títulos voluntários: teriam que permanecer na via judicial.

Aos poucos, os resultados positivos de nossas medidas iam aparecendo: a inflação no varejo vinha diminuindo. Fixamos o superávit primário em 1% do PIB, e Jorge Sarghini conseguiu convencer o FMI que, dada a situação, 1% era razoável. Em maio e junho, pela primeira vez desde 1999, a produção de bens havia crescido por dois meses consecutivos, por mais que dois setores fundamentais ainda não tivessem dado sinais de recuperação: o automobilístico e o da construção civil.

O plano econômico formulado pelo Ministério da Economia salientava a importância de se aumentar o consumo, e, para tanto, era fundamental recuperar o poder aquisitivo da população. Era preciso também aproveitar a taxa de câmbio competitiva e a diminuição da inflação para exportar mais e conseguir um melhor posicionamento em nosso próprio mercado. Esses fatores estimulariam os investimentos, criando assim um círculo econômico virtuoso e expansivo.

O aumento da demanda, junto ao impacto do Plano Chefes e Chefas e do gasto social em geral, a eliminação do CER para a classe média, o aumento das exportações e a substituição de bens estrangeiros por produtos nacionais eram, em nossa opinião, os pilares desse círculo virtuoso. Era fundamental romper a tendência negativa da economia que se arrastava desde 1998 e que significou uma perda de 20% do produto interno bruto.

Depois de catorze trimestres negativos, com uma retração do PIB de 16,3% no primeiro trimestre de 2002 (comparado com o primeiro trimestre de 2001), começavam a aparecer alguns sinais de mudança. Mas esses primeiros indícios de recuperação não foram notados pelo FMI, que prognosticava para o fim do ano uma queda de 15% do PIB, 100% de inflação e 29% de desemprego (5% a mais do que as estatísticas de abril). Na visão deles, o pior ainda estava por vir. No fim de 2002, ficou claro que eles tinham se equivocado — o país estava saindo da prostração de mais de quatro anos.

8. Nova York e Washington. As mortes da ponte Avellaneda. A "Comissão de Sábios"

O estreito caminho que a Argentina e o FMI percorreram para se chegar a um acordo, somado à conclusão da missão de Thornton em Buenos Aires, nos levou a uma conversa em Washington. De Buenos Aires já não era mais possível avançar, até mesmo pelo clima tempestuoso das reuniões entre Sarghini e Nielsen. O problema agora residia na possibilidade, ou na falta dela, do país contar com um plano monetário crível.

Antes da conclusão da missão liderada por Thornton e de seu retorno a Washington, convidei os enviados do FMI para um jantar em minha casa, com o propósito de não deixar o lado pessoal ser contaminado pela tensão que dominava as negociações. Além dos homens do FMI, estiveram presentes o representante do Fundo Monetário em Buenos Aires, Guillermo Nielsen e dois integrantes de sua equipe, Leonardo Madcur e Sebastián Palla, e também o secretário da Fazenda Jorge Sarghini. Dois momentos marcaram a noite: um deles alarmante, o outro engraçado.

Em uma conversa que tive a sós com Thornton, depois dele entender que o assunto dos títulos compulsórios estava encerrado e que a generosa política de redescontos bancários estava terminada, fui indagado se não estaríamos dispostos a fazer uma "hiperinflação controlada". Ao escutá-lo, não pude deixar de me surpreender, já que, a meu ver, tal coisa não existia. Ao contrário, a hiperinflação é o mais grave sintoma da total falta de controle. Qual seria então a fundamentação de semelhante absurdo? A lógica parecia ser a seguinte: já que o Estado não se responsabilizaria pelos passivos dos bancos (com seus correntistas) e não haveria mais a possibilidade de obter capitais por redescontos, a última opção seria "diluir" os passivos do sistema bancário. Isso significaria que a inflação destruiria o valor dos depósitos de tal maneira que, com uma injeção relativamente pequena de dólares por parte dos bancos, o buraco do sistema bancário seria saneado. A proposta de Thornton foi de livrar os bancos dos prejuízos da crise. Essa era a única explicação para justificar uma proposta tão absurda. Proposta que, além disso, era combinada com a liberalização do câmbio para que o dólar subisse rapidamente, com a desculpa de perder reservas. Ainda surpreso — e incrédulo — respondi, com minha melhor cara e com uma taça na mão, que tal proposta colocava em evidência a flexibilidade do FMI para alcançar seus objetivos. Primeiro foram os títulos compulsórios; com seu insucesso, vieram os redescontos generalizados; como estes também não funcionaram, partiram para a proposta de encontrar uma saída diluindo os passivos do sistema bancário.

O momento engraçado da noite foi quando Thornton, na presença de Guillermo Nielsen e de outras pessoas, espantado, disse: "O ministro tem um Picasso!". Não era bem assim. Ele se confundiu ao ver uma pintura de um grande artista argentino, Leopoldo Presas, cuja assinatura e estilo remetiam ao genial espanhol em um de seus quadros da época azul, período esse tão bem documentado pelo Museu Hermitage, em São Petersburgo.

As operações, as manobras e a realidade política local não eram necessariamente mais dignas do que as posturas do FMI. O jornal *BAE* [*Buenos Aires Económico*] era catastrófico ao anunciar que em meados de 2003 a inflação chegaria a 150% ao ano, e que a cotação do dólar chegaria a 6 pesos já em outubro de 2002. Um colunista do jornal *La Nación* sugeria um conflito entre o presidente e eu, afirmando que Duhalde se referia a mim como "este senhor", e que Gabriel Rubinstein substituiria Guillermo Nielsen, sendo este último tranferido para a Secretaria de Energia.

Para além das qualidades pessoais e profissionais de Rubinstein — que, de fato, fora uma de nossas fontes de diálogo, insistindo para que não nos fechássemos em nossos próprios pensamentos —, o colunista parecia ignorar que o candidato que ele promovia a Secretário de Finanças havia escrito um livro em que se mostrava favorável à dolarização da economia. Uma ideia que ia totalmente contra o programa econômico que tínhamos apostado. Ao sugerir isso, validava operações fracassadas como a "blindagem" da época de José Luis Machinea e o catastrófico "*megacanje*" de Cavallo.

O jornal *Clarín*, entretanto, anunciava que o uso dos títulos para a compra de automóveis e casas seria postergado. Fato que seria desmentido pela realidade, mas que, por ter sido dito no momento em que estava aberta a possibilidade de troca dos depósitos pelos títulos públicos, gerou um impacto bastante negativo.

Para acrescentar mais dificuldades, Mario Blejer finalmente renunciou ao seu cargo no Banco Central. As razões que o levaram a deixar a presidência da entidade foram três: sua discordância quanto à troca voluntária e não compulsória de títulos, à limitação que impusemos nos redescontos bancários e à não imunidade para os diretores do Banco Central nas decisões sobre a reestruturação bancária. Mais tarde, Blejer declarou em uma reportagem: "Duhalde reconheceu minha independência, o ministro tem uma visão diferente. Acredita que em meio à crise deve haver maior coordenação entre o Ministério da Economia e o BCRA. Não aceitei essa perspectiva e por isso saí". Transcrevo o trecho de uma entrevista de Blejer à revista *Perfil* de abril de 2010:

> — *Em junho de 2002, por que o senhor renunciou apenas seis meses depois de ter assumido?*
>
> — Tive algumas diferenças, muito civilizadas, com o doutor Lavagna, principalmente na política de redescontos. Eu entendia que era importante manter o setor financeiro com muita liquidez e Lavagna tinha um entendimento um pouco diferente. Então decidi sair porque acredito que a autoridade política tem supremacia sobre a autoridade do Banco Central.
>
> — *Sua carta de renúncia enfatizava "a independência do Banco Central"...*
>
> — É exatamente o que estou dizendo, no assunto (independência) instrumental. Minha intenção era manter ao máximo a liquidez do sistema financeiro, para evitar quedas adicionais no sistema etc., e, naquele momento, o interesse dos atores políticos não era esse. Lavagna pensava que os redescontos geravam pressões inflacionárias, e eu pensava que essas pressões poderiam ser contidas mantendo o sistema financeiro...

Sem dúvida tínhamos diferenças políticas, mas sempre mantivemos o respeito profissional e, nos anos que se seguiram, tivemos várias oportunidades de conversar sobre o país e seu futuro, sem mencionar o passado.

Mas as adversidades não paravam por aí, do exterior também chegavam comentários. Köhler, o homem com o poder de decisão, disse: "a Argentina me decepciona". E o Banco da Espanha (Banco Central) recomendava às suas entidades financeiras que não colocassem mais fundos na Argentina.

O *Financial Times* dizia que as conversações estavam estancadas e que necessitávamos, como país, de "um programa de ajuda... desesperadamente", e apontava, também, que a renúncia de Blejer, um funcionário que esteve vinte anos no FMI, havia complicado a situação. O *The Wall Street Journal* informou que o sucessor no Banco Central era um desconhecido.

Neste momento de instabilidade circulavam rumores de que o presidente Duhalde estava de saída, ou que eu renunciaria. Não era de se espantar que o dólar estivesse em torno de 3,80 e 3,90 pesos.

Na terça-feira, dia 25 de junho, eu iniciava minha segunda viagem aos Estados Unidos, devido à pressão e ao pessimismo de setores de poder que mantinham as classes média e alta como reféns. Ao entrar no avião tive uma surpresa: as pessoas que já estavam sentadas me desejavam "sorte", com uma mescla de angústia e esperança, fato que aumentava ainda mais a minha — nossa — responsabilidade. Essas pessoas, ali sentadas, eram o reflexo de milhões de argentinos que sentiam que essas negociações decidiriam o futuro do país. De alguma maneira, as opiniões somadas às pressões transmitiam à população uma sensação de medo que superava a própria realidade. O medo é uma forma de disciplina e alguns setores buscavam nos disciplinar.

Estávamos cercados por dois tipos de pessoas: aqueles que manifestavam seu apoio (como os passageiros no avião que seguramente eram das classes média e média-alta), e outros que não paravam de nos atacar com mensagens negativas e manobras internas. Surpreendia-me a diferença entre as pessoas comuns e as lideranças do país. Foi uma impressão que voltei a ter durante minha campanha presidencial, em 2007. A liderança política, empresarial, sindical, intelectual e dos meios de comunicação vive em um mundo diferente ao da população. Eu diria que em um mundo pior, mais voltado para o imediato e não para o futuro e, portanto, mais egoísta e menos solidário.

A viagem começava muito mal, em meio ao luto pelas duas mortes na ponte Avellaneda causadas pelo confronto entre a polícia e os manifestantes. Se algo faltava para uma crise terminal era esse enfrentamento do Estado com manifestantes, e a repressão absurda que custou a vida de dois jovens militantes. Nesse contexto, o governo estava em um estado de comoção que oscilava entre a culpa e a ideia de um complô. Assim transcorreu o primeiro dia de trabalho, a quarta-feira, 26 de junho de 2002.

As primeiras horas em Nova York foram repletas de reclamações. Nossa primeira reunião foi com os representantes dos cinco grandes bancos estrangeiros — Citibank, BBVA-Francés, Santander-Río, Boston e HSBC — no Hotel Four Seasons, além da influente presença do representante da Sociedade das Américas, William Rhodes, um velho conhecido da Argentina, que adiou sua ida a Paris para poder participar de nossa reunião. Também almoçamos com o rabino Israel Singer, figura importante da comunidade judaica, a pedido do secretário de Culto, Cacho Caselli, um homem muito próximo a certos setores do Vaticano.

Aos cinco banqueiros, que formavam as principais forças dos bancos estrangeiros na Argentina, eu disse que juntos venceríamos a crise. Entre os presentes estava Henrique Meirelles, futuro presidente do Banco Central do Brasil, e naquele momento, presidente do Banco de Boston. Houve muitas reclamações por parte de todos, mas também uma consideração importante; não concordavam com o FMI em sua avaliação de que a demanda de dinheiro não aumentava, tinham em mãos relatórios que afirmavam seu crescimento e que, portanto, havia condições para se fazer política monetária.

Rhodes era o ponderador, focava suas queixas nas liminares e nas compensações aos bancos. Singer, um homem extremamente simpático, deixou claro, durante o almoço, sua decisão de apoiar a Argentina mais abertamente do que em outras ocasiões. E também sugeriu — nada é de graça neste mundo — que entregássemos a renegociação da dívida argentina ao homem que anos atrás havia evitado a quebra da cidade de Nova York: Felix Rohatyn.

Na quinta e sexta-feira, em Washington, o corpo político começou a se movimentar por cima dos desejos e posições do *staff* do Fundo. Aznar, na Cúpula do G-8, no Canadá, expressou mais uma vez uma atitude positiva: "O FMI deve demonstrar seu compromisso com a Argentina e concluir as negociações. O governo argentino cumpriu substancialmente as condições [...], tem feito esforços notáveis".

Nos reunimos, Nielsen e eu, com o secretário do Tesouro Paul O'Neill e o subsecretário John Taylor. Logo O'Neill sugeriu que conversássemos os dois a sós. Ali sentados, em duas poltronas baixas de couro gasto, em um gabinete sem luxos, disse o mesmo que havia dito antes a Köhler: "Não queremos novos empréstimos do FMI, somente a rolagem de nossas dívidas". Sua surpresa foi imediata e a partir dali houve uma mudança de atitude: "Não querem novos créditos? Isso facilita as coisas".

Ao entrar no Tesouro, em frente à Casa Branca, e caminhar por um longo corredor de lajotas brancas e negras combinadas, passando por um minucioso controle de identificação, percebi que havia um fotógrafo. Perguntei a nosso embaixador Diego Guelar a qual veículo pertencia, e Diego respondeu que era da embaixada argentina. Pedi que desse ordem para que o fotógrafo se retirasse. Quando alguém, durante uma difícil negociação como a que teríamos, precisa de uma fotografia para mostrar a seu país com quem se reuniu, perde inevitavelmente grande parte de seu poder de negociação. Não culpo o embaixador, a tradição de nossos ministros era, e continua sendo, a de conseguir uma foto. Eu não queria fotografias, queria resultados.

Ocorreram muitas outras reuniões, principalmente com o homem que sucederia a O'Neill, John Snow, e jamais tiramos fotos, até que um dia Victorio Carpintieri, membro do Gabinete, me alertou para um pequeno cenário que havia sido montado em uma sala adjacente, com as bandeiras dos dois países e vários fotógrafos do Departamento do Tesouro. Nesse dia, os Estados Unidos consideraram que valia a pena uma foto e lógico que aceitamos com boa vontade. Nunca mendigamos uma imagem, a situação argentina em 2002 era tão séria que isso seria uma frivolidade inútil.

À nova posição dos Estados Unidos se juntaram França, Alemanha, Reino Unido, e, por fim, o próprio Alan Greenspan, o todo-poderoso chefe do Federal Reserve, com quem Paul O'Neill falou logo de nossa reunião. Aqui, vale a pena contar que quando me reuni com Greenspan, ele tirou uma nota do bolso — era uma das quase-moedas emitidas pelas províncias argentinas e que circulavam naqueles dias. Greenspan demonstrou preocupação acerca de tais emissões monetárias — preocupação que eu compartilhava.

Nesta noite, Anne Krueger organizou um jantar de trabalho em um restaurante em Washington, do qual participaram todos os integrantes da equipe do FMI e da nossa. Krueger resumiu a situação (talvez de forma menos direta da que irei relatar): "O *staff* do Fundo Monetário não acredita que vocês possam sair dessa situação; os políticos do G-7 querem lhes dar uma oportunidade, mas nós somos os responsáveis por assinar o acordo e acreditamos que a situação inflacionária tende a piorar por conta do descontrole monetário". Para responder, fiz uso dos argumentos já conhecidos por todos: "Vocês do FMI subestimam a demanda de dinheiro, a população está retendo mais notas e depósitos, fato que podem averiguar com os cinco grandes bancos estrangeiros. Entendemos que os títulos voluntários e o controle no mercado de câmbio são essenciais".

Foi um espanto geral. Mas ficou claro que havia uma ordem política, por parte dos Estados Unidos, para se chegar a uma solução.

Enquanto comíamos, encontramos uma saída que, certamente, causou muitas dores de cabeça aos funcionários do FMI. Divergíamos sobre a situação monetária do país, mas reconhecíamos que ambas as partes negociadoras buscavam o melhor para a situação. Foi então que surgiu a ideia de se recorrer a um grupo de notáveis em política monetária para avaliar a situação do país.

A proposta era de Krueger, mas tudo indicava que era uma sugestão do Tesouro norte-americano, talvez do próprio subsecretário Taylor. Inicialmente, aceitei a proposta, mas em seguida tive que voltar atrás. Não confiávamos em alguns dos nomes sugeridos, os quais nos pareciam pessoas muito próximas ao FMI. Nossa resposta foi que se tratava de uma boa ideia, desde que com outras pessoas. Seria válida com profissionais que tivessem prática de política econômica ou na condução de bancos centrais.

Uma vez que se mostraram abertos para que sugeríssemos nomes, colocamos os primeiros sobre a mesa: Paul Volcker, Jacques de Larosière, Michel Camdessus, Hans Tietmeyer e Jacques Delors. No entanto, como era evidente que não seria fácil este acordo, decidimos deixar o assunto para depois. A ideia custou muito caro ao FMI, porque, quando a proposta foi oficialmente apresentada na reunião de diretores, vários a recusaram com o argumento de que ninguém no mundo tinha mais conhecimento e experiência em política monetária do que o próprio FMI. Além disso, essa comissão de notáveis constituía uma experiência sem precedentes. De fato, nunca havia acontecido nada parecido e ainda não voltou a acontecer. Guillermo Calvo estava entre os que recusaram a proposta e se mostrou pessimista ao declarar que "não existem precedentes no âmbito internacional para tal comissão. É possível que não funcione". Apesar do descontentamento dos diretores e do *staff* do Fundo, a proposta foi aceita e o acordo efetivado.

Finalmente, no dia 28 de junho, o FMI emitiu um comunicado confirmando que prorrogava por um ano o vencimento da dívida de mais de 1 bilhão de dólares e que tinham considerado a nomeação de um grupo de *experts* que ajudariam a Argentina e o FMI na formulação de um marco monetário.

A última discussão que tivemos foi sobre se a mensagem do comunicado deveria dizer "ajudariam a Argentina" (como desejava o FMI) ou, como condizia com a realidade, "ajudariam a Argentina e o Fundo" (que prevaleceu).

Os governos dos Estados Unidos, França, Brasil e China — este último de forma imprevista — mostraram-se favoráveis em relação à Argentina nessa reunião. Naqueles dias, os agentes desestabilizadores haviam conseguido levar o dólar a 4 pesos e buscaram a todo custo superar esta barreira psicológica.

A viagem, que havia começado tão mal, terminou bem: na sexta-feira, 28 de junho, chegamos a um acordo. A prorrogação do vencimento por um ano abriu, também, a porta para que pudéssemos continuar negociando com o BID e com o Banco Mundial. É preciso lembrar que os vencimentos das dívidas com os organismos eram, até o dia 30 de setembro de 2002, de 5 bilhões de dólares, e até dezembro do mesmo ano tínhamos outras obrigações de 2 bilhões. Durante todo o ano de 2003 teríamos que pagar 12 bilhões de dólares do montante principal e de juros. A soma de nossas dívidas em um período de 18 meses dava, nada mais, nada menos, que 19 bilhões de dólares. O preço da festa do Plano de Convertibilidade.

Terminada nossa reunião informal com o Diretório do FMI, fui convidado, de forma inesperada, a almoçar com Köhler, Anne Krueger e Singh. Anne teve que adiar sua viagem e Köhler reprogramar compromissos. Minha equipe e eu também tivemos que remarcar algumas reuniões. No meu caso, uma reunião com John Maisto, do Conselho Nacional de Segurança dos Estados Unidos, e com Gary Edson. O tom do almoço foi cordial, pela primeira vez em muito tempo. Depois do refinanciamento com o FMI, afastava-se o risco iminente da moratória.

Em seguida, nos reunimos com Enrique Iglesias, do BID — sempre disposto a ajudar —, e com o poderoso presidente do Banco Mundial,

James Wolfensohn, que assegurou que o Banco estava disposto a cooperar, após o acordo com o FMI.

Essas duas reuniões foram essenciais, o total de nossas dívidas com os três organismos (FMI, BID e Banco Mundial) era de 31,9 bilhões de dólares. Em 1994, antes da crise Tequila, essa dívida era de somente 11,3 bilhões de dólares. A crise Tequila, a "blindagem" e a rolagem da dívida ("*megacanje*") foram momentos determinantes para o absurdo crescimento da dívida argentina com os três organismos multilaterais, e representava o altíssimo preço que pagamos para manter o modelo da Convertibilidade por uma década.

Em várias palestras que dei ao longo da década de 1990 elucidei que minha oposição ao Plano de Convertibilidade não era estritamente ideológica; e sempre reconheci que inicialmente fui um dos poucos economistas que não era de direita a apoiar o Plano. O erro crucial foi haver ignorado as realidadea local e mundial, que não eram as ideais se para manter o esquema da Convertibilidade. Disse em uma oportunidade, antes de ser ministro:

> Do ponto de vista técnico-econômico, o Plano de Convertibilidade estava comprometido desde o final de 1994. De ali em diante, havia apenas duas possibilidades: aceitar que a Argentina teria que se adaptar ao contexto internacional, ou prorrogar a solução e buscar mecanismos financeiros. Então apareceram as infinitas emissões de títulos, as rolagens e as blindagens. Até que essas alternativas também se esgotaram e a crise emergiu. Em termos financeiros, a crise poderia ser adiada por um tempo relativamente longo, mas algum dia ela chegaria; e, quanto mais longa fosse a espera, maior seria o custo interno. Nesse caso, o custo para a Argentina foram taxas de desemprego jamais vistas (18% já em 1995); aumento da pobreza em proporções gigantescas; duplicação e mais duplicação da dívida externa. Lamentavelmente, a crise levou sete anos para chegar; se tivesse levado quatro, certamente o estrago teria sido menor.
>
> O Plano de Convertibilidade foi de grande utilidade. Eu fui um de seus defensores como mecanismo para frear a inflação. Agora, o tempo de duração do plano dependia de uma

série de circunstâncias. Basicamente, de três fatores: primeiro, que o gasto público não aumentasse; segundo, que os mercados financeiros internacionais se mantivessem em condições de normalidade e que as paridades entre as principais moedas do mundo se mantivessem mais ou menos estáveis; e, terceiro, que por volta de 1992 fosse concluída a Rodada do Uruguai de Negociações Comerciais (GATT) com uma expressiva liberalização do mercado agrícola mundial. Caso essas três prerrogativas houvessem sido cumpridas, as possibilidades de sobrevivência do Plano de Convertibilidade teriam sido maiores. No entanto, nenhuma delas o foi.

O fracasso da primeira prerrogativa foi de responsabilidade estritamente local. Os anos 1992, 1993 e 1994 foram marcados por significativas privatizações, e, ao invés de se criar um fundo de desenvolvimento estrutural, o governo utilizou o dinheiro das privatizações para o financiamento de seus gastos correntes. O gasto público havia dobrado entre a implantação do Plano de Convertibilidade e os anos 1995 e 1996. O que representava o dobro das necessidades de dólares, algo que era arcado por toda sociedade e representava uma perda de competitividade internacional.

Em relação à segunda prerrogativa, a partir de 1992 houve um movimento constante de desvalorização de moedas. Primeiro na Grã-Bretanha, depois na Espanha, Itália e Portugal, todos países desenvolvidos. Em seguida, nos países do leste europeu, no México, na Rússia, no Brasil e nos países do sudeste asiático. Ou seja, quase todo o mundo em desenvolvimento desvalorizou suas moedas para recuperar a competitividade que haviam perdido com a desvalorização das moedas de alguns países desenvolvidos. Na contramão, a Argentina manteve a paridade, que fixava o valor do peso argentino ao dólar, ocasionando novamente uma perda de competitividade.

A terceira prerrogativa, a Rodada do Uruguai (do GATT) não terminou em 1992 e, sim, em 1994, com vigência a partir de 1995. E se tratando dos mercados agrícolas e agroindustriais, a liberalização havia sido um fracasso, justamente nessas atividades em que a Argentina é altamente competitiva.

Esses três fatores contribuíram para que a Argentina ficasse em uma situação permanente de déficit com o exterior, de déficit orçamentário e em constante necessidade do mercado internacional de capital.

Desde então, vivíamos de empréstimos, passando de uma manipulação financeira a outra. Em 2001 começamos a pagar o preço.

9. Duas lógicas em conflito

Com pouco mais de dois meses à frente do Ministério, da última semana de abril de 2002 até o fim de junho, ficou evidente o conflito entre a lógica das "partes" e a lógica do "todo".

As exigências dos bancos, das empresas, dos credores internos e externos, dos petroleiros, dos ruralistas e da CGT seguiam a "lógica das partes", ou seja, cada setor tinha suas reivindicações, suas justificativas, alguns com mais ênfase do que outros. E, em certos casos, com perceptível egoísmo e desinteresse pelo resto. Gostássemos ou não, o reivindicar e o pressionar constituíam parte da defesa de interesses setoriais.

O problema desta lógica é que a soma das "partes" supera em muito os recursos do "todo". É algo que acontece sempre, mas que alcança seu paroxismo quando se está no meio de uma crise como a que vivíamos naquele momento.

A resposta do Ministério, com a anuência e respaldo do presidente Duhalde, foi recusar esta lógica e impor a lógica do "todo", que se resumia em colocar os interesses da sociedade, como um todo, acima das vontades setoriais. Não é minha intenção simplificar as coisas, me fazendo de "mocinho" e tendo como "vilão" todos os demais, pois a lógica do "todo" também apresenta problemas. Quem determina e como se decidem os interesses do conjunto? A pergunta é de difícil resposta, já que identificar os interesses do todo pode ocultar tendências autoritárias. Mark Twain escreveu: "Para um homem com um martelo qualquer problema lhe parece um prego".

Eu acredito que existem somente dois elementos para ser cuidadosamente observados na lógica do "todo": os resultados e os interesses. Os resultados devem ser concretos e duradouros. No que diz respeito aos interesses, é preciso zelar para que os menores não sejam defendidos como interesses da maioria.

Sobre os resultados concretos: se quem estabelece o interesse geral em nome de todos acerta em sua escolha, é evidente que todos se beneficiam (no nosso caso o benefício viria em forma de bem-estar social). Em junho de 2002, vivíamos a expectativa do resultado de ações que nós, do Ministério da Economia, considerávamos ser de interesse comum, e, portanto, o efeito esperado era um maior nível de bem-estar social para toda a população. No entanto, naquele momento, ainda era cedo para ser enfático sobre o resultado da política econômica e das negociações no exterior.

O passar dos meses provaria de forma efetiva que havíamos saído de uma crise sem precedentes, ainda que a evidência estatística fosse apresentada somente alguns meses depois. Naqueles dias disputava-se um cabo de guerra em que de um lado estavam os que defendiam seus interesses, com justiça ou egoísmo, e, de outro, uma equipe econômica que não acreditava que sairíamos da crise se fizéssemos concessões.

A outra ressalva para a lógica do "todo" era cuidar para que interesses menores não fossem dissimulados como sendo interesses da maioria; e a condição para isto é a vigência plena da democracia. E falo de uma democracia de fato, efetiva e não meramente formal.

O governo contava apenas com uma fração do poder. Naquele momento lidávamos com os governadores que tinham poderes excepcionais (por conta da crise política), com a Corte Suprema, que claramente se opunha às nossas ideias, e com um Congresso bastante fragmentado. Condições de extrema delicadeza para um governo que era de transição. Nós reconhecíamos abertamente essa realidade e nossa equipe dedicou prolongadas horas dando explicações, formando consensos e harmonizando as demandas.

Em resumo, a questão entre as duas lógicas apresentadas (das partes e do todo) era consequência de uma sociedade abatida pela crise e pessimista por fatores que iam além do político-econômico. Em meados de julho, pela primeira vez em quarenta anos, a Argentina era eliminada na primeira fase da Copa do Mundo de futebol. Vários incidentes aconteceram em diversos pontos do país. O futebol, paixão nacional, havia se transformado no álibi perfeito, mais uma vez, para a manifestação de um estado de ânimo social desastroso.

IV

Da normalização à recuperação (julho de 2002). Um primeiro balanço

"Na guerra existe apenas uma situação favorável, a grande arte é aproveitá-la".

Napoleão Bonaparte

1. Aonde tínhamos chegado apenas dois meses após minha posse no Ministério da Economia?

Como havia observado o cardeal Bergoglio no *Te Deum* de 25 de maio, o país estava em meio ao caos. Os governadores questionavam a própria continuidade do presidente; os correntistas golpeavam as portas e balançavam as grades de proteção dos bancos; enquanto no exterior pediam a "intervenção" no país. E o mais grave era o que de pior pode acontecer a um país: o empobrecimento crescente da sociedade, inflando as estatísticas de pobreza e indigência, em números sem precedentes na história da Argentina.

Durante esses dois meses, o governo e sua equipe econômica conseguiram alguns resultados que ajudaram a estabilizar a situação econômica, ainda que parcialmente.

O governo conseguiu obter maior apoio político no Congresso e com os governadores das províncias. Além disso, implantou um massivo programa de contenção social. O presidente Duhalde mostrava-se firme em seu princípio — e assim deixou claro no dia em que a Assembleia Legislativa o elegeu — de se empenhar ao máximo para garantir a paz social. Eu continuava definitivamente convencido da transcendência do compromisso inicial anunciado em Olivos: a política social passava a ser parte central da política econômica.

Do ponto de vista estritamente econômico, acredito que tínhamos evitado as opções ruins, que eram discutidas em abril, e que, do meu ponto de vista, eram incorretas, fruto de pressões da direita e da esquerda. Pela esquerda, tínhamos de evitar cair no apelo populista que reivindicava uma taxa de câmbio fixa por meio de intervenção; um delirante programa de obras públicas que inevitavelmente não seria terminado; o controle de preços; a crescente estatização da economia, e assim por diante. Pela direita, as demandas eram pela implantação de títulos compulsórios que anulassem os passivos dos bancos; uma política de redescontos sem limites; a não intervenção no mercado cambial; ingerência estrangeira em assuntos internos; e adoção de políticas prescritas pelo FMI. Não era pouco.

A produção nacional de bens havia deixado de cair e começava a dar sinais, ainda que modestos, de recuperação. A inflação que até então havia estado fora de controle, entre 10% e 20% ao mês, retrocedeu de maneira significativa nos meses de maio e junho.

A fragilidade do governo era tal que sequer havia sido possível acumular capital político com a mudança no rumo da economia. Os que enxergavam positivamente as possibilidades de investir, de substituir importações e de aumentar exportações (indústria, agronegócio e construção) se calavam e se fechavam em seus negócios, enquanto os setores que não concordavam com a nossa política econômica (os bancos e o setor financeiro em geral, os endividados em dólares no exterior, empresas privatizadas e os fatores externos de poder) agiam para boicotar o governo. Para tanto, estavam dispostos a tentar eliminar a equipe econômica e, inclusive, o governo.

Nesse contexto, não era fácil não se sentir paralisado. Agora, as conquistas deveriam ser utilizadas para aprofundar a normalização, para entrar em um período de recuperação e logo de crescimento econômico.

Mais surpresas nos aguardavam. A primeira veio com a reação internacional após a negociação em Washington, que havia terminado com êxito na rolagem de um ano nos pagamentos ao FMI. Todos os meios de comunicação e analistas esperaram o desfecho da negociação para se posicionarem favoravelmente.

O *The New York Times*, um dos jornais de maior prestígio do mundo, escreveu em seu editorial de 30 de junho de 2002: "Seria uma estratégia arriscada para o presidente Bush e seu secretário do Tesouro acreditar que podem continuar castigando a Argentina, como exemplo para outras nações perdulárias — sem considerar nenhum tipo de consequência ou contágio econômico".[20] Este comentário era excelente, apesar de ter sido feito de maneira tardia. Muito diferente das advertências severas que haviam sido escritas horas antes de se chegar ao acordo, o *Herald Tribune* mencionava dois perigosos erros na estratégia do presidente Bush: acreditar que países médios pudessem quebrar sem gerar consequências além de suas fronteiras, e considerar que os Estados Unidos pudessem permanecer indiferentes (à crise argentina), sem prejudicar os seus próprios interesses na América Latina. Por outro lado, o Departamento de Estado norte-americano emitiu um comunicado em que afirmava estar satisfeito com o progresso alcançado.

A segunda surpresa foi com os meios de comunicação argentinos. Inesperadamente, o *Ámbito Financiero*, furioso opositor, foi sincero ao declarar: "O ministro da Economia viajou a Washington sem ser convidado e sem que ninguém apostasse um centavo no êxito de sua missão. No entanto, conseguiu o inesperado. Primeiro, foi recebido por altos funcionários do governo dos Estados Unidos, do FMI e do BID. E alguns dos altos funcionários mundiais inclusive adiaram suas férias para poder escutá-lo". No dia seguinte concluía: "Melhor do que a encomenda".

Outros meios, também opositores, entravam em um tipo de curto-circuito argumentativo claramente contraditório. O jornal *El Cronista* colocava em sua primeira página que a "Comissão de Sábios" conduziria — na realidade, "tutelaria" (o que seria o mesmo que intervir) — a política econômica argentina. Mas na página 3 da mesma edição declarava que a comissão não havia sido bem recebida pelos funcionários do FMI, já que a mesma implicaria uma substituição de competências que tradicionalmente eram de responsabilidade do Fundo.

Ao ver essas reações — algumas tardias, outras confusas — não pude deixar de concordar com o que Stiglitz afirmou sobre os Estados Unidos: "nem mesmo o presidente dispõe de toda informação [...] distintos grupos tentam controlar a informação que lhe chega". Na verdade, havia uma forte disputa interna no FMI: Krueger era dura com os

---

[20] "Argentina's Contagion", *The New York Times*, 30 de junho de 2002.

funcionários do Fundo que tinham apoiado a dolarização nos anos 1990. Michael Mussa, ex-FMI, chegou a falar de "tragédia" pela irresponsabilidade do FMI durante aqueles anos.

O dólar ficou em 3,79 pesos; a bolsa subiu 11,2% em dois dias; a arrecadação tributária, que havia caído por onze meses consecutivos na comparação anual, era positiva pelo segundo mês consecutivo, sem aumentos relevantes de impostos. Houve melhoras na arrecadação de impostos de valor agregado, cheque, combustíveis, todos sensíveis ao nível de produção — nesse caso positivo. Somente o imposto de renda, que refletia o passado e não o presente, apresentava variação negativa.

Por outro lado, pela primeira vez desde dezembro de 2001, o país fazia um pagamento dos juros da dívida que estava em moratória. Nesse momento se realizavam os pagamentos dos Empréstimos Garantidos que haviam sido trocados de dólares para pesos.

No dia 3 de julho foi formalizado o aumento de 100 pesos nos salários do setor privado para o segundo semestre do ano.

2. Calendário eleitoral antecipado e o vaivém dos políticos na disputa

Nesse contexto ainda convulsivo, mas um pouco mais confiante, enquanto nos reuníamos com as autoridades do Federal Reserve em Nova York, o presidente Duhalde anunciava que dentro de quatro meses haveria as internas partidárias, e que após 120 dias, no dia 30 de março de 2003, haveria eleições presidenciais, e se anteciparia a posse do próximo governo para o dia 25 de maio de 2003.

O presidente, ainda sofrendo o impacto emocional pelas duas mortes na ponte Avellaneda, resultado de uma repressão policial absurda e irresponsável, ganhou fôlego com a negociação em Washington para anunciar que encurtaria seu mandato, que originalmente iria até o dia 10 de dezembro de 2003. Meu comentário público sobre esta decisão foi cauteloso e breve: "O presidente escolheu uma boa oportunidade".

Acredito que se o FMI tivesse dificultado a negociação e a mesma colapsasse, o presidente teria adotado outra postura. Sem o acordo com o Fundo, Duhalde teria demonstrado resiliência, assim como a nossa equipe.

Havia um verdadeiro vaivém entre os candidatos para a sucessão presidencial. O governador de Córdoba, De la Sota, anunciou que não disputaria (no dia 6 de julho de 2002), para logo voltar atrás. No dia 11 de julho, Carlos Reutemann se distanciava da disputa porque, segundo a imprensa, via "coisas de que não gostava", mas nunca soubemos o que exatamente o desagradava, nem mesmo se tais coisas realmente existiam.

Duhalde teve que recusar intentos do ARI (Afirmação para uma República Igualitária), e especialmente de Elisa Carrió,[21] para que se realizasse outra antecipação das eleições. Carrió, Kirchner e Ibarra[22] — quase de maneira uníssona — reivindicavam a caducidade de todos os mandatos. Rubén Lo Vuolo, o economista do ARI, disse "Nosso plano não é para o *establishment*". Às vezes, as contradições de muitos políticos, supostas lideranças, comprometem muitos de seus colaboradores. Caso fosse mantido como economista de campanha, Lo Vuolo teria que mudar o discurso na campanha presidencial de 2007, uma vez que o alinhamento de sua chefa Elisa Carrió com a direita financeira era indissimulável.

3. Nem tudo são finanças. Um mês com muitas medidas

Ainda que os jornais se dedicassem quase exclusivamente a escrever sobre problemas financeiros e sobre as relações com o FMI, nossa equipe econômica priorizava a recuperação da economia com uma série de medidas destinadas a ajudar os setores "reais", ou seja, a indústria, o agronegócio, o comércio etc. Felizmente, a realidade nacional ia além das finanças. Durante o mês de julho de 2002 tomamos várias medidas importantes:

---

[21] Elisa Carrió é uma advogada e política argentina, deputada nacional pela Cidade Autônoma de Buenos Aires, fundadora do partido *Afirmación para una República Igualitaria*, atualmente conhecido por Coalizão Cívica ARI. (N. do T.)

[22] Aníbal Ibarra, advogado e político argentino, ex-prefeito de Buenos Aires e, atualmente, vereador pela mesma. (N. do T.)

— A indústria automobilística, fundamental para a economia argentina e cuja produção anual havia ficado abaixo das 100 mil unidades e com modelos ultrapassados, foi o centro de uma negociação com o Brasil. Naquele momento, o acordo bilateral vigente oferecia uma pequena vantagem à Argentina: o acordo permita que a Argentina exportasse ao Brasil, com tarifa zero, uma razão de 1,15 automóvel por cada 1 que se importava do Brasil.

— Junto ao engenheiro Carlos Leone, da Secretária de Indústria, e com Martín Redrado, negociador comercial da Chancelaria, conseguimos, depois de uma disputada negociação com os brasileiros Pedro Malan (Fazenda) e Sergio Amaral (Desenvolvimento), que se mantivesse o mecanismo, mas com novos quocientes: a Argentina exportaria ao Brasil a razão de 1,65 para cada 1 carro importado, retroativo até 2001, e que a partir de 2002 se adotasse o quociente 2 para 1, e logo em 2003 de 2,6 a 1. O interesse do Brasil em aceitar tal acordo era que se respeitasse um compromisso prévio de se liberar o comércio de automóveis em um futuro próximo. Naquele ano, a expectativa era de que o comércio automotivo entre Argentina e Brasil fosse liberalizado em 2006, porém não aconteceu graças a nossos esforços posteriores em defesa da indústria e do trabalho argentino.

Nossa intenção era melhorar a escala exportadora argentina e estender ao máximo possível o prazo para a liberalização do comércio. Em um determinado momento da negociação, deixei claro aos brasileiros que essa liberalização não poderia ser feita da forma prevista durante o governo de Carlos Menem, já que tinham ocorrido violações de cláusulas do acordado. A modificação na escala da relação de intercâmbio e a previsão de liberalização comercial para 2006 — um erro a meu ver — haviam sido acordadas pelo governo anterior, durante a gestão da secretária Débora Giorgi. Esse novo acordo firmado com o Brasil foi responsável pela recuperação da indústria automobilística argentina e, sobretudo, influenciou a decisão das multinacionais de produzir novos modelos, algo que, muito provavelmente, não aconteceria caso o comércio com o Brasil tivesse sido liberalizado. Nos anos seguintes, de

2007 a 2010, houve uma forte expansão da indústria automotiva argentina, em função dessas decisões políticas, gerando expressiva exportação para o Brasil de novos modelos fabricados no país.

Além do acordo com o Brasil, firmamos outros dois que nos autorizavam vender 27 mil unidades ao Chile e mais 50 mil ao México.

No setor agropecuário, havia uma disputa entre os fornecedores de insumos — credores de 2 bilhões de dólares — e os produtores agrícolas. Os primeiros queriam a dolarização plena de seus créditos, e os segundos, a pesificação.

Remes (ex-ministro da Economia argentina) havia deixado a questionável Resolução 10/2002, que fixava o valor dos créditos em pesos segundo a cotação do dólar no dia do vencimento da dívida (descontado o valor do imposto de exportação para grãos com o valor pesificado). A decisão foi aceita pelos cultivadores de grãos, mas afetava negativamente os setores agropecuários mais dependentes do mercado interno (já que o imposto sobre as exportações dos demais produtos agrícolas era menor).

Por isso elaboramos uma nova medida para pesificar os contratos. As dívidas em dólares entre fornecedores de insumos agrícolas e os produtores agrícolas seriam transformadas em pesos argentinos de acordo com a cotação do dólar do dia, com um desconto específico para cada atividade, 25% para grãos, 40% para carnes, 50% para lácteos e 60% para os demais. Se essa decisão melhorava as condições dos setores mais vinculados ao mercado interno — que em sua maioria eram pequenos produtores —, todos se queixavam: os grandes produtores de insumos, conglomerados de capital estrangeiro, sentiam-se prejudicados em relação à Resolução 10 de Jorge Remes. Os demais reclamavam insistindo com a pesificação de 1 a 1. Apesar de todas as queixas, o assunto, que era fundamental para a safra seguinte e para o agronegócio como um todo, foi dado por encerrado.

Outras decisões relevantes que foram tomadas:

— Aumento dos salários na iniciativa privada em 100 pesos e do piso para aposentadoria mínima de 150 para 200 pesos, uma decisão que atingiu diretamente 662 mil aposentados, os mais pobres.
— Redução de imposto para a exportação de vários produtos

agrícolas, ficando entre 5% e 15% do valor exportado, principalmente para os produtos menos tradicionais.

— Os pré-financiamentos das exportações foram alocados nas contas livres, ou seja, fora do esquema do *corralito*.

— Eliminação do imposto sobre os combustíveis para facilitar a importação de óleo diesel, fundamental para as atividades agrícolas.

— Autorização de depósitos indexados para aumentar a confiança dos depositantes.

— Modificação da Lei de Sociedades Anônimas com a suspensão da norma que estabelecia que a perda de 50% do capital, ou valor patrimonial líquido, implicasse na dissolução da sociedade. A crise extrema e o número de empresas cujos balanços estavam comprometidos demandavam essa medida excepcional, cujo impacto positivo foi provavelmente subestimado.

— Refinanciamento da dívida das províncias em 16 anos.

— Obtenção dos primeiros créditos externos fora dos órgãos multilaterais: 200 milhões de dólares da Itália para pequenas e médias empresas, e da Espanha para a compra de equipamentos hospitalares originários deste país.

— No dia 12 de julho, lançou-se um plano de obras públicas espalhadas por todo o país, de acordo com a nossa realidade, e rejeitamos um pedido do empresariado da construção civil que solicitava ajustes nos custos de obras já iniciadas. Partíamos do pressuposto que muitas empresas retirariam fundos da atividade. O decreto do lançamento do plano aceitava ajustes nos custos apenas em caso de novas obras.

— Foi aprovada a "duplicata" para o faturamento de vendas acima de 500 pesos com serviço prestado ou mercadorias já entregues mas ainda não pagas. Seguíamos o principio de oferecer às pequenas e médias empresas a capacidade de descontar e obter crédito. O sistema apresentava muitas armadilhas, principalmente para os supermercados, mas associado a medidas posteriores para a comercialização transparente de cheques, significou um alívio creditício para as pequenas e médias empresas.

Também nos ocupamos com vários temas relacionados à integração regional. Em uma reunião do Mercosul, na qual estiveram presentes como convidados o presidente Vicente Fox, do México, e seu chanceler Luis Ernesto Derbez, Fernando Henrique Cardoso disse: "A Argentina não é um mercado, é uma nação e as nações não se destroem". Já o ministro da Fazenda, Pedro Malan, criticou o FMI por ter ido longe demais com a Argentina.

Alguns jornais se mostraram decepcionados por não haver uma posição comum dos dois países sobre a dívida, mas a verdade é que no âmbito do Mercosul nunca tratamos desse assunto. O presidente Fernando Henrique Cardoso estava próximo do fim de seu mandato e a situação interna da Argentina era complexa demais no tocante a temas econômicos, financeiros e sociais, sem considerar que o presidente Duhalde já tinha anunciado o encurtamento de seu mandato.

4. Recuperação ou uma "breve e passageira frente de calor no meio do inverno"

Havia uma série de ações complementares e integradas que começavam a atuar e definir o que chamamos de *ciclo virtuoso de recuperação*. Entre essas ações destacavam-se: a queda da inflação, que passou de dois dígitos a tão somente 3%; a recuperação da governabilidade política; a eliminação do indexador CER e sua substituição pelo valor salarial que aliviava a situação de 1 milhão de pessoas; o Plano Chefes e Chefas do Lar, cujos beneficiados chegaram a 1,5 milhão; o aumento do piso da aposentadoria, impactando diretamente os setores mais vulneráveis da sociedade; o aumento de salários e horas trabalhadas em conjunto com a estabilização da cotação do dólar (alta em termo de taxa de câmbio real) gerou um ambiente competitivo para a mão de obra nacional; a substituição de importações e uma maior capacidade exportadora. O impacto foi tal que pela primeira vez em muito tempo vivenciamos três meses consecutivos de aumento na produção industrial.

O próprio FMI reconheceu que a queda estava desacelerando, que a indústria se recuperava e que a situação fiscal do país apresentava indícios de melhoras.

O PIB em junho subiu 0,9%, o que significava uma queda de 12,9%, na comparação ano a ano, mas uma melhora significativa comparado aos 16% de queda durante o mês da posse, abril — eram números melhores, mas ainda assim eram catastróficos. Alguns observadores, como o economista Carlos Melconian, que tentavam estipular o valor do dólar, diziam: "Cuidado porque essa recuperação pode ser apenas uma breve e passageira frente de calor no meio do inverno". Talvez fruto da necessidade, nossa equipe era mais otimista. Antecipávamos que, em dezembro de 2002, conseguiríamos, pela primeira vez desde 1998, fazer com que o PIB argentino crescesse. E conseguimos. No fim das contas, a "breve e passageira frente de calor" foi uma real recuperação. A mais vigorosa entre os registros históricos de nosso país.

Lamentavelmente, devido ao habitual atraso no tempo das estatísticas, quase todos os indicadores econômicos divulgados continuavam apresentando níveis extremamente negativos. Os dados, formulados com base no trimestre anterior, apontavam que em maio de 2002 o desemprego chegava a seu recorde de 46% para a faixa etária de 15 a 19 anos e 24,8% para as pessoas entre 20 e 34 anos de idade. A pobreza, em média, rondava os 50%; na periferia de Buenos Aires, 69,2%.

A imprensa não foi capaz de fazer uma leitura positiva da situação. Apesar de alguns índices estarem ainda muito elevados, poderiam explicar que ocorria uma dinâmica favorável. Uma mudança positiva na tendência: a queda se desacelerava. Em condições normais não seria necessário fazer tal esclarecimento, mas éramos uma sociedade com depressão anímica, portanto, minimizar os dados verdadeiramente positivos e magnificar os negativos não me parecia a melhor postura. Era uma pena, mas era a nossa realidade. Talvez seja mais uma das questões "culturais" em que nós argentinos deveríamos refletir profundamente. Na economia, como na vida de qualquer pessoa, uma coisa é estar em um túnel escuro, outra é estar no mesmo túnel escuro, mas vislumbrar uma luz tênue no horizonte.

5. Um novo ataque do Banco Central

De volta à tensa discussão com o Fundo Monetário Internacional. O passo seguinte na negociação, segundo o combinado na reunião em

Washington, era definir os *experts* ou "sábios" em política monetária para mediar as profundas divergências entre nossa opinião e a posição dos diretores e *experts* do FMI.

O porta-voz do Fundo Monetário continuava dando explicações aos países membros do organismo sobre o fato de se recorrer a *experts* externos. Em uma de suas declarações, Dawson chegou a dizer que "não temos o monopólio das ideias", um ato de humildade praticamente inexistente dentro do FMI.

De acordo com Köhler, a situação era a seguinte: "temos a intenção de alcançar um acordo com a Argentina [...] caso se executem as reformas exigidas, o FMI considera possível e justo que eles possam voltar a obter empréstimos". Apesar da boa intenção, a declaração apresentava dois erros: por um lado, a Argentina não aceitaria as reformas exigidas e, por outro, não buscávamos novos empréstimos — novas dívidas — por mais que ele considerasse algo teutonicamente justo.

Nos corredores das instituições financeiras e da imprensa, rapidamente começavam as especulações para a nomeação dos *experts*: Hans Tietmeyer (alemão), Paul Volcker (estadunidense), Michel Camdessus e Jacques de Laroisière (franceses). A maioria dos nomes não passava de um tiro para o ar, um exercício de adivinhação. Como sempre, havia centenas de especulações e nenhuma certeza. A realidade era que os dois franceses estavam excluídos desde o princípio; Camdessus e Laroisière eram ex-chefes do FMI, e já era bastante doloroso para o Fundo aceitar a nomeação de uma comissão de *experts*, e seria praticamente um insulto nomear dois antecessores de Köhler. Volcker foi um dos nomes sugeridos por nós, mas ele não aceitou por motivos pessoais. Tietmeyer foi um dos quatro nomes que viriam a formar o grupo.

O consenso só foi alcançado depois que os acadêmicos propostos por Krueger foram descartados, entre eles o chileno Victorio Corbo, e se cogitou o nome de Guillermo Calvo e do mexicano Agustín Carstens, que em 2008 foi nomeado ministro da Fazenda do México. Nós insistíamos para que fossem pessoas com experiência no comando de bancos centrais, e não teóricos ou acadêmicos. Queríamos pessoas com experiência em manejar situações práticas de conflito.

Finalmente, foram eleitos para a "Comissão de Sábios", em comum acordo, Hans Tietmeyer, mítico presidente do Bundesbank alemão, Luis Ángel Rojo, do Banco Central da Espanha; John Crow, do Banco Central do Canadá; e Andrew Crockett, gerente geral do Banco Internacional de Compensação de Basileia (BIS).

Apesar desse pequeno avanço, a equipe econômica seguia com pouco apoio no país. Entre os menos agressivos, o economista Carlos Pérez dizia: "O governo tem que fazer o trabalho sujo para que o próximo presidente possa iniciar seu mandato em meio a uma recuperação". Não era uma opinião acertada, já que a recuperação se iniciava naquele mesmo ano e o presidente seguinte assumiria o cargo com uma economia em franca expansão na produção de bens e na geração de empregos.

Algumas declarações eram simplesmente catastróficas, como a do presidente interino do BCRA, Aldo Pignanelli, que declarou que, caso a maioria dos correntistas não realizasse a troca de seus depósitos por títulos voluntários, 60% dos bancos iriam à falência e teríamos que voltar ao Congresso para votar os títulos compulsórios. Na verdade, além de ser uma declaração imprudente, revelava a ignorância sobre os efeitos da própria política monetária.

A queda em número de depósitos estimada em função das liminares havia sido menos da metade do previsto anteriormente pelo BCRA (1,8 bilhões de pesos no total) e a emissão de redescontos havia ficado em um terço da programação monetária do BCRA (graças à nossa política de controlar os redescontos bancários). Nosso principal problema para a emissão monetária continuava sendo as liminares, mas a situação do mês de julho era infinitamente melhor do que a situação que havíamos passado nos meses anteriores, o que transmitia certa calma aos mercados financeiros. As liminares dadas pela Justiça, muitas delas verdadeiros escândalos de corrupção (como na província do Chaco), não tinham beneficiado os pequenos poupadores. Nesse momento, o total de depósitos com liminares alcançavam a soma de 3,15 bilhões de pesos, sobre um total de 36.178 casos. Mais de 1,5 bilhões do total correspondiam a depósitos superiores a 200 mil pesos-dólares e 800 milhões correspondiam a depósitos maiores a 500 mil pesos-dólares. No Ministério da Economia entendíamos que as liminares constituíam um grave problema para a formulação da política econômica, mas, ao mesmo tempo, recusávamos a solução dos títulos compulsórios que tornava o Estado o responsável pela dívida dos bancos com seus correntistas. O impacto na sociedade era brutal, já que aproximadamente 2 milhões de poupadores tinham sido afetados pelo fim da Convertibilidade. Por outro lado, os títulos compulsórios adicionariam um alto custo fiscal e, como consequência, requereriam uma alta emissão monetária.

A atitude correta para um presidente interino do Banco Central era analisar a estrutura do sistema financeiro e evitar declarações estrondosas. Designamos um grupo de trabalho integrado por Leonardo Madcur e Carlos Weiss, representando o Ministério da Economia, e pelos diretores do Banco Central, Víctor Bescós e Augusto Magliano. Quatro sérios e independentes profissionais que não eram prisioneiros do pensamento que havia formulado o Plano de Convertibilidade. Minha relação com Magliano datava dos anos 1970 e Bescós acabava de ser indicado ao cargo de diretor do Banco Central por mim, já como Ministro.

Novamente éramos atacados pela virulência e agitação dos defensores dos títulos compulsórios. E, mais uma vez, surgiam especulações sobre renúncias, especialmente por parte de Nielsen. O principal motivo que gerou esses rumores foi o fracasso inicial que tivemos com a troca voluntária de depósitos por títulos públicos. Dos 11 bilhões de pesos iniciais, descontava-se as contas salários e outras exceções, sobravam aproximadamente 5 bilhões de pesos habilitados para participar da troca voluntária. Foram apresentados pouco mais de 100 milhões de pesos em pedidos de troca, mas grande parte deles não cumpria com os requisitos necessários. Assim, foram aceitos 23 milhões de pesos — com uma taxa de câmbio implícita de 2,75 pesos por dólar.

Minha reação foi calma: "É legítimo que os correntistas prefiram continuar como credores dos bancos e não do Estado".

As respostas do setor financeiro não tardaram em chegar. O FMI voltava a pedir a emissão de títulos compulsórios, e o mandachuva do BBVA, Francisco González, recomendava de Madri: "Os bancos estrangeiros não podem e nem devem continuar no país a qualquer custo". O jornal *La Nación* publicou em sua capa de 10 de julho: "Títulos públicos: Lavagna cede à pressão dos bancos". No dia seguinte, a Associação de Bancos Argentinos, constituída em sua maioria por bancos estrangeiros, esclarecia em um comunicado que não exigia a emissão de títulos compulsórios. No entanto, o que eles deveriam ter dito é que, a partir daquele dia, 11 de julho, não nos pediriam mais por emissão de títulos compulsórios. Porque, até então, tinham exigido isso como condição básica.

George Soros recomendava um seguro de depósitos emitido em jurisdição estrangeira; a Fundação Adenauer sugeria um modelo bancário como *off-shore* ou um sistema bancário com garantias ampliadas. Os deputados Frigeri e Lamirovsky eram, mais uma vez, tentados pelos títulos públicos compulsórios. Observadores locais tão discrepantes como Juan Llach (ex-Cavallo) e Claudio Lozano (do sindicato Central de Trabalhadores Argentinos) emitiam opiniões similares no jornal *Clarín*. O primeiro, favorável aos títulos compulsórios e a um acordo com o FMI. O segundo afirmava: "Vamos ter que emitir os títulos compulsórios já que é a única opção para evitar a falência de bancos importantes".

Durante uma habitual reunião no BIS, em Basileia, na qual participaram vários presidentes de bancos centrais, o vice-presidente do Banco Central argentino, Aldo Pignanelli — presidente interino após a renúncia de Blejer —, teve um encontro com Köhler e lhe pediu um novo empréstimo (contradizendo a posição ministerial). Além disso, anunciou que o BID havia refinanciado (prorrogado) uma de nossas dívidas, o que foi desmentido pela agência de notícias Reuters poucas horas depois.

Isto só podia ser uma tentativa de deturpação internacional ou, pior ainda, uma desculpa para o que estava por vir: na quarta-feira, dia 17 de julho, foi anunciado que o BCRA disponibilizaria a liberação imediata do *corralito* na segunda-feira seguinte, e circulava o rumor de que eu renunciaria ao cargo.

Foi uma verdadeira surpresa no funcionamento do BCRA. A entidade, que até então resistia à liberação do *corralito* temendo um esvaziamento dos bancos, que declarava estar disposta a dar redescontos aos bancos e que se opunha ao uso dos títulos voluntários para a compra de carros ou construção de casas, de repente nos dizia que a liberação do *corralito* era iminente. Era uma situação tão insólita que o jornal *Clarín* declarava que a postura do BCRA era inversa à que tinha assumido quinze dias antes.

O que tinha acontecido para provocar esta guinada do BCRA?

Em primeiro lugar, apesar do fracasso inicial da troca voluntária de depósitos por títulos públicos, o Ministério da Economia ratificava sua decisão de não aceitar a emissão de títulos compulsórios; em segundo, nossa determinação em não ceder a uma política de redescontos frouxa; e terceiro, que aos bancos restava apenas a opção de liquidar seus passivos com capital próprio. Naquele momento, lembrei-me da insólita ideia de promover uma hiperinflação controlada, feita de maneira extraoficial pelo enviado do FMI, John Thornton.

Ao mudar de posição, o Banco Central — inacreditavelmente — atrasava a implantação das contas livres, a tal ponto que tive que fazer uma reclamação ao BCRA, via carta formal, para que habilitassem imediatamente as novas contas.

Os bancos tentavam, de todas as formas e sem dissimular, se livrar dos custos da crise.

A investida continuou em Boston, em um seminário sobre a situação econômica do país, onde estiveram presentes alguns economistas argentinos, patronos do Plano de Convertibilidade, como Domingo Cavallo, Roque Fernández, Pedro Pou, além de ortodoxos como Ricardo López Murphy, Mario Blejer e o presidente interino do BCRA, Aldo Pignanelli.

Anne Krueger se posicionou contrária à dolarização da economia, um revés para os defensores da política econômica da década de 1990, os quais trabalhavam agora para o ex-presidente Menem e propunham a dolarização.

O jornal *BAE* anunciava que meu sucessor seria Blejer, e o próprio, em uma reportagem, disse: "Ainda não recebi nenhum convite, caso aconteça pensarei sobre o assunto". Além disso, Blejer anunciava sua intenção de liberar o *corralito* e de "selar" o *corralón*, numa expressão pouco feliz, que permitia inúmeras interpretações. Seria uma declaração de confisco permanente dos depósitos? Alguns dias depois, em declaração ao jornal *La Voz del Interior*, Blejer afirmou: "Abrir o *corralito* não causará hiperinflação, vai depender de como for feito". Fácil, não?

Finalmente chegava a hora da verdade. Ao mesmo tempo que o porta-voz do presidente Duhalde qualificava como "absurdo" o anúncio do BCRA, o vice-presidente interino do Banco Central dava uma declaração sensata: "Caso não se detenham as liminares, não poderemos (liberar o *corralito*)". Obviamente, a pressão da Casa Rosada o forçara a dar esta nova volta. O presidente Duhalde tinha entendido perfeitamente que se tratava de uma manobra.

Para deixar as coisas mais claras, eu tinha apontado em uma reportagem, um dia antes deste incidente, quatro pontos centrais:

— *Não aceito a ideia de abrir o* corralito *e liberar 10 bilhões de pesos.*
— *Não renuncio.*
— *Este processo é decidido pelo Ministério da Economia.*
— *Não aceito nenhuma proposta que nos leve à hiperinflação.*[23]

Além disso, afirmei que 50 mil correntistas com liminares favoráveis em primeira instância afetavam os interesses de milhões de correntistas que não podiam dispor livremente de seu dinheiro. Parar as liminares era condição essencial para liberar o *corralito*.

Javier González Fraga, que desde o princípio havia sugerido a emissão de 15 bilhões de pesos e a liberalização do *corralito*, reconhecia que tal medida levaria o dólar a 7 pesos em um primeiro momento, mas que logo voltaria ao patamar de 4 pesos. Era um risco que eu não estava disposto a correr, já que não havia respostas sobre o que aconteceria nesse ínterim com a taxa de câmbio, com os preços e com os níveis de pobreza.

O grande consolo — consolo dos tolos — era que, naquele momento, o secretário do Tesouro dos Estados Unidos, O'Neill, também sofria com questionamentos por parte do setor financeiro estadunidense que declarava: "Necessitamos de uma figura como Rubin, no momento não existe liderança". Robert Rubin foi secretário do Tesouro no governo de Bill Clinton e era muito admirado pelo segmento financeiro por ter sido um importante executivo do todo poderoso banco de investimentos Goldman Sachs. Em contrapartida, O'Neill vinha da economia real, da empresa de alumínio Alcoa. Por fim, os rumores foram superados. Com o resultado inicial da troca de depósitos pelos títulos voluntários, respondi que os títulos compulsórios seriam uma insanidade e que deveríamos fazer com que os títulos voluntários fossem mais atrativos e com

[23] O resultado das diferentes hiperinflações, principalmente das relativamente recentes, levou o país a ter cinco moedas desde a unificação monetária: Peso Moeda Nacional (1881), Peso Lei 18.188 (1970), Peso Argentino (1983), Austral (1985) e o Peso (1992). Com a primeira troca se eliminaram dois zeros, quatro zeros com a segunda, três com a terceira, e quatro zeros foram eliminados com a quarta troca de moeda. De forma que 1 peso atual é equivalente a 10.000.000.000.000 de Pesos Moeda Nacional de 1881.

maiores possibilidades de uso. Se a troca tinha sido tão pouco atraente, era hora de pensar em melhorá-la e não em descartá-la.

Carlos Ruckauf, José Pampuro e Juan José Álvarez, substituto de Vanossi no Ministério da Justiça e Segurança, entenderam e apoiaram minha decisão, o que foi fundamental, e assim também o fez o presidente Duhalde. O apoio foi menor no círculo que alguns denominaram de "duhaldismo puro".

Na segunda tentativa para a adesão à troca voluntária, conseguimos captar aproximadamente 25% dos correntistas, 5 pontos abaixo de nossa expectativa, mas 10 pontos acima da expectativa dos bancos. Evidenciando o interesse, ou a sua ausência, por parte de cada instituição na realização da troca voluntária, pode-se notar uma grande diferença entre elas: Citibank 9%, Banco La Nación 14%, Banco Provincia 21%, Macro 38%, Santander-Río 17%, HSBC 14%, Galicia 32%, BBVA 26%, Credicoop 46% e Boston 10%. No caso do Banco de Boston, vale lembrar que houve uma denúncia junto à Defesa da Concorrência de que o banco estabelecia exigências próprias a seus clientes como condição para participar da troca.

6. Os "sábios" foram sábios

Depois de frenéticos dias de trabalho e inúmeras reuniões, os "sábios" deram seus pareceres. Para chegarem às conclusões, as quais incomodoram muito os funcionários do FMI, que inclusive tentaram "engavetar" o documento final, os quatro membros do comitê tiveram uma agenda intensa de encontros e reuniões; uma entrevista com o presidente Duhalde, um almoço de trabalho com Guillermo Nielsen, Eduardo Pérez e Jorge Sarghini, audiências no Ministério da Economia, reuniões com legisladores, líderes empresariais e sindicais, e inúmeros outros encontros com economistas e lobistas locais.

A situação não era nada tranquila. O jornal *Ámbito Financiero* anunciava, antes mesmo que o relatório estivesse concluído, que os *experts* apoiavam o plano do BCRA. O FMI lembrava, por meio de Dawson, que era contra a troca voluntária e que havia sido entregue um relatório confidencial aos "sábios", antes mesmo deles chegarem à Argentina. O relatório pedia imunidade para os funcionários do BCRA (naqueles dias todos nós sofríamos ameaças, mas, no entender do FMI, somente os funcionários do BCRA mereciam proteção) e, em uma posição grosseiramente insólita, "mecanismos para se resolver o conflito entre o governo e o BCRA", como se o Banco Central não fosse um organismo do Estado argentino e representasse outros interesses.

A situação ficou muito melhor quando o relatório final foi entregue, simultaneamente a ambas as partes. Como não poderia ser diferente, se uma parte ficou insatisfeita (o FMI), a outra, neste caso nós, não podia estar melhor. Podíamos dizer que estávamos genuinamente "satisfeitos", e fiz questão de declarar isso publicamente.

Os pontos principais da conclusão dos *experts* foram:

— NÃO à dolarização. Neste ponto tanto o FMI — Krueger pessoalmente — como nós estávamos de acordo. Entretanto, na Argentina, havia uma frente vinculada ao menemismo muito favorável à dolarização. Segundo relatos da imprensa, Pedro Pou, Jorge Ávila e Pablo Guidotti reuniram-se com um dos "sábios", Crockett, na casa de Carlos Conrado Helbling e argumentaram a favor da dolarização, e Guidotti, lembrando os tempos de Cavallo com o governo de Alfonsín, pediu que nenhum tipo de aval fosse dado até a posse do novo governo eleito.
— NÃO à taxa de câmbio fixa. As intervenções devem respeitar as tendências de mercado de médio prazo.
— Monitoramento do peso argentino em relação às moedas dos principais parceiros comerciais.
— NÃO ao título compulsório.
— NÃO à hiperinflação.
— Não deveriam ser dadas novas liminares. Estávamos tão de acordo que, poucos dias antes, havíamos publicado um decreto que suspendia por 120 dias o pagamento aos correntistas favorecidos por liminares. Era uma maneira de ganhar tempo. Eu mesmo declarei que não se tratava de uma solução definitiva e que esperávamos um aval da Justiça. Não foi o que aconteceu, já que em primeira instância foi estabelecida a inconstitucionalidade de nosso decreto, atendendo a Eduardo Mondino da Ouvidoria Pública.

— Caso as liminares sejam detidas, o *corralito* (congelamento das contas-correntes) poderá ser liberado.
— Necessidade de se aumentar as reservas.
— As quase-moedas, emitidas pelas províncias, não são compatíveis com uma política monetária séria.
— Oferecer maiores possibilidades de uso aos depósitos "encurralados" e aos títulos voluntários, ou seja, torná-los atrativos.
— Defender a autonomia do BCRA e a valorização da opinião de seus funcionários, mas estranhamente incluíram um parágrafo sobre "a idoneidade e solvência de seus funcionários". O que eles queriam insinuar? Não houve nenhuma menção explícita sobre a imunidade dos mesmos.

Pouco antes, no dia 25 de julho, eu havia declarado que o Banco Central devia ser uma instituição autônoma, mas também independente dos bancos. Se não responde aos interesses do Estado nacional, está claro que terminaria, por ação ou omissão, respondendo a interesses privados.

Não foi muito difícil perceber que as recomendações feitas pela comissão de *experts* coincidiam com muitas das diretrizes adotadas pela nossa equipe no tocante à política monetária, cambiária e assuntos financeiros. A menção ao BCRA não nos gerava nenhum incômodo, e a única novidade dizia respeito às moedas relevantes para o comércio exterior argentino, além do dólar, introduzindo um tipo de análise que até então não havia sido considerada e que era teoricamente interessante, embora não estivesse entre as nossas prioridades.

Não era o momento adequado para se pensar em uma "cesta de moedas", estávamos mais interessados e atentos ao grau de instabilidade de países cujas moedas eram relevantes para nosso comércio, como, por exemplo, o Brasil. Naquele dia o dólar estava cotado a 3,15 reais, e o risco-país do Brasil era de 2.165 pontos.

Justamente quando Armínio Fraga, presidente do Banco Central do Brasil, havia reconhecido a possibilidade de se requerer novos créditos para o país junto ao FMI, Krueger, durante uma reunião com Fraga, advertiu que o Fundo não disponibilizaria novos créditos. No Uruguai, pela seriedade da situação, o ministro da Economia renunciava, o que evidenciava ainda mais a situação grave e delicada de toda a região.

Jorge Ávila disse que o relatório estava equivocado; Aldo Abram que era um mau diagnóstico; Orlando Ferreres o reconheceu como "bastante razoável"; e Krueger estava furiosa.

A posição do BCRA foi bastante dissimulada: o relatório não respaldava suas proposições e o FMI tinha lhe negado, no dia 22, os 2 bilhões de dólares que Aldo Pignanelli anunciara como resultado de seu périplo por Boston e Washington. Numa tentativa de recuperar a sua posição, Pignanelli anunciou no dia 24 de julho que viajaria comigo a Washington para fechar o acordo com o FMI. Respondi publicamente que não tinha nenhuma viagem planejada, fosse só ou acompanhado.

O jornal *El Cronista* me perguntou sobre um conflito com o BCRA e minha resposta foi: "Eu não participei de nenhuma briga e, portanto, não participo de nenhuma suposta reconciliação". De acordo com o ditado argentino que diz "ao mau tempo, uma boa cara", o presidente interino do BCRA, em uma reportagem ao canal *Todo Noticias*, disse "O país é quase em festa, somos a pérola branca da América Latina", enquanto insistia na possibilidade de novos empréstimos — recursos nunca solicitados e tampouco recebidos. Diante deste tipo de declaração vinda de altos funcionários, só resta dizer: pobre país!

Enquanto isso, O'Neill, o homem que tinha declarado que "não era correto gastar o dinheiro dos encanadores e carpinteiros estadunidenses" (para ajudar outros países), teve que suspender sua viagem à América do Sul pela situação interna dos Estados Unidos. Entre os dias 22 e 23 de julho, a bolsa de Wall Street perdeu o equivalente aos lucros de quatro anos; os jornais falavam de "tremor" nos mercados, influenciados pela quebra da gigante WorldCom.

Em Buenos Aires, faleceu Alberto Castillo, grande nome do tango, de quem eu era fanático pela influência de um tio desaparecido durante a ditadura militar. Um de seus êxitos mais conhecidos dizia: "Continuem, continuem, continuem o baile". E que baile!

V

A hora da verdade (agosto e setembro de 2002)

"Tudo o que é excessivo é insignificante."
Charles-Maurice de Talleyrand

1. As quatro frentes de combate

Três meses após assumir o cargo de ministro em meio ao caos (abril), eu contava agora com uma política econômica e social que, entre maio e julho, tinha apresentado seus primeiros resultados concretos. Minha sensação era de que a hora da verdade seria entre os meses de agosto e outubro. A sociedade, o governo e minha equipe econômica teriam quatro frentes de batalha: a política interna, a disputa entre o Poder Executivo e a Suprema Corte, a política econômica e, finalmente, a situação financeira do país.

Primeira frente: a política interna

Vislumbrava-se uma forte pressão política para as próximas eleições. O analista político Rosendo Fraga afirmava publicamente que o presidente Duhalde anteciparia, novamente, as eleições, e que em outubro se votaria no Brasil e em dezembro na Argentina. Nós pensávamos de maneira diferente. Se as pressões para uma nova antecipação das eleições não surtissem efeito até outubro, então, por motivos práticos, seria mantida a data prevista para março de 2003, e o governo eleito tomaria posse em maio de 2003. Foi o que aconteceu.

A fragilidade política era tanta que o jornal *The New York Times* publicou um longo artigo falando sobre a possibilidade de secessão da Patagônia. Definia a região como sendo pouco povoada, mas com habitantes prósperos e descendentes de "outros" europeus, como iugoslavos, galeses, alemães e franceses, numa descarada e desavergonhada descriminação contra espanhóis e italianos.

Em uma coletiva de imprensa, ao final do mês de agosto, o porta-voz do FMI, Thomas Dawson, insistia na falta de consenso na política interna do país para se chegar a um acordo. O *The Wall Street Journal* argumentava que a recuperação era resultado de políticas ilusórias, segundo opiniões de pessoas como Alfonso Prat-Gay, um consultor financeiro argentino em Nova York. Quase imediatamente após a coletiva de imprensa de Dawson, no dia 30 de agosto, o jornal *Clarín* noticiou: "FMI afirma que não há acordo com a Argentina". O jornal *La Nación* fazia menção similar: "FMI congela negociação". Rapidamente, o embaixador argentino em Washington, Diego Guelar, sustentou, na mesma linha, que o acordo sairia somente com o próximo governo. O tempo mostraria que tais prognósticos estavam equivocados: houve acordo antes de Duhalde transferir o mandato.

Paralelamente, O'Neill se reunia com Duhalde em Olivos, e o jornal *Washington Post* junto de vários canais de televisão faziam ampla cobertura de um grupo de argentinos esfomeados matando uma vaca e esquartejando-a freneticamente para comê-la.

O cenário para a disputa presidencial ainda era incerto. Duhalde continuava sem o apoio do governador Reutemann (no intuito de que Reutemann fosse seu sucessor) e as primeiras pesquisas apontavam: Alberto Rodríguez Saá com 15,6% das intenções de voto, Elisa Carrió com 14,1%, Carlos Menem com 11,1% e Néstor Kirchner com 2,8%.

Apesar da fragilidade política, o governo tinha muito mais controle e margem de manobra do que ao final do mês de abril, quando esteve muito próximo de não resistir.

Numa entrevista que concedi ao jornal francês *Le Figaro*, fui indagado sobre o efeito da campanha eleitoral na condução da política econômica. Minha resposta foi que "a campanha não facilita, mas faz parte da democracia. Por mais que dificulte a minha tarefa, não posso reclamar das práticas democráticas do país". Em diversas ocasiões, os políticos culpavam a campanha eleitoral para esconder suas próprias falhas, e eu preferi não usar tal artifício. A democracia tem suas exigências e a política econômica se formula "dentro", e não "à margem", dessa realidade.

As queixas banais e os pedidos de maior coesão política em torno do governo de Duhalde não ajudavam. O FMI não enxergava, ou talvez não quisesse enxergar, a melhora na economia do país. Culpavam a fragilidade política daqueles dias, mas isso não contribuía em nada para que o acordo fosse alcançado.

Segunda frente: o conflito entre o Poder Executivo e a Corte Suprema de Justiça

A relação entre o Poder Executivo e a Corte Suprema de Justiça da Nação Argentina estava desgastada. O Congresso havia iniciado uma Comissão Parlamentar de Inquérito (CPI) contra os juízes da Corte Suprema, e a maioria, nomeada pelo ex-presidente Carlos Menem — os principais investigados da CPI —, se articulava para deter o seu avanço. Eram os mesmos juízes que julgavam, naqueles meses, a constitucionalidade da pesificação de passivos em dólares e a validez do decreto que tentava impedir as liminares contra o *corralito* e o *corralón*, somado a outros casos importantes para o governo.

O governo, a contragosto, reconheceu a necessidade de frear a CPI, iniciada no princípio de 2002, contra o grupo de juízes menemistas. No entanto, por meio de ausências e outras manobras do partido União Cívica Radical, a CPI não era formalmente encerrada.

Eduardo Camaño, presidente da Câmara de Deputados, o ministro da Justiça e Segurança Juanjo Álvarez e eu passamos horas e horas conversando com Julio Nazareno, o presidente da Corte Suprema, e com seu vice-presidente, Eduardo Moliné O'Connor. Não eram reuniões fáceis nem agradáveis, dada a natureza de nossos interlocutores. Camaño sempre associa a lembrança daquelas reuniões com as serenas baforadas de charuto de Nazareno, inclinado em sua cadeira ao estilo vaqueiro, enquanto Moliné estabelecia como inquestionável a relação entre o encerramento da CPI e o teor das possíveis decisões da Corte. De todas as maneiras, eram reuniões extremamente necessárias.

Acredito que as minhas explicações aos juízes da Corte Suprema sobre as consequências desestabilizadoras que poderia gerar uma decisão contra a pesificação ou contra as medidas que buscavam diminuir o número de liminares deram resultado. Sobre esses assuntos adverti, publicamente, com muito respeito: "Não cabe a mim dizer aos membros da Corte Suprema como eles devem agir. Trabalho com a realidade enquanto esta possa ser administrada. Espero que não se torne uma situação ingovernável".

No que se refere a outros assuntos que estavam em pauta, a Corte deu seu primeiro veredicto, mas não como nós esperávamos. Surpreendentemente, no dia 22 de agosto, sentenciou-se a inconstitucionalidade de uma medida que havia sido tomada pelo ministro da Economia Machinea, ainda no governo De la Rúa, em 2001. A medida original diminuía em 13% os salários dos servidores públicos e as aposentadorias — uma péssima decisão da política econômica do governo De la Rúa. A sentença por si só não comprometia a situação fiscal do governo, já que se referia a um caso específico, mas ficava claro que, dentro de pouco tempo, teríamos que enfrentar outras sentenças contrárias. Tínhamos tempo suficiente para preparar e propor uma alternativa, no entanto não deixava de ser um novo problema. E, embora comprometesse nosso planejamento fiscal, pois representava um aumento de gasto anual de 3 bilhões de pesos, ainda assim era manejável.

Nossa primeira decisão foi não reconhecer a sentença da Corte Suprema, postergando assim a obrigatoriedade da realização imediata dos pagamentos. Mas, para tanto, tivemos que enfrentar uma grande pressão política. Declaramos que a decisão da Corte seria acatada somente a partir do dia 1° de janeiro de 2003, data em que todos os funcionários públicos e aposentados receberiam seus pagamentos em valor integral, ou seja, sem o desconto de 13%. Sobre as retenções indevidas já realizadas, referentes ao desconto de 13% aplicado aos salários e aposentadorias desde 2001, seriam compensados com um título público a ser emitido (o que inevitavelmente levaria a um aumento da dívida pública). Era a única maneira de acatar a decisão da Corte Suprema sem perder o controle sobre as contas públicas.

A ministra do Trabalho, Graciela Camaño, pediu — acompanhada de outras vozes políticas — que pelo menos uma parte (dos 13% dos salários ou das restituições pelo desconto já efetuado em meses anteriores) fosse paga imediatamente. Tratava-se de um pedido que estava fora de nosso alcance, por uma questão de responsabilidade com as contas públicas. Da mesma maneira que não tínhamos feito concessões no exterior e resistíamos à pressão exercida por empresários, entendíamos que era necessário — ainda que fosse injusto e doloroso — dizer não aos funcionários públicos e, principalmente, aos aposentados, uma vez que as contas públicas não permitiam novos gastos. Além disso, a hiperinflação não estava totalmente descartada, e concordar com o aumento para os funcionários e aposentados naquele momento representava correr o risco de alentar o processo inflacionário. Seria retornar aos patamares que havíamos encontrado em abril. Mediante nossa argumentação, a ministra do Trabalho aceitou e colaborou prudentemente para que esta decisão fosse acatada.

O tema da dolarização se encontrava travado na Corte por falta de um único voto. Tudo indicava que o presidente da Corte, Julio Nazareno, assim como seu vice-presidente Moliné e os juízes Vázquez e López seriam favoráveis à dolarização dos ativos econômicos. Os juízes Belluscio, Boggiano e Fayt — o segmento juridicamente mais sólido da Corte — eram contrários. Enrique Petracchi e Gustavo Bossert foram afastados desse julgamento. Cogitava-se a possibilidade da designação de dois juízes suplentes para dar continuidade ao funcionamento do tribunal de máxima instância.

Os políticos e economistas mais voltados para a direita conservadora pressionavam a Corte com o argumento de que os títulos compulsórios representavam uma solução perfeita para atender a todos. Além do que, inevitavelmente, reduziria o número de pedidos de liminares, seja de correntistas ou da própria Justiça.

A pressão diminuiu a partir do dia 13 de setembro de 2002 quando a Corte Suprema decidiu parar o julgamento sobre a pesificação-dolarização em vista do processo de liberação dos depósitos autorizado pelo Ministério da Economia no dia 10 de setembro.

Apesar da melhora que havíamos obtido desde abril, o governo estava em uma situação de dissolução de poder e a Corte Suprema também não dispunha do controle absoluto da situação: um grande número de juízes e apelações das Câmaras Cíveis seguiam critérios próprios. Mediante a decisão do órgão judicial máximo, no dia 14 de setembro, foi emitida uma sentença pela Câmara Federal favorável aos correntistas — anulando a pesificação dos depósitos e rejeitando o *corralito* e o *corralón*. Obviamente que apelamos de tal decisão, assumindo — como sempre — o papel de vilão frente à demagogia do judiciário. Foi uma evidente manobra contra o governo e, por outro lado, forçava a Corte Suprema a se pronunciar sobre as apelações.

De qualquer forma, a incerteza na frente judicial continuava e a Câmara Federal Administrativa de Contencioso sentenciava, pela primeira vez, a inconstitucionalidade do decreto que instaurou o *corralito*, emitido durante a gestão do ex-ministro da Economia Domingo Cavallo no governo De la Rúa. Nesses mesmos dias foi determinado que o Estado pagaria à vista e imediatamente o desconto de 13% sobre os salários de funcionários públicos e aposentados. Mais uma vez, nossa conduta foi apelar e postergar o impacto fiscal.

Terceira frente: a política econômica

Nossa terceira frente de combate se dava em ações de política econômica, necessárias para consolidar a recuperação da economia, e no espaço da opinião pública, assegurando expectativas positivas, fundamentais para sustentar o processo de recuperação em andamento. Eu e a equipe econômica acreditávamos que a geração de empregos e o aumento da produção e do consumo serviriam como alavancas para destravar a estagnação, iniciando um processo de crescimento — um ciclo virtuoso — já em dezembro, e viabilizando um aumento no nível de produção de bens, pela primeira vez no ano. Não era o que muitos achavam. Principalmente aqueles ideologicamente de direita. Havia divergências até mesmo com pessoas que viam a situação de modo similar a nós, do Ministério. Razões para duvidar realmente existiam, se se considerar a natureza da crise.

Mesmo a consultoria econômica Ecolatina, que eu mesmo havia fundado nos anos 1970 com Alberto Paz (amigo e sócio de muitos anos), questionava a robustez da recuperação em um de seus relatórios econômicos. Outro consultor econômico, Miguel Ángel Broda, lembrava que aquela era a pior crise sofrida por um país membro do FMI desde a criação do Fundo, em 1944. O historiador Roberto Cortés Conde afirmava, com sólido embasamento, que se tratava da pior crise argentina, porque acontecia depois de quatro anos de recessão e altas taxas de desemprego, e não de crescimento. O empresário Luis Alejandro Pagani, dono e presidente da empresa Arcor, ao assumir a Associação de Empresas Argentinas (AEA), disse: “Não estou convencido de que já superamos o pior”. Daniel Artana, da fundação FIEL, dizia: “Não há reativação”, e Carlos Pérez, da Fundação Capital, opinava que estimar um crescimento do PIB em 3% para 2003 era muito otimista (vale lembrar que a taxa de crescimento daquele ano foi de 8,8%).

Era vital afirmar o aumento da massa salarial. Uma pesquisa mostrava que 48% das empresas tinha aprovado aumentos salariais superiores aos 100 pesos estabelecidos para toda a população.

O setor agropecuário vinha reagindo muito bem e tinha uma visão geral mais otimista. Durante a Exposição Rural, o jornal *La Nación* publicou que se iniciava uma melhora econômica nesse campo de atividade, com importantes investimentos em máquinas e equipamentos. Além disso, 25 empresas de vários setores anunciaram investimentos que totalizavam 300 milhões de dólares. A empresa japonesa Toyota confirmou o investimento de 200 milhões de dólares em 2003, em uma fábrica na cidade de Zárate (província de Buenos Aires). Eram indícios que os homens de negócios vislumbravam um horizonte mais claro e com oportunidades.

Outras medidas tomadas, e seus resultados, fortaleciam nossa visão sobre o ciclo econômico virtuoso. Algumas delas foram: linha de crédito de 300 milhões de pesos para a compra de automóveis e máquinas agrícolas novas por meio dos títulos voluntários; estabilidade da taxa de câmbio; diminuição da taxa de juros; e forte queda na taxa de inflação.

No momento de minha posse, a taxa de juros paga pelas Letras do Banco Central — indicador chave para todo o sistema bancário — era de 110% ao ano; a partir de então foi caindo paulatinamente até chegar a 75% em meados de agosto, e a 68% nos primeiros dias de setembro. Para pequenas e médias empresas foram aprovadas linhas de crédito, em pesos, com juros de 30% anuais, o que significava uma taxa de juro bastante baixa considerando a expectativa inflacionária daquele momento. Também aumentamos a pressão sobre o Banco Central para que se acelerasse o funcionamento das contas livres; inclusive, alguns bancos já tinham instrumentalizado novas contas com a autorização ministerial. A cotação dos depósitos fixos, cujos vencimentos haviam sido reprogramados (conhecidos como CEDROS) e que não participaram da troca voluntária na Bolsa, era relativamente boa.

As reservas voltaram a crescer e ultrapassaram a marca dos 9 bilhões de dólares e as contas fiscais continuavam melhorando. Durante o mês de julho, o aumento anual da arrecadação foi de 29,3%, totalizando quase 5 bilhões de pesos. O secretário da Fazenda, Jorge Sarghini, anunciava que ao final do ano alcançaríamos um superávit primário de 0,8% do PIB. Além disso, foi feito o primeiro pagamento de juros do título BODEN, entregue durante a troca voluntária de títulos, objetivando melhorar a credibilidade dos mesmos. A maior parte do pagamento dos juros foi feita em dólares.

A renegociação da dívida das províncias foi fundamental para revigorar o processo de recuperação no interior do país. Refinanciamos um total de 24 bilhões de pesos com prazo de dezesseis anos, que seriam descontados da coparticipação federal (alocação às províncias de impostos federais). Em contrapartida, as províncias se comprometeram a interromper a emissão de suas quase-moedas. Além disso, os governadores tinham assinado o Programa de Financiamento Ordenado, que representava 90% do déficit das províncias.

O número de demissões diminuía e alguns indicadores socioeconômicos indiretos demonstravam uma mudança de tendência: a oferta de empregos crescia.

Um velho conhecido da Argentina, James Cox, em artigo no jornal *USA Today*, contava detalhadamente como estavam se desfazendo os "clubes de troca ou escambo", prova da criatividade argentina, mas também do desespero da sociedade em meio à crise. Tais lugares de troca tinham alcançado uma proporção jamais vista em uma economia mediana ou relativamente grande e complexa como era a nossa. Cox relatava também que as filas nas portas das embaixadas, de pessoas buscando sair do país, haviam diminuído sensivelmente, chegando a menos da metade do que foram no ápice da crise, entre dezembro de 2001 e abril de 2002.

Motivos para dúvidas não faltava, começando pelo contexto econômico de nossos países vizinhos. Em um seminário, Guillermo Calvo disse que a Argentina, além de lutar contra seus problemas, teria também que remar contra a corrente que passava pelo Cone Sul. E era isso mesmo, a situação do Brasil e do Uruguai pioravam rapidamente. Alguns buscavam consolo nesse mal que atingia a região, atitude que nunca compartilhei, e no dia 1º de agosto declarei: "É importante ter em mente que as dificuldades de nossos vizinhos jogam contra nós".

O Brasil tinha alcançado um modesto crescimento de 1% do PIB, o que representava a diminuição do PIB *per capita*. Os efeitos recessivos não tinham desaparecido de todo. O impacto negativo sobre a Argentina era tão evidente que nossas exportações para o Brasil entre 1997 e 2001 representaram 26,6% do total exportado, e em 2002 representaram somente 20,5% do total. Por outro lado, o FMI exigia um acordo pré-eleitoral por parte de todos os candidatos à presidência da República do Brasil, o qual também foi imposto na Argentina, mas nós não aceitamos. Finalmente, no dia 7 de agosto, o FMI concedeu ao Brasil um crédito de 30 bilhões de dólares, dos quais 6 bilhões poderiam ser usados antes das eleições e o restante a partir de 2003. A contrapartida pelo empréstimo foi que o superávit fiscal brasileiro ficasse em 3,75% do PIB.

O Uruguai sofria corridas bancárias com filas enormes para a retirada de dinheiro de contas com rendimentos fixos, um longo feriado bancário e saques em três supermercados. A situação era tal que, diante da lentidão do FMI em reagir, nosso vizinho rio-platense recebeu — de forma excepcional — um empréstimo-ponte direto do governo Bush de 1,5 bilhões de dólares.

Algo parecido havia acontecido em 1995, quando o governo Clinton emprestou 20 bilhões de dólares ao México, com a garantia dos lucros das atividades petroleiras mexicanas. Mas no empréstimo concedido ao Uruguai nem garantias havia. A decisão do governo Bush ia na contramão de sua política de proteção aos "encanadores e carpinteiros" dos Estados Unidos, mas ele preferiu ceder ante a possibilidade de expansão da crise. O valor do empréstimo facilitara uma resposta pragmática. Entre janeiro e setembro de 2002, as reservas do Uruguai foram de 2,6 bilhões a 600 milhões de dólares. Além disso, no mesmo período, a moeda uruguaia se desvalorizou 47% com um enorme efeito contrativo, já que 84% dos créditos bancários eram em dólares.

Quarta frente: a situação financeira

A quarta frente recaía sobre o tema da situação financeira geral do país, ocupando-se, particularmente, das dúvidas em torno à capacidade argentina de cumprir com os pagamentos de suas dívidas. As razões para tanta incredibilidade provinham tanto de dentro como de fora do país.

O governo Bush hesitava em relação a que medidas tomar na América Latina. No princípio do mês de agosto, O'Neill sofria com severos questionamentos pelo seu descaso diante dos perigos que emergiam do Brasil e pela sua "incoerência" no caso argentino. Uma de suas frases, dirigida a toda região, mas particularmente ao Brasil, sobre "certificar-se de que o apoio não sirva para aumentar as contas na Suíça", enfureceu os financistas com investimentos de risco no Brasil.

As dúvidas de O'Neill sobre a Argentina eram consistentes com suas declarações públicas. Antes de sua vinda, declarou "não vi avanços nos últimos dias". Quatro dias depois, após suas primeiras reuniões em Buenos Aires, O'Neill disse que a visita do ministro Lavagna aos Estados Unidos, no final de julho, tinha ajudado "a estabelecer nossa posição junto aos organismos internacionais". Foi durante essa visita a Buenos Aires que o secretário do Tesouro finalmente acreditou em nossa decisão de obter somente uma reprogramação para os vencimentos, sem novas concessões de capital — exatamente como havia sido dito em nossa primeira reunião com o FMI em Washington.

As queixas continuavam. A revista inglesa *The Economist* escreveu que "alguns economistas acreditam — o que é plausível — que a hiperinflação termine a tarefa de demolição antes que se inicie a reconstrução", e, caso isso ocorresse, não se descartava a dolarização da economia argentina com uma paridade de 4 a 1. A similaridade entre as propostas do FMI e da *The Economist* era clara. O FMI não abria mão da possibilidade de usar a hiperinflação como mecanismo para melhorar a situação dos bancos privados.

Stiglitz insistia que a comunidade internacional, através do FMI, queria aplicar um castigo à Argentina como exemplo a outros países que pudessem entrar em moratória. Por fim, O'Neill chegava à Argentina após sua passagem pelo Brasil, onde foi dar uns tapinhas de ânimo nas costas dos governantes e sugerir que seguissem negociando com o FMI. No dia seguinte de sua partida, o Brasil se comprometeu em aumentar seu superávit fiscal para dispor da já comentada linha de crédito do FMI.

Na Argentina, sua primeira reunião foi na residência presidencial de Olivos, com a participação do presidente Duhalde, Eduardo Amadeo e eu, que consistiu, basicamente, numa fala de Duhalde de trinta minutos.

No dia seguinte, às 7h15 da manhã, tínhamos uma reunião a sós no meu gabinete ministerial e, em seguida, um café da manhã com John

Taylor, Nancy Lee, Guillermo Nielsen e Martín Redrado, que naquele momento era o responsável comercial da Chancelaria argentina. O convite a Redrado foi feito por mim como ministro da Produção (cargo que eu acumulava) para que pudéssemos questionar as restrições comerciais impostas aos produtos argentinos. Também indagamos sobre a nova lei agrícola dos Estados Unidos e seus impactos negativos sobre a produção agropecuária argentina. Antes de sairmos para visitar bairros da região oeste da Grande Buenos Aires (região mais pobre e afetada pela crise), demos uma entrevista coletiva no anfiteatro ministerial. O'Neill declarou que "se ainda houvesse pontos de desacordo entre o FMI e o governo argentino, ofereceremos nossa assistência técnica". De minha posição como ministro fiz questão de declarar: "nos últimos meses, a Argentina entrou em um período de estabilização [...] e contamos com o crescimento do PIB ao final do ano". Quando perguntado se recomendaria investimentos na Argentina, como tinha feito com o Brasil, O'Neill respondeu: "Sim, as autoridades argentinas têm uma visão clara dos passos a serem tomados para se alcançar um crescimento duradouro".

Houve dois gestos políticos posteriores. O FMI entregou ao BID uma carta acordo, de conformidade, para um crédito de 200 milhões de dólares, e o governo Bush autorizou a entrada, sem tarifas, de 57 novos produtos argentinos no mercado estadunidense. Entre outros produtos, foram beneficiados o milho, sorgo e derivados de carne. Parte desses benefícios tinha sido retirada em 1997, como represália por descumprimento argentino em matéria de proteção da propriedade intelectual.

Exatamente como no caso em que ganhamos num painel contra o Chile, quando fomos a parte denunciante pelo não cumprimento das normas da OMC, esse assunto me transportou a negociações que enfrentei como embaixador em Genebra. No começo de 2000, recém-chegado à OMC, a embaixadora dos Estados Unidos me convidou para uma reunião, na qual fui como o segundo homem da Embaixada argentina, acompanhando o embaixador Dumont. Fomos informados do descumprimento em matéria de propriedade intelectual e propuseram que começássemos a discutir a solução caso por caso. Minha sugestão, praticamente meu primeiro ato em Genebra, foi a de encontrar uma solução global para os problemas apresentados, evitando a discussão caso a caso. Não me parecia vantajosa a negociação por temas individuais se o contexto geral não fosse resolvido. Assim foi feito e, alguns meses depois, para alívio da indústria farmacêutica argentina, oito dos nove temas foram resolvidos. Aquele sobre o qual não pudemos entrar em acordo era tão controverso que eu sugeri aos Estados Unidos que iniciasse na OMC um painel contra a Argentina. Acreditávamos que tínhamos razão, mas acataríamos em caso de uma decisão favorável aos Estados Unidos. No entanto, o painel nunca foi aberto. Suspeitávamos que havia o receio de uma decisão favorável à Argentina — sem dúvida era uma possibilidade —, o que implicaria o mesmo tratamento para os demais países membros da OMC. Os Estados Unidos preferiram, portanto, continuar pressionando individualmente aqueles que não cumpriam com este ponto. Com a Argentina, o tema deu-se por encerrado.

Dada a resolução do tema, os Estados Unidos tinham por obrigação eliminar as represálias impostas à Argentina em 1997, o que finalmente foi feito em 29 de agosto de 2002, anunciado como um claro gesto político.

A Argentina não cedeu e assim ajudou a estabelecer limites aos excessos em matéria de proteção intelectual praticados pela indústria farmacêutica e pelo governo norte-americano. Tempos depois, alguns países africanos e o Brasil, frente à crise do HIV, conseguiram algumas flexibilizações e contaram com o apoio argentino.

E ainda no tocante à OMC, outro resultado favorável que tivemos, no dia 23 de setembro de 2002, foi referente à ação que interpusemos, também enquanto eu era embaixador em Genebra, contra o mecanismo de banda de preço chileno. Neste caso, o órgão de apelação da OMC — a segunda e última instância do Sistema de Solução de Controvérsias — confirmou que o Chile deveria desfazer o mecanismo e permitir a livre entrada de 120 produtos argentinos.

2. Entre a proposta do FMI de hiperinflação controlada e os ataques populistas

Nosso panorama interno não era melhor do que o externo. Os jornais anunciavam a possibilidade de moratória com o FMI e outros organismos multilaterais de crédito. Os setores vinculados às políticas menemistas dos anos 1990 não desistiam de tentar interromper o plano econômico, e alguns congressistas irritavam com certos projetos de lei.

A direita econômica promovia, e dava por certo, que Blejer seria o negociador da dívida externa, tal como noticiava o *Ámbito Financiero* no dia 6 de agosto. Miguel Kiguel, que havia sido subsecretário de Financiamento do ministro Machinea, durante uma reunião com amigos da Universidade de Tel Aviv, argumentava que o *corralito* deveria ser desfeito. A mesma proposta foi repetida por um dos diretores do BCRA, Guillermo Lesniewier, em um encontro na Universidade Torcuato Di Tella, no qual participavam os economistas Pou, Carlos Rodríguez e o próprio Miguel Kiguel.

Era evidente que o Banco Central atuava para liberar não só os depósitos do *corralito* — numa reviravolta contrária a tudo o que havia defendido até então —, mas também os depósitos do *corralón* até 10 mil pesos por depositante. Não obstante, o Banco Central se opunha a liberar 300 milhões de pesos para o financiamento de automóveis e máquinas agrícolas, argumentando, em clara contradição, que tal medida implicaria maior emissão monetária.

Em similar contrassenso, o BCRA tardava na implantação do sistema de novas contas livres — ou seja, fora das barreiras do *corralito-corralón* —, que regularizariam o funcionamento dos bancos. A diferença de impacto na política monetária entre os 300 milhões e os 20 bilhões de pesos detidos no *corralito* era da proporção de 66 para 1. A única conclusão racional que podíamos tirar era que as autoridades do Banco Central da República Argentina buscavam liquefazer as dívidas dos bancos por meio de uma hiperinflação. Também ficava evidente que liberar 300 milhões para o financiamento da compra de bens duráveis, com impacto direto na expansão da produção, não servia ao propósito de diminuir o passivo dos bancos como a suposta solução da hiperinflação.

Em agosto, demos um novo e definitivo *não* ao senhor Thornton, do FMI, que uma vez mais insistia na absurda ideia de hiperinflação. Dessa vez Thornton foi mais direto, explicitando que uma inflação de 400% seria o suficiente para solucionar o problema bancário. Eram várias as estratégias para a hiperinflação sugerida pelo FMI e pela direita; uma delas foi por meio de um súbito interesse em recolher as quase-moedas emitidas pelas províncias. Se, por um lado, parecia-lhes inadmissível a emissão monetária para compensar as liminares que forçavam a liberação de depósitos, por outro, eram muito insistentes na proposta de emissão massiva para o resgate das quase-moedas.

Outra ação para a sabotagem da estabilização do sistema financeiro nacional foi executada pelo Gerente de Operações do BCRA, Raúl Planes, que apresentou, a pedido de seus superiores, um plano para autorizar os bancos a transferir pagamentos de crédito a suas casas matrizes, o que implicava uma liberação parcial da conta de capital da balança de pagamentos, e uma pressão adicional sobre o mercado cambial, que se encontrava estabilizado. Em nota oficial, o Ministério da Economia se opôs e impediu o plano, fazendo uso do argumento da pressão sobre o mercado de câmbio e, consequentemente, sobre os preços internos. Nossa política continuava sendo outorgar a maior previsibilidade possível à cotação do dólar, evitando assim fortes oscilações.

Como se não bastasse a gravidade dos dois casos relatados, Noemí La Greca, representante financeira da Argentina em Washington, comunicou-me que pediam apoio de Buenos Aires para organizar reuniões. Silvina Vatnick, economista argentina (casada com Michael Matera, número dois da embaixada dos Estados Unidos na Argentina), viajaria aos Estados Unidos acompanhando Pignanelli e Alejandro Henke, um dos diretores do BCRA, para reuniões com Taylor, com o FMI, com o Banco Mundial e com o BID. Vatnick, além de ser ideologicamente ligada aos anos 1990 e ao cavallismo, começara a exercer violenta oposição à política econômica a partir do momento em que lhe foi negado um subsídio de 1 milhão de dólares para o instituto de políticas e assuntos financeiros criado por ela em Buenos Aires. Conrado Helbling, com quem eu havia integrado o Comitê Diretivo do Conselho Argentino de Relações Internacionais (CARI) e mantinha uma amigável e respeitosa relação — que ainda hoje mantenho —, foi o encarregado de me transmitir a solicitação do subsídio em duas oportunidades. Os pedidos foram espontaneamente recusados por se tratar de um gasto injustificável. Além de ser uma instituição recém-criada sem antecedentes suficientes, já existia um número de reconhecidas instituições em nosso país que passavam dificuldades financeiras devido à crise — como era o caso do próprio CARI e do Instituto de Desenvolvimento Econômico e Social (IDES).

Quando soube do pedido de intermediação para a realização de reuniões em Washington, entrei em contato com o presidente Duhalde.

Estavam ultrapassando o limite, e eu não aceitaria negociações paralelas com os organismos internacionais. Já tinha sido bastante vergonhosa a fracassada viagem de autoridades do BCRA a Boston para tentar um novo empréstimo de 2 bilhões de dólares, contradizendo a estratégia ministerial de desendividar o país de maneira paulatina.

Em uma declaração pública, Duhalde foi categórico ao dizer que "em temas econômicos, a única voz autorizada é a do Ministério da Economia" e forçou o cancelamento da viagem programada por funcionários do BCRA. Depois de encenações histéricas com ameaças de renúncia feitas ao chefe de Gabinete ministerial, Alfredo Atanasof, o ainda presidente interino do BCRA — pois o Senado não confirmava um nome para o cargo —, Aldo Pignanelli, não só ficou em Buenos Aires como também não renunciou ao cargo.

Como mencionado em diversas oportunidades até aqui, durante os meus primeiros meses no Ministério da Economia o país oscilava entre a ruína e a recuperação. As crises que se repetem de maneira cíclica em nosso país, são, em linhas gerais, excepcionais, e requerem, por conta de sua natureza, respostas excepcionais. Sendo assim, eu não poderia deixar de reconhecer e valorizar — e que com o passar dos anos ganha maior relevância — o apoio e o diálogo aberto que sempre mantive com o presidente Duhalde. Tanto em sua visita ao edifício ministerial como em sua declaração de que o Ministério da Economia era a única voz autorizada — e em muitas outras ocasiões —, Duhalde dava um respaldo absoluto ao rumo que havíamos traçado.

A realidade era que se a direita econômica representava uma ameaça, principalmente ao tentar transferir o prejuízo dos bancos à sociedade, certas formas de populismo e imediatismo, procedentes do outro extremo da corda política, também causavam dano.

Existiam três projetos de lei em vias de votação no Congresso. Um deles, liderado por Luis Barrionuevo, estabelecia que os bancos deveriam pagar 2% sobre o total de impostos cobrados ao plano de saúde do Sindicato Bancário. Um segundo determinava que os bancos que deviam passar por uma reestruturação e encolhimento de suas atividades fossem impedidos de demitir funcionários. O terceiro projeto aclarava que as casas matrizes dos bancos estrangeiros teriam que se responsabilizar pelas atividades de suas filiais na Argentina. As três propostas agitaram o sistema financeiro e o jornal inglês *Financial Times* publicou que os bancos pressionavam os embaixadores de seus respectivos países para que esses pressionassem o governo argentino. Se tais projetos causaram irritação mesmo não sendo aprovados no Congresso (em parte por não contar com o apoio do Ministério da Economia), houve outros dois que tiveram o apoio ministerial e foram aprovados pelo Congresso, acarretando uma reação ainda maior.

A primeira lei solicitava uma nova prorrogação de noventa dias para as execuções hipotecárias, originalmente estabelecida na reforma da Lei de Falências. A segunda determinava outra prorrogação para a aplicação do CER para os créditos hipotecários entre 100 mil e 400 mil pesos em empréstimos pessoais, penhoras e também aluguéis. O ajuste era mantido, mas sua aplicação postergada. Mais tarde, entre outras medidas, foi definida uma dilatação no número de parcelas dos financiamentos para suavizar o valor das prestações. Vale lembrar que os empréstimos inferiores a 100 mil pesos foram isentos de reajuste pela CER, pois passaram a ser vinculados ao índice de ajuste salarial (CVS).

As duas leis e os três projetos foram desculpas perfeitas para o FMI que, como mais tarde ficou claro, buscava motivos fictícios para evitar um acordo que não se enquadrasse exatamente às suas demandas. Em uma longa conversa telefônica, Anoop Singh me disse que a modificação nas atualizações e execuções hipotecárias era "uma violação dos direitos dos credores" e que afetava um dos pilares das economias de mercado. Fico me perguntando se ele deixou de pensar assim depois que os Estados Unidos e outros países do centro capitalista tiveram que fazer (em 2008-2009) o que nós fizemos em 2002. E, obviamente, em uma escala muito maior, de acordo com o tamanho de suas economias. Além disso, era uma medida que já tinha sido tomada pelos Estados Unidos durante a crise dos anos 1930. A célebre sentença da Corte Suprema norte-americana — o caso Blaisdell de 1934 — que entendeu como constitucional uma lei do estado de Minnesota que autorizava a prorrogação dos prazos para o pagamento das hipotecas, tendo em vista a situação financeira emergencial enfrentada pelos moradores da região, é uma referência para a jurisprudência do órgão máximo do poder judiciário argentino. Tais decisões foram e continuam sendo necessárias, inclusive nas economias mais desenvolvidas, para evitar grandes crises no sistema capitalista, muitas vezes orientado a proteger os direitos dos bancos e entidades financeiras, mas pouco inclinado a defender os interesses do cidadão comum. A defesa dos interesses do setor financeiro — como sempre — levaria Singh, provavelmente, a dizer o mesmo, não fosse pelo fato de que, desta vez, os países que recorrem a tais medidas emergenciais são os principais financiadores do FMI. Só nos separam os seis anos entre 2002 e 2008.

Na negociação com o FMI, o transcorrer do tempo por si só gerava novos dados para ambos os lados. Eu percebia isso, mas também notava que poucos conseguiam olhar a situação de maneira sensata. Sem eufemismos, metáforas ou demagogia, e convicto de que os governantes sempre devem dizer a verdade, declarei no programa de Oscar Cardozo, na Radio Nacional, que "a mudança de metas na negociação era recíproca". Guillermo Calvo continuava com seus gestos "solidários" para com a Argentina, e em uma entrevista ao jornal *El Cronista* disse: "o modesto acordo já deveria ter acontecido". E ainda que "as últimas medidas legais embolaram o meio de campo". Era como se nós fôssemos os únicos culpados. Em contrapartida, para os progressistas, nós erámos as vítimas e o FMI o responsável por todos os nossos males.

Assim, tanto nós como os funcionários do FMI íamos agregando novas prerrogativas. Diziam que, além de vetar as duas leis — o que não fizemos —, deveríamos estabelecer um limite para o aumento de depósitos nos bancos públicos, Banco Nación e Banco Provincia, e impedir que os bancos públicos fossem responsáveis pela gestão dos bancos que necessitassem de resgate (vale lembrar que os bancos do Crédit Agricole tinham sido entregues à administração do Banco Nación devido à retirada de seus acionistas). Preocupavam-se com a possibilidade dos correntistas concentrarem seus depósitos livres nos bancos públicos, em detrimento dos bancos privados.

Vários diretores do Banco Central argumentavam, de forma similar, que os bancos públicos não deveriam captar mais do que 10% ou 15% do total dos depósitos. O pedido era inaceitável: tínhamos recém-lançado um programa para diminuir o custo operacional dos bancos públicos, tratando de dar-lhes maior eficiência, mas não concordaríamos em pôr limitações. As pessoas tinham o direito de escolher onde fariam seus depósitos ou o princípio da liberdade de escolha não era essencial à economia de mercado?

Como o tempo passava e o FMI demorava a agir, decidimos demonstrar interesse e vontade de negociar com a formulação de uma

Carta de Intenção seguindo a nossa política econômica. Esta era uma ideia bastante incomum, já que habitualmente era o FMI quem formulava as cartas a partir de consultas com as autoridades econômicas locais, para depois fazer uma proposta de negociação com o governo. A negociação é feita a partir da proposta do FMI e não o contrário.

Nielsen, Sarghini, Pérez, Madcur, Palla, Rigo, Arlía e eu fomos os responsáveis por dar forma à tal carta, que refletia nosso plano econômico-social e que foi finalmente apresentada no dia 16 de agosto. Incluía uma previsão de crescimento do PIB de 3% para 2003 — em comparação à queda de 16% entre o último quadrimestre de 2001 e o primeiro de 2002 — e estimava o superávit fiscal em 2% (levando em conta o já excepcional 0,8% acumulado no primeiro semestre de 2002). Os principais jornais argentinos publicaram no domingo, 18 de agosto, que nossa carta havia sido recusada por Anne Krueger, com base em uma nota do jornal conservador espanhol *El Mundo*. Além do mais, alertavam que não haveria crescimento econômico, que a inflação seria superior a 4% ao mês, e que nossas metas eram "irreais e otimistas".

Quase imediatamente, em 19 de agosto, o porta-voz do FMI para a América Latina, Baker, desmentia a notícia: "Não é verdade o que se atribui à Krueger". Ele afirmava não haver existido recusa alguma, e confirmava que o FMI tinha recebido a Carta de Intenção por meio de Anne Krueger e que esta tinha sido distribuída internamente para o estudo das propostas. Taylor, segundo homem do Tesouro americano e responsável pelo caso argentino, declarou — em um gesto pouco habitual — que era muito positivo o fato de termos colocado uma proposta no papel.

As decisões do Congresso argentino sobre o CER e as execuções que apoiamos — e que não vetaríamos — e os projetos de leis não apoiados pelo Ministério da Economia, somados às novas demandas do FMI para que se impusesse uma limitação à captação de depósitos por parte dos bancos públicos serviram para estancar a negociação.

Convencido de que nos encontrávamos em um impasse, no dia 24 de agosto, anunciei que, embora não fosse o caminho que preferíamos, a Argentina consideraria fazer uso das disposições estatutárias que nos permitiam prorrogar em um ano nossas obrigações, e passar, no jargão do Fundo, de obrigações de pagamento "esperado" (que não faríamos) para pagamento "obrigatório" (um ano mais tarde). Tal posição foi comunicada oficialmente ao Fundo. Era um recurso estatutário que possibilitava — apesar de nunca antes utilizado — prorrogar o pagamento de 2,7 bilhões de dólares, mesmo sem o aval do FMI.

A resposta não tardou em chegar. No dia 6 de setembro, com base em nossa decisão e como resultado da visita de Paul O'Neill, o Fundo decidiu postergar por um ano o vencimento dos 2,7 bilhões.

O FMI encontrava-se em uma situação muito incômoda, já que não somente teve que conceder uma prorrogação à Argentina como abriu um precedente para o uso da norma estatutária por outros países. No mesmo comunicado, o FMI elogiou a evolução do gasto público e o cumprimento que havíamos alcançado com outros organismos multilaterais de crédito, mas insistiu em suas críticas sobre o que nos faltava fazer.

3. Os seguros cambiais

Sempre que o governo enfrentava situações de turbulência ressurgiam as pressões setoriais. A mais importante foi a dos seguros cambiais, que exigiam que o Estado, ou seja, toda a população, se tornasse responsável pelas dívidas em dólares de grandes empresas. O assunto foi inserido com muita habilidade, pois argumentava que era uma maneira de evitar a "desnacionalização" de empresas de capital legitimamente argentino. O principal exemplo utilizado era a venda da Pérez Companc à Petrobras.[24]

Os seguros de câmbio tinham sido acordados vinte anos antes, quando Cavallo presidia o Banco Central e concluía de maneira catastrófica a *tablita cambiaria* do ministro Martínez de Hoz. Desta vez seria diferente. A posição do Ministério contou com o apoio, compreensível, de economistas como Miguel Peirano e Eduardo Curia, mas também com o de críticos habituais como Jorge Ávila e Daniel Artana.

A estimativa sobre o total da dívida empresarial era de 32 bilhões de dólares, e aceitar um seguro cambial poderia ter custado aos cofres

---

[24] Tradicional empresa petroleira de capital privado argentino e a maior empresa de energia do país em 2002. A aprovação da venda à Petrobras se deu em maio de 2003. (N. do T.)

do Estado até 20 bilhões de dólares. Cabe ressaltar que até aquele momento havia 28 empresas que tinham deixado de pagar suas dívidas, totalizando 988 milhões de dólares. Obviamente que a situação das empresas era complicada, mas não era diferente da situação do país como um todo. Como mencionado, o seguro cambial era uma demanda de setores privados, poderosos e influentes, que perceberam como o Estado começava a trabalhar em prol de todos, sem a intenção deliberada de privilegiar alguns poucos grupos de interesse.

Circulavam três relatórios de consultores privados sobre possíveis mecanismos para o seguro cambial. Um de Lacoste e Prat-Gay, outro de Ernesto Gaba, do BBVA (Banco Francés), e o terceiro de Livio Kühl, ex-membro do grupo empresarial Macri e ex-secretário da Indústria.

No governo, Aníbal Fernández tinha se mostrado favorável à ideia de resgate de empresas nacionais. É importante que se entenda que por trás de ideias atrativas e frases de efeito pode-se esconder operações desastrosas. O dispendioso seguro cambial era chamado de "resgate do capital nacional". Mais recentemente, o perigoso programa para lavagem de capitais que foi colocado em prática na Argentina em 2008 foi denominado "repatriamento de capital nacional". São argumentos que buscam justificar decisões muito questionáveis mediante um relato da realidade recheado de eufemismos, tergiversações e palavras "bonitas". Algo que, lamentavelmente, temos nos acostumado nos últimos anos.

A discussão aconteceu também no âmbito da Associação de Empresas Argentinas (AEA), surgida em 2002. A presunção de que a AEA poderia ter sido criada com a finalidade de obter os tais seguros cambiais motivou Pagani a declarar, ao ser nomeado presidente da AEA no lugar de Oscar Vicente, representante da vendida Pérez Companc, que a "AEA não nasceu para pedir ao governo seguro cambial". Uma declaração espantosa, dessas que, mais do que negar, confirmam as suspeitas.

Felizmente houve uma disputa no seio da AEA, e não foi pequena. Javier Madanes, dono da Aluar (Alumínio Argentino), enviou uma carta ao ainda presidente Oscar Vicente, na qual declarava: "Na AEA se fez manifesto o propósito de enfrentar as dívidas privadas da forma acordada, mas dentro do próprio setor, sem transferir os custos para o resto da sociedade". Foi um preciso, responsável e incomum *não* aos seguros cambiais.

4. As tarifas

Outro assunto que ressurgiu com força foi o das tarifas. O governo pediu às 59 empresas que haviam sido privatizadas que quantificassem o valor solicitado do ajuste para as tarifas. Cerca de 50 empresas apontaram um ajuste entre 20% e 30%, aproximando-se do segundo valor.

Após um discurso que dei na Câmara de Comércio Argentina-Britânica, o jornal *La Nación* mostrou insatisfação com duas de minhas declarações: a primeira foi a de que não haveria o seguro cambial, e a segunda, que ajustes nas tarifas requereriam, em seu devido momento, audiências públicas por determinação das leis vigentes.

O Poder Judiciário não perdeu a oportunidade para atuar demagogicamente. A pedido da Ouvidoria Pública e de algumas entidades de defesa do consumidor, alguns magistrados decidiram anular o processo de audiências públicas para o estabelecimento do ajuste nas tarifas. Houve, inclusive, um juiz que objetou o imposto sobre combustíveis. Enquanto isso, as companhias elétricas, que eram as menos realistas e mais exigentes, pediam — sem êxito — nosso consentimento para a indexação total das tarifas.

Como resposta às empresas privatizadas, o Ministério da Economia, em processo coordenado eficazmente pelo secretário legal Eduardo Pérez, seguindo o mesmo critério utilizado para a nova Lei de Falências, decretou: as empresas que entrassem em concordata preventiva não deveriam considerar extintos os contratos e concessões, tal como era previsto anteriormente por lei. Não passava de uma segunda proteção jurídica para evitar que as empresas privatizadas se declarassem insolventes e ficassem livres das obrigações assumidas com o Estado argentino.

Os defensores da dolarização das tarifas também não cediam. Pablo Rojo, no Clube de Petróleo, havia ratificado tal postura desde os tempos do menemismo.

5. Uma primavera fria. Malaios ou indonésios

Os meios de comunicação argentinos insistiam em comparar o tratamento que o FMI dava ao Brasil e ao Uruguai com o recebido pela

Argentina. Em várias oportunidades, tentei explicar que era preciso entender que havia uma diferença substancial entre a Argentina e seus vizinhos: no caso desses últimos, o FMI e os governos do G-7 tentavam evitar uma nova moratória no Cone Sul. Em contrapartida, no caso argentino, a moratória já havia sido declarada e seus danos e consequências já eram conhecidos desde 2001. Era evidente que o tratamento seria diferente: um era pré-operatório e o outro pós-operatório. Não se tratava de uma diferenciação por discriminação, mas por condições diferentes. O Brasil teve de aguentar todo tipo de exigência, entre elas um altíssimo superávit fiscal, mas tinha a seu favor a urgência para evitar uma interrupção nos seus pagamentos.

Apesar de Néstor Scibona, colunista do *La Nación*, definir a economia como um campo minado, declarei em uma entrevista a Maximiliano Montenegro, do jornal *Página/12*, *que a recuperação dos níveis de produção de bens, o primeiro objetivo de nosso plano econômico, já havia sido alcançada e por meios próprios. Portanto, queríamos contar com o respaldo do FMI para alcançar nosso segundo objetivo: estabilizar e "normalizar" a economia argentina.*

Deixar claro que quem realizava grande parte do esforço era a sociedade argentina parecia-me essencial diante das dificuldades que enfrentávamos para se chegar aos mínimos acordos, tanto na política interna, como na política externa.

Fato é que no dia 5 de setembro o FMI declarou — com errada obstinação — que a proposta argentina para um acordo contida na Carta de Intenção não apresentava meios suficientes para a estabilização da economia.

A partir daí se desencadeou uma nova sequência de conflitos com o FMI. Internamente, a ala esquerdista do governo iniciou um debate sobre se deveríamos agir como a Indonésia, que havia seguido as instruções do FMI, ainda que com resultados catastróficos, ou se estávamos dispostos a seguir o caminho da Malásia, que tinha buscado uma saída própria, com maior êxito.

Até então a Argentina não tinha optado pelo caminho da Indonésia, e não era o momento de fazê-lo — determinação que demonstramos com as medidas tomadas pela equipe econômica desde abril de 2002.

Por mais que quiséssemos agir como a Malásia, também não poderíamos. A Malásia, que era membro do FMI desde 1958, jamais tinha feito empréstimos junto ao Fundo e, como consequência, nunca descumpriu nenhum acordo com a instituição. A Argentina, em contrapartida, membro do FMI desde 1956, havia descumprido 19 acordos, sete deles nos últimos anos.

Se a diferença econômica era enorme, não eram menores as diferenças institucionais. Durante a visita que recebemos de ministros malásios pudemos conhecer mais detalhadamente os mecanismos que foram utilizados pelo Poder Executivo durante a crise do país do sudeste asiático: pela manhã, o primeiro-ministro Mahathir se reunia com seu Gabinete para tomar as decisões mais importantes — inclusive mudanças institucionais — e, durante a noite, Mahathir se assegurava de que todas as medidas tomadas estivessem vigentes. Em outras palavras, o Poder Executivo malásio era o suprassumo do poder público. Foi o mesmo poder que Mahathir usou para acusar de sodomia seu ministro de Finanças, e possível sucessor, fazendo-o passar longos anos na prisão por conta de tal acusação.

Nada poderia ser mais diferente da situação que vivíamos em nosso país: um Poder Judiciário duplamente desgastado, com disputas internas e externas; um Parlamento sem maiorias; um Poder Executivo cujo líder máximo, o presidente da nação, fora designado pela primeira vez na história do país pelo Congresso e não pelo voto popular.

O Ministério da Economia estava, sem dúvida, mais próximo do modelo malásio, mas mantínhamos os pés no chão, conscientes de nossa situação política e institucional. Lutávamos, mas com os nossos próprios meios, e assim tomamos várias decisões importantes:

— Dia 10 de setembro decidimos, de forma inesperada, liberar grande parte dos depósitos do *corralón* a partir de 31 de outubro. Nessa data, os depósitos de até 7 mil pesos — em valores de 31 de maio de 2002 — ficavam liberados (e até 10 mil pesos, segundo a avaliação individual do banco). Entre 640 mil e 700 mil correntistas (67,5%) pequenos e medianos poderiam dispor livremente de seus recursos. A decisão implicava uma emissão máxima de pouco mais de 1 bilhão de pesos, 1,4 bilhão caso os bancos optassem pelo limite de 10 mil pesos, e 2 bilhões, considerando as contas com rendimentos fixos ajustadas pela CER no valor original do depósito.

A irritação do FMI com a nossa decisão foi tamanha que no dia seguinte Anne Krueger me enviou uma nota dizendo: "Acabo de retornar de reuniões em Londres e fui informada da liberação dos depósitos com vencimentos fixados para correntistas com valores baixos. Devo dizer que recebi a notícia com grande surpresa. Esperávamos que a estratégia para os depósitos com vencimentos fixos (*corralón*) e os depósitos em conta-corrente (*corralito*) fosse estreitamente coordenada (*closely coordinated*) com o *staff* do FMI".

Minha resposta foi dada no dia 12 de setembro, também por meio de uma nota formal que demonstrava incômodo: "Espanta-me o fato de você estar surpreendida". E mencionei que continuaríamos com a estratégia de títulos voluntários e não com os títulos compulsórios, como eles queriam. Além disso, assinalei que o desmantelamento do *corralito* não era uma prioridade para nossa equipe, uma vez que os fundos lá contidos podiam circular livremente por meio de cheques e cartões de crédito e que o problema que resolvíamos eram as pequenas economias dos cidadãos argentinos que estavam congeladas no *corralón*.

A medida relacionada ao *corralón* impedia que a Corte dispusesse de mais um elemento para negociação. Foi uma medida economicamente arriscada, mas viável. Não representava o mesmo risco que correríamos caso liberássemos os mais de 20 bilhões de pesos do *corralito*, que de todas as formas já circulavam dentro do sistema bancário. A nossa medida liberava as economias dos pequenos poupadores que — em grande parte — não haviam recorrido às liminares para tal.

Aos poupadores cujos depósitos fossem superiores aos limites estabelecidos e que, portanto, não estavam liberados, oferecemos a possibilidade de troca por títulos públicos com vencimento em dez anos, em dólares (cotação de 1,89 pesos por dólar), com taxa de 1,4% ao ano mais CER, com garantia do banco de origem do depósito. Também havia a possibilidade de se trocar o depósito por um título privado, emitido pelo banco de origem, em pesos, com juros de 2% ao ano mais CER, com a garantia do Estado argentino sobre a diferença cambial que pudesse haver entre o valor em pesos e o valor em dólares na data de vencimento do título (mas o Estado não garantia o valor total do título privado em caso de falência do banco emissor). Anunciei a medida junto com o subsecretário Madcur, já que Nielsen estava em Londres em negociações com credores privados do governo.

Em janeiro de 2002 havia 19,5 bilhões de pesos no *corralito* e 54,6 bilhões de pesos no *corralón*. Com as transferências autorizadas e a concessão das liminares, antes da primeira fase dos títulos voluntários, a proporção era de 26,9 bilhões de pesos no *corralito* e 27,5 bilhões de pesos no *corralón*, e que foi reduzida a 20 bilhões após a primeira fase de troca pelos títulos públicos. O valor remanescente foi o que se tomou por base para a segunda fase de trocas, que mais tarde seria concluída com êxito.

Tanto a Abappra como a ABA aceitaram o acordo e com ambas associações trabalhamos intensamente no sistema de garantia dupla aos depositantes.

— Em uma reunião com Nielsen e Pignanelli, Krueger pediu que os candidatos presidenciais assumissem "compromissos", como havia sido feito no Brasil. Minha resposta foi negativa. Não podíamos pedir aos candidatos compromissos sobre um acordo que não existia. Alguns dias após esse pedido, disse em Washington: "Não pediremos aos candidatos que assinem um cheque em branco". Não fazia sentido.

— No dia 17 de setembro, Krueger certamente acreditava numa cartada final ao declarar: "Caso deixe de pagar ao FMI e demais organismos internacionais, a Argentina será sancionada economicamente. Terá que pagar com reservas". Naquele momento, com o pagamento ao FMI adiado em um ano, tínhamos ainda o vencimento de uma dívida com o Banco Mundial de 800 milhões de dólares. Krueger disse ainda abertamente — e em minha opinião *descaradamente* — que isso poderia colocar em perigo os programas sociais (como Chefes e Chefas) que eram financiados com empréstimos do Banco Mundial e do BID.

Isto terminou com uma carta de Köhler ao presidente Duhalde e um convite para uma conversa telefônica. A carta solicitava uma declaração de apoio dos líderes políticos das províncias e do Parlamento aos programas e uma menção aos obstáculos que o FMI apontava para o acordo:

— As liminares. Curiosamente, enquanto o BCRA e Thornton, do *staff* do FMI, tentavam promover a liberação do *corralito* e o golpe hiperinflacionário, Köhler insistia em sua nota ao presidente Duhalde em deter as liminares e argumentava, mais uma vez, que "os vencimentos da reprogramação de depósitos [liberação parcial do *corralón*], durante os primeiros meses de 2003, poderiam sobrecarregar a política monetária. O que geraria pressão inflacionária e uma tendência de desvalorização do peso, conduzindo a uma maior instabilidade no sistema financeiro". Em outras palavras, o FMI propunha duas medidas que se anulavam: a troca compulsória de depósitos por títulos públicos, através de Köhler, sua autoridade máxima; e um golpe hiperinflacionário, por meio de Thornton, parte de seu *staff*. Eram estratégias alternativas que atendiam aos interesses de um único beneficiário: os bancos. O caminho pelo qual a equipe econômica optou foi outro e seu objetivo era preservar o interesse geral, especialmente daqueles que não contavam com poder de *lobby*, sem dúvida os mais desprotegidos e as maiores vítimas da crise.

— A demora na ratificação do acordo de disciplina fiscal por parte das províncias que ainda não o tinham assinado.

— As iniciativas legislativas, como a prorrogação das execuções hipotecárias.

— E, por último, não deixou de mencionar — uma vez mais — a falta de proteção aos funcionários do Banco Central.

Curiosamente, alguns anos mais tarde, em 2008, Hank Paulson, secretário do Tesouro ao final do segundo mandato do governo Bush, pediu uma imunidade similar para seu plano de resgate ante a eclosão da bolha financeira nos Estados Unidos. De maneira sensata, o Congresso estadunidense não acatou o pedido. E nós também não o fizemos em 2002.

Na nota de resposta ao senhor Köhler, que preparamos com Duhalde, além de responder às questões específicas, o presidente mencionou o tema com o qual estavam nos pressionando, o do vencimento da dívida: "Acredito que a comunidade internacional deva reconhecer o esforço que o meu país tem feito para pagar mais de 3,5 bilhões de dólares em um contexto de debilidade cambial e monetária. Não há dúvidas sobre o nosso comprometimento em permanecer integrados ao mundo. Mas também é certo que o volume dos compromissos com vencimentos próximos ultrapassa a capacidade real do país e gera uma vulnerabilidade adicional, seja para a realização ou não dos pagamentos". Apesar das pressões internas e externas, o país mantinha uma postura de negociação.

Na conversa telefônica entre Duhalde e Köhler — em minha presença e diante dos negociadores do Fundo, em Washington —, o presidente explicou nossa posição e afirmou que não nos encontrávamos em condições de realizar pagamentos utilizando nossas reservas; argumento que não foi contestado pela figura máxima do FMI. O que eles pediam era, basicamente, que o Congresso não seguisse uma direção contrária às recomendações do Fundo; que fizéssemos um esforço para conseguir o apoio político dos candidatos; e que pensássemos em soluções para reformular o eventual acordo, caso a Corte Suprema tomasse decisões referentes à pesificação, a respeito das liminares e de outros pontos nevrálgicos. Os argumentos, em ambos os lados, respeitavam uma lógica própria.

No dia 19 de setembro ocorreu outro fato insólito. Duhalde e eu fomos informados que Pablo Rojo, um dos responsáveis econômicos do menemismo, havia tido uma reunião privada com as autoridades do Banco Central sobre assuntos que implicavam — de maneira clara e deliberada — uma desestabilização do mercado cambial. Diante de tal situação, analisamos, junto ao presidente, duas alternativas. A primeira delas era sugerir para a presidência do BCRA um líder político de renome, com conhecimentos econômicos e que fosse de extrema confiança, como era Antonio Cafiero. Por outro lado, consideramos a possibilidade de se realizar uma denúncia pública da manobra desestabilizadora. Finalmente, decidimos não tomar nenhuma decisão de imediato, evitando gerar algum tipo de alarde que pudesse agitar ainda mais a situação, e optamos por um regime de estrita vigilância.

Em uma entrevista coletiva junto aos representantes do FMI, realizada no dia 23 de setembro, Köhler, acompanhado de Krueger, disse que "a crise argentina era a pior do pós-guerra", em escala mundial, e contou um episódio no qual ele foi atendido por um médico argentino que lhe disse: "Mantenha-se firme, é a única maneira para que o país se endireite". Aceitando o episódio como sendo verídico, e não tenho por que duvidar, Köhler, certamente, tinha encontrado um argentino entre os muitos que gostariam que o nosso país fosse administrado do exterior.

Esses fatos — mas sobretudo a afirmação insólita de Krueger, ameaçando os planos sociais —, constituíram a "aura" para uma enxurrada de declarações posteriores.

Rapidamente fomos fomentando dentro do governo, e fundamentalmente na sociedade, o critério e a convicção de que não utilizaríamos nossas reservas para o pagamento das dívidas com os organismos multilaterais. No dia 20 de setembro me pronunciei: "O FMI vem depois dos acontecimentos", e ainda: "diante das pressões do FMI não devemos nos afligir, nem respondê-las inutilmente".

No dia seguinte à coletiva de Köhler-Krueger, 24, fui contundente ao afirmar nossa posição: "Não vamos assinar qualquer acordo" e "não vamos abrir mão de nossa política social". Fiz questão de lembrar que até o mês de junho a burocracia, ou os tecnocratas, se quisermos ser mais elegantes, do FMI diziam que a Argentina estava prestes a entrar em um processo hiperinflacionário, em um colapso financeiro e em uma recessão. A realidade desmentiu esse diagnóstico técnico. "Eles têm dificuldades em se readaptar a um novo diagnóstico e então introduzem elementos políticos", pensávamos. A negociação seria impossível se o Fundo não ajustasse sua percepção à nova realidade. No dia 25 de setembro, eu declarei: "O mundo não vai acabar. A vida da Argentina não depende do FMI", e me justifiquei dizendo que o resultado dos últimos meses assim o provava. Krueger não tardou em responder: "Não será o fim do mundo se não chegarmos a um acordo".

Neste meio-tempo, realizamos pagamentos menores (329 milhões de dólares entre FMI, BID e Banco Mundial) e demonstrei que nossos planos sociais não estavam sendo financiados com empréstimos de organismos multilaterais. Os créditos que eles nos ofereciam eram pequenos e estavam sendo pagos, portanto estávamos reduzindo a dívida.

Até esse momento, a Argentina tinha pago 3,8 bilhões de dólares líquidos (ou seja, descontado os empréstimos que nos haviam dado no mesmo período). Da sala de imprensa da Casa Rosada, afirmei: "A sociedade argentina vem encarando a negociação com tranquilidade [...] temos que manter a calma, seguir trabalhando e demonstrar que nossa sociedade pode seguir adiante sem a necessidade de um acordo com o FMI. [...] Não podemos pedir consenso político sem saber que acordo será feito".

No dia 26 de setembro, em Washington, durante uma entrevista coletiva, insisti que as pessoas do FMI estavam mal informadas e reiterei: "Já pagamos mais do que recebemos". Além do que, não era verdade que os organismos multilaterais estavam financiando nossos planos sociais, que não deviam e nem podiam ser objeto de chantagens.

Em certos momentos era impossível evitar que viesse a público o incômodo que me provocava tanto maniqueísmo e descaramento. Éramos ameaçados por agentes domésticos e externos com o desmantelamento dos planos sociais caso o governo não atendesse às suas demandas, as quais visavam somente garantir os interesses do setor financeiro, dos bancos privados e de alguns poucos figurões que tinham feito fortuna praticando agiotagem em operações amparadas pelo Estado nos últimos dez anos. Como podiam ser tão inescrupulosos a ponto de defender o interesse de poucos enquanto milhões de cidadãos argentinos conviviam com a fome, a desesperança e a falta de expectativas?

Naqueles dias declarei também que não realizaríamos a grande reforma no sistema financeiro, como o FMI propunha. Isso era a declaração definitiva de que a Argentina não aceitaria o enfoque de combate à crise adotado na Indonésia.

Dentro de um enquadramento regulatório geral, queríamos seguir os princípios do mercado e dar tempo para que as instituições privadas pudessem realizar suas ações de reestruturação. Víamos a política "intrusiva" do FMI como uma ameaça e assim o declarei à dupla Köhler-Krueger, que se mostrara notavelmente incomodada. Os paladinos da economia de mercado não gostavam de ouvir que suas recomendações eram intrusivas e não respeitavam os princípios do livre mercado que estávamos dispostos a utilizar. Também deixei bastante claro que seria uma perda de tempo enviar uma nova missão a Buenos Aires. Estávamos dispostos a manter os trabalhos em Washington desde que fôssemos direto aos detalhes, à letra pequena do acordo, e deixássemos de lado as discussões, a *shopping list* de queixas. Foram dias de muita disputa. Um deles passei reunido com Anne Krueger e Eduardo Amadeo, e mantive uma postura amistosa e sorridente:

Anne Krueger: "Chegaremos a um acordo quando tiverem um plano econômico".

Minha resposta: "Já temos um plano econômico".

Anne Krueger: "Bem, quando tenham um que possamos apoiar".

Minha resposta: "Isso é outra coisa, assim talvez não haja acordo".

Um amigo do Tesouro americano confirmou o que nós já desconfiávamos, que o FMI não contava com todo o apoio, e que logo depois de nossa reunião com O'Neill, ele recomendou a Taylor ter cuidado com os "burocratas cabeça dura" que atrasariam ainda mais o processo com seus prognósticos errados. Nossa mensagem de que a situação argentina evoluía bem e rapidamente havia chegado a um porto seguro.

Como não poderia ser de outra maneira, a imprensa deliciava-se com o debate entre o governo e o FMI, e não economizou papel, tinta e tempo. O jornal *Ámbito Financiero* vinha afirmando desde o dia 18 que "tudo se agravava", e dias depois noticiava que a Corte Suprema decidiria reempossar Pedro Pou na presidência do BCRA, ele que tinha sido afastado no Ministério de Cavallo por conta de um escândalo denunciado por Elisa Carrió. Dizia ainda que isso beneficiaria o presidente Duhalde graças ao — suposto — prestígio de Pou.

No dia 27, o *Ámbito Financiero* deu sequência a esse surpreendente equilíbrio: "Deteriora-se a relação com o FMI, mas melhora a economia do país". No exterior, as mensagens eram parecidas. O *Financial Times* noticiou: "Buenos Aires responde ao ataque do FMI aos políticos"; o *The Wall Street Journal* escreveu que havia uma "guerra de advertências entre funcionários argentinos e o FMI"; a revista *The Economist* disse que a Argentina ia vencendo a batalha na mídia, mas rapidamente se contradisse: "[O FMI] faz bem em pressionar", e ao mesmo tempo admitiu que os funcionários do FMI "estavam à beira do desespero pela relutância argentina em aceitar a responsabilidade de sair do conflito".

Como em toda batalha, os alinhamentos foram rápidos. Logo após uma declaração em pleno Senado, os senhores Matzkin, Atanasof, o secretário-geral da Presidência Aníbal Fernández, alguns senadores do Partido Justicialista, como Gioja e Lamberto, o socialista Giustiniani, os governadores Kirchner e De la Sota, mostraram-se claramente contrários ao uso das reservas para o pagamento da dívida.

Ricardo Haussman, ex-economista-chefe do BID, disse que o FMI estava nas mãos de incompetentes e que o calote argentino seria catastrófico para o Banco Mundial e para o BID. Por outro lado, Cavallo escrevia a favor da dolarização.

Sebastián Edwards, ex-economista do Banco Mundial para a América Latina, arguia que o Brasil representava um número alto enquanto a Argentina era equivalente a zero, e assim, como todos bem sabem, qualquer número multiplicado por zero é zero, de modo que não havia sentido em seguir adiante com o Mercosul.

Tietmeyer apareceu falando da "insignificância argentina", ainda que em uma carta ao *La Nación* tenha desmentido o sentido que haviam dado à sua declaração sobre o país.

López Murphy, em um seminário dos candidatos à presidência realizado na Sociedade Rural, disse: "Temos que pagar ao FMI — entre outros — com reservas".

Menem e Rodríguez Saá insistiam com a antecipação das eleições, e Menem enviou uma carta com seu plano econômico ao FMI, ao Banco Mundial e ao BID. Terá pensado que eles eram mais importantes do que os próprios eleitores argentinos?

E depois de "um dia de fúria" no mercado brasileiro, com o dólar chegando a 3,75 reais, Lula declarou que, caso fosse eleito, despediria Armínio Fraga da presidência do Banco Central, e concluiu dizendo: "O Brasil não é uma republiqueta qualquer, não é a Argentina. Este país não vai quebrar".

A AEA se mostrou a favor do acordo.

No meio dessa batalha verbal, Köhler finalmente sinalizou trégua: "Não deveríamos trocar expressões de chantagem pela impressa". Assim como concordo com essa visão hoje, concordei naquele momento, mas acredito que nossa rápida resposta, sustentada pelo corpo político nacional, foi fundamental para não sermos arrastados. Não estávamos dispostos a uma intervenção e não concordávamos com muitas coisas, tínhamos nossa percepção da realidade argentina e das mudanças graduais — mas positivas — que se estavam produzindo.

Finalmente, no dia 29 de setembro, o *Clarín*, com notícias que chegavam de Washington, publicou: "O FMI declara que haverá acordo". Falava-se de um acordo transitório, entre seis e doze meses, apoiando a estabilização para que mais adiante se chegasse a um acordo mais estruturado, a longo prazo, com duração de dois a três anos.

Em uma coletiva, Singh falou de um "acordo vigoroso". Por outro lado, o Comitê Interino do FMI apontava em um comunicado que reconhecia os passos positivos que a Argentina havia dado nos últimos meses. Passos que tinham ajudado a superar as dificuldades econômicas e gerado maior estabilidade macroeconômica e financeira.

Essa mudança de postura era o resultado do apoio de pessoas como Rato, ministro espanhol, Francis Mer, ministro francês, Marley, ministro canadense, e Eyzaguirre, ministro chileno, e sem dúvida contava com o aval explícito dos Estados Unidos.

O G-24, integrado por países em desenvolvimento, se pronunciou sobre a Argentina: "Os membros do G-24 dão as boas-vindas à sólida conduta macroeconômica dos últimos meses". Já o G-7 apresentava uma postura neutra no trato com a Argentina e com o Brasil.

Os dias em que a equipe de Finanças e Fazenda esteve em Washington serviram para muitas reuniões bilaterais. Durante os encontros com os membros do G-7, eram constantes as caras de surpresa enquanto apresentávamos dados concretos e valores sobre a melhora que a nossa economia vinha apresentando. Obviamente que o caso argentino estava na agenda, mas, durante a reunião anual do FMI, a atenção global se voltava para o sistema financeiro internacional. Foi levantada a discussão de um regime para as "quebras soberanas" — quer dizer, dos países — e o Comitê Monetário e Financeiro, presidido pelo ministro inglês Gordon Brown — que posteriormente se tornou primeiro-ministro inglês —, solicitou que o FMI elaborasse uma proposta concreta. Esse passou a ser o assunto principal, global, das reuniões dos anos posteriores.

Países como México e Brasil tinham pouco entusiasmo, assim como os grandes bancos internacionais, pois temiam uma intervenção excessiva de organismos multilaterais.

Também tivemos uma reunião de todos os ministros do continente americano com O'Neill sobre o acalorado tema do financiamento de atividades terroristas. A reunião acabou sendo mais um ato político do que uma discussão efetiva sobre o assunto. Na verdade, boa parte do tempo foi tomado por uma longa descrição do ministro de São

Vicente e Granadinas — nação caribenha independente, membro da Commonwealth — sobre o efeito devastador dos tornados para sua economia.

6. As minúcias

Nestes processos nada é linear. No meio de tanto agito caiu no esquecimento a intenção de visita de Anoop Singh à Argentina. Desde que eu havia tomado posse, Singh ainda não tinha visitado o país. Muitos ainda se lembravam de uma coletiva de imprensa, em março de 2002, na qual Singh falou sozinho nas dependências do Ministério da Economia, como se fosse o ministro. O pretexto para sua visita era conversar com os candidatos presidenciais.

A informação vazou dada a "incontinência verbal" do presidente interino do BCRA, parafraseando um ministro. Enquanto participava de uma reunião — mais uma — com Pou, Kiguel e Blejer, ele soube da notícia e a passou adiante. Os candidatos rapidamente responderam: Kirchner e Carrió, juntos no extremismo, disseram que não aceitariam — curiosamente Carrió, em sua versão política 2009, declarou publicamente que pediria dinheiro ao FMI —, e outros candidatos declararam que estavam dispostos a um encontro com Singh, entre eles: Rodolfo Terragno, Rodríguez Saá, Menem, López Murphy y De la Sota.

Fato é que esse rumor cancelou a visita, e devo confessar que nós, do Ministério da Economia, não derramamos uma só lágrima. A presença de Anoop Singh na Argentina não ajudava o processo de negociação, ao contrário, geraria mais ruído político.

7. O orçamento

Já disse que nem tudo era FMI. Na verdade, o que não era Fundo era menos público, embora mais importante. Um acontecimento relevante foi a apresentação do Orçamento Nacional para o ano de 2003 no dia 15 de setembro de 2002 — data prevista na Constituição Nacional. A apresentação foi feita após árduo trabalho executado em conjunto com o secretário da Fazenda Sarghini e com o subsecretário Raúl

Rigo. No dia 1º de agosto havíamos deixado estabelecidas as informações básicas para a elaboração da Lei de Leis e no dia 13 de setembro foi feita a sua apresentação.

Previamos para o próximo ano (2003) um crescimento do PIB de 3% (que resultou ser muito maior), 22% de inflação (que foi muito menor), superávit fiscal recorde desde 1994 de 2,18% do PIB, dólar estável, gasto social de 5,1 bilhões de pesos, tudo sem aumento de impostos. O fato de não haver aumento de impostos não foi suficiente para que outro meio de comunicação opositor, *Infobae*, falasse de "superimposto". E quem se importa com os fatos e com a verdade quando se está cumprindo ordens?

O orçamento foi estabelecido em três eixos fundamentais: melhorias nos gastos sociais (5,1 bilhões de pesos), gastos com impacto regional (mais de 1 bilhão de pesos destinados às províncias) e ciência e tecnologia (706 milhões de pesos). Sarghini confirmou que havia um fundo não atribuído, uma reserva de 3,5 bilhões de pesos.

Além disso, com verba estipulada anteriormente — e não utilizada desde 1997 — lançamos um plano de obras de 1,1 bilhão de pesos distribuídos em 300 projetos por todo o país. Em favor das províncias foi cancelado o instrumento que permitia o pagamento de impostos federais, repassados a elas, com títulos privados. Aproximadamente 50 empresas se valiam de tal instrumento legal, representando uma grande economia para elas, mas isso diminuía em 15% a coparticipação federal. Os pagamentos de impostos por meio de títulos privados havia alcançado o valor de 1,8 bilhão de pesos mensais.

Mais uma vez, a situação política complicava o país. No entanto, a política econômica e social rendia bons resultados: o jornal espanhol *El País* a definiu utilizando o nosso próprio enfoque, "distribuição de prejuízos", e apontava que tal distribuição deveria ser executada de maneira equitativa ao invés de recair somente sobre as maiorias e, obviamente, sobre os que menos dispunham.

Como reflexo da situação, as liminares, utilizadas pelos correntistas médios e grandes, haviam diminuído. Entre abril e julho foram autorizados, por meio das liminares, saques de 1,2 bilhões de pesos por mês e, a partir de agosto, passaram a uma média de 350 milhões de pesos mensais, o que representou um grande alívio para os bancos. Uma das razões para tal queda foi a decisão de que a AFIP (*Administración Fe-*

deral de Ingresos Públicos, responsável pela arrecadação) devia confirmar a origem dos depósitos que seriam liberados pelas liminares. Até então, 69% deles era de dinheiro com origem desconhecida; em caso de infração, a multa máxima estipulada era o dobro do capital liberado.

Setembro terminou com um aumento das reservas, 9,3 bilhões de dólares, e as taxas das letras do BCRA já estavam em 59%, comparado a mais de 100% de poucos meses antes. Além de, pela primeira vez desde o primeiro trimestre de 1998, o cálculo dessazonalizado do PIB trimestral mostrar crescimento de 0,9%. A recuperação estava a caminho.

VI

O caminho certo, com ou sem acordo (outubro e novembro de 2002)

"O essencial é invisível aos olhos."

O pequeno príncipe, Antoine de Saint-Exupéry

1. A consolidação do ciclo virtuoso. O essencial

A frase de Antoine de Saint-Exupéry é muito adequada para iniciar o sexto capítulo, que transcorre no momento em que os sinais sobre a plena recuperação da economia argentina começavam a ser menos reticentes ou questionáveis. A recuperação foi inegável durante mais de três anos (2003-2006), tanto no âmbito nacional, como no internacional. A partir de 2006 se iniciou uma nova etapa na economia argentina e, assim, outra história.

Entre os meses de outubro e dezembro de 2002, o essencial foi a confirmação do processo de recuperação econômica. No entanto, a postura pública de funcionários com poder de decisão e dos meios de comunicação ficou quase que exclusivamente restrita à cansativa, porém inevitável, negociação com o Fundo Monetário Internacional e com outros organismos e governos de países centrais.

Os principais dados do período podem ser resumidos nos seguintes pontos:

— O nível de produção industrial (medido pelo Indicador Industrial Mensal), entre abril de 2001 e abril de 2002, sofreu uma queda de 19,1%, e no mês de outubro (2001-2002), de 4%. Os números indicavam o impacto negativo no aprofundamento da crise na primeira metade do ano ao mesmo tempo em que demonstrava a recuperação a partir do último trimestre de 2002. Algo parecido acontecia com toda a produção nacional, incluindo as atividades agrícolas, construção civil e serviços — este último setor havia registrado queda de 14,6% em abril, e em outubro de 8%. Era óbvio que ainda estávamos em plena contração econômica, mas ao mesmo tempo podíamos perceber indícios de "desaceleração" na queda dos indicadores econômicos.

— As atividades agrícolas e industriais foram as primeiras a reagir positivamente ao nosso plano econômico e, consequentemente, apresentaram os primeiros resultados de reativação. No caso das atividades agrícolas, a decisão de investir e retomar a produção foi muito favorável para as economias das províncias, que, em sua maioria, são muito dependentes dessas atividades. Por isso, o interior do país pôde sentir a mudança antes das principais cidades. No mês de novembro, pela primeira vez em 27 meses, o indicador mensal da atividade agrícola apresentou um resultado positivo, na comparação interanual, com crescimento de 2%.

— A redução na inflação também se confirmou nesse último trimestre, retornando à taxa de um dígito. Em setembro, a variação mensal dos preços havia sido de 1,3% no varejo e de 2,3% no atacado, números que apresentavam uma grande diferença dos 10,4% e 19,9% registrados durante o mês de abril, época de minha posse como ministro. A inflação do mês de outubro foi de apenas 0,2%. A diminuição na taxa de inflação foi de grande importância, considerando a desvalorização do peso argentino em 275% durante o mandato do ex-ministro Jorge Remes. As muitas previsões de economistas que apontavam para a possibilidade de hiperinflação eram baseadas nessa altíssima desvalorização da moeda argentina.

— A recuperação, impulsionada principalmente pela indústria e pela agropecuária, demonstrava o benefício de se transferir a produção e o emprego dos serviços financeiros, seguros, bolsas etc. aos setores de bens de consumo.

— Outro aspecto fundamental que confirmava o início da recuperação era a mudança favorável na visão dos cidadãos sobre o país e em suas expectativas. Segundo o IBOPE (Instituto Brasileiro de Pesquisa e Estatística, dirigido na argentina por Enrique Zuleta Puceiro), em abril de 2002, 20,5% dos entrevistados pensavam que a situação poderia melhorar, e 43,6%, os mais pessimistas, diziam que as coisas piorariam. Em outubro, 43,7% previam uma melhora da situação, e somente 12,7% acreditavam que ela ainda pioraria.

— Em maio, uma pesquisa feita entre empresários participantes do Colóquio IDEA apontava que 91% acreditavam no agravamento da situação do país, 57% achavam que haveria uma melhora e 21% que a situação se encontrava estável.

— Sobre emprego e pobreza, outras pesquisas realizadas pelo IBOPE apontavam, em maio, que 42% dos entrevistados acreditavam que a situação iria piorar; em novembro os resultados eram opostos: 48% dos entrevistados acreditavam na recuperação, e somente 13,4% previam uma piora.

— Os especialistas em previsões econômicas já demonstravam uma tendência positiva para 2003. As consultorias Broda e Ecolatina estimavam que para 2003 o crescimento do PIB ficaria entre 2,5% e 3%. A projeção da Fundación Mediterránea foi de 3%, e a da FIEL de 2% (como já mencionado, o crescimento do PIB terminaria sendo de 8,8%, superando amplamente as estimativas). Os mais negativos eram a Fundación Capital, vinculada à Martín Redrado, com uma projeção de crescimento da ordem de zero, e o núcleo da direita CEMA, que estimava um crescimento de 0,5%.

— A confiança do consumidor, segundo as medições da Universidad Di Tella e da Fundación Mercado, apresentava aumentos consideráveis.

— A cotação do dólar, que poucos meses antes era especulada entre 8 e 10 pesos, manteve-se estável entre 3,40 e 3,60 pesos, apesar da permanência da taxa de juros em níveis baixos. A taxa de juros oferecida pelas Letras do Banco Central com vencimento de 271 dias era de 55% ao ano. Na Argentina existem, tradicionalmente, duas opções preferidas pelos agentes financeiros, o dólar e a taxa de juros, sendo que em momentos de incerteza o dólar é estabilizado por meio do aumento da taxa de juros. A estabilização da cotação do dólar com taxas de juros baixa foi um feito notável, principalmente por ser um estímulo para as atividades produtivas.

— As reservas chegaram a 9,6 bilhões de dólares em outubro e 9,9 bilhões em novembro de 2002, alcançando os 10 bilhões em dezembro.
— A arrecadação, refletindo uma maior atividade econômica, crescia entre 30% e 45%, dependendo do mês, em relação aos valores de 2001.
— Os depósitos bancários haviam crescido 30% desde junho, apesar das liminares.

Em síntese, o essencial era que o esforço coletivo — da equipe econômica, do governo e, sobretudo, da sociedade — conseguiu construir um claro caminho de saída. As medidas que controlaram a inflação foram fundamentais, uma vez que a alta dos preços caiu e foram sentidos os efeitos positivos da taxa de câmbio realista em relação à produção, o emprego e a recuperação do mercado interno. A desvalorização da moeda foi consequência das ações de mercado e não de uma medida deliberada como política de governo. As decisões dos cidadãos e das empresas em se protegerem da crise por meio da compra de dólares levaram o sistema financeiro nacional ao seu limite, rompendo a ilusória paridade peso-dólar, que era estabelecida pela Lei de Convertibilidade. *Não há lei que possa proteger um sistema econômico contra decisões individuais que são tomadas de forma massiva e em sentido contrário ao que se estipula legalmente.* Não há lei que nos diga que a lei da gravidade não existe, tampouco uma lei que estabeleça que o nível de produtividade da economia nacional seja igual ao nível de produtividade alcançado em países desenvolvidos, possibilitando, portanto, a paridade peso-dólar.

Para que o aparato produtivo argentino recuperasse a sua competitividade era necessário deter a inflação, que corrói não só a capacidade de compra da população, mas também a competitividade da moeda nacional frente ao dólar. A inflação destrói a capacidade competitiva da mão de obra nacional dentro de nosso próprio mercado e diminui ainda mais a possibilidade de inserção nos mercados internacionais.

A desvalorização do peso trouxe consequências negativas e o nosso desafio era deter a inflação, evitando uma espiral inflacionária descontrolada. Com esse controle poderíamos alcançar e manter, no jargão econômico, preços relativamente favoráveis à produção e à manutenção de níveis adequados de emprego, investimento e capacidade exportadora. Por isso, mantivemos nossa posição contrária aos títulos compulsórios e a todas as medidas que implicavam um aumento do custo da crise, desordem fiscal, desordem na política monetária e descontrole na variação dos preços em pesos.

Cuidar dos fundos públicos, evitar a emissão monetária descontrolada e intervir moderadamente no mercado de câmbio tinham sido passos fundamentais para controlar a inflação. A ordem e a estabilidade do governo, um Ministério da Economia e Produção com postura firme e um presidente que havia assumido um compromisso político também foram essenciais para a mudança das expectativas, a normalização e o início da recuperação econômica. Tal conduta permitiu que a desvalorização do peso não fosse em vão, pois protegeu a moeda da inflação e pudemos aumentar a produção e o emprego nacionais em detrimento das importações, e ainda dar melhores condições para os exportadores argentinos. *Iniciava-se um ciclo virtuoso de maior produção, mais empregos, maior renda para a população e, portanto, mais consumo que, uma vez confirmado, serviu para os empresários começarem a aumentar seus investimentos.* Este ciclo virtuoso havia sido fortemente reforçado pelo aumento gradual dos salários e das aposentadorias, e pelo alcance extraordinário do Plano Chefes e Chefas do Lar, que resultaram em uma maior demanda. Apesar das melhoras nos indicadores econômicos, durante esses três meses vivemos em meio a uma verdadeira "novela" no que diz respeito à negociação com os organismos multilaterais de crédito. Houve de tudo. Muitas acusações e respostas, pressão do Judiciário, em especial da Corte Suprema, e manobras descaradas da ala oposicionista que buscava impedir qualquer tipo de acordo. Tivemos inclusive que lidar com forças opositoras dentro do próprio governo, sugerindo uma negociação diferente, menos dura, do que aquela proposta pelo Ministério da Economia.

O essencial era encoberto por essa "novela", mas a decisão estava tomada: seríamos duros no momento da negociação para que ficasse claro que o país estava interessado em um acordo que não comprometesse o que fora alcançado até então. Nosso objetivo era recuperar a economia nacional. Fomos negociadores sérios, interessados e decididos a não aceitar um acordo seguindo os moldes tradicionais.

2. Acordo, sim. A qualquer preço, não. O visível

Nem todos pensavam da mesma maneira. Dentro e fora do governo estavam os "apressados", que acreditavam que pressionando o Ministério da Economia conseguiriam que cedêssemos para que houvesse acordo com o FMI. Por outro lado, estavam os "assustados", que, em linhas gerais, eram pessoas ligadas à política e que acreditavam que seria melhor ceder do que resistir, sem levar em conta, obviamente, a recessão econômica que enfrentaríamos caso aceitássemos as condições impostas pelo FMI.

Fora do governo, o núcleo da direita também se manifestava. Não passavam de "fomentadores do medo", afirmando que sem acordo o país se desligaria do mundo. Para eles, a alternativa era "passar por cima" da decisão do presidente e da equipe econômica, empurrando um acordo "goela abaixo", a qualquer custo e sob quaisquer condições.

Mantivemos nossa estratégia, reconhecendo que no contexto de um mundo interdependente, todos — e essencialmente os países de tamanho intermediário — estão sujeitos às regras da "soberania limitada", segundo a definição de Alvin Toffler. Esta limitação se dá justamente pela interdependência mútua entre nações. A direita conservadora, por outro lado, sempre opera com base no conceito da "soberania nula", ou seja, a necessidade permanente de ceder às exigências externas ou de grupos de poder articulados com interesses ou ideologias provenientes do exterior.

No outro extremo político, a esquerda buscava a rejeição absoluta, e assumia o princípio de confronto como panaceia para vencer os "apressados", "assustados" e "criadores do medo". O clássico autismo e nacionalismo de opereta que tantas vezes afetara o rumo da história argentina.

Fareed Zakaria, em seu livro *O mundo pós-americano*, caracteriza os europeus por sua atração pela "complexidade", os japoneses pelo "minimalismo" e os estadunidenses pela "força do tamanho". De maneira similar, se fôssemos caracterizar os dirigentes argentinos, seria pela "pendularidade", por sua volatilidade, inconsequência entre o "nada é possível" sem a aprovação dos que constituem o poder, por parte dos conservadores, e o "tudo é possível" catastroficamente inútil dos setores populistas.

Os dois piores cenários possíveis seriam: assinar um acordo que viesse a deter a reativação econômica, como já havia ocorrido durante o início do governo De la Rúa, e, no outro extremo, desafiar abertamente os organismos multilaterais e os países do G-7, isolando-nos do mundo. Nosso método era firmeza e seriedade extrema em nossas propostas e a atitude de não nos deixar paralisar diante de uma negociação que se arrastava e se mostrava interminável.

Enquanto negociávamos, tínhamos que trabalhar no que realmente importava, inclusive no que parecia invisível — a recuperação da economia e a normalização da vida dos cidadãos —, reafirmando, assim, uma política econômica que incluía a percepção da situação social da nação.

Sobre o estado das negociações em Washington, disse antes de regressar, no último dia de setembro, "nem a catástrofe [prognosticada] da semana passada, nem festejos desmedidos no dia de hoje [...] O acordo não é iminente". Lamentavelmente, o vice-presidente do BCRA, que atuava como presidente-interino, falou dois dias depois sobre "iminente acordo com o FMI". Talvez esta afirmação fosse resultado de seu desconhecimento da realidade, uma vez que ele não participava das negociações, ou talvez uma tentativa de nos apressar e forçar um acordo.

No dia 11 de outubro, Nielsen, ainda em Washington, acompanhado de outros membros da equipe econômica, emitira um comunicado: "Volto a Buenos Aires com um projeto avançado da Carta de Intenção, resultado de duas semanas de intenso trabalho com autoridades e com o *staff* técnico do FMI". Eram indícios de avanços, mas não significava que estávamos próximos à conclusão do acordo. O comunicado agradecia o ambiente cordial e favorável da negociação e, também, ao Tesouro dos Estados Unidos e ao Federal Reserve pelas atitudes construtivas. A menção sobre a cordialidade foi uma demonstração de nossa atitude em não misturar uma postura firme com questões pessoais. Separar o aspecto pessoal — antipatias ou simpatias — da negociação era, para nós, um dos elementos que caracterizavam a seriedade com que conduzíamos o acordo. Para que o tom amigável do comunicado não fosse mal interpretado, um dia após a chegada de Nielsen à Argentina, pedi-lhe que fizesse uma nova declaração: "Não vamos assinar nada que não possamos cumprir".

No exterior também encorajavam o acordo. Dawson, porta-voz do FMI, declarava que as negociações iam bem. Ele mesmo, acompanhado por Krueger, disse: "É possível que o acordo seja concluído em novembro", mas deixava claro que ainda faltava consenso devido à incerteza gerada pelo processo eleitoral. Taylor, o subsecretário do Tesouro norte-americano, afirmou que haveria acordo, e Anoop Singh dava declarações nas quais reconhecia uma maior estabilidade econômica na Argentina. A revista inglesa *The Economist* resumiu a situação desta maneira: "As previsões econômicas mais pessimistas não se consolidaram".

O clima construtivo, no entanto, não duraria muito. Já no final de outubro estava claro que a negociação não avançava além das declarações. As pressões internas aumentavam. Atanasof dizia que estava na hora de "assinar", e o ex-presidente do BCRA, Mario Blejer, no sábado de 26 de outubro de 2002, declarou: "O anúncio será na sexta-feira à tarde". Fui obrigado a esclarecer a situação com absoluta verdade: "Não viajo [a Washington] para concluir nem anunciar qualquer acordo com o FMI. A negociação avança com dificuldades".

O curioso e inexplicável sobre os homens que propagavam que o acordo seria anunciado a qualquer momento era que nenhum deles participava das negociações — direta ou indiretamente. Por que falavam? É uma pergunta nada inocente que deve ser feita. Buscavam apressar a assinatura de um mau acordo para o país? Seriam apressados ou assustados? Queriam uma mudança política?

Enquanto os apressados posavam como "senhores do otimismo", embora não o explicassem direito, os durões disseminavam o medo. Cavallo, desfrutando de autoexílio em Nova York, disse a uma revista brasileira: "A Argentina se tornou um país insignificante". Menem e Romero exigiam respeito aos *14 pontos* de abril de 2002, que, em outubro, já tinham perdido o sentido. O portal da internet *Infobae* anunciava: "*Match point* de Lavagna com o FMI", e o jornal inglês *Financial Times* advertia que a Argentina estava "jogando o *game of the chicken*[25] com o FMI e que isso era perigoso".

---

[25] Refere-se a dois motoristas que dirigem em sentidos opostos buscando uma colisão frontal. Se desviam, evitando a colisão, ambos perdem. Caso apenas um moto-

Buscando o lado positivo das coisas, tentávamos assimilar tais declarações como bem-intencionadas. Alguns talvez fossem somente descuidados, outros "idiotas úteis", que não entendiam bem o jogo de nossos adversários, ou pessoas simplesmente incapazes de separar a ideologia da realidade. A interpretação de cada uma das declarações deve ficar a critério do estimado leitor.

Alejandro Pagani, presidente da Arcor, pediu um "plano integral" durante encontro realizado na Fundación Mediterránea, o instrumento político de Cavallo, sugerindo — obviamente — que não tínhamos um (o que me fez lembrar o diálogo que tive com Anne Krueger sobre nosso plano econômico; quanta coincidência, não?). Néstor Kirchner declarava ao jornal *Página/12*, nitidamente desatualizado, confuso e contraditório: "Ainda não se deteve a queda", e (na mesma frase) "pode ser que a queda econômica esteja paralisada".

A equipe econômica, com o apoio do presidente Duhalde e de seu círculo de colaboradores mais próximos, entendia que, pelo tipo de exigências do FMI, não haveria maneira de se chegar a um acordo. Os rascunhos — segundo e terceiro — da Carta de Intenção iam e voltavam, mas o progresso era dificultado. O FMI impunha condições que implicavam assuntos e metas diferentes daquelas que já haviam sido estabelecidas. As novas exigências trazidas a Buenos Aires por Nielsen foram:

— Aumento das tarifas de serviços de utilidade pública em 30% (ou não menor do que 20%). O BCRA deixou vazar um rascunho com esses percentuais, o que gerou uma forte reação da já golpeada população.
— Liberação total do mercado de câmbio.
— Reestruturação massiva do sistema bancário.
— Superávit fiscal superior a 2,5% do PIB.
— Que a Corte Suprema impedisse as liminares. Krueger questionava abertamente a "indefinição" da Corte Suprema argentina, esquecendo-se de que não lhe cabia dar conselhos a um Poder independente do Estado Argentino.
— Maior ajuste fiscal por parte das províncias. Esta não era uma

---

rista desvie, ele é o perdedor. Se nenhum dos dois desvia e colidem, ambos perdem (inclusive suas vidas). (N. do T.)

exigência exclusiva do FMI: Glenn Hubbard, da equipe de assessores econômicos do presidente Bush, falava em "avanços insuficientes" na política fiscal das províncias e declarava que a lei de responsabilidade fiscal adotada no Brasil era o modelo a ser seguido.

— Aumento de impostos.

— Não permitir o uso das quase-moedas (títulos emitidos pelas províncias) para o pagamento de impostos, e o resgate imediato das mesmas.

Em uma de nossas respostas ao FMI, no dia 18 de outubro, declaramos que:

— O aumento das tarifas era necessário, mas devia ser muito menor e teria que contar com uma "tarifa social" que protegesse grande parte da população, que, de outra forma, não poderia pagar. O alto ajuste exigido era, em muitos casos, para pagar o endividamento em que incorreram os novos donos quando compraram as empresas estatais durante o processo de privatização. Essas dívidas eram da responsabilidade de grupos privados e não do Estado ou dos cidadãos e, portanto, não deveriam ser pagas pela sociedade argentina. Em todo caso, foram marcadas audiências públicas para o dia 18 de novembro para a discussão do ajuste de tarifas para gás e eletricidade.

A pressão europeia era evidente e Köhler me ligou no dia 22 de outubro para insistir, mas tive que lhe dar a mesma resposta negativa:

— Não haverá liberação cambial, porque isso colocaria em risco a estabilidade de preços que conseguimos.

— O sistema bancário deve restabelecer-se progressivamente e por esforço próprio, de acordo com as regras de mercado, e não por meio de uma ação massiva de resgate com fundos públicos.

— O compromisso do superávit fiscal primário não pode ser maior do que 2,5% do PIB.

— A Corte Suprema de Justiça é um Poder independente e temos feito todo o possível para explicar a seus magistrados o tema das liminares, mas de nenhuma maneira nós, do Poder Executivo, podemos oferecer garantias ao Fundo Monetário Internacional sobre decisões tomadas por outro Poder do Estado Argentino.

— As províncias, em seus acordos, já realizaram um grande esforço e não podem ceder mais.

— Não haverá aumento de impostos, em particular nos casos do imposto de renda e imposto sobre combustíveis, como demandava o FMI.

— As quase-moedas serão resgatadas progressivamente em um futuro próximo, e os acordos já existentes que autorizam o pagamento de impostos por meio das mesmas devem ser respeitados para não agravar a situação, sobretudo na província de Buenos Aires, que foi um foco de protesto popular durante a crise de 2001.

Nossas diferenças eram muitas e substanciais. Apesar de diversas dificuldades, em uma reunião que tive com Enrique Iglesias, o BID aceitou emprestar 2,5 bilhões de dólares para projetos sociais, distribuídos em três parcelas por um período de 18 meses. O Banco Mundial liberou um empréstimo de 60 milhões de dólares para atividades agrícolas e a Espanha um crédito de 100 milhões de dólares.

Em contrapartida, a Argentina confirmou que não pagaria os 250 milhões de títulos de dívida garantidos pelo Banco Mundial, seguindo as recomendações dos advogados do Estado Argentino nos Estados Unidos, que indicavam que não poderíamos agir de forma "discriminatória" com nossos credores, o que daria lugar — com razão — a numerosos processos. De tal forma que o pagamento de nossa dívida foi feito pelo Banco Mundial, já que a instituição atuava como nossa fiadora, e, paralelamente, nos refinanciou esses mesmos 250 milhões de dólares até 2005.

Como castigo a essa atitude muito *soft* (branda) que o Banco Mundial teve para com a Argentina, a agência de classificação de risco Standard & Poor's diminuiu a qualificação dos títulos emitidos pela Colômbia e Tailândia, países que também tinham o Banco Mundial como fiador. Tal fato mostra até que ponto o que acontecia em nosso país tinha consequências internacionais.

3. A Corte Suprema

A relação com a Corte foi muito complexa durante todo o período. A existência de um magistrado fortemente vinculado ao menemismo — e às suas ideias — nos colocava em uma situação muito delicada, sem esquecer os fortes embates políticos e pedidos de processo iniciados desde os primeiros dias do governo de Eduardo Duhalde.

A verdade é que nesse intervalo de tempo sofremos diversas derrotas no Judiciário. Um pequeno triunfo obtido foi quando a Corte suspendeu a devolução de um depósito com o argumento de que, por causa da Troca II (*Canje II*), haveria outras opções para os correntistas sem acesso a suas economias. A Sala 1 da Câmara do Contencioso Administrativo Federal declarou a inconstitucionalidade do *corralito*, do *corralón* e da pesificação dos depósitos, da Troca I (*Canje I*) e da Troca II (*Canje II*). Obviamente, o Ministério da Economia apelou de tais decisões.

Os juízes Nazareno e Moliné afirmaram, em uma entrevista coletiva, que o governo mudava as normas (por exemplo os *Canjes*) e que por tal motivo a Corte Suprema não expedia. Mas declaravam que a Corte iria respeitar ao extremo o direito de propriedade. Era um prenúncio do fracasso de três ministros da Corte em suas tentativas de frear as liminares. No intuito de afastar a incerteza gerada pelas diversas decisões de primeira e segunda instância, o Ministério da Economia solicitou que se aplicasse um *per saltum*, rechaçado mais adiante pela Corte. Por oposição de alguns congressistas dos partidos UCR e Justicialista, também fracassaram as tentativas no Congresso em dar por terminados os julgamentos da Corte. O ministro Gustavo Bossert, considerado por muitos como um dos mais sérios e responsáveis, renunciou por "agastamento", deixando o cargo disponível.

4. A política continua sem definição

Duhalde continuava aguardando a definição de Carlos Reutemann. Existiam aqueles que avaliavam a chapa De la Sota-Lavagna, algo que nunca foi conversado comigo. Kirchner começava a agir de maneira mais solta. E, apesar da "extenuante negociação com o FMI" — como escrevia o *Clarín* —, alguns falavam sobre a viabilidade de minha candidatura. Diante do desconcerto político do Partido Justicialista (peronista), a avaliação da Lei de Lemas[26] foi o melhor método para resolver a situação e, por que não dizer, deter o avanço de Menem.

O embate Menem-Duhalde pelo Congresso partidário não afrouxava. Reutemann anunciava que não presidiria o Congresso partidário do Justicialismo e a juíza Servini de Cubría teve que intervir. Finalmente o Congresso do Parque Norte estabeleceu que a interna partidária do Justicialismo fosse realizada no dia 19 de janeiro, em clara contraposição ao desejo menemista, que pretendia mantê-la no dia 15 de dezembro.

Na oposição, Hermes Binner, o socialista da província de Santa Fé, anunciou que não seria vice de Elisa Carrió.

Na política também se davam importantes debates internos sobre as eleições, o reagrupamento de forças políticas e os candidatos para 2003. No dia 11 de novembro, entre as fortes tensões que o não pagamento ao Banco Mundial geraram — devido às suas consequências —, fui convidado para um almoço na sede do sindicato da Confederación General del Trabajo (CGT). Entre os presentes estava o secretário-geral da CGT, Rodolfo Daer, acompanhado de Carlos West Ocampo, Armando Cavalieri, Oscar Lezcano e Andrés Rodríguez, e ali me disseram que eu deveria ser o candidato à presidência da República nas próximas eleições. Eles tinham consultado o Partido Justicialista e, principalmente, os governadores, o ex-presidente Raúl Alfonsín, José "Pepe" Pampuro e outros líderes sindicais, como Coti Nosiglia. Por outro lado, tornariam pública esta posição por meio de consultas a outros setores e falariam com o presidente Duhalde. Meu desconcerto deve ter sido evidente, porque eu escutei meus interlocutores, sem dizer nada, refle-

[26] Lei eleitoral que permitia a um partido lançar mais de um candidato nas eleições majoritárias. Os votos dos candidatos de cada partido eram somados para se definir o partido vencedor, e o candidato mais votado deste seria o eleito. (N. do T.)

tindo a surpresa que esse projeto me provocava. Estava tão focado nos assuntos econômicos que não tinha prestado atenção à questão das candidaturas políticas.

5. Um fim de mês a todo vapor (setembro)

A pedido de Duhalde, antes de aceitar a separação da área de Produção do Ministério da Economia, devido ao valor político que isso representaria, tomamos duas medidas muito importantes para reativar — ainda mais — o ciclo virtuoso de mais produção, mais emprego, mais consumo, mais investimento.

Por um lado, as atividades das pequenas e médias empresas foram reforçadas com linhas de crédito em pesos, com taxas de juros de 14% ao ano e, além disso, se instrumentalizou o sistema de *factoring* para venda de direitos creditórios. Por outro lado, para melhorar a situação creditícia do país e do capital de trabalho das pequenas e micro empresas, autorizou-se àqueles em moratórias prévias e que estavam sem realizar pagamentos entre abril e outubro de 2002 que se reintegrassem ao programa. A medida melhorava a situação de 30% das empresas que estavam em moratória.

Para a pasta do Ministério da Produção, o presidente Duhalde dispunha de três opções: Carlos Brown, ex-ministro da Produção da província de Buenos Aires durante o mandato de Duhalde como governador; Martín Redrado, funcionário do Ministério de Relações Exteriores para temas comerciais, mas que foi mantido no cargo por um pedido de Ruckauf; e, finalmente, Aníbal Fernández, que foi o escolhido para assumir o Ministério da Produção.

Durante a minha gestão foram muitas as negativas que precisei dar a pedidos feitos ao Ministério. Sempre me lembro da uma frase muito interessante de John Taylor, em seu livro *Global Financial Warriors*, a respeito das negativas na política pública: "Frequentemente, em política pública, os maiores êxitos se dão por meio das negativas". Governar é fazer, tomar decisões e, também, evitar que outros interesses setoriais tomem decisões com o dinheiro da população. Se dedico tempo às negativas é porque, quando se faz política econômica, o *não* é tão importante como o *sim*, visto que, em geral, esses *nãos* estão atrelados — ou refletem — a interesses puramente setoriais, que querem repassar para a sociedade o custo de seus erros ou imprudências. Assim:

— Os bancos foram obrigados a devolver 400 milhões de pesos em CER cobrados a mais sobre créditos que estavam isentos. Também ficou definido que deveria haver oferta pública para a compra de entidades bancárias em processo de recuperação. A intenção era estimular a concorrência entre bancos por ativos de bancos em dificuldades, evitando assim a repetição de casos como a incorporação do Bansud pelo Banco Macro e a divisão do Scotiabank entre o Macro e o Comafi.
— Tampouco aceitamos o pedido de autorização, feito durante uma reunião com os petroleiros, para que 70% das divisas provenientes de exportações ficassem fora do país, como era de praxe nos anos 1990. Entendíamos que o mercado cambial precisava dessa oferta adicional de divisa estrangeira.
— Os fundos de pensão privados também receberam um *não* quando pediram que as captações subissem de 5% a 11% dos salários de seus contribuintes. Como contrapartida, os fundos ofereceram uma ampliação do crédito destinado ao financiamento de exportações e atividades relacionadas à construção civil e ao agronegócio. No nosso entender, o incremento diminuiria o poder de compra dos trabalhadores e então optamos pela máxima "mais vale um pássaro na mão do que dois voando". Ou seja, melhor que as pessoas tivessem disponibilidade para o consumo do que promessas de investimento.
— Outro importante *não* foi dado aos membros do partido do governo, quando recusamos a ideia do deputado Guillermo Snopek e do senador Oscar Lamberto de dar início ao — já discutido — tema do ajuste pela inflação, cujo custo mínimo seria de 1 bilhão de pesos, e um valor maior ainda se considerado nos balanços os custos de dez anos, como era pedido, e não de cinco anos, como era a norma.

No último dia do mês, antes de partir novamente aos Estados Unidos, anunciei em uma conferência no anfiteatro do Ministério da Economia, após o fechamento dos mercados, os seguintes pontos:

— Aumenta-se a liberação do *corralito*. Os saques em contas--correntes para pessoas físicas passam de 1.200 a 2.000 pesos por mês. E também estão autorizados os saques para pessoas jurídicas.
— Diminuição do Imposto sobre Valor Agregado (IVA) de 21% a 19% pelo período de dois meses, medida que busca estimular as vendas de fim de ano com um custo fiscal mensal de 150 milhões de pesos.
— O ressarcimento do IVA em compras com cartão de débito passa de 5% para 8%.
— A evolução da economia apresenta dois trimestres de resultados positivos (na comparação com o trimestre anterior).

O país estava saindo de uma longuíssima depressão econômica que durou quatro anos. Como havia dito naquele dia, "a crise foi um golpe, mas também uma motivação".

6. Brasil: o paradigma Lula

Enquanto isso, o Brasil enfrentava uma depreciação de sua moeda em 63,6% nos dez meses de 2002, sendo que somente no mês de setembro o real havia perdido 25,6% de seu valor frente ao dólar. No princípio de outubro, Lula ganhou o primeiro turno das eleições presidenciais e, diante do aumento do risco-país, declarou: "Às vezes os mercados são burros". O dólar alcançava 4 reais e as reservas chegavam ao seu menor valor em sete anos. Contudo, o panorama começou a mudar quando Lula, ainda não eleito, declarou que o superávit fiscal seria de 4% do PIB — por pressão do FMI o superávit fiscal tinha passado de 3,5% a 3,75% do PIB. Seguindo o ditado argentino "mais papista do que o Papa", Lula deu uma guinada ortodoxa sem abrir mão de uma política social ativa, o que resultou ser claramente melhor que a experiência argentina dos anos 1990, marcada pela pura ortodoxia e pela desatenção ao social.

7. Novembro, o mês do "não pago" ao Banco Mundial

Novembro de 2002 ficou dividido em um antes e um depois da decisão de não pagar o Banco Mundial, instituição irmã do Fundo Monetário Internacional, criada na reunião de Bretton Woods após o término da Segunda Guerra Mundial.

Por mais que não tivéssemos feito nada além do que já havia sido anunciado, ou seja, não gastar as reservas com pagamentos de dívidas para não comprometer o próximo governo, ficou claro que poucos tinham acreditado — ou desejado acreditar — que seríamos capazes de uma atitude tão extrema. Logo após o não pagamento ao Banco Mundial, muitos críticos ficaram roucos de tanto anunciar que ou se fechava um acordo com o FMI ou a equipe econômica seria trocada. No mês de setembro, eu e o presidente Duhalde, em uma reunião privada, decidimos seguir por esse caminho. Fizemos tudo o que estava ao nosso alcance para chegar a um acordo, mas, como não foi possível, decidimos manter nossa postura.

Durante minha viagem a Washington, o jornal *Ámbito Financiero* dizia que Cavallo e Remes caíram justamente por não terem conseguido uma negociação com o FMI. Para bom entendedor meia palavra basta. Alguns dias depois, falava-se que Duhalde havia exigido que eu "cedesse e concordasse com o FMI". Poucas horas antes do vencimento da dívida, o portal *Infobae* insistia com a manchete "Pagar ou pagar". Alguns obstinados meios de comunicação, como o *Ámbito Financiero* e o *Infobae*, insistiam que o governo deveria "usar as reservas" e "pagar a dívida".

Em uma pesquisa realizada pela *Unión Industrial Argentina*, os empresários elegiam Menem e López Murphy como seus candidatos à presidência da República. Tais preferências foram ratificadas em uma pesquisa realizada no colóquio anual do IDEA, que apontou López Murphy como o candidato preferido dos participantes, seguido por Carlos Saúl Menem. Guidotti e Artana diziam que o governo, apesar do superávit fiscal, não controlava os gastos e se opunha à diminuição do IVA anunciada.

O vice-presidente do BCRA insistia — no dia 7 de novembro — que o acordo estava concluído. No dia seguinte respondi que não era assim e, filosoficamente, ponderei: "Alguns anunciam o acordo uma vez por semana, um dia eles acertarão". Pagani, da empresa Arcor, reiterava — da Associação de Empresários Argentinos — que a situação econômica do país não era sustentável sem um acordo com o FMI.

A liderança político-empresarial acreditava que o acordo era iminente. Curiosamente, as vozes mais equilibradas vinham do exterior. O jornal inglês *Financial Times* dizia em um editorial: "Devem continuar os esforços de ambas as partes [para se chegar a um acordo]". Miguel Sebastián, economista-chefe do BBVA (Banco Francés na Argentina), que alguns anos depois seria o braço direito do presidente espanhol Rodríguez Zapatero, não se conteve e declarou que estava cansado do "fundamentalismo do FMI". Ricardo Lagos afirmou: "O FMI não deve continuar apertando o nó", e Blejer, durante um seminário no Rio de Janeiro, manifestou: "A Argentina foi castigada em excesso" e qualificou negativamente o papel desempenhado pelo Fundo no país.

Internamente, os dois principais pilares de apoio no país foram o presidente Duhalde e o chanceler Carlos Ruckauf. Sobre o papel exercido pelo chefe de Gabinete, Alfredo Atanasof, ficaram muitas — muitíssimas — dúvidas. Estava claro que a possibilidade do não pagamento aos organismos internacionais assustava não somente o chefe de Gabinete, mas também o recém-empossado ministro da Produção, Aníbal Fernández. E a verdade é que não devem ser culpados, dada a exacerbação midiática que existia então. Ela metia medo.

Vale lembrar uma frase célebre do chanceler alemão Konrad Adenauer: "Em política, o importante não é ter razão, mas sim que ela lhe seja concedida pelos outros". Acreditávamos que devíamos correr o risco calculado de buscar um acordo útil ao país e, caso não fosse possível, então seguiríamos pelo caminho da recuperação como vínhamos fazendo até aquele momento.

Duhalde fez uma declaração muito forte, demonstrando caráter e convicção: "Não assinaremos qualquer coisa [...] Não colocarei em risco a incipiente recuperação da Argentina". No dia 5 de novembro, enquanto era pressionado a trocar sua equipe econômica, Duhalde decidiu dar uma entrevista coletiva no próprio Ministério da Economia. Ali, comigo e Atanasof, manifestou: "Eu não negocio, colaboro". E no dia seguinte foi ainda mais longe ao dizer: "Que eu me lembre é o melhor ministro que a Argentina teve nos últimos anos. É muito capacitado e firme, características de que a Argentina precisa para negociar tanto fora como dentro do país". Ruckauf, de Londres, reforçou o apoio: "O FMI está colocando novas condições, diferentes das discutidas no G-7, que não podem ser aceitas".

De minha parte, seguia a estratégia de negociar sempre, em Buenos Aires como em Washington, mas sem ceder. "As reservas não serão utilizadas. Não ficaremos paralisados à espera de um acordo. Continuamos tomando medidas que acreditamos úteis, e vamos lançar novas" (como, por exemplo, a redução da alíquota do IVA).

A viagem que fiz a Washington no começo de novembro foi intensa e sem grandes resultados. Tive reuniões com Krueger, Singh e James Wolfensohn, do Banco Mundial, e com praticamente todos os responsáveis pelo tema da Argentina no governo dos Estados Unidos: Taylor, Randy Quarles e Nancy Lee, do Tesouro, e o influente subsecretário Alan Larson, do Departamento de Estado.

O FMI não só insistia em seus pedidos, entre os quais se destacava "aumentos de tarifas para satisfazer às empresas", como também tinha incluído um ponto que nos deixava furiosos: anular nossa decisão de baixar dois pontos percentuais da alíquota do IVA. Os analistas argentinos e os meios de comunicação, que sempre diziam que toda a medida tomada pelo Ministério da Economia era para "agradar" ao FMI, ficaram emudecidos, entre o espanto e a falta de lógica.

No caso do IVA, ninguém podia argumentar que era para agradar ao FMI. Ficava evidente que tinha sido uma medida (na verdade, uma mais entre muitas) que contrariava as solicitações do Fundo no âmbito da negociação do acordo. A lógica era clara, nós não ficaríamos de braços cruzados no meio de uma negociação interminável. As reuniões com o governo dos Estados Unidos foram positivas, mas as com o FMI foram negativas.

Era claro o papel antagônico que Anne Krueger representava neste processo. Na sala do 12° andar tínhamos reuniões — na maioria das vezes — com quatro representantes de cada organização. Krueger se mostrava irritada pela pressão que sofria dos representantes do G-7 e endurecia. Insistia que a Argentina apresentava desordem política. Outra questão que a incomodava era o fato de estarem perdendo espaço na negociação. Ficava desconcertada com os argumentos de nossa equipe econômica, em particular com os meus e os de Nielsen, que demonstravam como a realidade econômica argentina havia mudado favoravelmente, o que ia contra o que o FMI prognosticava como certeza absoluta.

Em uma dessas reuniões, Thornton, ao ver que estavam perdendo a discussão no plano técnico, passou um bilhete para Krueger com o seguinte texto: *Government bonds as taxes could be our savior* (títulos públicos como impostos poderiam ser nossa salvação). Isto fazia referência à exigência de descontinuar a prática do governo federal e dos governos provinciais de aceitar que as emissões das quase-moedas efetuadas durante as administrações anteriores, no ápice da crise, pudessem ser utilizadas para o pagamento de impostos. Tal iniciativa já tinha sido tomada de forma parcial.

Somar esta exigência de maneira ampla para o recolhimento dos duvidosos títulos provinciais — emitidos principalmente pela província de Buenos Aires — ia contra a prioridade da equipe econômica, e terminou por levar a reunião a mais uma suspensão. Soubemos disso porque, ao término da desagradável reunião, o bilhete foi encontrado por Guillermo Zocalli junto a outros papéis deixados na sala. Coincidência ou não, esse assunto foi justamente o que levou a reunião a um beco sem saída.

A frase "nossa salvação" evidenciava que havíamos derrubado todos os argumentos técnicos e que tudo não passava de desculpas para impor suas exigências. Mas do que se salvavam? Tinham medo de perder a discussão e ficar sem desculpas? O clima era tal que tomei a decisão de regressar à Argentina 24 horas antes do inicialmente previsto, deixando a negociação a cargo de minha equipe.

O presidente do Banco Mundial, Wolfensohn, sempre muito cordial, era o — ou fazia o papel de — "bom policial", e não podia fazer nada sem um acordo prévio com o FMI. Mas caso não chegássemos a um acordo com o FMI seria precisamente o Banco — pelas datas dos vencimentos — que teria um conflito com o qual lidar. Ele manifestou a sua decepção em uma reunião na qual expus a situação estagnante em que nos encontrávamos, e se irritou abertamente com a atitude do FMI e do Tesouro norte-americano, dizendo: "quem eles pensam que são para não me manter informado", pois havia almoçado com Köhler naquele dia e este não mencionara nada do que eu estava dizendo.

Tivemos uma excelente reunião com O'Neill e Taylor, na qual o secretário do Tesouro chegou a falar em um aporte de 1,5 bilhão de dólares transitórios (crédito-ponte) para que pudéssemos realizar o próximo pagamento, e Taylor, nesta ocasião, esboçou a ideia de um crédito de 4 bilhões de dólares para o resgate de todas as quase-moedas provinciais.

Os papéis continuavam indo e vindo. Duhalde teve uma conversa telefônica de trinta minutos com Köhler após meu regresso, mas não surgiu nenhum elemento novo. Krueger fez menção de enviar uma missão de rotina para levar adiante a revisão prevista no Artigo IV do Estatuto do FMI, mas minha resposta foi que o momento não era oportuno. Em meio a uma negociação crucial e sem perspectivas de acordo, não havia clima político para uma missão burocrática.

Nesse ínterim, recebi uma ligação de Bill Rhodes, do Citibank, para desmentir uma nota do *Clarín* de que ele era um opositor ativo (e de fato foi) da nossa equipe econômica. Por outro lado, Duhalde me consultou sobre a possibilidade de nomear Eduardo Amadeo como embaixador em Washington no lugar de Diego Guelar, cujo vínculo com Menem era inegável. Minha resposta foi favorável, e assim foi feito.

No sábado e domingo, 9 e 10 de novembro, conversei ao telefone por várias horas com funcionários do alto escalão do governo dos Estados Unidos. Eu acabava de voltar da reunião anual do IDEA. Intercambiei ideias com John Taylor sobre como superar a crise. David Marchik, um conhecido nos Estados Unidos, atuou como interlocutor nas horas seguintes.

No dia 11 de novembro, após o almoço com as principais figuras da liderança sindical, que, para meu espanto, ofereceram apoio à minha candidatura à presidência, tive uma reunião com a equipe, que naquela mesma noite viajava — uma vez mais — para Washington. Não mencionei o assunto político que havia sido o objeto da reunião na CGT, concentrei-me nos aspectos centrais que seriam tratados durante essa nova viagem aos Estados Unidos. Nielsen, Madcur e Palla foram no dia 11, e eu, Leo Costantino, Adrián Nador, no dia 12. Esperavam-nos certas repetições previsíveis. Insistiam em aumento de impostos e, insolitamente, em uma declaração do Congresso de que não existiriam novas prorrogações nas execuções hipotecárias, e em outra indicando que não modificariam a Lei de Falências. Como se vê, não só queriam que o Poder Executivo atendesse a todas as suas demandas, mas também que a Corte Suprema e — agora — o Congresso os obedecessem.

Nem bem havíamos dado início à reunião, tivemos que escutar uma forte queixa de Krueger, que desejava que o BCRA participasse da negociação.[27] Depois do incidente mencionado sobre a tentativa de desestabilizar nossa equipe econômica, o presidente Duhalde apoiou a iniciativa de que membros do BCRA não participassem das reuniões, e que, no máximo, fossem representados por seus técnicos. Como Krueger insinuou que essa era uma condição *sine qua non*, eu respondi: "Se a senhora não intervier em questões de política interna, nós faremos o mesmo". Não deveríamos misturar certas coisas. O país não dispunha de dois grupos negociadores e a gestão só era possível com o grupo que se encontrava sentado na mesa com o FMI. Nada mais. Assim continuou. Não avançávamos. Na noite do dia 13 de novembro, Singh teve uma reunião com Enrique Iglesias e disse: "Fiquem tranquilos, eles pagarão".

A poucas horas do vencimento da dívida com o Banco Mundial houve negociações acaloradas para influenciar o curso dos acontecimentos. Conhecidos de ambos os lados e amigos do Tesouro norte-americano, como Stuart Eizenstad e David Marchik, propuseram que pagássemos a dívida para mostrar flexibilidade e expor, publicamente, a falta de razoabilidade e dureza do FMI. Eu disse a Eizenstad que o pagamento era uma estratégia equivocada. Pouco depois, o próprio Taylor, com muita delicadeza, fez uma última tentativa. Minhas declinações foram feitas de maneira muito sutil.

Não buscava desafiar ninguém, nem usava razões políticas internas que justificassem a dura decisão que tínhamos que tomar. Esse é outro grave problema do nosso país: tomar decisões vinculadas com "o fora" olhando, por razões políticas, para "o dentro". As atitudes que se tomam em matéria de política externa — e nessa negociação, definitivamente, tinha muito disso — não devem ser contaminadas, nem influenciadas, pelos efeitos negativos ou positivos que podem ter nos posicionamentos pessoais na política interna. Pelo contrário, a independência da primeira sobre a segunda é um sinal da vitalidade do Estado e dos governos.

---

[27] Thornton nos informou que ele havia recebido uma ligação do Banco Central argentino com o pedido para que eles fossem convidados a participar das reuniões.

Internamente, o chefe de Gabinete propôs duas saídas. Uma buscava justificar o pagamento com a política de declarar ao Congresso e aos governadores que o Plano Chefes e Chefas do Lar corria perigo. O Ministério da Economia recusou tal artimanha, pois o financiamento do Plano Chefes e Chefas era feito com fundos do próprio país. Este tinha sido o argumento falso que Anne Krueger usara no passado para nos pressionar.

A segunda foi a de explorar uma mensagem dupla, pagando sem anunciar. Se a primeira solução era uma falácia, a segunda era claramente absurda e desesperada, porque não se pode governar na base da mentira, além disso, não havia forma de ocultar um pagamento dessa natureza.

Finalmente, chegou o dia 15 de novembro. De Washington disse ao presidente Duhalde que não deveríamos pagar os 726 milhões de dólares (591 milhões em dívida do governo nacional e o restante em dívida do BCRA), e assim foi feito.

Apesar disso, houve uma última tentativa por parte do BCRA, que se manifestou através de um comunicado aos funcionários dos Estados Unidos, em pagar o valor correspondente à dívida do BCRA (135 milhões de dólares). Foi um erro crasso, pois o Banco Central não é uma entidade alheia ao país e ao presidente, que ficou muito irritado com a postura servil da entidade, e assim deixou transparecer.

Dirigi-me ao Banco Mundial para falar pessoalmente com o senhor David de Ferranti, vice-presidente da instituição, e deixar uma carta ao presidente Wolfensohn, que estava de licença médica. A mensagem foi clara: "Nossa prioridade são as necessidades sociais". Além disso, esclareci que caso tivéssemos feito o pagamento com nossas reservas, as mesmas ficariam abaixo dos 9 bilhões de dólares, o que implicaria estar, segundo o próprio FMI, abaixo do mínimo necessário para a manutenção de nossa política monetária.

Em Buenos Aires, o presidente Duhalde se manteve firme, mas Eduardo Amadeo e José Pampuro tiveram dúvidas, e outros funcionários sentiram um certo pânico. Não os condeno, tratava-se de uma situação difícil. Faço menção ao ocorrido apenas para que se entenda o clima que vivíamos. A decisão foi apoiada por Juan Carlos Maqueda, Juanjo Álvarez, Aníbal Fernández e Miguel Ángel Toma (da Secretaria de Inteligência do Estado).

Singh tinha se equivocado no prognóstico transmitido a Iglesias. No dia 15 de novembro de 2002, a Argentina não pagou a dívida com o Banco Mundial. Realizamos apenas o pagamento dos juros da dívida (79,2 milhões de dólares), que representava um valor dez vezes inferior ao pagamento do principal. Foi uma atitude tomada junto à comunidade internacional para que as portas da negociação não fossem fechadas. Algo similar já havia acontecido no dia 6 de novembro quando, após o pagamento dos juros de uma dívida, obtivemos um empréstimo superior a 200 milhões de dólares com o BID. Para a incredulidade dos mais pessimistas, no mesmo dia, 15 de novembro, o FMI comunicou que recomendaria ao seu Diretório o refinanciamento de 141 milhões de dólares com vencimento no dia 22 de novembro, ou seja, uma semana depois do vencimento não cumprido com o Banco Mundial.

De Ferranti teve uma atitude extremamente conciliadora e me pediu que afirmasse em entrevistas e declarações públicas que gostaríamos de manter o vínculo com o Banco Mundial. Por outro lado, o Banco Mundial ficou encarregado de esclarecer que, devido a razões legais, por mais que o pagamento não tenha sido realizado na data de seu vencimento, formalmente não se caracterizava uma moratória até que se tivesse transcorrido trinta dias desta data. Tratava-se de algo meramente técnico. A informação política relevante era que a Argentina demonstrava cumprir com suas declarações, não por capricho, e sim porque o FMI insistia para que o país adotasse políticas que haviam fracassado, tanto na própria Argentina, como na recente crise do sudeste asiático.

Aquela explosão de ira de Wolfensohn, porque o FMI o deixara de fora de toda negociação mesmo sendo do Banco Mundial, revelava dois elementos: primeiro, a absoluta dependência dos organismos multilaterais de crédito com relação ao FMI — se ainda restasse alguma dúvida. Sem o aval do Fundo, a decisão não sairia. Segundo, as disputas internas entre as distintas estruturas do FMI e dos bancos multilaterais. É normal que existam disputas internas de poder mesmo no âmbito internacional; a diferença é que normalmente tais disputas se resolvem de maneira mais ordenada do que na política interna. Enrique Iglesias me ligou para uma mensagem pessoal: "Você realizou uma manobra de mestre".

Uma vez que a notícia foi informada por nós com clareza e seriedade, o FMI emitiu um comunicado assinado por Anne Krueger: "As negociações continuam [...] Houve importante avanço nas reuniões com o ministro e sua equipe durante esta semana". O Tesouro norte-americano afirmou: "As conversas podem continuar [...] A Argentina manifesta sua decisão em dar continuidade às negociações".

No exterior, a reação foi nula. Ou por concordarem com nossa postura, ou como uma tentativa de esvaziar a divulgação do assunto. Evitamos qualquer ato de desafio, o que teria sido uma grande estupidez. Não havia motivo para festejar, simplesmente acreditávamos que pelo bem do país não podíamos ceder às demandas que considerávamos incorretas e arriscadas para a recuperação que estava em curso.

Em 2001, ano da catástrofe de um modelo econômico e social que já se encontrava morto — a Convertibilidade —, os organismos haviam concedido à Argentina 9,5 bilhões de dólares em empréstimos. Em 2002 — ano da saída do fundo do poço da pior crise em um século —, havíamos feito, até novembro, pagamentos líquidos de 4,3 bilhões de dólares, levando adiante uma deliberada política de desendividamento. Essa foi a nossa carta de apresentação no dia 15 de novembro de 2002.

O secretário do Tesouro, O'Neill, como forma de ignorar o ocorrido, foi só levemente positivo: "Não acredito que a situação esteja piorando. Penso que estão estáveis e melhorando paulatinamente. Se houve alguma mudança [...] foi para melhor".

Essas reações mostravam que o "método" para negociar era essencial. Para um país como o nosso, com uma liderança que "se embala" e festeja moratórias, ameaça e dá lições de moral ao mundo, agir com seriedade e racionalidade é fundamental, por mais que não aceitemos cumprir com o que nos pedem. Por isso quis estar pessoalmente na capital dos Estados Unidos para não deixar dúvidas sobre a nossa maneira de atuar e dar a cara.

Duhalde viajou à República Dominicana para participar de uma reunião de presidentes. Na XII Cúpula Interamericana em Punta Cana, recebeu o apoio do rei Juan Carlos, de José María Aznar e de vários outros presidentes. Escutou aliviado: "Gostaria de felicitá-lo pela valentia, é um exemplo", e o comunicado final da cúpula pedia "uma solução efetiva, justa e duradoura para o problema da dívida externa dos países latino-americanos".

De forma pouco usual, Walter Molano, um dos gurus do sistema financeiro mundial, que julgava duramente a Argentina, manifestou que "foi uma jogada interessante do governo, porque não declararam a moratória total e ao mesmo tempo não se ajoelharam perante os organismos. Este é um momento revolucionário para o mundo em desenvolvimento". Ninguém esperava tanto!

Uma pesquisa realizada pelo Instituto de Altos Estudos Empresariais da Universidade Austral revelou alguns dados interessantes: 51% dos entrevistados consideraram a decisão acertada e 38% a criticaram. Refletia uma mudança cultural entre nossos líderes. Duraria? A falta de reação, a paralisia da classe dirigente ante sua incapacidade para modificar a realidade econômico-social, as deficiências institucionais e os graves erros em política exterior, cometidos de 2006 em diante, demonstrariam que a mudança cultural não duraria e que este ainda é um sério problema na Argentina.

A imprensa interna e externa endureceu. O *Ámbito Financiero* lembrou — subitamente — que baixar o Imposto sobre Valor Agregado de 21% para 19% seria desafiar o FMI. O *Financial Times* apontou que a decisão argentina de não pagar o Banco Mundial colocava o país na mesma categoria do Iraque, Zimbábue e Libéria.

O que o jornal de inconfundível cor salmão não dizia era que desde 1958 — ano do primeiro acordo — a Argentina havia firmado 19 acordos com o FMI, dos quais 15 haviam sido descumpridos. Representavam todos acordos feitos a partir de 1987 (sete haviam sido declarados inadimplentes, apesar das 18 modificações solicitadas — *waivers* — que requeriam o apoio do diretório do FMI, além de 44 modificações e renúncias administrativas). Com relação a tais dados, o próprio Escritório de Avaliação Independente do FMI apontou que desde 10 de novembro de 1989 existiram 7 acordos, totalizando a soma — astronômica — de 37 bilhões de dólares, que coincidiam com os quatro anos da mais longa depressão econômica da Argentina (da metade de 1998 até a metade de 2002). Ou seja, totalmente inúteis.

Todos inconclusos. A Argentina assumia compromissos e não os cumpria, agravando sua situação econômica e social interna e, finalmente, o acordo caía por seu próprio peso. Isso deve ter levado Stiglitz a escrever: "O desastre do melhor aluno do FMI sobreveio não por haver deixado de escutar o Fundo, e sim por tê-lo feito".

Outro Prêmio Nobel, Paul Krugman (2008), convidado pela Câmara da Construção para expor suas ideias em uma reunião, dava seu aval intelectual. Alguns anos antes, Cavallo, como ministro da Economia, havia impedido que Krugman opinasse livremente, o que o fez optar por um discurso "neutro" durante uma apresentação ao empresariado local. Em 2002, falou com toda a liberdade: "Não vejo como a Argentina poderá acentuar a contração fiscal. Difícil justificar um novo ajuste fiscal antes de dar oportunidade à incipiente recuperação que vive sua economia", e continuou manifestando a constante surpresa que era a Argentina: "Vejo [a situação] muito melhor do que pensava há seis meses, mas infinitamente pior do que pensava há dezoito meses. Todos pensavam que haveria uma hiperinflação, mas ela foi evitada. Mantenham-se firmes com o Fundo". Segundo Krugman, as causas desse desastre haviam sido: o Plano de Convertibilidade, os erros de 2000-2001, quando o plano do FMI foi aceito, e, finalmente, os problemas de autoridade do governo da Alianza.

De minha parte, a mensagem foi: "Se, como sociedade, ficarmos histéricos [...] o resultado será ruim. Se de uma vez por todas atuarmos como um país sério, responsável, sem provocações e, ao mesmo tempo, firme, nada nos afligirá. O terrível é ter medo de ser um país sério". Alguém terá dito: a única coisa que se deve temer é o próprio medo.

Por mais que pareça inverdade, após a decisão de explicitar a incapacidade de assumir nossa dívida, senti-me aliviado, assim como o jornal *La Nación* escreveu em suas páginas. Estava convencido de que não devíamos dramatizar e, além disso, desfrutava do apoio de grande valor do presidente Duhalde, já que as pressões internas do chefe de Gabinete do ministro do Interior, Matzkin, e do BCRA haviam sido fortes. O jornal *Página/12* informou, logo após uma reunião com o chefe de Gabinete, que "Lavagna estava tranquilo", diferente de seus colegas.

8. O Colóquio do IDEA e a reunião com os governadores

No intervalo entre as duas viagens a Washington houve um evento significativo, o Colóquio Anual do IDEA, tanto por seu peso político implícito como pelas várias afirmações que pude lançar durante minha apresentação. Mais tarde, após concretizar nossa decisão de não pagar o Banco Mundial, houve outro importante acontecimento: a reunião com todos os governadores.

Minha presença no IDEA pode ser resumida em dois atos: a recepção que, assim como descreveram os jornais, foi fria, a custo correta. E depois de minha explanação, com uma hora de múltiplas perguntas, a reação positiva foi muito forte. Do meu ponto de vista, a reflexão de Jorge Aguado (SOCMA) foi auspiciosa, e ficou sendo um dos factótuns históricos do Colóquio: "O de Roberto Lavagna foi o melhor discurso de um ministro da Economia na história do IDEA".

No brinde final, o presidente do Colóquio disse uma frase infeliz, mas que certamente refletia o pensamento de muitos: "Não devemos cair em políticas populistas com a desculpa da pobreza". Senti a necessidade de dizer alguma coisa: "Concordo, mas existe outro lado: também devemos evitar as políticas de falsa modernização e eficiência à custa do tecido social".

Apesar disso, entre a recepção e o encerramento pude dar várias declarações importantes, com a ideia de depurar o panorama e esclarecer algumas questões. Na rodada de perguntas, coordenada por Enrique Szewach, eu disse: "Não sou e não serei candidato [à presidência]", e cumpri com o que disse. Entre outros assuntos, expliquei o conflito sobre as prorrogações das execuções hipotecárias, já que existiam 241 mil imóveis morosos — muitas propriedades rurais, e pequenas e micro empresas — e 53 mil em leilão. Não haveria prorrogação à proibição de não executar caso se encontrasse um método voluntário, e a proteção central era para as moradias únicas com valor limite.

Sobre os credores externos particulares, como sempre, apontei que era impossível negociar previamente caso não houvesse um acordo com os credores multilaterais. Não negociávamos, mas mantínhamos o diálogo aberto. Nielsen e a equipe de Finanças tinham dialogado com detentores de títulos no Japão, Itália, Grã-Bretanha e Estados Unidos.

Por outro lado, anunciei que procurávamos o "agente financeiro" (aqueles que operariam o processo de troca de títulos seguindo nossas instruções) para começar a trabalhar a moratória dos títulos em posse de particulares. Para tanto, o agente financeiro não deveria ser credor, empregado de um credor ou ter trabalhado para um deles nos últimos cinco anos em assuntos referentes às dívidas, ou mesmo ter sido um colocador principal de dívida nos 24 meses anteriores à crise de 2001. Deveria ocupar um cargo mínimo de diretor. Com isso, estavam excluídos aqueles que haviam sido partícipes ativos — incrivelmente alguns deles condecorados pelo país — do endividamento nacional durante a Convertibilidade.

Não fiz concessões; afirmei que todas as 59 empresas de serviços públicos privatizadas cobriam seus custos operacionais e tinham capacidade de pagar suas dívidas. Pedir ajustes de tarifa de 20% ou 30% era inaceitável, porque o limite estava dado pela real capacidade de pagamento da população. Pela falta de pagamento dos usuários, as empresas de telefonia haviam perdido 1 milhão de clientes em apenas um ano. Esse era o limite.

A reunião institucional com os governadores e o chefe de Governo[28] foi outro acontecimento de suma importância naqueles dias. Começou na noite de domingo, dia 17 de novembro, e continuou na segunda-feira, dia 18, em Olivos. O presidente da Conferência Episcopal, o bispo Eduardo Mirás, disse: "Eu, pessoalmente, gostaria que o acordo fosse alcançado sem que isso custasse a independência do país". Era do que se tratava a reunião. Participaram 20 governadores dos partidos Justicialista, União Cívica Radical e Frepaso da Capital. Estiveram ausentes os governadores menemistas de La Rioja, La Pampa (Rubén Marín aderiria mais adiante), Salta (autor dos *14 pontos* de abril) e San Luis (aliado de Adolfo Rodríguez Saá, autor da moratória no final de 2001).

Nessa reunião foi assinado pelos presentes um acordo de *12 pontos*, cujos títulos gerais eram:

— *Prioridade absoluta aos planos sociais.*
— Integração ao mundo (que deixava de ser o primeiro ponto, conforme o *Documento dos 14 pontos* assinado antes de minha chegada ao Ministério). Agora o social era o primeiro e o prioritário. Diferentemente do documento anterior, buscávamos condicionar a integração ao mundo (eufemismo para aceitar um plano do FMI) à melhoria das condições internas. A integração ao mundo passava a ser um elemento do crescimento futuro e não uma condição prévia para começar a resolver os problemas argentinos.
— Manter a estabilidade cambial e cuidar das reservas.

[28] Poder Executivo da Cidade Autônoma de Buenos Aires. (N. do T.)

— Valorizar a diminuição transitória do IVA (Imposto sobre Valor Agregado).
— Estabelecer o dia 27 de abril de 2003 como data do primeiro turno, e o dia 18 de maio para o segundo turno das eleições presidenciais.
— Ratificar o Programa de Financiamento Ordenado. Alejandro Arlía, subsecretário de Províncias, havia declarado: "As províncias fizeram seus ajustes sem o FMI e não se incendiaram".
— Comprometimento governamental em garantir um superávit fiscal e não utilizar o fundo de 3,5 bilhões de pesos que estava no Orçamento e que alguns congressistas queriam usar para resgatar imediatamente as quase-moedas provinciais.
— Eliminar os Planos de Competitividade que haviam sido um remendo da Convertibilidade moribunda, e que eram desnecessários no marco atual da política cambial.
— Estudar uma Lei de Entidades Financeiras que se referisse a temas como a valorização de ativos, transferências bancárias e seus procedimentos.
— Deixar a aprovação das moratórias sob a responsabilidade do Congresso Nacional.
— Manter a Lei de Falências.
— Manter o veto ao pagamento de dívidas com títulos públicos e conservar tal finalidade somente para os títulos BODEN e CEDROS. Atendendo a um pedido do Ministério da Economia, o presidente Duhalde tinha vetado, duas semanas antes da reunião, um acordo entre o BCRA e o deputado Frigeri que permitia pagar dívidas bancárias com todas as modalidades de títulos públicos, tal como havia acontecido entre novembro de 2001 e abril de 2002, o que gerou pedidos dos bancos para que o Estado ressarcisse os prejuízos.

O acordo foi assinado no *quincho*[29] da Casa Presidencial de Olivos e, sem dúvidas, era mais concreto e mais factível que o acordo dos *14 pontos*. Além do mais, começava por onde devia: o social.

---

[29] O *quincho* é equivalente ao quiosque com churrasqueira. Normalmente, a edificação do *quincho* tem estrutura de madeira e cobertura de palha. (N. do T.)

Nessa reunião expliquei a importância do consenso político para as negociações, que o Plano Chefes e Chefas do Lar não estava em jogo — seu financiamento estava assegurado, e que o não pagamento ao Banco Mundial havia sido um ato de responsabilidade, *porque sem acordo o valor das reservas do país era suficiente para efetuar todos os pagamentos aos organismos multilaterais até maio de 2003, mês programado para a posse do novo governo. Não podíamos permitir que o novo governo iniciasse com o caixa vazio*. Finalmente, argumentei que o aumento das tarifas cobradas pelas empresas de serviços públicos privatizadas, que considerávamos fundamental para sustentar os serviços prestados e seus investimentos, seria inferior a 10%, com a existência de uma tarifa diferenciada para pessoas de baixa renda (tarifa social). Foi combinado que o documento não faria menção às tarifas, evitando assim custos políticos para os governadores. Ibarra assinou pela Capital, com algumas dissidências.

Fora da reunião, Duhalde conversou com Kirchner sobre sua candidatura, assunto firmemente seguido por Pampuro,[30] e também o fez com Felipe Solá, que, desconfiado, manifestou sua preferência por continuar no comando da província de Buenos Aires. Duhalde fez um comentário engraçado sobre isso: "Se alguém propor ao Felipe que seja Papa, ele vai pensar que é para sacaneá-lo". Em todo caso, acredito que ele tenha feito a escolha certa.

As pesquisas do IBOPE desse mês — nas quais muitos acreditam cegamente, apesar de eu não me colocar entre eles — davam 16,1% das intenções de voto a Rodríguez Saá, 13% a Kirchner, Carrió tinha pouco mais de 12%, e 10,4% a Menem e López Murphy. De la Sota e Terragno vinham muito atrás. Outra pesquisa feita por Julio Aurelio apresentava números diferentes, provenientes de um levantamento mais recente focado nas internas do Partido Peronista: em primeiro estava Menem, com mais de 35%, depois Rodríguez Saá, com pouco mais de 20%, Kirchner com 11,3% e De la Sota com 6,3% das intenções de voto.

Duhalde teve uma conversa com Köhler com o intuito de explicar a importância do documento firmado, mas a reação deste ficou abaixo das expectativas. Depois desse acordo político, recebido friamente pelo FMI, assinalei: "Uma negociação internacional não é âmbito para

[30] José Pampuro, secretário-geral da Presidência da Nação. (N. do T.)

aceitação incondicional nem lugar para se levantar a voz com prepotência e autismo. [...] Sem crescimento e sem atender os desequilíbrios sociais, não haverá solução para nossos cidadãos e tampouco para nossos credores".

9. A liberação do *corralito*

Após as tribulações vividas nesses últimos dias, mas firme na ideia de que nosso plano tinha que ser cumprido, com ou sem acordo com o FMI, no dia 22 de novembro de 2002, às 17 horas, anunciei em uma conferência de imprensa, diante da surpresa de todos, a liberação do *corralito*, tanto para empresas como para particulares. A liberação vigoraria a partir do dia 2 de dezembro, justamente um ano após sua implantação pelo ex-presidente De la Rúa e seu ministro Cavallo, no dia 3 de dezembro de 2001.

A estabilidade na cotação do dólar, as trocas de títulos e a prévia liberação do *corralón*, onde se encontravam os grandes poupadores (entre 16 e 17 bilhões de pesos), o menor impacto das liminares judiciais, a maior confiança e o aumento no número de depósitos tornavam possível a liberação dos depósitos bloqueados pelo *corralito*. Era uma decisão que tomada alguns meses antes traria grande risco de uma corrida bancária. A essa altura, e apesar de não haver alcançado um acordo com o FMI, as fugas de capital ocasionadas pelas liminares estavam entre 200 e 400 milhões de pesos ao mês, muito abaixo dos 1,2 bilhões mensais de quando assumimos em abril. No total, as liminares tinham alcançado os 8,9 bilhões e desde julho os depósitos haviam aumentado em 4,3 bilhões, grande parte em contas livres.

Lembro-me das expressões dos jornalistas mais experientes e sérios, como Daniel Fernández Cando (*Clarín*) e Martín Kanenguizer (*La Nación*), que no momento do anúncio estavam lado a lado e se olharam — automaticamente — surpresos. O *Clarín* classificou nossa decisão como uma das mais audazes que já havíamos tomado.

Foram liberados 21 bilhões de pesos. O risco de corridas bancárias foi estimado em 7 bilhões de pesos. Felizmente, não houve corridas, o que mostrou o impacto positivo da decisão. Diante da falta de demanda, o Banco Central continuou comprando dólares excedentes no mercado.

Nessa conferência, eu disse: "Não temos que girar nossa vida político-econômica ao redor do FMI". A autonomia de nossos atos havia sido até esse momento — e continuaria sendo — fundamental.

Nessa mesma tarde, John Taylor chamou Guillermo Nielsen e depois a mim para nos felicitar pelo passo dado.

Enquanto os mercados reagiam com tranquilidade, o setor menemista das finanças — o Centro de Estudos Financeiros, com Kiguel e Vatnick — pedia nada mais nada menos que a resolução dos assuntos relacionados à dívida pública e privada e a formação de um novo sistema financeiro.

10. Viagem europeia

A essa altura dos acontecimentos, achei imprescindível fazer uma viagem à Europa, de maneira que em cinco dias percorremos — acompanhado por Leonardo Madcur, Leo Costantino e Adrián Nador — a Espanha, que oferecia seu apoio, mas pedia — nessa ordem — atenção a seus bancos e empresas prestadoras de serviços públicos; a França, que também nos respaldava e se concentrava no assunto das tarifas dos serviços públicos; a Alemanha e a Itália, ambos mais relutantes, pois enfrentavam queixas internas dos detentores de títulos da dívida em moratória; e, finalmente, o Estado do Vaticano.

A maratona de reuniões consistiu em falar com representantes dos governos e com os principais setores empresariais de cada país. O objetivo era dar informação fidedigna, explicar nossa situação e mostrar os resultados alcançados, porque era evidente que o FMI não estava passando a informação correta sobre dois pontos centrais:

— Desde o primeiro dia de nossa gestão eu disse perante os organismos financeiros que não necessitávamos de novos empréstimos. Procurávamos manter os níveis atuais de financiamento, ou mesmo diminui-los, por meio de refinanciamentos.
— A Argentina já estava — claramente — em um processo consolidado de recuperação econômica e social, com estabilidade de preços e diminuição do endividamento externo.

Tais fatos, para quem vivia na Argentina, eram percebidos no dia a dia, mas não eram tão evidentes no exterior. O assunto Argentina não ocupava muito tempo dos grandes países e isso era aproveitado pelo FMI para, num linguajar burocrático e contraditório, dizer somente meia verdade, o que é o mesmo que uma mentira.

As expressões que encontramos na Europa refletiam, diante da exposição de dados sobre a economia argentina, surpresas idênticas àquelas que já havíamos visto nos Estados Unidos, principalmente nas esferas governamentais mais altas. Um dos mais perplexos foi o banqueiro Jacques de Larosière — ex-mandachuva do FMI — com quem almoçamos na companhia do embaixador Juan Lanús e de Madcur.

Saímos de Buenos Aires na noite do dia 24 de novembro e demos início a nossas audiências já no dia 25. A primeira prova foi no ultramoderno Ministério das Finanças em Bercy — um dos legados arquitetônicos da era Mitterrand —, com Francis Mer, o ministro francês que não fazia muito tempo havia sido particularmente duro com nosso chanceler Ruckauf, segundo relato do embaixador Lanús. Mer, um importante empresário do setor siderúrgico francês, escutou, perguntou e finalmente mostrou sua disposição em continuar nos apoiando, sempre dentro do marco do G-7. Obviamente, fez os familiares pedidos pelas empresas privatizadas, especialmente pelo grupo Suez, dono da empresa Aguas Argentinas. A reunião serviu para gerar entendimento entre as partes. Além do mais, houve uma relevante análise da situação argentina e do contexto mundial feita na Chancelaria francesa, o Quai d'Orsay, em um estendido almoço-reunião com um de seus homens-chave, Hubert Colin de Verdière. Depois, tivemos reuniões individuais com importantes empresas de capital francês como Paribas, Électricité de France, Suez, Renault, Peugeot, e com o organismo de crédito para exportação francês, o Coface. As reuniões menos conflitantes foram, certamente, com as indústrias automobilísticas, pois eram as primeiras a notar as mudanças positivas que ocorriam em nosso país. Reconheciam também os efeitos benéficos das políticas gerais e específicas que tínhamos adotado para o setor, sobretudo a Peugeot, graças às informações transmitidas pelo presidente de suas operações na Argentina, Luis Ureta Sáenz Peña.

Em Berlim, na companhia do embaixador Enrique Candioti, nos reunimos com Hans Eichel, ministro de Finanças alemão, Caio Koch-

-Weser, seu subordinado direto, e Wolfgang Clement, ministro da Economia e do Trabalho. A reunião foi positiva e alguns meses depois Eichel nos fez uma visita em Buenos Aires. Caio, por sua vez, era um grande conhecedor do caso argentino — talvez por ter propriedades no Brasil e visitar esse país frequentemente —, e portanto era quem acompanhava nossas negociações no G-7. Foi ele quem nos consultou sobre a relação entre Carlos Menem e a Corte Suprema de Justiça e sobre a possibilidade do ex-presidente pressionar e influenciar para que a Corte impusesse os títulos compulsórios favoráveis ao sistema financeiro. Caio tinha sido o candidato apresentado pela Alemanha para gerir o FMI, porém seu nome foi vetado pelo governo Clinton, gerando um impasse resolvido com a nomeação compromissada de Horst Köhler, mencionada anteriormente.

O assunto principal com os alemães foi em relação a seus cidadãos detentores de títulos em moratória. Nossa intenção era explicar e esclarecer tudo sem pedir nada. O resultado foi um comunicado oficial do governo alemão que declarava: "A Alemanha se compromete a contribuir com uma solução construtiva no marco do G-7". De alguma maneira, para amenizar a dura postura, eles foram particularmente cuidadosos em nos oferecer, formalmente, uma atenção especial. A reunião seguinte foi com as empresas Siemens, Volkswagen, Daimler-Chrysler, BHV, Hochtief, Ferrostaal, entre outras. O batido assunto dos contratos não cumpridos pelo governo De la Rúa — inclusive pelos governos anteriores —, principalmente no caso da Siemens, provocaram um clima de dúvidas, menos favorável do que a reunião com os ministros. Mesmo assim, não fomos condescendentes e assumimos a parcela de responsabilidade que correspondia ao nosso país. Apresentamos dúvidas sobre o não cumprimento e a má conduta com que trataram, por exemplo, os contratos da Siemens. Como fazíamos habitualmente, fomos explícitos ao dizer que, em se tratando de questões duvidosas ou onde já houvesse intervenção judicial, o Ministério da Economia não aceitaria negociar. Se, por acaso, buscavam uma janela para resolver suas pendências fora do marco legal, ocupamo-nos em fechar tal janela. Alguns anos depois, o grupo Siemens ganhou a confiança de outras esferas do governo Kirchner e conseguiu ganhar licitações milionárias em obras públicas de energia, ao mesmo tempo em que processava o país no CIADI (Centro Internacional para Arbitragem de Disputas sobre Investimentos — amparado pelo Banco Mundial). Passado algum tempo e com o contrato em mãos, a Siemens anunciou em 2009 que retiraria o processo.

Enquanto percorríamos Berlim de um lado a outro para as diversas reuniões, eu observei as várias obras na cidade e disse ao embaixador Candioti: "Esta cidade vai ter muita personalidade dentro de alguns anos", principalmente em sua parte oriental (a Berlim comunista). O embaixador, sem titubear, demonstrou seu compromisso com o país em que se encontrava e respondeu: "Já tem". Ele estava certo, ainda mais levando em consideração o contexto histórico. Mas não deixava de ser verdade que uma nova cidade, do ponto de vista arquitetônico, estava sendo erguida.

Uma vez em Roma, antes de iniciar nossas reuniões com as autoridades italianas, participamos de um encontro no Vaticano. O cardeal da época, o argentino Leonardo Sandri, ocupava funções equivalentes a de um ministro do Interior. Além de Sandri, fui acompanhado pelo embaixador e amigo Vicente Espeche Gil até a recepção oferecida pelo cardeal francês Jean-Louis Touran, segunda autoridade da Igreja e chanceler de João Paulo II. A reunião foi sobre o estado da situação argentina, com destaque para o papel da Igreja no Diálogo Argentino e na contenção da crise social. A atitude positiva foi notável, a ponto de o cardeal Touran oferecer intervir junto ao FMI para dar explicações sobre as limitações sociais que existiam na Argentina. E, de fato, enviou uma carta de apoio ao nosso país. Foi relevante destacar que, enquanto o Plano Chefes e Chefas havia custado ao país 1,2 bilhões de dólares, os organismos de crédito haviam recebido pagamentos (desendividamento) de 4,6 bilhões até o momento que decidimos não efetuar o pagamento ao Banco Mundial. Ressaltei também a importância de a Igreja continuar participando ativamente junto às demais organizações sociais no programa Chefes e Chefas, assim como vinham fazendo desde a criação do Diálogo Argentino, para diminuir ou controlar o clientelismo político.

Finalmente nos reunimos em Roma com o ministro de Relações Exteriores Franco Frattini, com Baccini e com um acadêmico de difícil trato, o ministro da Fazenda Giulio Tremonti. A reunião tinha um antecedente de conflito com o chanceler Ruckauf, pior ainda do que havia ocorrido com os franceses. Foi longa e, ao final, Tremonti (que voltou a ser ministro no novo governo de Berlusconi em 2008) desceu uma longuíssima escada para me acompanhar até o carro, em um gesto que surpreendeu seus próprios colaboradores. Na política, os gestos, especialmente os inabituais e espontâneos, dizem muito.

A reunião tinha terminado de maneira descontraída e engraçada, quando todos os funcionários italianos presentes — eram quatro ou cinco além de Tremonti — confessaram ter títulos da dívida argentina em moratória, e um deles disse que isso não seria problema caso ele não tivesse sugerido que sua sogra os comprasse. A existência de 350 a 400 mil cidadãos italianos possuidores de títulos argentinos gerava um sério problema político para o governo italiano. O tempo seria testemunha da enorme responsabilidade do Banco Central da Itália e do, logo destituído, presidente Fazzio, por sua turva relação com os bancos privados italianos, os quais deveria controlar, na disseminação dos títulos públicos do governo argentino entre os pequenos investidores, em benefício dos bancos italianos.

Tratava-se de títulos emitidos durante os anos do Plano de Convertibilidade que, segundo suas normas de emissão, eram declarados como papéis destinados aos investidores com certo grau de sofisticação e capacidade de avaliação de risco, coisa que os bancos italianos não levaram em consideração, captando pequenos investidores que eram atraídos pela alta taxa de juros que pagavam estes títulos. Em um determinado momento, já ao final da reunião, alguém da delegação italiana, digamos um "falastrão", me disse: "*Il tedesco è un cretino stupido. Lei capisce?*" ("O alemão é um idiota estúpido, o senhor entende?") fazendo referência à interminável negociação com Horst Köhler, ao FMI e à diferença da condução da gestão atual do Fundo para com épocas anteriores, cujos diretores-gerentes eram franceses. No Palazzo Borghese tivemos um encontro com empresários italianos.

Na última escala de nossa viagem tivemos uma reunião em Madri com o ministro Rodrigo de Rato, particularmente ríspido, e com o *premier* José María Aznar. Com o ministro mantivemos por um bom tempo uma interessante troca de ideias. Os espanhóis tinham muitas coisas para nos dizer, e nós também tínhamos muito o que dizer sobre a intervenção espanhola no processo de privatização durante os anos de menemismo. O resultado foi positivo, uma declaração espanhola que lembrava os limites do *staff* do Fundo Monetário Internacional: "O acordo com o FMI está nas mãos de seus principais acionistas", ou seja, nas mãos do G-7.

Sem rodeios, Rodrigo de Rato me perguntou se eu pensava em me candidatar à presidência, e minha resposta foi um rotundo *não*. Não queria que a postura do governo argentino na mesa de negociação parecesse ser motivada por razões pessoais. Nossa posição tinha relação exclusivamente com o que acreditávamos útil para afirmar — e reafirmar — a recuperação da economia argentina.

Na reunião que tive com Aznar, o presidente espanhol repetiu a solicitação que havia sido feita a Duhalde durante um jantar, meses antes, de extraditar um membro do ETA que estava detido na Argentina, após ter sido expulso do México e do Uruguai. O assunto foi resolvido pela Justiça argentina, posteriormente, com resultado contrário ao anseio espanhol.

Como era costume, nossa viagem pela Europa foi concluída com um café da manhã de trabalho com empresários e com uma reunião aberta com a imprensa. A excelente organização de Leo Costantino e o uso controlado do tempo permitiram que atendêssemos aos governos, empresários e imprensa para esclarecer a realidade argentina que o FMI se esforçava em obscurecer por meio de explicações inadequadas, forçadas e geralmente tendenciosas.

Os quatro países reconheceram a importância do apoio dos Estados Unidos para que se alcançasse o acordo. Os jornais europeus empregaram uma linguagem positiva, fazendo uso de palavras como "tranquilizador", "digno de confiança", "sem falsas promessas". Esses foram os termos mais utilizados para se referir a mim e, consequentemente, à equipe que me acompanhava e ao governo argentino.

Vale a pena dizer que antes de cada uma dessas viagens, principalmente a Washington e a Madri, o menemismo, como de costume, dava razões e argumentos para que não se ajudasse o país — ato que inclusive vitimou o governo de Raúl Alfonsín. Pablo Rojo, Rogelio Frigerio (neto) e Francisco Susmel se encontraram com Singh e outros via o ex-embaixador Guelar, que a esta altura tinha sido substituído em Washington por Eduardo Amadeo. Já Diego Estévez havia procurado líderes políticos espanhóis em Madri.

Na Argentina, algumas pessoas se juntaram aos lobistas de nossos credores para disseminar uma imagem de "vergonha" pelo não cumprimento das dívidas argentinas. Diante de tais manobras, respondi como ministro e como argentino: "Só sinto dor e vergonha pelas crianças que estão morrendo de fome". Ficava claro que, com esse argumento, não conseguiriam nada.

11. A POLÍTICA ECONÔMICA

Convictos da ideia de não esperar nada do FMI, durante o mês de novembro adotamos medidas importantes, além da resolução já comentada sobre o *corralito*:

— Aumento de 150 pesos não remuneráveis a partir de janeiro a todos os trabalhadores, em duas etapas, janeiro-fevereiro e março-junho.
— Adiantamento do pagamento do 13º salário, com impacto em mais de 3 milhões de trabalhadores.
— Recusa da proposta para lavagem de capitais da Câmara da Construção.
— Aumento de 9% na tarifa de eletricidade, e uma média de 7,2% no reajuste do gás natural. No primeiro caso, 42% dos usuários não foram afetados devido à tarifa social, e 32% no caso do gás natural. Para aqueles afetados pelo aumento, este ficou em 2,68 pesos para a eletricidade e 1,47 pesos para o gás; para o comércio o aumento foi de 13 pesos mensais.

A proposta do Ministério da Economia, por intermédio da comissão de acompanhamento da situação de empresas privatizadas, que se encontrava sob a perspicaz supervisão do secretário legal Eduardo Pérez, era de moderação ao extremo nos aumentos e forte na tarifa social. Mas, ao mesmo tempo, sinalizamos que não poderíamos deixar as tarifas inalteradas por um período indeterminado caso quiséssemos proteger os investimentos necessários para a continuidade e qualidade dos serviços oferecidos.

A demagogia fácil daqueles que nesse momento se opuseram à nossa decisão ficou explícita quando se deu a troca de governo, e se aprofundou a partir de 2006, momento em que começou a ficar evidente a deterioração, sobretudo na área da energia, onde as carências foram resolvidas em detrimento do interior do país.

No interior houve aumento de tarifas e muitos cortes de eletricidade para que na Grande Buenos Aires — onde estavam os maiores subsídios — se notasse menos o problema. Se existe miséria, que ao menos não se note: esse parece ser o lema da política nos últimos anos. A hora da verdade chegou em 2009 com um altíssimo aumento das tarifas — todas de uma só vez —, sem um plano plausível para as tarifas sociais e com falhas na comunicação com a população.

Outras medidas que tomamos em novembro de 2002:

— Recusamos a indexação automática de preços para as obras públicas.
— Firmamos um acordo com os bancos para prorrogar voluntariamente o compromisso de não executar hipotecas de moradias, ao mesmo tempo em que a Agência Federal de Ingressos Públicos (AFIP) averiguaria a origem dos capitais dos bancos que optassem por execuções. Vale lembrar que o controle da AFIP foi um dos fatores que reduziram as liminares, porque uma parte estimável dos fundos liberados pelas liminares judiciais correspondia a capitais não declarados. O mesmo tipo de resultado era esperado para o caso das hipotecas.
— Por razões práticas e pela demora que implicava, os bancos em dificuldades não poderiam ser vendidos na bolsa, tal como havia sido minha intenção inicial, mas por meio de licitação pública para evitar a designação direta de compradores.
— Foram licitadas reduções da dívida pública do Estado, atrasada desde 2002, a fornecedores, indústria automobilística, concessões viárias, regime florestal e obras públicas, num total de 8 bilhões de pesos. Foram estimadas quitações da ordem de 50%.

Nesse ponto, Paolo Roca, da Techint, afirmou de maneira sensata: “É necessário um crescimento de 7% ao ano para que o desemprego diminua”. E Javier González Fraga declarou: “Esta não é uma melhora passageira, é o melhor crescimento econômico dos últimos cinco anos”. No mundo, o jornal *The Wall Street Journal* continuava dizendo que estávamos em um *Indian summer of stability* (“estabilidade temporária”). O tempo provou que este jornal estava errado.

VII

Chegamos ao fim do ano (dezembro de 2002)

"Nenhum homem o é antes de ter uma Troia ardendo às suas costas."
Arturo Pérez-Reverte

1. Antes o Fundo, agora a Corte

Novembro chegou ao fim com a decisão de efeito não vinculante do procurador-geral da Nação, Nicolás Becerra, contra a pesificação. E em um comunicado reservado ao governo anunciaram — com o ministro da Corte Suprema Carlos Fayt — que a Corte aprovaria a redolarização. Não por acaso, o vice-presidente do BCRA, Pignanelli, expressou que caso houvesse a redolarização, os pagamentos seriam efetuados com títulos compulsórios públicos (BONEX), com vencimento em cinco anos. A mensagem que o BCRA dava à Corte era claríssima: sigam em frente, está tudo bem. Praticamente, afirmou: "Podemos redolarizar os títulos públicos com o prazo de cinco anos". Outra vez, como se estivéssemos em um jogo de tabuleiro, queriam nos colocar no início da partida. Havíamos resistido antes e continuaríamos resistindo agora.

O Ministério da Economia, informal e verbalmente, deixou bem claro aos magistrados da Corte Suprema os riscos que a redolarização da economia implicava. Além do mais, não aceitaríamos em nenhuma circunstância os títulos compulsórios e não entendíamos como podiam falar em redolarizar os depósitos congelados dos correntistas (o lado que teria uma reverberação positiva) e não falar em redolarizar simetricamente os débitos (o lado negativo da decisão).

Com a cooperação de Nicolás Reyes, administrador da Corte, que tinha uma boa relação com o secretário legal e administrativo Eduardo Pérez, e também comigo, por questões orçamentárias do Poder Judiciário, organizamos uma reunião com Eduardo Camaño, Juanjo Álvarez e o presidente e o vice-presidente da Corte, Julio Nazareno, e Eduardo Moliné. A eles demonstramos que o custo fiscal dos títulos compulsórios e da redolarização equivalia ao custo de oito anos do Plano Chefes e Chefas. Além de ter que realizar a dolarização dos débitos, o que significaria piorar a situação das empresas em um valor aproximado de 10% do PIB, com um impacto equivalente a 105% do crédito disponível às mesmas. O efeito sobre as finanças públicas seria avassalador e, assim como quem sofreria as consequências negativas na produção e nos empregos seria a população, quem arcaria com os custos seria mais uma vez toda a sociedade, para benefício de um grupo que não ultrapassava 400 mil indivíduos (número estimado de pessoas que se beneficiariam com a redolarização). Publicamente, manifestamos apenas: "A Corte é responsável por suas decisões, vamos aguardar".

O dólar, que havia permanecido estável durante toda a crise com os organismos multilaterais de crédito, chegou a 3,70 pesos. Surgiam — espontâneos? — distúrbios e saques na Grande Buenos Aires e até o jornal *Página/12*, em uma coluna assinada por Mario Wainfeld, expressava: "Lavagna ganha tempo, mas todos — e especialmente o BCRA — se preparam para os títulos compulsórios".

Os bancos responderam à ratificação do *não* ao título compulsório feita pelo Ministério da Economia com a ameaça de declarar uma convocatória de credores caso não houvesse a emissão dos títulos públicos "antes" da decisão da Corte. Nesse momento, com grande falta de sentido e de oportunidade — ou será que foi outra coincidência? —, a AEA pressionou para que fechássemos um acordo com o FMI. Como consequência, tínhamos seis frentes de problemas:

— A decisão da Corte sobre a eventual dolarização.
— O aumento da cotação do dólar por desconfiança.
— O *corralito*, que devia ser desfeito em poucas horas, como havíamos decidido.
— Os pedidos de aumento de tarifas cada vez mais insistentes e descabidos (para gás natural os pedidos de ajustes giravam entre 66% e 68%, água 42%, eletricidade entre 35% e 39%, e telefonia entre 29% e 35%).
— A negociação inconclusa com o FMI.
— As disputas internas do governo. Enquanto Duhalde falava

com o ministro da Corte Suprema, Adolfo Vázquez, para que não destruíssem o que havíamos conseguido, Pignanelli e o diretor do BCRA, Ricardo Branda, declaravam que "se vai acontecer, que seja já" (fazendo referência à determinação da Corte Suprema), forçando uma decisão rápida, de forma similar ao que faziam os bancos, que tinham ameaçado antes mesmo de qualquer tipo de resolução da Corte.

O juiz Fayt havia tornado pública a sua decisão favorável à dolarização imediata, e saber que seu "veredito" já estava circulando na internet não lhe causou nenhum espanto. Em uma briga interna da Corte, acusaram Adolfo Vázquez de informar antecipadamente o veredito, o que acabou fazendo com que Fayt retirasse o parecer para evitar seu afastamento. Imediatamente o mercado de dólares se tranquilizou, as reservas e os depósitos aumentaram, o que demonstrava a delicadeza do assunto e as manobras e interesses vinculados. Pouco tempo depois se confirmou que o juiz Fayt possuía 200 mil dólares em depósitos próprios e, por isso, seria impedido de atuar no caso.

Nielsen, Palla e Madcur haviam trabalhado com Mario Vicens, que representava os grandes bancos da ABA, e eles, junto à Abappra, finalmente se reuniram comigo. Devo admitir, eu oscilava entre o desassossego e a fúria. A petição para que se emitissem títulos públicos compulsórios *antes* da decisão da Corte Suprema, da maneira como os bancos fizeram, era uma vergonha tão grande que decidi que eles deveriam sair ofuscados daquela reunião.

Ao imaginar as reações de terror dos senhores banqueiros pela lógica irrefutável do que lhes iria propor, fui contundente: "Os senhores devem abrir um processo solicitando à Corte a redolarização dos créditos". Algum jornal noticiou "O ministro alerta os banqueiros". Não se tratava de um "alerta", mas eles deviam entender que a equipe econômica não se intimidaria com ameaças, fossem elas diretas ou dissimuladas. Os bancos não conseguiriam ser demagogos com seus credores sem ter que arcar com suas responsabilidades perante seus correntistas, deixando os depósitos à custa da sociedade com a redolarização e realizando o pagamento via títulos públicos compulsórios.

O dólar continuou caindo e ficou em 3,56 pesos, freando a saída de capitais.

Os bancos tinham muito dinheiro em jogo. Sabiam que a dolarização custaria ao Estado, no mínimo, 8 bilhões de dólares, mais 2 bilhões adicionais caso fosse preciso compensar as liminares.

Na Corte, o foco da disputa estava em determinar se Fayt deveria ou não ser afastado do julgamento sobre a redolarização da economia. Desde a renúncia do honorável Gustavo Bossert, a Corte havia ficado com oito integrantes, sendo que sete deles teriam que se pronunciar sobre a situação de Fayt. Quatro diziam abertamente que recusariam o impedimento da atuação de Fayt, sendo que os outros três integrantes concordavam em acatar o afastamento. Enquanto isso, os juízes decidiram completar a Corte com juízes suplentes que seriam eleitos por sorteio entre membros dos Tribunais Federais. Dois dos três que foram sorteados já haviam julgado contra o *corralón* e assim também foram impedidos de atuar. O que implicava em postergar o assunto para fevereiro, devido ao recesso do Judiciário, a não ser que Vázquez, em uma tentativa de apressar o julgamento, pedisse que os juízes atuassem durante o período de recesso da Corte.

Surpreendentemente, Boggiano mudou de opinião e o afastamento de Fayt foi então negado, com cinco votos contra e um a favor. O que significava, no mínimo, cinco votos favoráveis à dolarização: Nazareno, Moliné, Vázquez, López e Fayt. Apenas Belluscio manteve seu voto contrário, agindo com muita responsabilidade e lucidez. Talvez Boggiano também pudesse votar contra a dolarização, mas a mudança de seu voto para manter Fayt gerava muitas incertezas. Petracchi continuaria, como no princípio, impedido de atuar por ter depósitos em dólares. A Corte declarou que continuava analisando a redolarização. O jornal *Ámbito Financiero*, sempre muito bem-informado em assuntos de seu interesse, se regozijava ao anunciar que a Corte já contava com cinco votos favoráveis à redolarização.

O governo havia escolhido o senador Juan Carlos Maqueda como substituto de Bossert, mas, mesmo com o seu voto, a redolarização era inevitável. Camaño, presidente da Câmara de Deputados, Acevedo, presidente da Comissão de Juízo, e Nilda Garré propuseram uma ação política contra Fayt, por querer participar mesmo contando com consideráveis depósitos em moeda estrangeira. Como habitualmente acontece em manobras políticas malogradas, Vázquez acusou o BCRA de deixar vazar a informação. Tudo dava a entender que eles já não falavam o mesmo idioma e tinham seus desentendimentos, o que era uma boa notícia.

Nessa altura do ano, as negociações com o FMI dependiam apenas da decisão da Corte Suprema. A possibilidade da redolarização dos depósitos e seus efeitos constituíam o principal obstáculo para o acordo, o que demonstrava o vínculo do embate entre a parte pró dolarização e a outra favorável à ruptura e ao isolamento definitivo do país. O caos traria água ao moinho dos noventistas.

No dia 27 de dezembro — já de madrugada — Maqueda foi confirmado pelo Senado, não sem um confronto com o partido da União Cívica Radical. No mesmo dia, Camaño, Álvarez e eu tivemos uma reunião — mais uma — com Nazareno e Moliné em um escritório particular. Novamente tentávamos esclarecer os efeitos desastrosos da dolarização. Como resultado da reunião nos informaram que Vázquez e Fayt queriam dar seus votos para a dolarização imediata. Nazareno e Moliné aceitavam esperar 60 dias para definir como se faria o processo. No final das contas, a decisão foi postergada para fevereiro de 2003. Mais uma vez, tinha valido a pena apostar na não definição do caso e opor-se ao pedido dos bancos para a emissão antecipada de títulos compulsórios. O que ocorria ao redor da Corte não estava desvinculado da negociação externa. Parecia inclusive perfeitamente coordenado; mas nada impede que haja coincidências, não é verdade? Paralelamente, para reforçar as pressões e reafirmar a ideia de isolamento, Köhler viajou ao Brasil, Chile e Colômbia, mas não à Argentina.

O vice-presidente do BCRA, que continuava buscando respaldo nas ideias do ortodoxo CEMA (Centro de Estudos Macroeconômicos da Argentina), comunicou a sua renúncia argumentando que não tinha recebido as cópias dos últimos esboços da Carta de Intenção com o FMI. Tomamos essa decisão porque na negociação anterior o BCRA recebera uma cópia, com o aval do negociador-chefe do FMI, com uma mínima diferença tipográfica para nos permitir identificar, juntamente com o FMI, a origem dos vazamentos dos documentos. Era difícil afirmar, mas o certo é que todos já sabiam de onde saíam as informações que dificultavam as negociações: da cúpula do BCRA ou de seus assessores. De tal maneira que, até que chegássemos a um texto definitivo, não haveria mais de duas cópias: uma para Nielsen, Madcur e Palla, e outra para mim. O BCRA receberia somente as partes imprescindíveis para a execução da política monetária compatível com o programa econômico global.

A renúncia no Banco Central — real ou não — foi e voltou. Supostamente, Atanasof esperou algumas horas, já que Duhalde e eu estávamos em Brasília. Nesse meio-tempo, alguns já especulavam se o sucessor à presidência do BCRA seria Jorge Levy, homem próximo ao presidente Duhalde, que era diretor e superintendente de bancos. Outros se iludiam com o impossível: esperavam que a Corte autorizasse a reinstituição de Pedro Pou, que havia sido afastado do cargo pelo ex-ministro Domingo Cavallo. Também circulavam outros nomes, entre eles o de Raúl Lamberto, Juan Carlos Mercier — ex-ministros da província de Santa Fé — e o do próprio Sarghini (que foi prontamente descartado por sua função central na Secretaria da Fazenda). Os santafesinos foram descartados por razões políticas que fogem de meu conhecimento, supostamente devido a um real ou suposto distanciamento do governador Carlos Reutemann.

A novela sobre a continuidade, ou não, do vice-presidente do BCRA tivera início no dia 5 de dezembro. Do Ministério emitimos um comunicado que dizia: "O assunto é uma novela e o ministro da Economia não participa de novelas".

Sem poder contar com o respaldo que esperava de Duhalde, a renúncia do vice-presidente do BCRA foi aceita, e no dia 9 de dezembro foi designado presidente do BCRA, com meu consentimento, o senhor Alfonso Prat-Gay. Segundo o perfil que havíamos traçado no Ministério, o presidente do Banco Central deveria ter experiência financeira e capacidade intelectual para desarticular os interesses deixados no Banco pelos funcionários dos anos 1990. Pior não poderia ficar. Se com Blejer existiam divergências, essas foram mantidas num nível de dissidências sérias, aceitáveis e resolvíveis por vias racionais, coisa que não tinha ocorrido nos últimos meses e, portanto, era muito positivo que tal situação chegasse ao fim.

O *Ámbito Financiero*, no desespero de perder um aliado, chegou a publicar que Pignanelli se manteria no BCRA como diretor, o que não aconteceu.

Antes de assumir o cargo, Prat-Gay, acompanhado de seu sócio Pedro Lacoste, participou de longas reuniões no Ministério da Economia. Ambos haviam sido críticos do FMI por suas posições, o que marcava uma grande — e favorável — diferença com os diretores que iriam substituir. Em matéria de política monetária era mais difícil discernir se haveria ou não diferenças fundamentais. Em todo caso, houve também um rápido entendimento no assunto das quase-moedas provinciais, que desejávamos recolher o quanto antes. Eles estavam de acordo que era essencialmente necessário retirar as mesmas de circulação para poder definir uma política monetária sólida. Por outro lado, ficou claro que a questão da dívida com o FMI, com os credores particulares e a política cambial era de ingerência única e exclusiva do Ministério da Economia. Estas três bases de acordo eram suficientes para seguir adiante com a designação.

Prat-Gay colocou três condições: ter a prévia designação do Senado; que o acordo fosse por um período completo de seis anos; e que Pedro Lacoste fosse seu vice-presidente. Apenas a última foi cumprida. Não obstante, assumiu o cargo. O Senado demorou em tomar sua decisão por dúvidas sobre a independência do candidato sugerido, assim como já havia feito anteriormente. Mas os senadores não estavam convencidos de que esta fosse a melhor opção e decidiram que o exercício do mandato deveria cobrir o período que restava do anterior, ou seja, até setembro de 2004.

Havia um precedente negativo em nossa indicação que desconhecíamos: Prat-Gay já tinha sido indicado pelo ex-presidente Fernando de la Rúa para ser o vice de Roque Maccarone no BCRA, mas naquela ocasião o Senado a recusou.

2. O caminho a um acordo contra a vontade do FMI

Köhler iniciou sua viagem à América Latina pelo Brasil, no momento em que já era conhecido o resultado das eleições que levariam Luiz Inácio Lula da Silva à presidência da República no primeiro dia de janeiro de 2003. Lula, que tinha sido qualificado por um representante do FMI como “o grande líder do século XXI”, antes de sua posse informou que nomearia o ex-presidente do Banco de Boston Henrique Meirelles à presidência do Banco Central. E reforçou os pedidos para que o FMI chegasse a um acordo com a Argentina.

Köhler, em seguida, viajou ao Chile, onde afirmou que tal país era "um exemplo para o mundo", e enfatizou as diferenças entre os transandinos e nós argentinos, e também os uruguaios que, apesar de esforços titânicos, não cumpriram as metas — que haviam aceitado — fixadas pelo FMI. O descumprimento das metas custou o desembolso de financiamentos já acordados.

A verdade é que o FMI não tinha o apoio de todos. Como consequência de nossa viagem à Europa, o G-7 solicitou ao Fundo um documento por escrito sobre as divergências com a Argentina. Era uma maneira de aceitar que as metas não eram sempre fixas e que a informação recebida não era sempre consistente. Minhas viagens e as de minha equipe, a solidez e franqueza de nossa argumentação e atuação não haviam sido em vão.

Passados trintas dias do não pagamento da dívida, mantivemos a decisão de não pagar os quase 800 milhões de dólares ao Banco Mundial, e aí sim entramos legalmente em moratória. Alguns disseram "Lavagna dobra a aposta", mas não se tratava de uma aposta. Apenas ratificávamos a nossa posição. Por outro lado, o Banco Mundial já tinha assumido o descumprimento de 250 milhões em títulos sobre os quais havia dado garantia.

Em uma entrevista, admiti: "É possível que o FMI não tenha vontade de chegar a um acordo. Não há motivo para pânico, mesmo porque faz oito meses que não temos acordo e fomos capazes (como país) de romper com os prognósticos negativos emitidos pelo próprio FMI", e enfatizei "não devemos a recuperação a ninguém".

Nielsen declarou ao *La Nación*: "Não pagar ao Banco Mundial não é uma tática". Tinha razão em sua declaração, pois se tratava de uma necessidade. O FMI, como ele fez questão de mencionar, se negava a aceitar, entre outras coisas, o superávit fiscal de 2,5% do PIB, que representava uma situação muito melhor do que a encontrada no ano 2000, momento em que o Fundo e outros observadores e analistas se desdobravam para dar uma visão positiva acerca do país. Algo acontecia no FMI, porque negavam dados objetivos e se baseavam em interesses e ideologias.

Ruckauf tinha chegado ao ponto de dizer que era "preciso dissolver o FMI", e que estavam "semeando terra e vão colher lama". Aníbal Fernández, acompanhado de outros, tratava de explorar a ideia de pagar alguma coisa e obter do FMI um "acordo cortesia" que possibilitasse ao Banco Mundial e ao BID fazer acordos "próprios" com a Argentina. Algo similar estava fazendo Dennis Flannery, vice-presidente do BID e representante dos Estados Unidos, que considerava a possibilidade de manter nossa carteira ativa no BID, mesmo sem o acordo com o FMI. Sobre a primeira possibilidade, o Ministério da Economia foi explícito ao declarar que acordo do tipo "cortesia" não existia, mas nem por isso nos oporíamos ao intento. Em relação à tentativa de Flannery, disse-lhe que concordava, mas que seria necessário que os Estados Unidos e o Banco Mundial também aprovassem sua proposta.

Exatamente como havíamos previsto no Ministério, o BID (que representava uma instituição amiga) anunciou, após uma consulta ao Tesouro dos Estados Unidos, que não teria condições de nos oferecer muito sem um acordo com o FMI.

Enrique Iglesias já tinha cooperado muito e enfrentava uma situação difícil. Se não chegássemos a um acordo, o próximo descumprimento com o BID seria no dia 15 de janeiro, e a Argentina representava nada mais nada menos do que 18% da carteira do órgão. Em tais circunstâncias, entrava em cena de maneira mais ativa um novo enviado do FMI, John Dodsworth, que substituía John Thornton. Ele também tinha feito parte da equipe do FMI que, longe de ajudar, havia piorado a crise na Indonésia. No entanto, existia uma grande diferença entre ele e Thornton: Dodsworth aprendera com seus erros, portanto era uma mudança positiva. De nacionalidade inglesa, casado com uma vietnamita, disposto a que esta fosse sua última missão, tinha o objetivo, logo após resolver este imbróglio, de se aposentar e instalar-se na esplendida região da Provença, no sudeste da França. Apresentava um perfil pessoal diferente do que tínhamos enfrentado até então.

A percepção geral de que o tratamento do FMI dado à Argentina era injusto começava a nos ajudar. O reconhecimento da crise de 2001 era tal que as Nações Unidas baixaram a cota anual do país de 6,5 milhões para 4 milhões de dólares, conseguido pelo chanceler Ruckauf — algo absolutamente anormal para um país do tamanho do nosso.

No dia 16 de dezembro, o jornal espanhol *El País* publicou algo próximo da verdade: "Grupos financeiros, com poderosos aliados fora do país, são os mais interessados na ruptura com as instituições" e fez menção a uma espécie de golpe de Estado civil.

Anunciado pelo porta-voz Armando Torres, John Dodsworth chegou ao país encabeçando uma nova missão, que recebemos sem muitas expectativas. Dodsworth começou as reuniões com Nielsen, Sarghini, Prat-Gay, Guillermo Zoccali e, por último, comigo, para tratar das questões fiscais. Durante nosso encontro, ficou claro que haveria um "abrandamento" de posições, interpretado por nós como resultado da pressão do G-7 para evitar que a Argentina declarasse novos *defaults* a outros organismos multilaterais. Cabe destacar que, por mais que os números nos favorecessem, foi de suma importância a reunião entre os Estados Unidos, França, Grã-Bretanha, Itália, Japão, Alemanha e Canadá (no âmbito do G-7) alguns dias antes, no dia 18 de dezembro. Certamente, essa reunião havia gerado uma forte pressão junto ao FMI.

No catastrófico ano de 2001, os organismos multilaterais emprestaram à Argentina quase 13,4 bilhões de dólares e receberam pagamentos de 3,8 bilhões; em outras palavras, um aumento líquido de crédito de 9,5 bilhões de dólares. Grande parte desta soma serviu para facilitar a saída de capitais entre março e dezembro de 2001, momento em que o governo De la Rúa instaurou o *corralito*.

Os "espertos" e os investidores bem-informados tinham conseguido escapar do desastre antes de seu ápice; os cidadãos comuns foram surpreendidos. Durante a década do Plano de Convertibilidade, o financiamento bruto oferecido ao país havia sido de 39 bilhões de dólares; descontando os pagamentos efetuados, o valor líquido emprestado superava os 13 bilhões de dólares.

Como foi dito anteriormente, durante a recuperação da economia argentina no ano de 2002, os empréstimos haviam sido de 804 milhões de dólares e os pagamentos superiores a 4,5 bilhões de dólares. Ou seja, os pagamentos que realizamos representaram uma redução da dívida em mais de 3,5 bilhões. Financiaram o colapso econômico de 2001, mas se negavam a financiar a recuperação de 2002. Era uma situação insólita, mas real, e que refletia os interesses financeiros e especulativos sobre a Argentina. Tal realidade mostrava quão ridícula foi a ameaça de Anne Krueger em não financiar os planos sociais. Uma tentativa inútil de jogar o governo contra os cidadãos mais pobres. Nossos planos sociais eram totalmente financiados pelo próprio país, com recursos genuínos e não de empréstimos, portanto, sem contrair dívidas.

3. Apesar do desacordo (do FMI), estávamos mais próximos do acordo

A missão do FMI retornava a Washington no dia 18 de dezembro, três dias após sua chegada, e levava na bagagem um acordo técnico concluído. A Argentina fez pagamentos menores de juros equivalentes a 28 milhões ao FMI, 55 milhões ao BID e 41 milhões ao Banco Mundial, sempre de acordo com o nosso princípio de demonstrar razoabilidade e boa vontade. De Washington, um representante do FMI, Zoccali, que também havia regressado, nos informou sobre "a ira de Krueger com o G-7", pois estava com a sensação de que "torciam seu braço". De fato, o *staff* havia circulado uma nota interna durante o mês de dezembro na qual explicitava as razões da recusa do acordo básico como tinha sido proposto pelo G-7. Estabelecia-se a ideia de que a Argentina podia superar a crise por conta própria, o que gerava o risco de se tornar um exemplo — em boa hora —, podendo inspirar outros países em futuras negociações com o FMI.

O documento dizia: "A Gerência e o *staff* desaconselham fortemente seguir adiante com um programa básico. O risco parece muito alto e a credibilidade do Fundo, em outros países, pode ser afetada. Nos programas do Fundo, os riscos e as medidas para mitigá-los são conhecidos, mas neste caso existe o risco adicional associado às decisões da Corte Suprema em relação às liminares e à possibilidade de uma reversão da pesificação assimétrica".

Os que "farejavam" para qual direção se movia o poder, começaram a se expressar. O J. P. Morgan declarou: "A Argentina saiu da recessão antes do esperado" e prognosticou um crescimento de 2,2% para o PIB de 2003 (foi quatro vezes maior). No *The Wall Street Journal* se escrevia sobre ajudar a Argentina a aguentar o caos econômico, e a necessidade do país acreditar em si mesmo. O *Financial Times* publicou: "Começam a surgir sinais positivos na crise econômica argentina".

No dia 20 de dezembro, Dawson, o porta-voz do FMI, após uma conversa com Krueger, mencionou uma reunião informal do Diretório nesse mesmo dia, em que se considerou a solicitação argentina de um programa de transição sem necessidade de novo endividamento. Exatamente o que eu havia sugerido a Köhler em nossa primeira reunião em maio desse ano de 2002!

Os Estados Unidos, adiantando seu posicionamento, emitiram, por meio do Tesouro, um comunicado de felicitação. Se alguma coisa — entre tantas — ficou bastante clara neste momento da gestão foi que em todos os problemas internacionais — seja o Oriente Médio, a crise asiática ou a dívida latino-americana — qualquer país desenvolvido pode ser parte da solução, mas, sem a intervenção dos Estados Unidos, não se chega a essa solução.

Pier Carlo Padoan, representante da Itália, e Pierre Duquesne, da França, levaram a ideia e contaram com o apoio dos Estados Unidos, Canadá, Grã-Bretanha e Alemanha. A discussão foi acirrada. Krueger insistia em que não haveria acordo sem a garantia de que a Corte Suprema redolarizasse a economia. Ela não aceitava meu argumento de que em uma democracia não era possível assumir um compromisso em nome de outro Poder de Estado totalmente independente. O que estava ao nosso alcance era enfrentar os efeitos caso a decisão da Corte fosse adotada.

O grupo de países menores, liderados pela Bélgica e seu ministro de Finanças, Didier Reynders, com a participação da Suíça, lançaram sua própria guerra interna com o G-7: sentiam que tinham sido colocados de lado e ignorados, e tentavam mostrar que existiam exigindo uma política linha-dura. Alguns desses países nunca poderiam passar por exames internacionais objetivos, como, por exemplo, a Bélgica, pela enorme dívida em relação ao seu produto interno bruto. Mas é sempre mais fácil condenar os outros sem assumir as próprias fraquezas, e ainda mais quando esses outros se encontram em uma situação limite.

Enrique Iglesias enfatizou a importância de se ajudar a Argentina para a região e para toda a comunidade internacional. De minha parte, tive que desmentir — porque era mesmo uma inverdade — uma suposta briga com Krueger e ratificar, fazendo menção ao vencimento de 15 de janeiro, que para a Argentina já não existiam mais datas de vencimento. Todas as resoluções de não pagar as dívidas já haviam sido tomadas. Nossa decisão seria mantida: valia para o FMI, Banco Mundial e BID. Portanto era inútil que jornalistas e repórteres continuassem perguntando sobre a próxima data de vencimento.

Em uma reunião do Diretório do Banco Mundial — que geralmente é iniciada pelo representante do FMI —, Thornton, em um inacreditável ato de má-fé, afirmou que a arrecadação do IVA havia diminuído em termos nominais, o que dava a impressão de grande fragilidade fiscal, quando a realidade era que o país contava com superávit pela primeira vez em décadas. Nessa mesma reunião, Itália, França e China tiveram atitudes positivas em relação ao nosso país. Com representantes de segundo e terceiro escalão, como é costume em reuniões de fim de ano, Alemanha, Estados Unidos e Espanha não se manifestaram.

No dia 16 de dezembro, a Gerência do FMI propôs ao G-7 explicitar o fato de que *não* haveria acordo com a Argentina, mas a proposta foi recusada, e orientaram o FMI a continuar trabalhando em busca de entendimento. Logo após essa reunião aconteceu uma segunda proposta para um acordo de curtíssimo prazo e sem novos empréstimos, com o intuito de "evitar que fosse usado na reeleição de Duhalde", segundo disseram. Mais uma flagrante mentira porque Duhalde já tinha decidido — e o declarava em cada oportunidade — não disputar as eleições de 2003, e manteve sua palavra apesar da pressão de vários setores por sua candidatura.

A oferta de um acordo sem novos empréstimos não nos preocupou, afinal tinha sido a nossa proposta desde o princípio, mas era possível que houvesse uma manobra para que conseguíssemos um acordo somente com o FMI, como uma alternativa política, postergando a negociação e, consequentemente, evitando conflito com os bancos, principalmente com o Banco Mundial. Previamente, advertimos que, se chegássemos a um acordo, este deveria contemplar o FMI e os demais organismos multilaterais.

Na manhã do dia 20 de dezembro, Caio Koch-Weser, o representante alemão nas consultas do G-7, me ligou para dizer que a nossa situação entre o grupo de países centrais era favorável, por mais que a negociação ainda não estivesse finalizada. Mas a oferta do FMI não se concretizou, pois no mesmo dia o seu *staff* usou como exemplo a possibilidade de Indonésia e Brasil exigirem tratamento similar ao oferecido à Argentina. Segundo o FMI, o acontecido foi um exemplo claro para comprovar sua posição: com o objetivo de impedir o contágio a outros países, o acordo não poderia existir. Diante de tal situação, Canadá e Grã-Bretanha se "retiraram" do consenso que tinham chegado pela manhã e pediram tempo para fazer novas consultas. Foi o golpe necessário para postergar o acordo para janeiro de 2003.

Nessa reunião informal do Diretório houve um claro apoio dos Estados Unidos, da Alemanha e da França. O representante espanhol, apesar do respaldo que havíamos recebido de Aznar (que tinha conversado com Bush), se manteve calado. A atitude dos representantes do Brasil e da Espanha evidenciou o papel representado pelos representantes de países quando, por razões ideológicas ou por interesses pessoais, estão próximos demais das burocracias internacionais e muito longe do interesse de seus próprios países.

Em Genebra, eu havia presenciado e vivido de perto este tipo de cooptação ou mimetização de alguns representantes. Muitos deles preferem pensar na possibilidade de um futuro cargo a refletir com clareza o posicionamento de seus países, aproveitando a distância e a impossibilidade de serem controlados por movimentos cotidianos. A circulação de funcionários entre os cargos burocráticos no FMI e nos governos — o entra e sai de funcionários — demonstra precisamente este grau de dupla filiação. Em todo caso, de modo informal, tomamos conhecimento da decisão favorável do G-7, mas era necessário uma manobra para evitar que o diretor-geral do FMI fosse vítima de um "vexame".

A gerência e o *staff* do FMI deixaram registradas sua discordância e oposição ao acordo, que era feito contra a sua vontade e por decisão dos países acionistas do Fundo. Durante a sua intervenção na reunião informal do dia 20 de dezembro, Anne Krueger apontou ao Diretório: "As opções são três: 1) um programa básico até que o novo governo eleito assuma; 2) tardar as negociações até que o novo governo tome posse; 3) concluir a análise do Artigo IV e continuar com as negociações para alcançar um acordo sobre um programa sustentável".

Depois, Krueger argumentou fortemente contra a opção real, o acordo básico: "A estratégia de um acordo mínimo apresenta muitos riscos. Deixar a reestruturação bancária fora do programa colocaria em risco o sistema financeiro; deixar as incertezas legais da Lei de Falências fora do programa poderia impedir reestruturações corporativas e impedir a recuperação; os riscos de descumprimentos com os organismos multilaterais são significativos, ainda depois do acordo. O governo sucessor esperará um acordo fraco; continuará havendo um alto risco de um forte incremento da base monetária e nos preços que levem a desestabilizar a taxa de câmbio; o programa seria muito fraco comparado a outros programas. Outros países poderiam pedir um tratamento similar [...] Concluindo, devo declarar que a Gerência e o *staff* estariam extremamente desconfortáveis em avançar nessa direção".

Uma oposição inédita — um tanto repetida — e a exaltação de prognósticos alarmistas caso não seguíssemos com suas exigências. Todas as previsões negativas foram desvirtuadas pela evolução da economia argentina nos anos que se seguiram, assim como nos anos da Convertibilidade os prognósticos positivos se mostraram equivocados. Sempre enganados, mas vinculados a interesses concretos.

Nesse ínterim, o jornalista Joaquín Morales Solá disse que Anne Krueger havia perguntado a seu amigo Cavallo por que a Argentina não reconhecia abertamente a moratória e por que continuava negociando. A essa altura, era compreensível que Krueger preferisse uma moratória declarada de nossa parte e, se fosse com provocações, tanto melhor. Exatamente o que não estávamos dispostos a fazer. Não iríamos expor, mais uma vez, a Argentina com a ofensa de se festejar um *default*. Caso o não pagamento ao Banco Mundial se expandisse a outros organismos, seria por um desejo do FMI em nos punir, apesar dos esforços feitos para o pagamento das dívidas e de termos nos recuperado de maneira independente.

Vejo-me inclinado a não atribuir o posicionamento de Krueger a um capricho pessoal. Ela queria impor sua proposta de Mecanismo de Reestruturação de Dívidas Soberanas (SDRM) e, para tanto, o caso argentino era a cobaia ideal. Como algum representante de um país europeu nos havia dito, a tentação de ser um novo Keynes e Prêmio Nobel é, para Krueger, muito forte. Não seria às nossas custas e nem com a nossa cooperação. Algum tempo depois, o SDRM acabaria antes mesmo de existir, recusado por quase todos. O mundo desenvolvido, o mundo em desenvolvimento — entre outros, nós — e, sobretudo, os grandes bancos privados internacionais deram mostras irrefutáveis de discordar de tal mecanismo.

No dia 29 de dezembro, Ruckauf recebeu um comunicado verbal oficial do Departamento de Estado norte-americano, via Curtis Struble, responsável por Assuntos do Hemisfério — e que foi rapidamente transmitido a Duhalde e a mim —, informando que o G-7 exigia que o Fundo Monetário Internacional assinasse o acordo. Isto implicava um refinanciamento de 8,1 bilhões de dólares. No dia anterior tinha ficado relativamente claro que a ameaça de uma decisão imediata por parte da nossa Corte Suprema era irreal e que não haveria nenhuma determinação antes de fevereiro de 2003.

O circuito "infernal" criado pela Corte e pelo FMI tinha terminado. Acredito que as decisões sólidas do presidente Duhalde e minhas, o profissionalismo de toda a equipe, a seriedade e o fato de termos sido responsáveis acabaram dando resultado.

No âmbito internacional várias coisas aconteceram durante esse mês: Lula visitou Buenos Aires antes mesmo de tomar posse e expressou seu apoio, e Bush decidiu trocar O'Neill e seu principal assessor econômico, Lindsay, o que foi visto por muitos na Argentina como algo que poderia ser favorável (uma vez que O'Neill tinha ficado com uma imagem muito desgastada no país). A minha visão, no entanto, era que a mudança não afetava em nada nossa situação negociadora, nem a realidade que vivíamos. O'Neill e Taylor ajudaram — independentemente de gostarmos ou não de suas declarações — e seria uma ingenuidade ficarmos contentes por um fato que não nos dizia respeito. Dias depois, John Snow, homem do setor ferroviário, foi designado secretário do Tesouro, o que foi confirmado por Taylor.

Eu, Duhalde e Ruckauf viajamos a Brasília para comparecer à última reunião do Mercosul presidida por Fernando Henrique Cardoso, antes que deixasse o governo. Decidimos que a Argentina não pediria nenhum respaldo, já havíamos mendigado durante toda uma década. Apesar disso, por iniciativa própria, os países membros decidiram manifestar um forte apoio, justamente quando Köhler estava no Brasil — parte da viagem pela América Latina na qual nos ignorou.

O ministro chileno Eyzaguirre disse que falaria com Köhler sobre o fato da Argentina já ter feito o necessário para um acordo. O presidente Fernando Henrique declarou em sua despedida que a maneira como funcionam os mercados é pouco clara e utilizou uma comparação para exemplificar o que dizia: enquanto no Brasil, que havia recebido 30 bilhões, os mercados apresentavam dúvidas, na Argentina, que não havia recebido nenhuma ajuda, os mercados se mostravam estáveis.

No Chile, Köhler foi muito agressivo com a Argentina, e José Ocampo, secretário-geral da CEPAL, me disse que durante uma conferência ele conquistara o auditório ao afirmar que a Argentina estava se recuperando de maneira independente e que essa era a melhor saída. Köhler reconheceu que a economia estava melhor, mas manteve a decisão de que não haveria acordo com este governo. Foi uma declaração muito parecida com a do governador de Salta, Romero — próximo de

Singh —, que insistia para que não se fizesse acordo com o governo em exercício, chegando, inclusive, a manifestar dúvidas sobre o Plano Chefes e Chefas.

Lucio Gutiérrez, recém-empossado no Equador, nos fez uma visita durante esses cansativos e calorosos dias de dezembro. Em uma reunião em Olivos, Lucio procurou saber, insistentemente, como poderiam sair da dolarização. Diferente de outras épocas, em que a Argentina pretendia dar receitas, recusei-me a dar qualquer tipo de conselho e limitei-me a lhe explicar o que havia feito em nosso país, em que circunstâncias e quais foram as consequências.

4. A política em dezembro

Na interna do partido UCR, Rodolfo Terragno e Leopoldo Moreau anunciaram ser os vencedores e pré-candidatos à presidência. Finalmente, Moreau conseguiu impor uma diferença mínima de 0,35% e Terragno mostrou disposição para iniciar uma briga judicial. O assunto repercutiu em todas as esferas do Partido Peronista, a tal ponto que o presidente Duhalde disse: "A experiência da UCR [interna] nos deixa assustados". Sua postura foi de se inclinar sobre uma espécie de Lei de Lemas entre os peronistas, para evitar um cenário de conflito interno. Dessa maneira, os diferentes candidatos do Partido Justicialista competiriam na eleição geral, sem disputa interna prévia.

Vale recordar que dias antes, em meados de novembro, o Congresso Peronista, sem a ala menemista, estabeleceu o dia 19 de janeiro para as eleições internas, mas uma decisão da Câmara Eleitoral decidiu que as eleições partidárias seriam realizadas no dia 15 de dezembro, como desejava a ala menemista.

Os apoiadores de Kirchner, por sua vez, começavam a espalhar rumores sobre políticos da Grande Buenos Aires que pudessem acompanhar o candidato de Santa Cruz, entre eles estavam Alberto Balestrini, Juanjo Álvarez e Julio Alak, e descartavam, pública e efusivamente, José Manuel de la Sota.

Enquanto isso, os economistas de Menem continuavam divulgando suas diferenças com as políticas do governo. Recrear, que tinha confirmado a aliança entre López Murphy e Gómez Diez, o economista Pablo

Rojo, que insistia na redolarização da economia, Manuel Solanet, que pedia uma taxa de câmbio flutuante, e Ricardo Arriazu, que era favorável a uma taxa de câmbio fixa.

Nesse contexto, Alberto Fernández estava certo de um acordo entre Duhalde e Kirchner, informação que Atanasof desmentiu. Um prefeito de uma das cidades da Grande Buenos Aires que ainda se mantém no cargo, diria meses mais tarde, com uma frase — diria vergonhosamente — ofensiva, que sair em campanha na Grande Buenos Aires com Kirchner era impossível. Claro que depois mudou de ideia.

Rodríguez Saá e Kirchner diziam que iriam se candidatar fora do Partido Justicialista por causa de Menem. Muitos voltavam a especular sobre uma chapa com Felipe Solá (Solá e Ramón Puerta, por exemplo), e o entorno de Duhalde — relutantemente — continuava insinuando sua candidatura.

Armando Cavalieri, do Sindicato do Comércio, falou abertamente que votaria em Lavagna para presidente. No dia 12 de dezembro, Gustavo Béliz me visitou para dizer que eu era uma referência de mudança para a Argentina, coisa que também repetiu Marcelo Stubrin, e me propôs o apoio da União Cívica Radical. Sugeriu, inclusive, a possibilidade de um partido menor, mas que tivesse afinidade com minhas ideias, como o desenvolvimentismo proposto pelo MID (Movimento de Integração e Desenvolvimento), que lançou candidatura própria com Carlos Zaffore e, mais tarde, foi endossado por partidos maiores, o Justicialismo e a UCR.

O congressista Ricardo Falú, um importante grupo de intelectuais e meu colega Juanjo Álvarez também se mostraram favoráveis à minha candidatura. Lembremos que em novembro os principais nomes do sindicalismo argentino já tinham me oferecido apoio para uma eventual candidatura.

No dia 27 de dezembro pela manhã tive uma conversa com Duhalde no jardim de inverno, que fica no primeiro andar da Casa Presidencial de Olivos, uma área considerada de uso familiar. A última vez que tinha estado ali havia sido em 1987, quando conversei com um Alfonsín já doente e acamado sobre a minha renúncia ao posto que ocupava no governo da UCR. Com Duhalde, a conversa foi sobre o FMI, os petroleiros, o impacto da diminuição do IVA em produtos da cesta básica e, finalmente, sobre política, quando ele fez menção à minha candidatura.

Minha resposta foi a mais transparente possível: me falavam cada vez mais sobre isso, mas eu ainda não tinha pensando seriamente. Foi dito que minhas chances estavam sendo aferidas pelas pesquisas. No entendimento de Duhalde, caso minha candidatura se concretizasse, ela deveria ter o mesmo caráter que teve a candidatura de Fernando Henrique Cardoso no Brasil. Ou seja, alguém que alcança a oportunidade não por uma carreira estritamente política, mas por meio de um intenso compromisso político-social comprovado na prática como ministro da Economia.

5. As medidas econômicas

Entre a Corte Suprema e o FMI, o Ministério da Economia seguiu seu caminho:

— Confirmou-se um aumento de 30 pesos nos salários dos meses de janeiro e fevereiro e um aumento adicional de 20 pesos entre os meses de março a junho, resultando em um aumento de 150 pesos desde abril de 2002. A União Industrial Argentina (UIA) concordou, mas o comércio não. Entretanto, a decisão foi tomada em defesa do poder aquisitivo e da importância do consumo no motor da recuperação econômica.
— O Plano Chefes e Chefas do Lar alcançou 2,1 milhões de beneficiados.
— Apesar desse investimento de 2,6 bilhões de pesos, o superávit primário alcançado foi de meio ponto percentual do PIB.
— Aumentou-se o valor das deduções de imposto de renda, beneficiando 900 mil pessoas.
— O valor retroativo dos 13% descontados das aposentadorias pelo governo da Alianza (De la Rúa) foi pago à vista às pessoas com mais de 80 anos de idade.
— Os pagamentos do 13º salário e das aposentadorias foram antecipados.
— O uso dos títulos voluntários (BODEN) para a compra de automóveis havia sido um sucesso, o que ajudou na reativação econômica.

— A inflação varejista de novembro foi de somente 0,5% e os preços no atacado baixaram 1,7% por efeito da diminuição do IVA.

— O desemprego continuou caindo, reflexo da geração de novos postos de trabalho.

— Desde agosto tinha sido implantado um novo e mais ágil sistema de *drawback* (reembolso aos exportadores de impostos indiretos já recolhidos) que permitia a recuperação de impostos aos exportadores.

— O dólar continuava estabilizado, apesar das ameaças da Corte e do FMI. No final do mês de dezembro a cotação baixou, e ficou decidido que o BCRA deixaria de intervir no mercado.

— Com a cotação do dólar em 3,43 pesos foram autorizados maiores limites de compras mensais (de 100 mil a 150 mil dólares por pessoa). Foi liberado o pagamento de juros e o pagamento antecipado de até 100% para a importação de máquinas e equipamentos (bens de capital), como estímulo aos investimentos.

— No terceiro trimestre houve uma forte redução da saída de capitais.

— Os valores dos cheques sem fundos passaram de 600 milhões de pesos em dezembro de 2001 para 67,9 milhões de pesos em 2002.

— As dívidas dolarizadas do agronegócio passaram de 9 bilhões de dólares, equivalente a 50% do valor da produção, a somente 2 bilhões de dólares, ou seja, 15% do novo valor produtivo. Avançavam, também, os refinanciamentos que evitavam as execuções judiciais.

— Para as atividades agropecuárias, o IVA passou de 21% a 10,5%, e, em agosto, algumas retenções às exportações foram diminuídas para produções regionais.

— Eliminou-se a dupla indenização para novos trabalhadores com a finalidade de acelerar a geração de empregos.

— A emissão de quase-moedas provinciais foi estancada pela melhoria fiscal das províncias. Institucionalmente houve um avanço importante no acordo da coparticipação da Cidade Autônoma de Buenos Aires em 1,4% do total distribuído. Era uma matéria pendente desde a mudança do estatuto da cidade. Ao mesmo tempo, a cidade abriu mão de demandas legais ao Estado Nacional no valor de 90 milhões de pesos.

— O Congresso eliminou os Planos de Competitividade, remendo da Convertibilidade, o que melhorou o uso dos recursos públicos. Os senadores Oscar Lamberto e Carlos Verna conseguiram como exceção — contra nossa vontade — postergar até 1º de março de 2003 os recursos destinados às atividades agropecuárias, meios de transporte e meios de comunicação.

— O Congresso também eliminou um fundo sem destino específico de 3,5 bilhões de pesos que havíamos colocado no Orçamento. Na verdade, os cortes do Congresso foram de 2,5 bilhões, já que designou 1 bilhão a outros destinos. Havia espaço para divergir — era o nosso caso —, mas era uma atitude salutar que o Congresso demonstrasse seu poder dentro de limites razoáveis. Alguns anos mais tarde, essa capacidade de ação desapareceu, o que evidencia um forte declínio institucional do país.

Também evitamos alguns itens que nos pareciam negativos:

— Insistimos em recusar o ajuste por inflação e, como consequência, perder recursos e superávit.

— Eu e a ministra do Trabalho, Graciela Camaño, entendemos que a proposta de Aníbal Fernández, ministro da Produção, de eliminar encargos sociais e indenizações para novos trabalhadores era inconveniente.

As distintas vozes continuavam se expressando. Aqueles que se opunham a tudo, exceto aos próprios interesses, em geral gritavam, e os que estavam de acordo com nossa gestão e nossas decisões falavam em voz baixa. Os empresários estavam cada vez mais otimistas, mas algumas pessoas que eram muito ligadas ao Plano de Convertibilidade mantinham-se no caminho da dissidência.

O governador de Salta, Romero, viajou para visitar seu amigo Anoop Singh com uma opinião negativa sobre as políticas do governo. Pagani, da AEA, se manifestou a favor de uma cotação de 2,20/2,30 pesos por dólar, o que me obrigou a declarar: "Os mesmos que pediam um seguro cambial agora pedem um dólar baixo". Juan José Llach considerava a UIA um "*lobby* imoral e vergonhoso", por sua posição a favor de um dólar alto. Luis Beccaria dizia que o índice de emprego não cresceria e o jornal *Ámbito Financiero* era ofuscado por minha declaração em uma conferência da UIA, na qual igualei os efeitos da Tabela Cambial do Governo Militar aos do Plano de Convertibilidade dos anos 1990.

O Grupo Fênix e meu ex-professor e amigo, Aldo Ferrer, se manifestaram favoravelmente. Pude recebê-los e conversar — entre "colegas" — longamente. O grupo era encabeçado pelo reitor da Universidade de Buenos Aires, Guillermo Jaim Etcheverry, e o decano da Faculdade de Ciências Econômicas. Um ano antes, Cavallo tinha se negado a recebê-los.

Eu não compartilhava de várias ideias do Grupo, mas ignorá-los era o mesmo que ignorar a universidade pública argentina. Fazia-se necessário o diálogo, e foi o que fizemos, principalmente com um dos poucos grupos que tinha se dirigido espontaneamente à Corte Suprema para advertir sobre os riscos da redolarização.

Héctor Massuh, da UIA, respondeu com um contundente "sem dúvida" quando lhe perguntaram se a recessão havia terminado.

As coisas se complicaram no assunto das tarifas. O decreto de renegociação integral dos contratos foi emitido e, como já era previsto, anulado — primeiro por um juiz da capital e em seguida em todo o país. Duhalde foi preciso ao dizer que a intenção era "não deixar um campo minado para o próximo presidente".

Tinha razão: o novo presidente não abraçou a causa dos ajustes de tarifas, e a queda dos investimentos e dos serviços prestados foi evidente, principalmente na área de energia. As soluções mais fáceis dão resultados a curto prazo, mas a longo prazo seus custos são altos. A verdade é que no assunto de tarifas e investimentos estávamos entre dois extremos: de um lado, tínhamos um executivo espanhol que representava a Câmara de Empresas, fruto das privatizações, que não se encontrava à altura da tarefa incumbida e fazia pedidos absurdos com o apoio de outros executivos que estavam igualmente fora do novo contexto. A baixa qualidade dos executivos, interlocutores das empresas, colocava em evidência que os lucros alcançados sem esforço, resultado dos contratos das privatizações dos anos 1990, fizeram com que as empresas não designassem responsáveis de alto nível. De outro lado, estavam os demagogos que, supostamente em defesa dos consumidores, negavam a possibilidade de ajustes mínimos, sobre os quais já falamos.

Nós fizemos o esforço e pagamos o preço que um governante tem que pagar ao realizar ações que não são bem-vistas. Três vezes os juízes, impulsionados pelo Defensor do Povo e pelos consumidores, invalidaram nossas decisões. Primeiro com a desculpa de que as audiências foram realizadas no Ministério da Economia e não nas instalações dos Entes Regulatórios, como efetivamente deveriam ter sido feitas. Depois usaram o argumento de que os contratos deveriam ser renegociados integralmente. Por último, em dezembro de 2002, declararam uma suposta violação à Lei de Emergência Econômica.

O lado positivo da realidade foi que, para cumprir o papel de assessor financeiro na renegociação com os credores privados — deixei claro que "assessora, mas não negocia" —, apareceram candidatos importantes: Bank of America e Rothschild Company; Wall Street Securities e W. S. Bank; Lazard Frères; Crédit Lyonnais; Securities USA; Morgan Stanley; UBS Warburg e Dresdner Bank. Finalmente, a Lazard Frères, que ganhou a disputa, foi a empresa encarregada do trabalho informativo e analítico da dívida que seria reestruturada.

Enquanto a negociação com o FMI avançava ao longo desses oito meses, Nielsen e nossa equipe de Finanças fizeram, de forma contínua, várias viagens, conferências e reuniões exploratórias com os credores privados nos Estados Unidos, Japão e Europa. Já no final de maio e começo de junho de 2002, foram iniciadas as conversas por *conference calls* sobre os títulos Samurai com o Tokyo Mitsubishi e com o Shinsei Bank. Deixamos claro para todos os credores que a dívida nas mãos de particulares não seria negociável sem ter antes, como base, um acordo sólido com o FMI e com os credores públicos, ou seja, os oficiais (multinacionais).

6. Fim de ano

Apenas um ano se passou desde que Rodríguez Saá havia declarado a moratória, tão erroneamente festejada pelo Congresso. O ano de

2002 finalizava com a morte de Lorenzo Miguel, um homem que havia dominado por 33 anos o quadro sindical metalúrgico e, como resultado, o sindicalismo argentino. Foi uma notícia que comoveu o pequeno mundo político do nosso país.

No dia 30 de dezembro, Duhalde organizou uma longa reunião em Olivos e foram convidados mais de quatrocentos funcionários para a despedida de fim de ano. Nessa ocasião, reconheceu: "O momento em que fiz a aliança com os setores produtivos foi precipitado", sugerindo que as pressões setoriais do início de seu governo não tinham sido boas e tampouco recusadas. Quando perguntado sobre Mendiguren e Remes, Duhalde disse, sem intenção de criticar, mas descrevendo a realidade: "Foi a etapa da queda". Não participei dessa reunião. Nessa mesma manhã viajei a Cariló, meu lugar de descanso habitual, a procura de uma trégua depois de oito meses tão difíceis. No dia 31 de dezembro os bancos se mantiveram abertos em período integral e a cotação do dólar fechou a 3,4 pesos, com tendência de queda.

O mundo terminava outro ano difícil. Os Estados Unidos registravam um desemprego de 6%, superior à taxa considerada aceitável. O Dow Jones americano caiu de 10 mil para 8,2 mil pontos, a pior queda desde 1974. O Nikkei japonês caiu de 11 mil pontos a tão somente 8,5 mil. O FTSE inglês passou de 5,4 mil pontos a 4,9 mil. A Europa registrava um recorde de moratórias de empresas europeias. Na América Latina, excluindo a Argentina, o crescimento da renda per capita foi inferior ao aumento populacional. Se incluísse a Argentina, essa cifra caía 1,1%, efeito do primeiro semestre do ano de 2002, compensado, em parte, pela recuperação de maio em adiante.

Não só não recebíamos efeitos positivos de nosso principal vizinho, o Brasil, como também não nos ajudava o contexto do continente e da economia mundial. Apesar disso, contra a corrente, nossa sociedade conseguiu sair, por si só, sem ajuda, da imensa crise. Convém recordar para entender o que podemos fazer como país se nos propusermos a fazê-lo. Com seriedade.

As previsões para 2003 eram cada vez mais positivas, ainda que não demonstrassem apoio à política econômica. Agora trocavam a ideia de uma "frente de calor" pela de "platô". Vários analistas já apontavam, pela primeira vez, um crescimento superior a 3%, tal qual havia sido estipulado no Orçamento.

Horas antes do brinde de fim de ano com jornalistas e funcionários, mencionei um importante editorial do jornal *La Nación* que tinha lido há alguns meses, que reconhecia a existência de "meios de comunicação com espírito sensacionalista, a existência de jornais mercenários [...] e o superdimensionamento intencional de algumas informações ou a minimização deliberada de outras", e refleti sobre o fato de que o tempo todo a imprensa havia atuado, e continuava atuando — consciente ou não — de modo a ocultar aos olhos do público o que era essencial: nada mais nada menos que a recuperação de uma sociedade por meio de suas próprias forças e em um contexto internacional adverso.

Diante de jornalistas, eu disse: "Notei com surpresa que alguns analistas que antes faziam previsões apocalípticas agora auguram um crescimento econômico muito superior ao que nós calculamos com muita moderação".

Do lado pessoal e em nome de uma pequena equipe, mas altamente motivada, profissional e dedicada, recebi a pequena lisonja de ser considerado o "funcionário do ano" pela revista *Noticias* e o "homem do ano" pelo *La Nación*.

Sem falsa modéstia, ao ver os resultados internos e externos alcançados pela política econômica, social e financeira internacional, senti que havíamos cumprido com os três requisitos que resenha Joseph Nye sobre a liderança: "ser, saber, fazer". Ou, fazendo referência aos três elementos definidos por Zbigniew Brzezinski, tínhamos contado, como equipe, com todos eles: "caráter, conhecimento intelectual e organização". *Mas o mais importante era a sociedade.*

As vendas de natal e de fim de ano, consequentemente o consumo, apresentaram forte aumento. Obviamente, ainda havia um número significativo de compatriotas na pobreza e mesmo na indigência, mas muitos viam uma luz no fim do interminável túnel em que havíamos entrado, no mínimo, em 1998. Chegavam ao fim do ano com a possibilidade de sentar ao redor de uma mesa — por modesta que fosse — contendo o mais importante que temos: os pais, os filhos, a família, os amigos, em um contexto de paz.

Em comparação com aquele final de ano dramático, em 2001, atormentado por manifestações, saques, panelaços, pessoas da classe média depredando os bancos, desemprego e pobreza massiva, tristes e lamentáveis mortes, o fim de 2002 era uma grande calmaria. *Nada devia nos alegrar mais, como sociedade, do que a comparação entre o fim de ano dramático de 2001 e o fim de ano esperançoso e positivo de 2002.*

O estado de ânimo das pessoas, mas principalmente o da sociedade como um todo, marcam nosso sentir e nossas percepções de tudo aquilo — próximo ou não — que nos cerca. Existem aqueles que dizem que a música e, no outro extremo, o silêncio são precisamente uma expressão dos estados de ânimo. Durante os quase quatro anos em que estive à frente do Ministério da Economia, lembro-me de maneira especial de dois momentos em que pude sentir uma satisfação pessoal de dever cumprido, a tranquilidade de espírito pelo que tinha sido feito, entre todos, com o esforço de todos, com a soma de capacidades e vontades e com uma grande dose de solidariedade e esforço. Um desses momentos ocorreu alguns anos mais tarde no Teatro Colón, quando, ao final de uma apresentação, de maneira espontânea, a sala inteira se colocou de pé e, profundamente emocionada, cantou *Aurora*.[31] O outro momento que tanto estimo é essa paz, essa tranquila calmaria, esse silêncio no final de 2002.

---

[31] Ópera do compositor argentino Ettore Panizza (1875-1967), cuja ária "Alta en el cielo" foi adotada como hino à bandeira nacional do país. (N. do T.)

VIII

Virando a página e uma nova oportunidade ao país (janeiro e fevereiro de 2003)

> "Nunca se deve pactuar com o erro, ainda que seja sustentado por textos sagrados."
>
> Gandhi

1. Chegou o dia. A resolução do acordo com o FMI

No dia 31 de dezembro de 2002, George W. Bush ligou para o presidente Duhalde para manifestar "seu respaldo aos esforços feitos para a recuperação". Tudo parecia estar em ordem, mas o cabo de guerra continuaria por mais alguns dias. O acordo foi firmado em meados de janeiro, como previsto nos últimos dias do cansativo ano de 2002, mas não foi alcançado sem novas complicações. O final, como também era previsível, foi cheio de manobras, especialmente do *staff* político-técnico do FMI, que continuava com seu exercício já cotidiano de resistência e oposição.

Como em um filme de suspense em que, quando a trama está prestes a ser resolvida, surge um imprevisto que faz tudo voltar ao ponto de partida, nos últimos dias de dezembro vazou uma comunicação oficial entre o Departamento de Estado dos EUA e nossa Chancelaria, que resultou em uma dura — que surpreendente! — resposta de Anne Krueger: *Not confident*, indicando sua descrença de que o acordo pudesse ser firmado antes do dia 15 de janeiro, quando vencia nossa dívida com o BID no valor de 706 milhões de dólares. Singh, mais contemporizador — ainda que não muito —, expressou em um documento ao Diretório do Fundo: "Em médio prazo, o panorama da Argentina parece muito difícil". O mesmo de sempre, a mesma justificativa usada para nos pressionar desde o começo: paguem e negociamos. A verdade é que, além do suspense e das reações, o vazamento da informação na área política do governo argentino — considerado por alguns como uma tentativa de protagonismo por parte da nossa Chancelaria — dificultou a tentativa do G7 de "salvar a cara" do diretor-geral e do FMI como um todo. Além do mais — também era de se esperar —, havia aqueles que comunicavam suas dúvidas sobre o plano. Guillermo Calvo voltou a insistir na implantação de... um Plano Marshall para a Argentina, com um aporte de 25 bilhões de dólares! Que bela proposta... É claro que as exigências não pararam: fazia falta "mais consenso político", diziam.

The Economist exerceu pressão sobre ambos os lados, mas principalmente sobre o Fundo, ao falar de "uma capitulação [do FMI] à elevada pressão argentina", e ainda que o Fundo teria sido "forçado por seus donos políticos". Colocavam mais lenha na fogueira ao decidir que a credibilidade do Fundo, como entidade independente, estava em ruínas. Sobre a Argentina manifestava, com fingida surpresa, que o governo estava mais comprometido com a estabilidade do que se esperava, a política fiscal era melhor do que o previsto e a condução da política monetária surpreendentemente habilidosa.

A contradição do artigo era evidente. Se as coisas na Argentina tinham sido tão surpreendentemente favoráveis por que não criticar a rigidez do FMI, que afetava sua credibilidade, ao invés de criticar os países do G-7? Como dizia o artigo, a Convertibilidade era muito criticada; então por que não criticar o Fundo por sua passividade nos anos 1990? Parece que era melhor ser um pouco incoerente do que ajudar a resolver o problema.

O analista Pablo Goldberg, da Merrill Lynch, dizia em um relatório — com igual nível de contradição — que o plano era "inconsistente" e manifestava sua surpresa e a de todos pela "melhora alcançada [...] e por uma expansão econômica sustentada". Destacava: "A Argentina desafiou as previsões negativas de muitos (de quase todos, permito-me dizer), embora ainda lhe falte consolidar a recuperação [...] Muitos anunciaram que nestes dias a economia estaria sofrendo hiperinflação, uma recessão interminável e caos social". Talvez essa dualidade, as chamadas *chinese walls* (barreiras chinesas), que supostamente — ou realmente? — separam os analistas daqueles que administram as carteiras nos grandes bancos de investimento, explicasse o fato dessa mesma entidade, Merrill Lynch, ter recomendado, algumas horas antes, investimentos em ativos financeiros da Argentina, pela primeira vez em muito tempo.

Seguindo a linha de pressão sobre o Fundo, o editorial do *The Wall Street Journal* anunciou: "O FMI prepara outro resgate, mas desta vez não é para os bancos multilaterais de investimento nem para as elites políticas do Terceiro Mundo. Desta vez o FMI está tentando resgatar a si mesmo".

No nosso país, a imprensa, com a ideia fixa do pagamento, dizia que efetivamente já tínhamos pago 706 milhões de dólares ao BID, 805 ao Banco Mundial (que estavam em moratória) e 998 milhões ao FMI, uma "pechincha" de 2,5 bilhões de dólares. Como sempre, Carrió gritava "traição" e, também, como sempre, se enganava. Outros diziam para o meu governo: "Aceite as exigências do FMI". A verdade era outra: não pagaríamos até que o acordo estivesse firmado.

No dia 8 de janeiro de 2003, o Diretório do Fundo considerou o relatório do chamado Artigo IV e ficou combinado que a missão final viria para fechar o acordo. Porém, houve uma tentativa do *staff* em usar o Irã, a Índia e o Egito para atrasar a assinatura. Apenas o Irã respondeu a esse propósito, embora o governo tenha tido que pedir ao Brasil — diante da falta de boas relações diretas, claramente muito afetadas pelo caso da AMIA (Associação Mutual Israelita Argentina) — que tomasse uma atitude diante daquele país para explicar a situação. China e Alemanha procederam bem; Grã-Bretanha melhorou sua posição em relação à postura inicial adotada, e os mais rígidos continuavam sendo os países menores: Suíça, Bélgica e os nórdicos em particular.

A minuta da reunião registrou: "Os Diretores do Fundo estão animados com o retorno da estabilidade econômica na segunda metade de 2002. Depois de uma queda considerável do PIB, a situação econômica foi estabilizada nos meses recentes, a inflação diminuiu de maneira abrupta desde seu pico em abril de 2002, a posição externa mostra sinais de melhoria e o sistema bancário, assim como os indicadores de mercado, têm permanecido relativamente estáveis".

A intervenção dos Estados Unidos foi particularmente importante, porque, diante do permanente argumento de uma possível decisão da Corte que complicaria o panorama, nos lembraram que a Corte Suprema dos Estados Unidos em 1930-1931 impugnou decisões do Poder Executivo e do governo: "Fez o que pôde". A situação era tão volúvel que no dia 9 de janeiro, de manhã, a Índia insistia em dar dinheiro à Argentina, e à tarde, depois de uma forte pressão de Singh, optou por pedir pela prorrogação do assunto. Essa manobra foi aproveitada pelo G-7, ainda com divergências, e tudo se postergou para o dia 21 ou 22 de janeiro, ou seja, alguns dias depois do vencimento da dívida.

Por sua vez, a Argentina se deu ao luxo da transparência que muitos países — como, por exemplo, Brasil ou Turquia — não tinham, ao autorizar o Fundo a publicar os resultados da chamada revisão do Artigo IV. Sem autorização dos governos envolvidos, o Fundo não poderia fazê-lo e tinham certeza de que não permitiríamos. Novamente se surpreenderam com a nossa decisão.

A revisão do Artigo IV da Carta Constitutiva do Fundo, a qual devem submeter-se todos os países, inclusive os desenvolvidos — é sempre condição essencial para alcançar um acordo. Na maioria das vezes, os países não autorizam ou demoram muito tempo para concordar com a difusão dos resultados. A Argentina aceitou imediatamente porque chegamos à conclusão de que, em nosso caso, quanto mais transparentes fôssemos, melhor seria. Para ser sincero, até esse momento era o Fundo quem ocultava ou distorcia qualificações sobre a Argentina. Nosso papel, ao contrário, era o de tornar transparente. Pena que anos depois, a partir de 2006, o governo caiu no infantilismo de negar essa revisão de rotina, o que proporcionou argumentos para um conflito inútil com o Clube de Paris (grupo de países desenvolvidos credores de países com dificuldades financeiras), agregando outra justificativa às fugas incessantes de capitais, ininterruptas entre os anos de 2006 e 2010 — capitais que deveriam ser usados no investimento e na criação de empregos de qualidade.

No documento em resposta aos erros conceituais que enchiam o relatório do Artigo IV, disse-lhes diplomaticamente: "Compartilhar este tipo de informação sensível (com o *staff* do FMI) representa um já conhecido e perigoso canal de vazamento à imprensa que nós preferimos evitar". Era melhor autorizar que a informação fosse divulgada livremente do que enfrentar vazamentos para meios parciais e interessados. No seu relatório, o Fundo reconhecia a contragosto "a maior estabilidade econômica e financeira" alcançada no segundo trimestre de 2002 e reclamava da "contínua falta de consulta prévia ao *staff* do Fundo com relação às decisões políticas anunciadas pelas autoridades argentinas, cujos exemplos mais recentes foram a eliminação do *corralito* e a redução do IVA e do imposto de renda".

Porém, no geral, as impressões do *staff* sobre a Argentina eram muito negativas. O relatório apontava que "mesmo com o melhor dos esforços a perspectiva da Argentina, em médio prazo, parece muito difícil" e incluía no anexo, onde se analisava a sustentabilidade da dívida, um parágrafo provocador: "A Argentina muito provavelmente precisará de uma significativa reestruturação de sua dívida, incluindo a da chamada Fase I" (em alusão à dívida que havia sido reestruturada no governo de Fernando de la Rúa com os bancos, meses antes do colapso em 2001 e que nunca esteve em moratória).

O *staff* também indicou a dificuldade em completar um marco macroeconômico em 2003. Minha resposta por escrito fez referência a esses pontos: "O ano de 2003 é muito mais fácil de prognosticar do que qualquer outro nos últimos anos da Argentina. A questão do suposto desequilíbrio no mercado de dinheiro (*monetary overhang*) está muito tranquila agora e a preocupação que temos sobre a taxa de câmbio tem mais a ver com como evitar sua apreciação (evitar que a cotação do dólar baixe), do que com uma improvável depreciação do peso (risco de desvalorização)". Os anos seguintes certamente me dariam razão, porém nesse momento não era tão evidente.

No dia 13, o texto do acordo estava tecnicamente finalizado, mas não a decisão política do Fundo. Krueger continuava com objeções, desta vez contra a política monetária. Pedia uma absorção — redução da moeda em circulação — de 3 bilhões de pesos, o que implicaria um aumento nas taxas de juros. Se tívessemos acatado, o efeito teria sido similar ao "superimposto" aplicado por De la Rúa-Machinea no início do governo da Alianza, medida que restringiu forte e negativamente seu futuro. Em consequência, na quarta-feira dia 15, comuniquei a Enrique Iglesias, presidente do BID, que não faríamos o pagamento e que sobre o pagamento ao Fundo manteríamos a política de não pagar com reservas. Iglesias, ao ver que os prazos venciam, fez por conta própria um acordo com a Espanha para conseguir um crédito-ponte de uns 10 ou 12 dias, com garantia que seria "auto-cobrável" do próprio BID. A Espanha tentou aproveitar a oportunidade e pediu ao Clube de Paris que fosse dado "privilégio de cobrança" a um empréstimo de 1 bilhão de dólares que o país dera a De la Rúa nos dias finais do seu governo. Os outros países, especialmente EUA e Japão, se opuseram a um tratamento especial para a Espanha.

Por intermédio de Guillermo Zoccali, nosso enviado ao Fundo, dissemos aos espanhóis que não poderíamos fazer nada em seu favor, considerando a posição interna dentro do G-7. A mensagem foi clara: se queriam atrapalhar o acordo, como ameaçou o seu representante no Fundo, que o fizessem. Nesse mesmo dia, a Espanha suspendeu qualquer objeção e continuou, com os anos, reclamando dentro do Clube de Paris.

O país caía assim em moratória com o Banco Mundial desde o fim de 2002 e entrava em situação similar com o BID e com o Fundo Monetário Internacional. Não havia antecedentes para países do porte da Argentina; os casos citados eram de países economicamente marginais, como Sudão, Libéria e Vietnã.

A verdade é que nossa situação era muito particular: se continuássemos pagando, o novo presidente se encontraria sem nenhuma reserva e completamente limitado, por isso consideramos que era melhor que o governo de transição arcasse com o custo dessa decisão sem precedentes de entrar em moratória com as três principais instituições financeiras multilaterais. Tal era a resistência em acreditar no que estava acontecendo que o *Financial Times* e a Reuters anunciavam que a Argentina pagaria os compromissos que venciam e que superavam os 2 bilhões de dólares. Não foi assim. Com exceção do pagamento dos juros — somas muito reduzidas — não faríamos as amortizações. O jornal *Página/12* me chamava de "o satânico doutor Não".

Uma vez conhecido o *default* com o BID, Dawson, o porta-voz do Fundo, anunciou uma nova mudança de posição. Disse que o *staff* técnico do Fundo daria seu acordo nas próximas 36 horas e o Diretório nos próximos dias. Finalmente, quinta-feira, 16 de janeiro de 2003, muito antes das 36 horas, o acordo foi aprovado e apareceu nos comunicados oficiais, incluindo um dos Estados Unidos onde afirmava-se que o acordo era "bem-vindo".

Nesse dia, sobre a mesa da pacificação da Guerra do Chaco entre Bolívia e Paraguai, assinamos em Buenos Aires a Carta de Intenção. Eu o fiz como ministro da Economia; Guillermo Nielsen como secretário de Finanças, a quem pedi que também assinasse, em reconhecimento ao árduo trabalho que havíamos realizado juntos nos últimos oito meses; e Alfonso Prat-Gay, recentemente nomeado presidente do Banco Central da República Argentina. Estavam presentes Leonardo Madcur e Sebástian Palla, membros da equipe desde o início; Pedro Lacoste, que acabava de assumir como vice-presidente do BCRA; Thornton e Dodsworth, o representante fixo do Fundo Monetário em Buenos Aires.

O jornal *Clarín* se enganou ao noticiar "Pagou e concordou"; deveria dizer como disse mais corretamente a BBC de Londres: "Concordou e pagou", mas aquela era mais uma manifestação da menos-valia mental que sofremos — com excessiva frequência — no seio da sociedade argentina.

A nota de Horst Köhler ao diretório dizia: "Foi decidido recomendar sua aprovação [do acordo] em demonstração de boa-fé. [...] Até mesmo um programa transitório envolve riscos excepcionais para o Fundo". Isto fala por si só e expressa às claras a pequena confiança do Fundo e suas profundas diferenças com o G-7. De maneira similar ao que fez os Estados Unidos, a pressão final francesa chegou poucos dias antes, quando o presidente Jacques Chirac solicitou diretamente a Köhler que apressasse o acordo.

Durante todo esse tempo o dólar se manteve estável, cerca de 3,26/3,35 pesos, com compras do BCRA superiores a 100 milhões de dólares; as taxas de juros em baixa; as reservas se recuperavam e chegavam a 10,6 bilhões de dólares. Por muito menos, por conflitos infinitamente menores do que o que vivíamos, em outras ocasiões os mercados teriam despencado e o dólar teria disparado. Desta vez parecia que nós argentinos acreditávamos em nós mesmos.

The Economist e *The Wall Street Journal* se opuseram ao acordo, alinhados com o pensamento do *staff* do Fundo. O *Washington Post* — um dos jornais que investigou o escândalo do Watergate — assinalava que o Fundo cedeu forçado pelo G-7, com táticas "chantagistas" e baseado nas soluções propostas. O *Financial Times* foi mais positivo: "Este programa pode se defender. O governo argentino não fez as coisas tão erradamente [Aleluia!]: evitou a hiperinflação, o orçamento é superavitário, a moeda se estabilizou, o gasto público foi cortado em 30% em termos reais e os depósitos estão voltando ao sistema financeiro".

O que foi dito valia o dobro, pois indicavam uma visão contrária ao ponto de vista de seu editorial, que advertia que a Argentina tinha ganhado o jogo de quem cede primeiro (o *jogo da galinha* em inglês) e que para outros países este era um "antecedente perigoso".

Quatro dias antes, o prestigioso diário londrino tinha publicado uma nota provocadora — como fazem com frequência em interesse de alguns *lobbies* do sistema financeiro — de um economista ligado à direita norte-americana, Allan Meltzer. Em seu artigo intitulado "Novo empréstimo não resolverá a crise argentina", dizia "se o Fundo concordar, estará cometendo um grande erro", para depois sustentar um argumento que revelava seu real propósito: "O FMI pode ajudar a Argentina fazendo com que retorne aos mercados de capital [...] O Fundo deveria apoiar a Argentina em um esforço para resolver a situação com seus credores externos [em referência aos detentores de títulos públicos argentinos]". Uma mostra de como operam os lobistas e também de por que não era conveniente para os países emergentes que o FMI se interpusesse nos processos de reestruturação de dívida soberana, tal como indicava o projeto impulsionado por Anne Krueger.

O embaixador Eduardo Amadeo me escreveu preocupado com os artigos que, simultaneamente, saíram nos principais diários econômicos internacionais para pressionar o Diretório do Fundo contra o acordo com a Argentina. Respondi que tinha a informação de que esses artigos foram pedidos pela própria Krueger e que o *Financial Times* tinha decidido não publicar o que eu havia mandado. Porém, apesar dessas últimas tentativas para frear o acordo, a balança havia se inclinado a nosso favor.

A reunião do *staff* com o Diretório no dia em que se aprovou o acordo com a Argentina foi qualificada como "sombria", "quase como um velório" e "em um clima tão frio como as ruas de Washington". França, Itália, Estados Unidos, Espanha, China e Brasil apoiaram ativamente. Dentre os 24 diretores houve menos de 20% de abstenções, o que representava a resistência dos pequenos países da Europa: Bélgica, Holanda, Áustria, Suíça, Irlanda e, também, Austrália. Ninguém votou contra.

Apresentamos em uma coletiva de imprensa, no Ministério, todo o Programa e o acordo *stand by* que envolvia o Fundo, e também o Banco Mundial e o BID, que pode ser resumido nos seguintes pontos:

— Um período de acordo entre janeiro e agosto de 2003.
— Um refinanciamento formal e total de aproximadamente 16 bilhões de dólares, que incluía 11,7 bilhões do Fundo Monetário e 4,4 bilhões do Banco Mundial e do Banco Interamericano de Desenvolvimento.

— Com o Fundo a dívida era de 11,7 bilhões de dólares. Já tínhamos conseguido prorrogações de pagamentos de 5,1 bilhões de dólares sobre bases provisórias de um ano durante 2002, e 6,6 bilhões venciam entre janeiro e agosto de 2003. Os refinanciamentos ou prorrogações de pagamentos foram estendidos por um período que variava de um ano, a partir do vencimento, a três anos e três meses. A última cifra foi logo aumentada para 6,8 bilhões de dólares.
— Seguindo a posição argentina, o superávit fiscal se fixava em 2,5% do PIB e se encontrava relacionado com a evolução da situação social, feito inédito em um acordo deste tipo. O FMI resistiu firmemente, tanto no que diz respeito ao superávit (por considerar insuficiente) como na articulação que relacionava o índice de 2,5% a uma situação social que continuasse melhorando. Para que se tenha uma ideia, o Brasil foi cedendo até chegar a um esforço fiscal de 4% do seu PIB, e a Turquia tinha feito, inclusive, concessões culturais e religiosas. Principalmente, em nosso caso, o gasto social subia de 0,6% do PIB para 1,2%. Do superávit total previsto, 2,1% seria da União e 0,4% das províncias.
— Não haveria absorção monetária, para não frear a recuperação econômica.
— Sobre o aumento das tarifas não havia nenhum compromisso específico.
— Não existiam obrigações sobre os bancos públicos.

O restante tomava boa parte do Orçamento enviado ao Congresso em setembro de 2002:

— 3% de crescimento (esse número foi muito maior).
— Dólar entre 3,30 e 3,50 pesos.
— 22% de inflação (foi muito menor).
— Manutenção da política tributária.
— Interrupção da emissão de quase-moedas (não havia nada concreto sobre o resgate das já existentes).
— Não havia compromissos a favor de imunidade para os funcionários do Banco Central argentino.

— No caso de redolarização — decisão da Corte Suprema de Justiça, poder independente do Estado —, o programa seria revisado.

Não é muito difícil reconhecer, se relembramos nossas posições durante a negociação, que, como país, não cedemos em nada e que finalmente foi o FMI quem fez concessões, tanto no que diz respeito às *metas quantitativas*, ao baixar as exigências de superávit e de política monetária, como nas *metas indicativas*, onde apenas se determinou o sentido da ação, sem assumir compromissos específicos.

Ter conseguido essas condições era ratificar o plano econômico argentino. Se houve muitos *nãos* de nossa parte foi pela convicção de que um plano econômico deve ser um conjunto coerente, articulado, quase como o mecanismo de um relógio e, por isso, não era possível fazer concessões parciais que alterassem sua dinâmica.

A primeira revisão do programa econômico seria, como de costume, no terceiro mês (março de 2003), o que deixou mais uma vez deslocados certos meios de pressão da imprensa financeira que adiantavam revisões mensais.

Ao finalizar a negociação, o jornal *La Nación* definia Köhler como "O homem impaciente", Krueger como "A negociadora atroz", Nielsen como "O mensageiro" e a mim como "Um jogador com nervos de aço". Como rapidamente começaram as especulações sobre meus êxitos, disse: "Se há algo que alguém não deve fazer é sentir-se imprescindível. Os imprescindíveis que tivemos (em épocas anteriores) nos deixaram muitos estragos".

Também manifestei minha visão de que o acordo era um "complemento necessário" e "um impulso adicional" às políticas que internamente colocamos em ação desde o final de abril de 2002. Não dependíamos do acordo, mas nunca ignoramos que se ele não fosse alcançado o processo seria mais difícil. *Nem a agonia, nem o êxtase*, que, se bem recordo, era o título de uma novela biográfica de Michelangelo escrita por Irving Stone.

Quase imediatamente, o Banco Mundial anunciou por meio de seu presidente, James Wolfensohn, e seu vice-presidente, De Ferranti, o desembolso de 1 bilhão de dólares, deixando claro que a postura do Banco era diferente da do Fundo. Sempre suspeitei que, se fosse por eles, essa crise absurda, com implicações não somente para a Argentina, mas também para o sistema internacional, não teria chegado tão longe.

Eu, a ministra do Trabalho, Gabriela Camaño, e o vice-presidente do Banco Mundial, em visita a Buenos Aires, anunciamos em uma coletiva de imprensa conjunta — situação que não tinha ocorrido com o FMI desde que assumi — o valor de 600 milhões para o Plano Chefes e Chefas.[32] O BID anunciou um desembolso de 1,5 bilhão de dólares.

A dívida com o Clube de Paris, que reúne os governos credores, também foi refinanciada, o que demonstrou a posição do G-7: 474 milhões de dólares que venciam entre janeiro e agosto.

Com o acordo nas mãos, Duhalde viajou ao Fórum de Davos, onde compartilhou um painel com George Soros, que foi muito crítico com o Fundo e muito frio com a Argentina. Ali Duhalde disse que "o golpe hiperinflacionário [início do seu governo] se originou por atender pré-requisitos do Fundo e foi isso que gerou o impacto para a subida do dólar". Nesse momento me dei conta de que a intenção de gerar uma hiperinflação vinha desde o princípio do governo de Duhalde, e a verdade é que, pelos aumentos de preços de abril de 2002, iria consegui-lo. Por isso foi tão forte a resistência ao programa econômico que começamos a executar no final de abril de 2002.

Lula, que tinha assumido recentemente, foi a grande estrela do Fórum. Ao minimizar o medo que os mercados tinham de sua vitória e ao escolher uma direção de conduta ortodoxa, apesar de sua origem, recebeu uma ovação. Anos antes, aconteceu algo similar com o presidente argentino Carlos Menem. Köhler se permitiu dizer que o "Brasil fez as coisas muito bem até agora", no momento em que o Comitê de Política Monetária do Brasil aumentava a taxa de juros básica a astronômicos 25%. Lula, diferente de Menem, teve êxito em seu próprio país, com seu povo.

Fernando Henrique Cardoso terminou seu mandato como o grande estabilizador da economia e era de se imaginar um processo de crescimento que, na realidade, acabou sendo postergado em boa parte do

---

[32] Os créditos se dão sempre sobre programas concretos, o que não significa que o Banco financiaria o Plano no seu valor líquido. Como eu disse, o Plano era financiado com recursos próprios.

primeiro mandato de Lula, precisamente pela política da alta taxa de juros e do grande superávit fiscal.

Nessa viagem Duhalde se encontrou com Köhler, que insistiu — já simplesmente para reafirmar suas opiniões — que no futuro seria necessário subir as tarifas em ao menos 50%. Também falou com Colin Powell, o secretário de Estado dos Estados Unidos e, como consequência disso, ao final do mês recebemos uma nova ligação de Bush — era a segunda em trinta dias —, nos felicitando pelo acordo com o Fundo. Nessa reunião, Colin Powell informou que os Estados Unidos estavam prontos para atuar sem aliados no Iraque, em uma clara advertência a uma Europa profundamente dividida sobre o tema.

2. A MARCHA DA ECONOMIA E A POLÍTICA ECONÔMICA

Os dados econômicos continuavam favoráveis. Os preços do atacado em dezembro caíam pelo segundo mês consecutivo 0,2%, e os de varejo — índice do custo de vida medido pelo INDEC —, que normalmente são mais altos em dezembro pelo efeito das festas de fim de ano, subiram apenas 0,2%, o que confirmava a consolidação da estabilidade logo após o desastre do fim de 2001 e início de 2002. No caso da cesta básica, o poder aquisitivo que tínhamos nesse momento, quer dizer, do peso atualizado pela CER, era maior que o poder de compra registrado na Convertibilidade.

O Produto Interno Bruto do quarto trimestre de 2002 cresceu 2% em relação ao trimestre anterior (sem sazonalidade) e a indústria apresentava 5% de crescimento. Se comparássemos as contas de dezembro (sem sazonalidade) com o primeiro trimestre do ano, que fora caótico, veríamos que o Produto Interno Bruto tinha crescido 3% e a indústria 12%. Alcançávamos nossa meta de terminar o ano com números positivos. Saíamos assim do vermelho que, durante quatro anos, desde 1998, dominou a vida dos argentinos. O que vivemos foi muito mais do que uma recessão: a crise de 1998-2002 foi uma depressão econômica que tecnicamente se define como um prejuízo do PIB maior que 10% e com uma duração igual ou maior que três anos.

Terminava assim um período negro de quatro anos de queda, um período que muitos não reconheciam. Em janeiro de 2001, Carlos Melconian disse: "Está tudo alinhado para uma explosão econômica", e Juan Alemann, em fevereiro, assegurou que "a Argentina se aproxima da reativação", para dois meses depois, em abril de 2001, afirmar que: "Não corremos o risco de moratória". As vozes mudaram rapidamente de um otimismo insólito no início de 2001 à catástrofe de 2002. Em abril desse ano, Broda afirmou: "A hiperinflação vem aí". E Ávila concordou: "Terminaremos com a hiper".

Certamente eu não compartilhava do otimismo vazio de 2001, mas sim do pessimismo do início de 2002, com uma diferença: acreditei ser possível fazer algo para evitar que esses prognósticos se cumprissem. Aconteceu exatamente isso, mas muitos ainda seguiam negando. Em janeiro de 2003, Artana, do entorno de López Murphy, disse: "A reativação é praticamente nula".

A situação tinha mudado para melhor: foram criados, nesse período, 861 mil novos postos de trabalho, 331 mil no setor privado e 530 mil fruto do Plano Chefes e Chefas. Outro dado alentador foi que o déficit provincial caiu cerca de 55% no ano.

Enquanto isso, continuávamos adotando medidas importantes:

— Caso o preço dos alimentos subisse, não estava descartado aumentar o imposto de exportação (retenções), com o objetivo de minimizar o impacto dos movimentos internacionais erráticos sobre o mercado interno argentino; respeitaríamos a tendência de valorizar as colheitas, mas não os movimentos especulativos.

— Após uma detalhada análise com Nielsen, Madcur, Prat-Gay e Lacoste, decidimos liberar a repatriação de lucros e dividendos pelas multinacionais, para ajudar a manter a cotação do dólar que vinha apresentando uma tendência de queda. Pelas mesmas razões se ampliou a possibilidade dos exportadores de liquidar divisas em todos os bancos e não só no Banco Central, como tinha sido estabelecido meses atrás (limite anterior: 1 milhão de dólares; novo limite: 2 milhões).

— Eu e o secretário de Energia, Alberto Devoto, declaramos que na operação de venda da empresa Pérez Companc à Petrobras, ocorrida no mês de setembro anterior por mais de 1 bilhão de dólares, a empresa brasileira devia se desfazer da Transener (empresa de transmissão de energia elétrica), respeitando a norma criada para evitar concentração de empresas geradoras e de transmissão de energia. Ao mesmo tempo, minimizou-se a resistência a esta operação e, como consequência, a tentativa de proibi-la por razões puramente nacionalistas. Era óbvio que a família proprietária havia decidido — como tantas outras antes e depois — reduzir de maneira significativa suas atividades na Argentina.

— Foi vetada uma norma do Congresso para aumentar a tributação sobre salários iguais ou superiores a 4.800 pesos, evitando diminuir o poder de compra dos cidadãos.

— Foi liberado um esquema para liquidação de divisas do setor petroleiro, sem eximir de responsabilidade o setor no período em que as normas eram mais exigentes (anterior ao nosso anúncio), e que não tinham sido cumpridas pelas empresas com riscos penais e econômicos.

— Foi permitido aos bancos, que nas crises receberam redescontos, que devolvessem depósitos do *corralón* com a condição de que, por cada peso pago aos correntistas, os bancos pagassem valor igual, através do Banco Central, de seus débitos com o Estado.

— Foi aprovado outro decreto referente a tarifas e emergências econômicas, em uma nova tentativa de evitar as objeções de juízes de primeira instância e a decisão da Corte de não intervir. Teria sido útil que se pudesse evitar que o Poder Judiciário continuasse tentando interferir na política econômica, mas infelizmente não foi possível.

— Foi anunciado que a dívida contraída pelo fator de convergência, criado por Cavallo, que calculava as diferenças entre dólar e euro, e pelo qual se cobrava aos importadores e se pagava aos exportadores, seria paga em pesos na razão de 1,40 mais CER. Por essa inovação desesperada — errada e sem sentido —, que já não podia salvar a Convertibilidade, herdamos uma dívida superior a 300 milhões de dólares.

— No Brasil, foi discutido com Lula, que assumiu em 1º de janeiro, a ideia de uma moeda comum. Voltava à minha cabeça um tema sobre o qual falei pela primeira vez, como proposta argentina, em 1987. Naquela oportunidade conversei com Rubens Ricupero, assessor estratégico do presidente Sarney e, logo depois, ministro da Fazenda, e esbocei a ideia de um programa futuro para uma moeda comum. Meses mais tarde, em meados de 1987, Alfonsín e Sarney protocolaram um documento nesse sentido. Naquele momento, eu acabava de sair do governo por diferenças com a estrutura da política econômica e, em especial, pelo tratamento dado à dívida externa. Os presidentes elegeram, finalmente, um nome tão óbvio como inapropriado para uma moeda: "gaúcho"; e depois disso nada mais foi dito. O tema voltaria à tona depois de anos. Assim, na reunião de 2003, foi combinada a criação de um Instituto Monetário Binacional que deveria analisar as diversas experiências e propostas, entre elas uma de 1998 escrita por mim e pelo brasileiro Fabio Giambiagi. Falávamos em métodos estratégicos para o futuro, sem efeito de curto ou médio prazo.

Como sempre, também tivemos que impedir algumas coisas que não seriam boas para o interesse geral.

Carlos M. Blaquier escrevia no *La Nación* pedindo o ajuste pela inflação, a baixa das alíquotas tributárias e outras vantagens similares. Dizer tantos *nãos* a interesses particulares alheios ao interesse geral tem muitos custos que, em todo caso, se paga com gosto.

Ao revisar minhas anotações e papéis para escrever sobre esse período, me lembrei de uma história que aconteceu anos atrás, durante a campanha *Una Nación Avanzada* (UNA) para as eleições presidenciais de 2007 com minha candidatura para presidente, que vale a pena contar a título de ilustração. Nessa oportunidade, nosso candidato a senador pela capital, o ilustre escritor, embaixador e amigo Abel Posse, achou que poderia conseguir algum aporte para sua campanha com Blaquier, em virtude de uma relação anterior. Depois de idas e vindas, a resposta do empresário foi um rotundo *não*, "porque Lavagna não me deu o ajuste pela inflação".

Grande memória a do homem, ainda que também tenha sido grande — evidentemente — sua incapacidade de compreender que o *não* dito naquela altura não era exclusivamente para ele; pelo contrário, era uma medida para todos — na verdade, esse "todos" abarcava especialmente alguns grandes grupos de empresários — e, fundamentalmente, tenha sido também grande sua incapacidade de compreender que essa medida era para defender o interesse de todos.

O ajuste pela inflação seguramente teria possibilitado a Blaquier e a muitos outros pagarem menos impostos. Impostos que o Estado transforma em planos sociais, educação, programas de inclusão e saúde, coisas — todas — que alguns já têm, mas que boa parte da população argentina continua lutando e sofrendo para ter.

O certo é que não houve ajuste da inflação nem para Blaquier nem para ninguém, e isso incluiu também os trabalhadores registrados, cujos salários eram mais elevados. Apesar disso, os trabalhadores que realmente teriam mais direito a se lamentar nunca o fizeram. Dois dos meus filhos me disseram mais de uma vez que muitos jovens trabalhadores como eles consideravam que os descontos em impostos sobre os salários eram muito altos. A resposta foi a mesma para todos: "Temos que distribuir entre todos os custos da monstruosa crise criada pela queda da Convertibilidade, e vocês não são os que estão na pior situação".

Tínhamos que recordar naquele momento — e ainda hoje — que a sociedade argentina vinha de um difícil processo de concentração de renda e riqueza. Em 1992, a relação de renda entre os 10% mais ricos e os 10% mais pobres era de 15,6 vezes. Em um ano subiu para 18,3 vezes; em 1995 já era de 19,6 vezes; em 1998, quando começou a recessão, chegou a 24,6 vezes; e em 2001, a 28,7 vezes. Se alguém se pergunta sobre o legado que deixou a Convertibilidade, poucas cifras são mais representativas. De 15,6 vezes em 1992 — valor não muito distante de alguns países desenvolvidos — passou, em nove anos, para 28,7 vezes.

Os saltos que proporcionavam uma maior desigualdade e concentração de renda foram enormes: 1,46 por ano durante nove anos. Esta vertiginosa corrida da desigualdade social começou a se interromper na segunda metade de 2002, confirmando uma melhora entre 2003 e meados de 2006, tendo diminuído a diferença de renda. A partir desse momento — fim de 2006 —, quando se abandonou o programa econômico e social de 2002, vários milhões de conterrâneos voltaram a cair abaixo do nível da pobreza. Estas observações técnicas não ocultavam uma situação tremendamente insatisfatória no plano socioeconômico. E a tarefa continua pendente. Ainda mais porque, depois de melhorar entre o final de 2002 e meados de 2006, os dados da pobreza voltaram a piorar.

Outras medidas que tomamos na época:

— Desmontamos tentativas políticas a favor de algum regime de controle de preços diante da possibilidade de aumento dos alimentos. O mesmo presidente Duhalde foi o encarregado de confirmar o sistema de liberdade de preços. Nem bem acabava de assumir, se comprometeu a mudar toda a equipe de Comércio, cujas intenções de controle só agravariam a situação. Uma vez o historiador inglês Isaiah Berlin disse, referindo-se a uma constante global: "Não é que o nacionalismo retorna, é que ele nunca se foi". Nós podíamos dizer a mesma coisa sobre o "populismo" interesseiro.
— Foi deixada de lado uma proposta da Corporação Financeira Internacional, órgão do Banco Mundial que empresta dinheiro a empresas privadas. A proposta estava destinada às dívidas de 40 grandes empresas com passivos de 7 bilhões de dólares. Tinha como consequência que um terço devia ser pago pelo governo (a clássica estatização de prejuízos), um terço por investidores privados e o terço restante refinanciado pelo mesmo organismo, a Corporação Financeira. Dessa maneira, a Corporação evitava os prejuízos que a situação das empresas privatizadas nos anos 1990 podia gerar, mas uma parte do custo a sociedade toda devia pagar.
— Entre os *nãos*, um foi para a proposta do deputado Frigeri, que sugeriu a Duhalde transferir o que permanecia do *corralón* (os grandes) para o *corralito*, e redolarizar a dívida ao câmbio do dia, com possibilidade de circular rapidamente como dinheiro eletrônico.
— Novamente se evitou o tema da imunidade para os funcionários do BCRA em matéria de reestruturação do sistema financeiro. Somente foi aceito para toda a administração pública — e não exclusivamente para o BCRA — analisar se havia normas a serem corrigidas, porque implicavam uma "discriminação negativa" frente aos funcionários. Prat-Gay aceitou este enfoque.

A tendência argentina à dramatização, especialmente no caso da cúpula, produziu dois acontecimentos que mostram como nos movemos como sociedade. O primeiro deles tem relação com o que durante meses foi anunciado, que iríamos ter a cotação de 1 dólar valendo entre 8 e 10 pesos, o que tinha sido dramático nas técnicas de ampliação da crise. Agora, o drama, convenientemente expresso nos jornais, era o contrário: que o dólar caía. Quando, em 21 de janeiro, o dólar caiu de 3,2 para 3,12 pesos, difundiu-se o pânico. A capacidade de transformar boas notícias em más parecia sem limites. Um verdadeiro talento para o desastre. Esta é uma clara demonstração daquilo a que me refiro quando falo de problemas culturais: a volubilidade para passar de um estado para o seu contrário, de forma ilesa. Certamente, esses fatos culturais são algo que as estatísticas não refletem.

O segundo fato surgiu de um erro que nós mesmos cometemos. Era necessário deixar claro que algumas operações não entravam na pesificação e que, consequentemente, se mantinham dolarizadas. Eram casos especiais, 18 entre os que identificamos. Por exemplo, empréstimos realizados com o Banco Mundial e o BID ficaram fora da jurisdição nacional, e por isso continuavam em dólares. As dívidas da hidrelétrica de Yaciretá, uma entidade binacional (Argentina e Paraguai), também. Aconteceram dois erros, dentre esses 18 casos, que deram a impressão de dolarizar dívidas de empresas estrangeiras com bancos locais, o que teria sido uma clara discriminação contra os investimentos estrangeiros. Os telefones de vários embaixadores não pararam de tocar diante do alarme empresarial que os meios divulgavam. Esses dois itens foram rapidamente cancelados, já que eram o resultado da falta de transparência ou de algum tipo de erro, como queiram. Drama terminado.

Governar é ser capaz de "ratificar" resistindo às pressões, e "retificar" quando se cometem erros ou quando decisões confusas criam instabilidade jurídica. Em todo caso, este foi provavelmente o erro de maior reação negativa desde o começo do governo. Muitos foram ataques orquestrados, esta foi uma reação genuína e compreensível diante de um equívoco nosso.

3. A política em janeiro

Em janeiro, como durante os oito meses de 2002, nem tudo foi Fundo Monetário, negociação e economia. Pelo contrário, muitas coisas aconteceram no curso do primeiro mês do ano. Para começar, recusei uma oferta de Menem para apoiá-lo em sua candidatura.

Por outro lado, José Pampuro e Alberto Fernández, como chefe de campanha, trabalhavam ativamente em favor do governador de Santa Cruz, Néstor Kirchner. Duhalde deixava cada vez mais claro seu apoio a Kirchner, que continuava mostrando rejeição ao governo. Diante de todos, tinha que explicar por que não aceitou ser chefe de Gabinete no meio da crise do início do ano anterior. Sua explicação era que tinha que convocar as eleições rapidamente e que o presidente devia ser eleito pelo povo. A explicação dos outros — a maioria — era que ele não teve coragem diante da magnitude da crise. Eu não sabia dizer, por falta de informação fidedigna, quem tinha razão. De qualquer maneira, vale recordar aquilo que Charles de Gaulle costumava dizer no sentido de que existiam homens capazes de conduzir o navio a um bom porto, desde que houvesse bom tempo, mas poucos tinham capacidade para fazê-lo em meio a uma tempestade.

Carrió, que como sempre desqualificava seus concorrentes, disparou: "Kirchner é a política velha". O socialismo elegeu a aliança Alfredo Bravo-Rubén Giustiniani e, apesar das pressões de Carrió, mantiveram a aliança até o final, sem cessar o apoio. Essa clareza de ideias do socialismo foi se perdendo nos anos seguintes (2006-2009), quando terminaram como "o último vagão do trem" da mesma Carrió. De la Sota retirou sua candidatura e Chiche Duhalde deixou claro que não integraria uma aliança como vice-presidente.

Para evitar a cisão, a Mesa Executiva do Justicialismo recomendou promover uma Lei de Lemas. Mais tarde, Duhalde avaliou que tinha três candidatos e iniciou com Kirchner uma coalizão do tipo Frejuli.[33] O próprio Congresso partidário eliminou a interna e habilitou todos os candidatos. Duhalde queria que eu fosse candidato à vice-presidência,

[33] *Frente Justicialista de Liberación*, aliança eleitoral do Partido Justicialista (peronista) com partidos menores, formada em 1972. (N. do T.)

e minha resposta, que depois se tornou pública, foi: "Não está nos meus planos".

Como a política econômica gozava de reconhecimento, Kirchner disse: "Roberto Lavagna é um excelente ministro e é óbvio que tem participação em um processo para levar o país adiante". Reconheceu progressos na Economia e na área da Ajuda Social e de Saúde, que estavam a cargo de Ginés González García. Até Carrió, que sonhava com um segundo turno contra Menem, se permitiu assumir como positivo meu trabalho na Economia. Foi só um fugaz instante, como diriam os poetas, entre ter gritado "traição" e o que viria nos anos posteriores.

O certo é que algumas pesquisas indicavam os mesmos 11% a Menem, Carrió e Rodríguez Saá, 9 ou 10% para Kirchner, López Murphy por volta de 7%, e menos de 1% para Terragno. Os radicais seguiam brigando pela possível fraude na interna e Terragno levou aos tribunais a questão, o que não impediu que o candidato da UCR fosse Leopoldo Moreau.

4. Candidato a presidente, não. Vice de Kirchner, também não

A questão da minha candidatura foi, provavelmente, o tema mais abrasador internamente, e com fortes reflexos midiáticos durante fevereiro e parte de março de 2003. Os outros três temas que concentraram nossa atenção foram: uma viagem aos Estados Unidos e à Europa para melhorar a imagem do país e facilitar a transição; evitar as pressões setoriais, sobretudo a dos petroleiros, dos bancos e do agronegócio; e, resolvido o tema Fundo, Banco Mundial e Banco Interamericano, a pauta internacional era acelerar o ritmo das negociações com os credores privados em moratória.

Em matéria de candidaturas, durante esse mês sofri duas formas de pressão. Uma da CGT, que insistia em que eu deveria ser candidato a presidente, e outra, do governo, para que aceitasse a vice-presidência com Kirchner.

Estava claro que a CGT, em especial os "*gordos*",[34] não concor-

---

[34] *Los Gordos* é como se conhece os líderes sindicais das atividades com maior

dava com a decisão de Duhalde de dar seu apoio a Kirchner. Antes dessa decisão se tornar pública, fui comunicado que seu objetivo era promover a minha candidatura e que para isso falariam com as bases de poder (União Industrial Argentina, Câmaras de Comércio, da Construção, entidades rurais, começando por Duhalde, mas também com o ex-presidente Raúl Alfonsín e com o cardeal Bergoglio). Consta-me, porque fui consultado por vários deles, que efetivamente o fizeram. De fato, na segunda-feira 17 de fevereiro fui convidado para um almoço no Parque Norte com Armando Cavalieri, Jorge Daer, Carlos West Ocampo, José Pedraza e Andrés Rodríguez, pelo sindicato CGT; e Héctor Massuh, Federico Nicholson, Alberto Álvarez Gaiani, Sergio Einaudi e Héctor Méndez, representando os empresários. A ideia era que eu deveria liderar a aliança.

Duas pessoas faltavam para levar adiante esta proposta: em primeiro lugar, eu mesmo, já que nunca tinha pensado nessa possibilidade, tanto que a proposta sindical me pegou de surpresa pela sua insistência, apesar da reunião prévia em novembro do ano anterior. Escutei o que diziam, mas nunca incitei esse movimento, pelo contrário, manifestei meu total ceticismo. O segundo ator era Duhalde, que tempo depois disse que a ideia o agradava, mas que ele enxergava dois problemas: por um lado, não era tradição do Justicialismo, inclinado a eleger um governador (diria que, como método, é um erro), e, por outro, já era tarde, pois não havia tempo suficiente para apostar na candidatura. Daer, secretário-geral da CGT, Oscar Lescano, West Ocampo, Cavalieri e Andrés Rodríguez insistiam, em meados de fevereiro, visto que as pesquisas não davam a ninguém mais de 13% das intenções de voto; teríamos tempo para trabalhar. Até então, Menem se afirmava e Kirchner estava paralisado.

Algum jornal noticiou naqueles dias: "Os *Gordos* da CGT se aproximam de Lavagna", e em quase todos apareceu a especulação de que

número de filiados: alimentação, comércio, saúde, ferrovias e energia elétrica. Trata-se de um grupo de opositores ferrenhos a Hugo Moyano, líder dos caminhoneiros e um dos líderes da Confederação Geral do Trabalho da República Argentina, a CGT, o maior sindicato do país, do qual *Los Gordos* também fazem parte. O grupo teve difícil relação com Néstor Kirchner, o que se manteve na presidência de Cristina Fernández de Kirchner. (N. do T.)

Duhalde estava inclinado para Kirchner "por exclusão", dadas as desistências de Reutemann, De la Sota e Solá.

Tendo em vista a omissão dos atores centrais — o presidente e eu —, a minha candidatura não se efetivou. Começou então a pressão pela vice-presidência. Em 15 de janeiro, Juanjo Álvarez me chamou para saber qual era minha intenção e disse, não sei sobre que bases, "É você ou eu"; ao que respondi com franqueza: "Eu não". Béliz e Alberto Iribarne insistiram com o assunto. Na volta de uma viagem aos Estados Unidos, Bordón se mostrou surpreso com o "respeito" e o grau de notoriedade que eu tinha alcançado nos Estados Unidos pelo programa econômico e pela negociação com o FMI. A tal ponto que disseram a ele que o melhor da crise argentina tinha sido, precisamente, o meu aparecimento. Para mim, o melhor tinha sido o esforço e comportamento da sociedade argentina.

Ainda que esta fosse a realidade, alguma publicação disse, referindo-se a mim: "O vice-presidente já foi escolhido. O próprio candidato se ofereceu. Basta que ele aceite, não há muito mais a ser dito". A frase "o próprio candidato se ofereceu" não era secundária, dado que parecia haver um cabo de guerra entre Duhalde e Kirchner sobre quem elegeria o vice-presidente, a tal ponto que Kirchner declarou: "O vice-presidente escolho eu".

Aos que davam por encerrado o tema, disse-lhes publicamente, não para confirmar, mas para deixar claro que eu não tinha participado destas especulações: "A única coisa que falta é a minha opinião". O certo é que insisti em que não seria candidato. Assim começou a aparecer na imprensa e a manchete do *Ámbito Financiero* do dia 18 foi: "Lavagna não aceitou ser vice-presidente". Pessoas próximas disseram com clareza: "O ministro não falará sobre o assunto". Se o fizer, "negará a oferta e negará a recusa".

A verdade é que, por iniciativa de Kirchner, no sábado 8, ou no domingo 9 de fevereiro, tive uma reunião com ele e sua esposa Cristina em seu apartamento na rua Uruguai, no Bairro Norte. Kirchner falou pouco, já Cristina falou a maior parte do tempo. Não nos conhecíamos muito porque ele era um dos poucos governadores com autonomia financeira por causa dos poços de petróleo da província de Santa Cruz e pelos recursos oriundos da venda da YPF (Yacimientos Petrolíferos Fiscales) para a espanhola Repsol, venda que ele, no momento, tinha apoiado calorosamente. Não precisou, portanto, do apoio do Ministério da Economia durante a crise.

Analisamos diversos temas e finalmente ele me perguntou se desejaria ocupar o cargo. Disse que lhe responderia depois. Na terça-feira seguinte, tanto Eduardo Duhalde como Alberto Iribarne, a quem adiantei que seguramente minha resposta seria não, falaram sobre o assunto. Respondi horas depois, em uma reunião a sós com Kirchner na Casa de Santa Cruz. Ali fui claramente diplomático. Disse com toda sinceridade que "não o conhecia suficientemente bem, nem o seu projeto, e que nessas condições não podia comprometer quatro anos de minha vida". Também lhe disse que esses quatro anos não podiam sofrer mudanças, porque se alguma coisa devíamos ter em mente era que institucionalmente não podíamos submeter o país a um novo desastre, como a renúncia do vice-presidente Chacho Álvarez durante o mandato de Fernando de la Rúa. Preferia colaborar, mas sem me comprometer — se eventualmente ele ganhasse — por um período tão extenso e com um projeto que Kirchner não conseguia explicar. Escutou e não insistiu.

Publicamente afirmei: "Meu único dever é assegurar uma transição organizada. Esta pode ser a melhor transição das últimas quatro. [...] Não me considero imprescindível. [...] Não está nos meus planos ficar. [...] A única certeza é que não serei funcionário do Fundo Monetário, do Banco Mundial ou do BID". Os jornais, com segundas intenções, me comparavam com outros ex-ministros que foram trabalhar nesses organismos.

No sábado insisti com Carrió: "Não serei candidato a vice-presidente. Esta é a melhor transição das últimas quatro, mas temos que cuidar dela".

Acreditava firmemente nisso. A transição de 1983 (dos militares a Alfonsín) havia acontecido no meio de uma fenomenal crise econômica e com um país que carregava a derrota das Malvinas e a sequela da repressão. A de 1989 (de Alfonsín a Menem) se deu em meio a uma hiperinflação; a de 1995 (a reeleição de Menem) em meio às consequências das agiotagens da Convertibilidade e da crise do México — Crise Tequila — e da Argentina; a de 1999 (de Menem a De la Rúa) em meio a uma forte recessão, hiperdesemprego e hiperendividamento. Não há o que dizer da sucessiva troca de presidentes após o colapso de 2001, que nem sequer pode ser chamado de transição.

Na noite de sábado, 22 de fevereiro, fomos jantar na casa de Ruckauf, na cidade de Villa Gesell. Eu tinha viajado com minha esposa para a cidade de Cariló, litoral sul da província de Buenos Aires, e Duhalde com a sua esposa para Pinamar, também no litoral. O assunto da eventual candidatura a vice já estava encerrado, porque minha posição era clara, e, enquanto jantávamos, informaram ao presidente que o *Clarín* publicaria no dia seguinte em primeira mão que Kirchner tinha escolhido Daniel Scioli como candidato. Duhalde não se surpreendeu. Nem nós. Era evidente que isso aconteceria. Para mim foi um alívio, pois acabavam as pressões.

Mais tarde, Kirchner, por acreditar nisso ou para teatralizar sua decisão, deixou vazar que a escolha do vice se deu naquela noite porque ele pensou que no encontro na Villa Gesell poderia ocorrer uma forte pressão para que eu fosse o indicado. Nada disso aconteceu. Em todo caso, se acreditou nisso, era porque ele também não me conhecia o suficiente para saber que se digo *não*, é *não*. Se ele simplesmente teatralizou, foi o primeiro sintoma de um costume que, ampliado pelo poder da presidência, se manteria dali em diante. A ideia quase obsessiva foi sempre — conforme descobri com o tempo — a "imagem", mesmo quando esta não refletia a realidade.

Nesse mesmo domingo, enquanto o *Clarín* anunciava a decisão, o *La Nación* divulgava: "Lavagna recusou ser o vice de Kirchner".

A tensão política subia e alguns duvidavam da decisão de Duhalde em convocar as eleições. O presidente acabou optando por visitar a juíza Servini de Cubría para pedir uma "ação de garantia" que confirmasse a realização das eleições no dia estabelecido.

Enquanto isso, um jornal — pretensamente — financeiro falava sobre uma manobra que nunca existiu entre o embaixador norte-americano que estava deixando o cargo, James Walsh, e eu, para que Duhalde se candidatasse. A suposta manobra adquiriu tal envergadura que Amadeo, nosso embaixador nos Estados Unidos, teve que desmenti-la.

Ao mesmo tempo, a CGT continuava descontente e em uma última tentativa alegou que Kirchner não tinha a adesão das classes mais baixas, o que significaria um retorno aos anos 1970, e que Lavagna deveria entrar na disputa de qualquer maneira. Na quarta-feira, dia 12 de março, realizou-se um jantar em Olivos com a presença de Duhalde, Aníbal Fernández, Atanasof, Ginés González García, Graciela Camaño, Cavalieri, West Ocampo, e Rodríguez, Daer e Lescano pela CGT, que insistiram em atacar Kirchner. Duhalde reconheceu que tanto Kirchner como Cristina "nunca foram solidários", mas concluiu "vamos ver se mudam", o que contrariou seus interlocutores.

Kirchner, nervoso, acusou o ministro do Interior, Jorge Matzkin, e o chefe da SIDE (Secretaria de Inteligência de Estado), Miguel Ángel Toma, de "difamarem" sua candidatura. Suas mensagens, por outro lado, eram confusas, e o jornalista Joaquín Morales Solá falou em uma nota sobre "propostas confusas [...] que vivem esclarecendo". A verdade era essa, mas o nível de confusão atingia também os outros candidatos, inclusive aqueles que contavam com o apoio da reconhecida coluna dominical do jornal *La Nación*. Se algo faltava aos candidatos, estava claro que era um projeto de longo prazo para o país. Faltava "ter na cabeça uma ideia do país desejado", isso que Carlos Zaffore, do MID, disse a Frondizi e a Frigerio.

Menem prometia irresponsavelmente um novo "aumento salarial", Carrió ia do Apocalipse ao Paraíso, e Rodríguez Saá se vendia — mais uma vez — como um homem de decisão. Aquela decisão que lhe faltou na noite de Chapadmalal (dezembro de 2001), em que ele e outros peronistas acreditaram estar frente à ocupação do Palácio de Inverno na revolução bolchevique e optaram pela fuga, criando um vazio institucional sem precedentes no país. A verdade é que nenhum candidato tinha na média mais de 13% das intenções de voto. Julio Aurelio estimava um empate triplo entre Menem, Rodríguez Saá e Kirchner; e Fara dava empate entre Carrió e Menem.

Finalmente, em 26 de fevereiro, às 17h30, no Teatro Avenida, em companhia de muitos funcionários, houve o lançamento oficial da aliança Kirchner-Scioli. Como das outras vezes, não assisti, para misturar o mínimo possível, até o último momento, meu cargo com minhas posições políticas.

Alejandra Gallo, em uma coluna do *Clarín*, disse que o duhaldismo queria "me cobrar" por não ter aceitado a candidatura à vice-presidência. É possível que essa negativa de 2003 justifique a falta de apoio à minha candidatura presidencial no ano de 2007. Se assim tiver sido, visto o que aconteceu no país a partir de 2006-2007, talvez tenham cometido mais um erro estratégico. Moreau-Losada e Carrió-Gutiérrez oficializaram suas alianças.

5. A IMAGEM DO PAÍS

No início de fevereiro anunciei que viajaria aos Estados Unidos e à Europa para tentar limpar a imagem do país, depois que se descontraiu a nossa relação com o mundo financeiro internacional. O objetivo, como disse, era que não pressionassem o novo governo e que ajudassem a garantir uma transição organizada, como aconteceu no Brasil. O pano de fundo, totalmente razoável do nosso ponto de vista, mas negativo para os Estados Unidos, era a recente decisão de que a Argentina não participaria da coalizão na guerra contra o Iraque de Saddam Hussein.

A viagem foi — como era habitual — uma chuva de reuniões: com John Snow, o brilhante secretário do Tesouro; com Alan Larson, o segundo homem do Departamento de Estado; com Taylor, De Ferranti, Singh e Krueger, com quem jantei uma noite; com Enrique Iglesias, uma reunião na Câmara de Comércio norte-americana; com Otto Reich e John Maisto, responsáveis pela América Latina, uma recepção, a convite de Eduardo Amadeo, na embaixada argentina; e com Köhler, um almoço de trabalho.

Larson foi um dos que recomendou a continuidade na política. Em um jantar com Singh e os dois John (Dodsworth e Thornton), o primeiro reiterou, em três oportunidades diferentes: "Você tem que ficar e garantir a continuidade". Era evidente que, depois de fazer o acordo a contragosto com a Argentina, preferiam diminuir os riscos de um novo fracasso e priorizar a continuidade do acordo.

Nas reuniões, o humor de Krueger não era dos melhores — para ser elegante —, mas ao mesmo tempo tinha optado por não levar em conta os "bilhetinhos" que sua equipe lhe passava. Aqueles bilhetes foram os responsáveis pelo fracasso de mais de uma reunião antes de se chegar a um acordo.

No almoço com Köhler e Krueger, eu disse — e o fiz publicamente — que tinha que "deixar ao próximo governo, qualquer que fosse sua diretriz política, o máximo de espaço para manobra". E foi comunicado publicamente que nós três acreditávamos que deveria ser assim. Durante o encontro, Köhler se preocupou em deixar claro que o acordo saiu "por estar convencido disso, e não por pressões do G-7". O clima da reunião foi bom e pela primeira vez se esboçou uma conversa sobre qual era a real situação do Brasil e do Uruguai, na qual pediram minha opinião.

Como nem tudo podia sair bem, dias depois ocorreu algo impensável. Um funcionário do Fundo, Jorge Baca Campodónico, ex-ministro de Fujimori no Peru, supostamente — ou realmente — relacionado com o misterioso Vladimiro Montesinos, foi detido em Buenos Aires a pedido da Interpol, por solicitação da Justiça peruana. Ele saiu da prisão após o pagamento de uma fiança e ficou instalado por mais de um ano no hotel Sheraton, enquanto a Justiça discutia se ele tinha ou não imunidade diplomática. Evidentemente, Krueger pediu para que intervíssemos. O assunto era confuso, um ano antes ele esteve detido em Miami pelo mesmo motivo.

Fato é que Teresa Ter-Minassian, a mulher dos inesquecíveis vestidos florais que andava em Buenos Aires como supervisora do ex-ministro da Economia José Luis Machinea, disse que a detenção era para debilitar o controle das contas fiscais da Argentina. Por sorte estávamos tão sobrecarregados com as metas do acordo que esta estupidez acabou definhando naturalmente.

A missão técnica do Fundo que chegou ao fim de maio comprovou claramente que íamos ultrapassar as metas fiscais e monetárias estabelecidas. Em uma reunião com o secretário da Fazenda Jorge Sarghini, Dodsworth e Thornton deixaram claro que, contra todos os prognósticos dos analistas, a revisão do Fundo trazia resultados positivos.

De qualquer maneira, o Fundo refletia sempre uma fonte de conflitos organizados por interesses concretos, através de jornais financeiros. Provavelmente desesperados pelas vantagens obtidas pelo governo na negociação, manifestavam sua irritação como podiam.

A Argentina tinha conseguido o compromisso de superávit fiscal de 2,5% do PIB. Nesse mesmo momento, se exigia do Brasil 3,75%. O país se comprometeu com 4%, e depois Palocci e Meirelles o ampliaram para 4,25% e a taxa de juros subiu para 26,5%, o que manteve os lucros dos bancos altos e o crescimento do país baixo durante os anos seguintes. Para a Turquia, outro grande cliente do Fundo, foi feita, entre mais de uma centena de outras — que iam muito além do econômico —, a exigência de um superávit primário de 6,7%. Foram feitas imposições institucionais, na área da cultura, da educação, e, inclusive, religiosas. Diante dessa realidade contrastante e favorável à Argentina, inventaram que tínhamos "metas secretas" e inclusive "uma Carta de Intenção proposta pela oposição".

Fui o primeiro ministro estrangeiro a ser recebido por Snow, que acabava de assumir o Tesouro depois de conseguir o apoio do Senado norte-americano. Falamos da situação da Argentina, da possível negociação ALCA/Mercosul e de um assunto que seria cada vez mais relevante: o controle dos capitais ilícitos originários do narcotráfico, terrorismo, tráfico de pessoas etc. Nessa reunião — e isso fortaleceu mais adiante as relações com Snow e Taylor —, eu disse: "A Argentina vai usar os métodos internacionais mais modernos para lutar contra a lavagem de dinheiro e contra o terrorismo". Anos depois, a partir de 2010, por não haver avançado por este caminho — na realidade por ter retrocedido — a Argentina passou a enfrentar sérios riscos de sanções.

Ao voltar para Buenos Aires, Prat-Gay me disse que os bancos locais estavam muito contrariados por causa desse compromisso. Algumas publicações afirmaram: "Os bancos estão preocupados com as novas normas contra a lavagem de dinheiro" e, em clara manobra visando o atraso, a ABA manifestou que precisava de mais tempo para cumprir o que fora prometido. No que diz respeito ao reembolso de indenizações pelas liminares — que nunca pediram porque não lhes era devido —, e, ainda, quando estas foram medidas provisórias, não queriam demora. No assunto da lavagem o atraso parecia ser a solução. Em todo caso, o BCRA reconheceu que existiam grandes "lacunas" em nossas normas internas e que nosso dever era preenchê-las. O Ministério da Economia comentou sobre o pedido de maiores prazos: "Faz muito tempo que dizem a mesma coisa [...] são muitos anos de um sistema financeiro insólito".

6. As pressões setoriais

Um governo que termina — sobretudo com uma grande incógnita sobre quem o sucederá — é presa ideal para se descarregar todas as pressões dos interesses setoriais. Não surpreende, então, o que aconteceu:

— Os bancos públicos, apesar de saber que nós descartávamos todo tipo de mudança em seu controle, resistiam a qualquer proposta de transformação, incluindo aquelas que só visavam melhorar a sua eficiência. Em uma oportunidade, falando sobre a resistência à mudança, eu disse: "Os bancos públicos mantêm um papel estratégico, mas têm que redefinir seu modelo de gestão. Deve-se evitar que aconteça com eles a mesma coisa que aconteceu com as empresas públicas no início dos anos 1990. Se não se profissionalizarem, podem entrar em um processo de autodestruição". O máximo que nossa equipe cogitou, em algum momento, foi tirar 10% do capital da bolsa, a fim de que, por cumprimento de medidas creditícias, os bancos públicos tivessem que cumprir prazos, normas de transparência, balanços e auditorias. De qualquer jeito, o tema não poderia ser discutido há poucas semanas das eleições.

— Os bancos privados e o Estado deviam reunir-se para determinar os tipos de compensações que podiam justificar-se (diferença entre CER e variação salarial CVS) e os que não (as liminares, por exemplo). A situação era normal, as pessoas deixavam seus depósitos nos bancos e não retiravam os fundos liberados do *corralón* e do *corralito*; consideramos que era um bom momento para encerrar as contas pendentes. Essa reunião — de caráter técnico — se concretizou na Secretaria de Finanças, no mesmo dia em que o jornal *La Nación* anunciava em sua primeira página que se pagaria pelas liminares uns 2,640 bilhões de dólares. Ao saber disso, sugeri que a reunião fosse imediatamente suspensa, justificando que não podíamos nos submeter a manobras baratas e indevidas, essencialmente sabendo que nossa decisão de não pagar liminares era definitiva por se tratar de medidas judiciais provisórias. Armando Torres, o porta-voz do Ministério, foi o encarregado de informar que a reunião estava cancelada. Mais adiante, sem pressões, o diálogo se renovaria. Entretanto, eu disse: "Os bancos não são santos nem demônios". E mais: "É uma forma perversa de *lobby* adiantar posições pelos jornais".

— Os petroleiros, diante do aumento do preço do petróleo devido ao conflito no Iraque, começaram a pressionar para o aumento dos preços internos. Eu respondi oferecendo a possibilidade de custódias móveis em cima de 30 a 35 dólares o barril, e um fundo de compensação caso estivesse abaixo de 28,5 dólares.

— A gasolina e o óleo diesel tinham subido em um ano 221% e 178%, respectivamente, muito acima dos 127% dos preços dos atacadistas, valores gerados nos meses da grande desordem, no começo de 2002. Expliquei que tinha sido um ano excepcionalmente bom (para os petroleiros), e que não deviam ser mesquinhos. Juan José Aranguren, da Shell, respondeu que os crescimentos tinham acontecido devido a um aumento de impostos de 21% na gasolina e de 54% no óleo diesel e que, em consequência, tinha sido um ano excepcionalmente ruim. Ignoravam ou fingiam ignorar que mesmo com esses impostos permanecia — tanto para o diesel como para a gasolina — uma margem incremental acima dos preços dos atacadistas. O petróleo ter subido 330% em escala mundial não era argumento para os produtores locais, cujo custo não chegava a 25 dólares por barril.

— Diziam que Duhalde me pressionava para ser flexível e assim evitar o desabastecimento, mas eu disse que a primeira proposta (dos petroleiros) era vergonhosa, e que agora tinham apresentado uma mais séria que aceitava o princípio da divisão dos prejuízos. Finalmente os jornais foram sensatos: "Lavagna ganhou a queda de braço contra os petroleiros". Tínhamos razão: poucos dias depois a Repsol-YPF anunciou em relatório para a Bolsa que em 2002 tinham lucrado 90% mais que no ano anterior.

— Finalmente, aqueles que buscavam o ajuste pela inflação. Cerca de cem empresas grandes incluíram em seus balanços e na declaração tributária ajustes de acordo com a inflação. A AFIP (Receita Federal Argentina) disse que isto era ilegal e que os pressionaria — coisa que efetivamente fez — até que optassem por mudar de atitude.

Não se tratava de ser "o satânico doutor Não", mas era necessário que entendessem que manteríamos até o último dia do governo o que foi nossa política desde abril de 2002, que pode ser resumida na ideia de "divisão igualitária dos prejuízos".

Em mais de uma oportunidade repeti uma de minhas ideias centrais que sustentavam a nossa política e, mais do que isso, nossa forma de ver a gravidade da situação que assumimos e a chance que se abria ao país à medida que os indicadores econômicos — e logo os sociais — iam melhorando: "A paz social e o início da recuperação econômica dependem dessa divisão igualitária que alguns setores concentrados e com poder de *lobby* e de mobilização midiática tentaram impedir; deve-se disciplinar alguns atores econômicos que tentam evitar que o custo do ajuste também os atinja". Era uma definição clara de nossa convicção e também uma forte declaração de princípios: não ceder às pressões de alguns em detrimento do interesse de todos.

7. A RENEGOCIAÇÃO DA DÍVIDA EM *DEFAULT* COM CREDORES PRIVADOS

Sempre dissemos que, para além das pesquisas e relatórios realizados por Nielsen, Madcur e Palla, a negociação com os credores privados — os detentores de títulos — não podia começar até estar resolvido o *default* com os órgãos multilaterais. É preciso lembrar que, antes de assinar o acordo, tínhamos chegado a uma situação irregular com o Banco Mundial e com o BID, e que estivemos muito perto de entrar nesta mesma situação com o FMI.

Uma vez assinado o acordo, em janeiro de 2003, quando já estava claro que a Argentina iria cumprir com seus compromissos internacionais como resultado das negociações que tínhamos levado adiante por tantos meses, *The Economist*, *Financial Times* e *The Wall Street Journal* divulgavam que tinha chegado a hora de cuidarmos dos credores privados. Este último jornal dizia: "Cresce a produção argentina, mas a partir de uma base muito baixa", como o que aconteceu em 2009 com a reativação norte-americana que tanto os entusiasmaram. Menos dogmático, o *The New York Times* anunciava: "Sinais de vida na Argentina, com juros baixos e aumento dos depósitos".

A primeira atitude que tomamos foi, então, concluir o que tínhamos iniciado: nomear o assessor financeiro para a renegociação dos títulos em *default*. Na classificação da licitação a ordem foi a seguinte: Lazard Frères, UBS e Morgan Stanley, empresas da França, Suíça e Estados Unidos. A primeira selecionada, Lazard Frères, era o sétimo banco mundial em fusões e aquisições, e em 1999 participou da reestruturação da dívida de 50 bilhões de dólares do grupo sul-coreano Daewoo. O prazo para o relatório informativo era de seis meses a partir de março, para que pudéssemos ter condições de realizar uma proposta no fim de 2003.

Krueger não escondeu sua insatisfação com a designação de Lazard Frères, por considerar que a escolha tinha sido feita para economizar e não pelos antecedentes da empresa. Alguns meses antes, Krueger me recomendou não entregar a operação a Charles Dallara, que havia manifestado interesse, e sim a Bill Rhodes, do Citibank. Ele inclusive já havia conversado sobre seus interesses com o rabino Singer e com o senador italiano (ítalo-argentino) Caselli. A frustração de Dallara o tornou um inimigo declarado da posição argentina.

No dia 18 de fevereiro, Nielsen viajou para Berlim, e no dia 19 seguiu para Washington com o propósito de explicitar — pela primeira vez — a decisão que havíamos tomado antes do início de sua viagem. *Tínhamos estabelecido formalmente que o corte que a Argentina deveria propor seria da ordem de 70% sobre o total da dívida.* Até esse momento tínhamos falado sobre possíveis cortes, mas não em números precisos. O candidato Kirchner pronunciou que "pela primeira vez na Argentina temos um ministro que fala em cortar a dívida externa. É louvável. Fico contente". A verdade é que toda a minha equipe estava convencida de que se tratava de uma medida inevitável e que tínhamos por obrigação começar a expressá-la. Pouco mais de dois anos depois (meados de 2005), a negociação foi concluída com um corte nos valores dos títulos em moratória muito próximo ao que havíamos sugerido.

O motivo que nos levou a realizar o *haircut* (no jargão financeiro) era o excessivo endividamento argentino. Durante um seminário em Berlim, Nielsen disse que o FMI participou de todos os programas que nos levaram ao endividamento excessivo. Destacou também que, assim como o México e o Brasil, a Argentina não via com bons olhos o mecanismo de reestruturação de dívidas soberanas proposto por Anne Krueger. Mecanismo esse que nem mesmo os grandes bancos apoiavam. Ninguém desejava que o FMI ganhasse poderes absolutos e que fosse atuante nos processos de reestruturação de dívidas soberanas.

8. A marcha da economia

A economia argentina continuava dando mostras de vigor:

— O saldo comercial de 16,3 bilhões de dólares era recorde, apesar da queda de 24% (de 6,2 bilhões para 4,7 bilhões de dólares) no saldo comercial com nosso principal parceiro comercial, o Brasil, como consequência da desaceleração econômica que esse país sofria.
— A arrecadação fiscal continuava registrando recordes.
— A fuga de capitais tinha sido freada.
— A colheita agrícola alcançou o recorde de 70 milhões de toneladas, tendência que se fortaleceu nos anos subsequentes, superando a marca de 100 milhões de toneladas.
— O crescimento registrado pelas atividades industriais em um ano era de 16,4%.
— A construção passou por uma expansão de 37,6%.
— O J. P. Morgan já estimava que o PIB argentino cresceria 4,5% em 2003, o que no final das contas foi muito superior.

Esses dados positivos levaram Duhalde a fazer a Jornada Parque Norte — da qual não participei —, em que elogiou toda sua equipe e "o ministro da Economia especialmente". Duhalde também recebeu elogios. O presidente George W. Bush declarou que "O presidente Duhalde tem feito um grande trabalho [...] que a economia cresça não é favorável só à Argentina, mas a toda a região".

O caminho percorrido foi longo, mas não podíamos ignorar que em outubro de 2002 (os dados mais recentes que tínhamos em mãos), apesar do crescimento, ainda havia 20 milhões de cidadãos argentinos abaixo da linha da pobreza, sendo que 9,9 milhões eram indigentes. Era por eles que devíamos seguir trilhando o árduo e longo caminho da recuperação.

Várias medidas relevantes foram tomadas no verão de 2003. Em resposta a um ataque de Anoop Singh ao Mercosul, falei sobre a "enorme importância do Mercosul para a Argentina". E disse ainda que "aos que são contrários lembro-lhes que a política regional é conduzida pelos governos dos países da região".

Buscando enfrentar uma nova prorrogação das execuções hipotecárias que era tratada pelo Senado, no momento em que o mecanismo voluntário funcionava plenamente, o governo decidiu criar duas *unidades legais emergenciais*, uma no Ministério do Trabalho e a outra no Ministério da Produção, para analisar os casos. Foi uma estratégia inteligente — apoiada pela nossa equipe econômica — para evitar um dano ainda maior. Infelizmente, por estar fora do país, não pude assinar a medida.

Foi revogada a medida adotada em 30 de setembro de 2001, pelo ex-presidente De la Rúa e seu ministro Cavallo, que estabelecia que os prejuízos e dívidas fiscais poderiam ser substituídos por um mecanismo pelo qual o Estado adquiria ações das empresas. Ao abandonar a lógica de um ajuste permanente, esta medida perdia o sentido, apesar da insistência de alguns, como da indústria papeleira Massuh, que viria a quebrar alguns anos depois.

Federico Poli, chefe de Gabinete do Ministério da Economia e, posteriormente, subsecretário das Pequenas e Microempresas, comunicou que se flexibilizariam as regras para que os bancos pudessem emprestar fundos disponíveis que recebessem por meio de depósitos, ainda que estivessem em débito com o BCRA pelos redescontos. Com o BCRA eram analisados também os compulsórios dos bancos.

Com o secretário e o subsecretário de Energia, Enrique Devoto e Darío Arrué, foi decidida a execução de 45 obras privadas no setor de transmissão de energia.

O secretário legal e técnico, Eduardo Pérez, aceitou que uma comissão do Banco Mundial sobre tarifas recebesse pela primeira vez as associações de consumidores e que, por fim, escutassem e tivessem um melhor entendimento da situação dos usuários e não somente das empresas.

A posição do FMI sobre as tarifas era de que se autorizassem os aumentos, e também se mostrava favorável à redução do número de pessoas beneficiadas na categoria da tarifa social que não sofreria aumento. A essa altura, as declarações do FMI não tinham mais efeito.

Os juízes iam e vinham. Pela primeira vez um juiz aceitou os aumentos, enquanto outros magistrados e uma Câmara insistiam em desautorizá-los, situação que gerou um emaranhado jurídico que somente a Corte Suprema podia resolver, mas esta não estava disposta a tratar do assunto naquele momento.

Enquanto isso, Alfredo Atanasof e Aníbal Fernández se envolveram em uma disputa pública sobre o sistema ferroviário, e a Corte Suprema se preparava para um novo *round* sobre a redolarização dos depósitos congelados.

Na América Latina as coisas não iam bem: além do ajuste realizado pelo Brasil, o Uruguai sofreu com o bloqueio de 400 milhões de dólares do BID e do Banco Mundial, e o presidente uruguaio, Jorge Batlle, deixou de contar com o apoio de Bush. Na Bolívia, o presidente Gonzalo Sánchez de Losada enfrentava uma série de protestos pela redução de salários em 12%, seguindo a recomendação do — adivinhem? — Fundo Monetário Internacional. Algum tempo depois Sánchez de Losada abandonou a presidência em meio ao caos.

IX

Rumo às eleições de abril (março e abril de 2003)

"Cuidado com os idos de março!"
Shakespeare, *Júlio César*

1. Os idos de março

Março começou com um duro revés, certamente esperado, conduzido pela maioria automática menemista na Corte Suprema: a dolarização dos depósitos. Pelo visto, não só na Roma antiga aquela expressão que tão bem recriou Shakespeare tinha o sentido das ações que sacodem e mudam o rumo dos acontecimentos. De maneira similar à história romana, após o assassinato de César, na Argentina de março de 2003 somente a reação posterior ao fato foi capaz de impedir uma tentativa claramente desestabilizadora.

No dia 4 de março o jornal *Clarín* anunciava: "Hoje a Corte Suprema redolariza", e o *La Nación* dava como manchete "Decidem hoje contra a pesificação dos depósitos". Que ótimo momento eles escolheram para decidir o caso!

Anoop Singh, o homem com quem havíamos batalhado por vários meses, finalmente vinha à Argentina para falar com os candidatos. Sua visita foi muito discreta — como havíamos exigido —, em contraste com a visita anterior durante o ministério de Jorge Remes, que o jornal *Página/12* qualificou de "exagerado imperialismo", quando foi permitido que Singh desse uma coletiva de imprensa exclusiva no Ministério da Economia, como se ele fosse uma autoridade ministerial. Todas as tentativas de vir à Argentina desde minha posse foram malogradas porque não havia acordo e pela falta de necessidade de sua presença no país. Agora que o acordo estava firmado era conveniente que ele conversasse com os possíveis sucessores do governo. Foi justo nesse momento que o grupo majoritário da Corte Suprema decidiu golpear.

Com a proximidade das eleições e a debilidade do menemismo, que não conseguia superar os 13% das intenções de voto, fizemos de tudo para deter a decisão, mas, ao ver que a decisão já estava tomada, não fizemos mais do que tentar prorrogá-la. Nossa postura foi o suficiente para ganhar tempo e fechar o acordo com as instituições financeiras multilaterais e para que nossa realidade econômica pudesse melhorar. Fizemos uma apresentação rejeitando os votos dos juízes Fayt e Moliné, o primeiro por ter depósitos em dólares e o segundo por conta do vazamento na internet de seu voto antes mesmo da votação.

Quando há uma decisão, é difícil detê-la. Nossa rejeição ao voto de Moliné foi considerada como improcedente. De forma insólita, Fayt também votou recusando seu próprio afastamento, sendo juiz e réu no mesmo caso. A irregularidade foi tão grande que Augusto Belluscio, Antonio Boggiano e Juan Carlos Maqueda apontaram que o fato de julgar a si próprio era algo inédito, que o tribunal tinha sido "constituído de forma irregular", e que, portanto, a decisão era nula. A verdade é que o julgamento alcançou os cinco votos necessários: Nazareno, Moliné, Fayt, Vázquez e López. Votaram contra a dolarização os juízes Belluscio, Boggiano e Maqueda. O juiz Petracchi continuava afastado por ter depósitos em dólares.

A decisão tratava de um processo iniciado pela província de San Luis e declarava que a pesificação dos depósitos era inconstitucional e que a decisão de pesificar depósitos em dólares "desrespeitava o direito de propriedade e igualdade perante a lei". O governo era obrigado a devolver 247 milhões de dólares à província de San Luis no prazo de 60 dias, com forma de pagamento a combinar. A decisão excluía, usando-se da teoria dos atos próprios, aqueles correntistas que optaram pelos títulos públicos e também não era estendida a todos os correntistas, mas a declaração de inconstitucionalidade pressagiava uma enxurrada de decisões em instâncias menores para casos similares. Implicava que a sociedade pagaria os custos dos grandes poupadores que estavam "encurralados" e transformava as liminares em atos definitivos.

Eu e o Ministro da Justiça, Juanjo Álvarez, demos uma coletiva de imprensa no Ministério da Economia e esclarecemos três pontos: Álvarez indicou que *a Corte havia tomado a decisão somente para o caso de San Luis*; de minha parte, declarei *respeitar a decisão da Corte e que nosso plano econômico se mantinha inalterado*; além disso, no cumprimento da decisão e como esta se referia ao Banco de La Nación e aos depósitos da província de San Luis, foram depositados títulos públicos denominados em dólares no valor estipulado na conta da província.

As reações não demoraram em aparecer. Mostraram-se contentes com a redolarização — quase imediatamente — economistas da direita conservadora como Cavallo, Carlos Rodríguez, Piekarz, Solanet, entre outros. Os bancos pediam a emissão de títulos do Estado — que novidade! — e recorreram a Singh.

Ninguém se importava que a sociedade, e seus altos índices de pobreza e indigência, pagasse os custos em benefício de poucos. O Crédit Suisse First Boston calculou rapidamente que o custo total para a sociedade poderia chegar, segundo o alcance da decisão (como em casos retroativos), ao intervalo de 6 a 20 pontos percentuais do PIB.

Assim como na coletiva de imprensa em que adotamos o "ao mal tempo uma boa cara", ao pedido dos bancos a resposta foi a de sempre: *não*. Uma das frases da decisão, referindo-se às responsabilidades dos bancos (não do governo), nos permitiu ter um argumento legal para nossa decisão. O jornal *Clarín* publicou um artigo sobre a realização de uma reunião ministerial com os banqueiros da ABA e da Abappra dizendo que os bancos "chocaram-se com um Lavagna impávido"; o *El Cronista* publicou em sua capa — quase às lágrimas: "O governo abandona os bancos com os depósitos". Pobres e inocentes bancos, não? O *Página/12*, por sua vez, falava da "Operação Intranquilidade da Corte". Enquanto isso, um juiz tomou coragem e com maior grau de coerência redolarizou os créditos entre agentes privados.

A favor do governo estava nada mais, nada menos do que "os mercados". O dólar se manteve estável com cotação ao redor de 3,20 pesos, como se nada tivesse acontecido. Não obstante, algo tinha acontecido e devíamos encontrar maneiras de enfrentar essa nova adversidade.

Enquanto a Comissão de Processo Político, presidida por Sergio Acevedo, da província de Santa Cruz, analisava o caso Fayt, os bancos se reuniram com a Corte Suprema. Tudo levava a crer em uma "redolarização generalizada" por causa do processo Beratz, uma correntista com 13 mil dólares no Banco de Boston. Fizemos um cálculo inicial, incluindo somente os depósitos que não participaram da troca pelos títulos públicos e outras pequenas exceções. O impacto era de 8,8 bilhões de dólares pesificados a uma taxa de câmbio de 1,40 pesos e ajustados pela CER, que equivalia a 17,5 bilhões de pesos. Com a redolarização esses mesmos depósitos alcançavam a soma de 27,2 bilhões de pesos, ou seja, uma diferença de pouco mais de 9,6 bilhões de pesos.

A possibilidade de fazer com que os bancos fossem responsabilizados pela diferença, partindo da sentença da Corte e de nossa posição de não ceder e emitir novos títulos públicos, fez com que os bancos se mobilizassem, pois vislumbravam a possibilidade de ficarem efetivamente como os únicos responsáveis pelos depósitos. Os advogados do Banco de Boston saíram de seu estado letárgico e argumentaram que a decisão do caso Beratz era "de abstrato pronunciamento", uma vez que a correntista já havia recuperado seus 13 mil dólares alguns meses atrás. Por isso — argumentaram — a Corte deveria julgar um caso menos avançado. Até aquele momento, os bancos tinham evitado o conflito direto com seus clientes e responsabilizavam o Estado pelo fim da Lei de Convertibilidade.

Os bancos afirmavam ter definido com o deputado Frigeri, presidente da Comissão de Fazenda e Finanças, um ditame sobre como liberar os depósitos detidos no *corralón*. Por conta disso, e fazendo referência aos grandes depósitos ainda não liberados, os bancos seriam compensados com um título do Estado que cobriria a diferença do valor pela redolarização. O Ministério da Economia manteve sua política preestabelecida.

Tomamos a decisão de liberar definitivamente os depósitos do *corralón*. Na quinta-feira do dia 27 de março, após o fechamento dos mercados, com a presença de Nielsen e Madcur, anunciei a liberação.

Os bancos pagariam aos poupadores por cada dólar o equivalente a 1,40 pesos mais CER — que a essa altura era de 2,05 pesos — e, pela diferença entre os 2,05 pesos e o nível do dólar, 2,85/2,90 pesos, o Estado daria aos correntistas — não aos bancos — um título público (BODEN) com vencimento em 2013. Para os depósitos superiores a 30 mil dólares, os bancos deveriam transferir para uma conta-poupança com vencimento em 90 dias, e para contas superiores a 71.248 pesos, transferir para uma conta com vencimento em 120 dias. Além disso, fizemos com que a operação fosse voluntária. Aqueles que não estivessem de acordo poderiam manter os depósitos no *corralón* e buscar o caminho judicial.

A diferença de custo para a sociedade era notável. Se tivéssemos cedido às pressões pelos títulos compulsórios em maio de 2002, o custo a ser pago seria a diferença entre 1,40 e 3,85 pesos, que era a cotação da época, para 100% do valor dos depósitos restringidos no *corralón*. Agora tínhamos que pagar a diferença entre 2,05 e 2,85/2,90 pesos para aproximadamente 20% dos depósitos que sobravam e que, a essa altura, eram sem reajuste: uma soma de somente 13 bilhões de pesos. O custo fiscal máximo passava a ser de 2,5 bilhões de dólares, o equivalente a 1% do PIB.

Ao mesmo tempo foi determinado que os bancos devolveriam os empréstimos da política de redescontos autorizada pelo BCRA no começo da crise, totalizando 20 bilhões de pesos a serem pagos em 70 parcelas ajustadas pelo CER e acrescido de taxa de juros de 3,5%. Por outro lado, deveriam oferecer garantias pelos redescontos, equivalentes a 25 bilhões de pesos. Essa política de redescontos ocorreu antes de minha posse e seu maior beneficiário foi o Banco Galicia (maior banco privado de capital argentino). Rapidamente, assim que pudemos, mudamos a política e fizemos um grande esforço para deter essa fonte de emissão monetária e de aceleração inflacionária. Anunciamos que enviaríamos ao Congresso um projeto de lei pelo qual se fixava o método para as compensações pela diferença entre os índices CER (baseado em preços) e o CVS (baseado em salários) — os índices foram substituídos como uma forma de subsidiar os endividados —, e se estabelecia que as liminares não seriam compensadas enquanto não houvesse uma sentença definitiva.

O método proposto para medir a diferença entre o CER e o CVS era a palavra final de que o Estado não pagaria compensações. O efeito foi sentido com o aumento de salários maior do que o aumento de preços durante vários meses, o que foi reduzindo a diferença entre os índices. Por outro lado, foi definido que o Estado não pagaria compensações por valores que foram considerados incobráveis nos balanços dos bancos, partindo do princípio de que esses prejuízos já estavam contabilizados. Com a diminuição das prestações (por causa da troca dos índices) os recebíveis dos bancos melhoraram. Anteriormente eu disse que as crises financeiras são resolvidas com tempo ou com dinheiro e que no caso argentino só dispúnhamos de tempo. Este caso foi a melhor prova disso, já que a medida de trocar os índices de reajuste para as hipotecas representou um subsídio — com ressarcimento para os bancos e um custo limitado para a sociedade — que tornou a situação estável sem representar custo para o Estado e sem comprometer os balanços dos bancos. O tempo, no contexto de uma política econômica expansiva, foi definitivamente a solução.

Surgiram algumas intrigas geradas pelo chefe de Gabinete, Alfredo Atanasof, que dada a sua proximidade com o presidente se tornou "a quinta roda do carro" — ou seja, inútil — ao anunciar que Duhalde não assinaria o Decreto de Necessidade e Urgência (medida provisória) para a liberação definitiva do *corralón*. A verdade era outra. Havia três alternativas: na primeira, o presidente poderia assinar a medida provisória, que era a opção preferida pelos bancos e pelo BCRA — ainda que timidamente; na segunda, a medida seria votada pelo Congresso, opção que atrasaria a liberação do *corralón* (Kirchner declarou publicamente que achava prudente que esse assunto fosse resolvido antes das eleições); na terceira, que era uma mescla das duas anteriores, ou seja, haveria medida provisória para a liberação imediata do *corralón* e projeto de lei para as compensações. A terceira opção foi a sugerida pelo Ministério da Economia e acatada pelo presidente.

Na manhã da sexta-feira, 28 de março, instigado pela reação positiva dos poupadores, o chefe de Gabinete disse que "Lavagna se precipitou" e que a operação de liberação do *corralón* seria mais demorada, pois o presidente não assinaria a medida provisória e havia outras possibilidades que ainda estavam sendo estudadas.

Nossa resposta foi imediata: Armando Torres, o porta-voz do Ministério da Economia, afirmou que na noite de quarta-feira, 26 de março, o presidente da República e o ministro da Economia tinham concordado com a imediata liberação do *corralón* por meio de medida provisória e o encaminhamento ao Congresso de um projeto de lei para as compensações. As dúvidas duraram muito pouco, uma hora após a declaração de Torres, o porta-voz do presidente, Luis Verdi, confirmou que a medida provisória estava assinada.

Em uma tentativa de explicar o mal-entendido, alguém próximo ao chefe de Gabinete disse que foi uma "pegadinha para lembrar ao ministro quem é que manda". Se foi realmente isso, o "tiro saiu pela culatra". No começo de abril, pouco após o ocorrido, o jornal *La Nación* publicou um artigo sobre Atanasof e suas manobras, e destacou que ele muitas vezes era desautorizado pelo presidente. De qualquer forma, nessa ocasião o chefe de Gabinete tinha se equivocado. Para não julgar intenções, pode-se dizer que a análise do jornal era apenas uma opinião; o que realmente aconteceu — a assinatura da medida provisória — era um fato.

No auge das contradições, alguns diziam que a liberação do *corralón* era um ato de campanha e outros insistiam que a equipe econômica não tomava decisões. Criticavam-nos por fazer, criticavam-nos por não fazer. Os bancos estavam furiosos porque queriam que as compensações fossem incluídas na medida provisória. Não compensaríamos os depósitos que haviam sido liberados por liminares e o critério pela diferença entre os índices CER e CVS seria — justificadamente — definido após a aprovação no Congresso. Além disso, acreditávamos que a votação do projeto de lei enviado não demoraria mais do que a tramitação normal de uma aprovação de lei pelo legislativo. De forma que ficar incomodado com isso era muito barulho por nada. Enquanto isso, iniciava-se a realização dos cálculos técnicos, banco por banco, auditorias e tudo o que fosse necessário para programar a nova medida. Imprescindível era a liberação imediata dos grandes depósitos ainda detidos do *corralón*, lembrando que os depósitos menores já tinham sido liberados.

2. A UNIFICAÇÃO MONETÁRIA

No momento de minha posse, assumi o compromisso de normalizar a economia argentina, com a anuência de minha equipe econômica e do presidente Duhalde, e para tanto era indispensável o resgate das quase-moedas emitidas pelas províncias.

Entre outros símbolos, a bandeira e a moeda caracterizam, no imaginário coletivo, a soberania nacional. Durante a crise do modelo da Convertibilidade dos anos 1990, que colapsou em 2001 — pouco mais de um ano antes —, a Argentina havia perdido a moeda única, e tanto a União como as províncias emitiram títulos que circulavam como papel-moeda — 13 moedas distintas no total — somando 7,6 bilhões de pesos ou 40% do total de moeda circulante no país.

No dia 10 de março de 2003, apresentamos publicamente o "Projeto de Unificação Monetária", e no dia seguinte o fizemos perante o

Gabinete Nacional. Nossa proposta era começar pelas províncias de Catamarca, Mendoza, Chaco, Entre Ríos, todas elas de governadores do partido União Cívica Radical. Em seguida, viriam Córdoba, Formosa, La Rioja e Tucumán, cujos mandatários eram do Partido Justicialista (peronista), e depois Corrientes, governada por uma coalizão entre a União Cívica Radical e o peronismo. As emissões tinham sido feitas pelas grandes províncias e por aquelas de menor tamanho econômico, e todas exigiam um resgate de paridade com o peso, o que não aceitamos.

Depois de uma reunião em abril de 2003, o governador do Chaco e presidente do partido União Cívica Radical, Ángel Rozas, disse que tinha encontrado um ministro "inflexível" quanto ao pedido de paridade. Os cinco acordos iniciais (Chaco, Formosa, La Rioja, Entre Ríos e Corrientes) representavam 14% do total de quase-moedas. O valor da emissão era de 610 milhões de pesos e o valor de mercado estimado era de 368 milhões.

A oposição, como era de se esperar, armou uma manobra para confundir a sociedade alegando que o resgate implicaria um corte nos salários de funcionários públicos, quando, na verdade, este corte havia acontecido no momento em que decidiram emitir as quase-moedas no final de 2001. O que acontecia era exatamente o contrário, unificávamos e fortalecíamos a moeda nacional. Na segunda metade de 2002 tínhamos conseguido que cessassem as emissões das quase-moedas, e agora era o momento da unificação monetária.

A princípio pensamos e propusemos que ficassem postergadas as duas emissões de Buenos Aires, o *Patacón* (moeda emitida pela província de Buenos Aires) e os 3,3 bilhões de pesos das emissões LECOP (pelo Governo Nacional), mas finalmente ambas foram incluídas no mês de abril. O valor do resgate seria estabelecido para cada província segundo a cotação, evitando premiar com a paridade aquelas que abusaram do instrumento excepcional. O BCRA licitaria o resgate através do Banco de La Nación e ao Ministério da Economia ficou reservada a fixação do valor de corte para o resgate. O governo emitiria títulos ao BCRA e descontaria o custo de unificação de cada província pelos repasses feitos pela Coparticipação Federal correspondente e com isso ficariam cancelados os títulos entregues ao órgão monetário nacional.

A anedota mais incrível — engraçada, não fosse trágica — surgiu de uma conversa com o governador de Tucumán, Julio Miranda. Para argumentar o aumento do valor da troca, Julio me explicou seriamente que eu estava equivocado sobre o que se deveria resgatar. Ele me explicava que os títulos-moedas que a província emitia para o pagamento dos salários de funcionários públicos, por exemplo, usados como moeda circulante, eram papéis de baixa denominação e impressos em "papel-moeda de baixa qualidade e que em poucos meses as notas desapareceriam". Em outras palavras, o próprio uso as destruiria. Talvez o governador tenha descoberto um novo método de controle monetário e por isso merecia o Prêmio Nobel de Economia. Não me convenceu e continuamos com a regra aproximada de valor de mercado.

3. A frente externa

Como tínhamos prometido, depois do acordo com o FMI, nos ocupamos intensamente dos credores privados.

Nielsen viajou com Palla e Madcur para Nova York, Washington e Tóquio, onde os credores começaram a desenvolver a ideia que levariam até o final: "A Argentina age de má-fé". Desativar o argumento que estava por trás dessas seis palavras foi uma das tarefas mais árduas que tivemos até o fim da troca dos títulos em moratória, o que aconteceu dois anos mais tarde, em 2005.

Em Tóquio tivemos que enfrentar 1.300 credores (todos pequenos investidores e, em muitos casos, agricultores aposentados com mais de 70 anos e alguns com mais de 80). Não foi fácil explicar a eles em uma reunião de mais de três horas a situação emergencial do país, sem desprezar o fato que do outro lado da mesa estavam pequenos investidores que haviam perdido uma parte considerável de suas poupanças. Nielsen contava que esta reunião foi uma das mais emotivas das muitas que ele participou, muito diferente das reuniões com lobistas de grandes investidores ou dos bancos, especialmente estes, que tinham sido os responsáveis pela disseminação dos títulos Samurai entre os pequenos poupadores, que não tinham conhecimento para saber os riscos implicados em títulos emitidos no ano 2000, quando a situação da economia argentina já era irreversível e insustentável.

Obviamente que nosso governo e seus respectivos ministros daquela época eram igualmente responsáveis, considerando o fato de que tinham conhecimento da real situação do país e mesmo assim continuaram girando um "pedal infernal" para manter a ficção da Convertibilidade. O que ajudava a explicar a situação era que a essa altura (início de 2003) muitos analistas tomavam coragem para criticar a sacrossanta Lei de Convertibilidade. Francisco González, do BBVA espanhol, e principalmente John Williamson, o pai do Consenso de Washington, foram particularmente críticos. Mas era uma pena que tivessem demorado tanto em reagir e, assim, por omissão, colaboraram com a ficção. De qualquer maneira, a reativação econômica, nesse momento, era valiosa e positiva.

Aos esclarecimentos já difundidos, adicionamos uma nova explicação, de minha parte, que se referia aos descontos (*haircut*): estes seriam entre 65% e 80%, para ganhar algum espaço de margem considerando os 70% anunciados. Os papéis em moratória eram cotados naquele momento em aproximadamente 20% do valor nominal, mas que naturalmente subiriam de preço quando o processo de regularização ganhasse ritmo.

A etapa inicial consistia em atender aos detentores de títulos e esclarecer a situação da dívida argentina de acordo com o país, a moeda e a legislação de emissão, temas que eram cuidados pela empresa Lazard Frères. Com essas questões entendidas, a nós do governo, e somente a nós, ficaria a tarefa de formular uma proposta de oferta. Contávamos com o apoio legal do escritório Cleary Gottlieb Steen & Hamilton, que trabalhava para o Estado argentino há muitos anos. Estava claro que havia uma combinação de três elementos decisivos: desconto sobre capital, diminuição nas taxas de juros e prorrogação dos prazos. Em companhia de Carlos Ruckauf, falei para a tradicional American Society em Nova York sobre esses três elementos e expliquei a importância da recuperação de nossa economia. Como ministro de Relações Exteriores, Ruckauf declarou a posição dos argentinos acerca da guerra no Iraque: "Não participamos e não apoiamos". Lamentavelmente, Ruckauf foi muito duro ao julgar o ex-presidente Fernando de la Rúa e o ex-ministro Cavallo, o que gerou um evidente mal-estar com Bill Rhodes, que presidia a sessão. Acredito que ele tenha caído de maneira desnecessária em uma provocação motivada por uma pergunta.

Nessa viagem pude me reunir com o presidente do Federal Reserve, William McDonough, e com Terrence Checki, quem anos depois (em

2005) tentou — sem sucesso — fazer uma proposta de renegociação que fosse aceitável para a realidade argentina e para os interesses dos credores. Estes nunca permitiram a Checki formular sua proposta, e assim foi encaminhada a dura, mas realista, oferta argentina. O presidente do Federal Reserve disse algo muito interessante: "Não conheço uma só pessoa no FMI, nos bancos e nos governos de países desenvolvidos que possa dizer que não teve responsabilidade pelo ocorrido na Argentina durante os anos 1990".

Junto ao argumento de má-fé começou a circular o comentário sobre a importância para a Argentina de se alcançar um acordo com os detentores privados de títulos da dívida externa em moratória, já que se tratava de uma condição fundamental para que o país pudesse retornar aos mercados de capitais. Preparamos nossa resposta. Existiam dois critérios para enfrentar a realidade argentina: a oferta de reestruturação da dívida deveria garantir a "aceitabilidade" dos mercados financeiros e a "sustentabilidade" da reestruturação deveria ser avaliada.

A lógica da Operação Blindagem (realizada pelo ex-ministro Machinea durante o mandato de Fernando de la Rúa) e da *megacanje* (também no mandato De la Rúa, mas já com o ex-ministro Cavallo), somente para mencionar as duas últimas operações de reestruturação da dívida argentina, era satisfazer a aceitabilidade dos mercados financeiros, o que foi rapidamente alcançado, mas com o agravamento da situação interna do país, o aumento da dívida e uma situação insustentável que levou a Argentina ao *default*. Para nós, em contrapartida, era preferível ser mais realista e apostar em um modelo que fosse sustentável e duradouro no tempo, e que permitisse, simultaneamente, a recuperação do país e o cumprimento das obrigações assumidas na reestruturação, sem precisar refazê-la em poucos meses — exceto nas lógicas e habituais operações necessárias para a administração da dívida externa pública.

Fiel ao estilo, fui taxativo em minhas declarações e, em última instância, na posição do Ministério da Economia, logo, do governo: "O acesso aos mercados internacionais de crédito nos tem causado muitos estragos. Foi-nos dito que se tratava de um modelo sustentável, mas com o tempo conhecemos outra realidade. Queremos investimentos diretos e não empréstimos".

Poucos anos depois, durante a megacrise financeira internacional de 2008, ficou evidente, e em escala mundial, a debilidade e irracionalidade dos mercados financeiros, a sua enorme capacidade de criar ilusão de solidez onde existia somente opacidade, especulação e visão a curtíssimo prazo.

Nesse meio-tempo, em casos pontuais, as decisões judiciais no exterior foram ora favoráveis, ora desfavoráveis. Um tribunal alemão sentenciou a favor dos credores e embargou o Consulado argentino em Bonn, ex-capital da Alemanha Ocidental. Em contrapartida, a corte de Milão sentenciou a favor da Argentina. Era óbvio que se tratavam de meras preliminares que deveriam ser atendidas legalmente, mas sem se deixar pressionar ou iludir no momento de fazer a oferta.

Enquanto estávamos nos Estados Unidos, era evidente a iminência da guerra do Iraque, diante do vencimento dos ultimatos, sem a intervenção das Nações Unidas, com grandes diferenças entre os EUA e a Europa, e com uma forte divisão dentro do Velho Continente entre posições contrárias de países intervencionistas, como Espanha (e seu premiê Aznar) e Grã-Bretanha (de Tony Blair), e países não intervencionistas, como França e Alemanha. Os EUA foram claros ao declarar que "não precisam de autorização de ninguém para atacar o Iraque". No dia 27 de março de 2003 foram jogadas as primeiras bombas em Bagdá, a antiga capital do Império Abássida e uma das cidades mais importantes do mundo na época em que Carlos Magno regia do Aquisgrão (Aachen) grande parte do atual mundo ocidental desenvolvido.

A situação da economia mundial, que ditava o ritmo de nossa própria situação e que nos afetou negativamente no ano anterior, continuava tensa, a ponto do Federal Reserve baixar sua taxa de juros para 1%. O vento permanecia contra.

Ao final de março, participei, junto com Nielsen, Alfonso Prat-Gay e Pedro Lacoste, da Assembleia Anual do Banco Interamericano de Desenvolvimento, em Milão. Em minha apresentação, comentei sobre aspectos internacionais e enfatizei o processo de estabilização e recuperação da economia argentina, fazendo a seguinte declaração: "A demora do FMI [em fechar o acordo] serviu para desenvolver a confiança da sociedade argentina em sua própria capacidade de resolver seus problemas", e destaquei a necessidade dos organismos financeiros multilaterais — como o BID, FMI e Banco Mundial — desempenharem uma assistência "anticíclica", diferentemente do que tinham feito até aquele momento.

Os banqueiros argentinos presentes — Amadeo Vázquez, Carlos Heller e outros — disseram que a "má vontade" para com a Argentina havia passado. Em todo caso, era notável a diferença com a reunião anterior (no início de 2002), em Fortaleza, no Brasil. Tanto os banqueiros como eu percebemos isso. Na reunião de Fortaleza eu participei como convidado do BID, uma vez que ainda não havia assumido a pasta da Economia. A verdade é que o FMI, o Banco Mundial e o BID estavam desembolsando os fundos comprometidos no marco do Programa.

Nessa viagem, eu me reuni com Anoop Singh, Randy Quarles, do Tesouro dos Estados Unidos, e com Jacob Frenkel, que havia deixado o Banco de Israel para trabalhar no Merrill Lynch e havia sido um dos últimos assessores de Domingo Cavallo. Segundo Juan Costa Climent, ministro de José María Aznar, Horst Köhler tinha dito que esperava que eu continuasse responsável pela economia argentina. Giulio Tremonti, o ministro italiano, recebeu a mesma informação.

Em contrapartida, evitei me reunir com o lobista dos credores italianos, Nicola Stock, que foi recebido por Nielsen, Palla e Madcur e pôde apresentar uma proposta que consistia em respeitar 100% o valor dos títulos — ou seja, sem nenhum desconto — e com um cronograma de pagamentos com prazos de quinze ou vinte anos. Como é possível observar, a diferença entre nossa posição e a de nossos credores era abismal. Nossa intenção era realizar um desconto próximo a 75% com prazos de mais de trinta anos.

O economista do BID, Guillermo Calvo, disse: "Lavagna conseguiu manter o gasto público sob controle [...] dadas às circunstâncias, realizou uma boa gestão". Calvo foi o encarregado de organizar um seminário sobre a reestruturação da dívida argentina e estranhamente não convidou funcionários do governo de nosso país, embora tenham sido convidados o governador de Salta, Juan Carlos Romero, e o economista Carlos Melconian, representantes de Menem. Ficava claro que o economista do Banco Interamericano acreditava que o ex-presidente Menem venceria as eleições.

Por outro lado, a combinação contraditória entre elogiar o governo e não convidar nenhum funcionário seu pode ser explicada pela mecânica que vinha sendo utilizada durante todo o ano: colocar pressão e criticar durante as negociações; elogiar depois de concluídas, para justificá-las. Neste caso, o elogio foi para a gestão macroeconômica, uma vez que o acordo com o FMI estava assinado, e a pressão era sobre o assunto a ser resolvido: a reestruturação da dívida.

Por esses dias a relação com o FMI era bastante tranquila. No princípio de março, o presidente Duhalde disse: "Reerguemos a pátria depois da queda", e José Pampuro declarou ao jornal *Página/12*: "Lavagna marcou época. Ele deu rumo à economia".

O *Clarín* escrevia sobre a presença de Anoop Singh em Buenos Aires e sobre uma reunião que tivemos: "O FMI deu um importante respaldo à Argentina". E, por sua vez, o informe do FMI dizia: "Todas as metas quantitativas para o final de janeiro foram alcançadas e há progresso nas metas estruturais relevantes".

O contexto tinha sido modificado de tal forma que na charge política de Sábat agora era Singh quem tomava choque ao tocar a campainha. Dawson destacava: "O governo conquistou avanços significativos", sem deixar de reconhecer que ainda faltavam coisas por fazer. Uma declaração parecida foi a de Köhler: "Comemoro a estabilização da economia argentina [...] mas a situação ainda é frágil".

Singh, após ter suas primeiras reuniões com Duhalde e comigo, iniciou um ciclo de conversas privadas com os candidatos. Teve encontros com Menem e seus economistas Pablo Rojo, Diego Estévez e Rogelio Frigerio Neto. Carrió recusou o encontro, Néstor Kirchner e Adolfo Rodríguez Saá enviaram seus assessores: José María Las Heras, Julio De Vido e Alberto Fernández (assessores de Kirchner), e Jorge Benalcázar e Luis Lusquiños (assessores de Rodríguez Saá).

4. Entre a gestão e a eleição. *Não* ao "pato manco"

Os estadunidenses usam a expressão *lame ducks* (patos mancos) para os governos em final de mandato, por sua progressiva perda de poder. Como fazer para evitar que nos tornássemos *lame ducks*? Pela magnitude da crise precisávamos manter o ritmo da normalização da economia e da realização de reformas. Havia uma só maneira: ignorar as eleições até o último momento e colocar pressão sobretudo naquilo que pudesse ser realizado em meio ao processo pré-eleitoral, e sem a participação do Congresso, que já estava totalmente submerso na campanha. Não se tratava somente de fazer, mas de evitar e, até mesmo, impedir que outros fizessem seguindo a lógica de favorecimento setorial ou atendendo a interesses particulares.

Felizmente, o jornal *Ámbito Financiero* me colocava no grupo dos condenados a deixar o governo. Além de mim, estavam: Miguel Ángel Toma, Jorge Matzkin, Carlos Ruckauf, Juan José Álvarez. Já havia dito, e reiterava naquele momento, que em matéria de política econômica "o importante é o que se faz e o que se impede que seja feito". A verdade é que tive que impedir muitas coisas. À medida que nos aproximávamos do final do mandato, as pressões eram mais fortes.

A primeira tarefa foi controlar uma campanha de opinião que se refletia nas caricaturas de um ministro e de sua equipe que fingiam trabalhar, e não tomavam decisões. Com indelicada clareza, Jorge Brito, presidente do Banco Macro, declarou em uma reportagem, referindo-se aos sucessivos *nãos* ao sistema bancário: "Este senhor que se chama Lavagna e que não resolve nenhum problema...". Devo dizer que alguns anos depois (em 2009) Brito disse à revista *Noticias*: "Hoje reconheço o mérito dele em não ter cedido às pressões setoriais. No momento em que do 1 para 1 passávamos ao 3 pesos por cada dólar todos os setores lhe pediam subsídios e compensações. Apesar disso, não cedeu e assegurou o superávit fiscal que dura até os dias de hoje".

A campanha sobre nossa suposta imobilidade era absurda. Uma equipe que havia liberado o *corralito* e o *corralón*, estabilizado o mercado financeiro, iniciado a reestruturação da dívida, unificado a moeda e gerado as condições para o aumento da produção com estabilidade e melhor distribuição de renda poderia ser acusada de qualquer coisa, menos de imobilidade. Não obstante, o poder dos *lobbies* e a capacidade dos meios de comunicação de colocar certas ideias na cabeça das pessoas é tão forte que não me parece absurdo questionar se com tal comportamente não estarão esvaziando de conteúdo a democracia.

Diante desse embate, retruquei: "Já basta de abusos. Não estamos de mãos atadas, governaremos até o último dia. Cada setor que recebe um *não* sai dizendo que o governo está imóvel". É justamente o contrário. Dizer *não* é tomar uma decisão. Provavelmente não era a decisão que nossos interlocutores esperavam, mas representava o que nós do governo acreditávamos ser compatível com a determinação de trabalhar para repartir de maneira equitativa os prejuízos gerados pela depressão, resultado da Convertibilidade. Nesse caso, o *não* era uma "ação", o oposto da "inação". Federico Poli, o novo chefe de Gabinete, escreveu um artigo dizendo: "Recusar é diferente de eludir".

Não eludíamos, decidíamos. Houve muitos *nãos*. Muitos outros:

— Aos produtores rurais, que com o apoio do secretário da Agricultura, Haroldo Lebed (nome proposto por Aníbal Fernández), fizeram uma greve de "porteiras para dentro", com a paralisação do comércio de grãos para que baixássemos os impostos.
— Ao subsídio ao combustível para as companhias aéreas.
— Ao setor automotivo, que exigia pagamentos dolarizados ou indexações das dívidas do Plano Troca (da época de Menem) que nunca tinham sido pagos.
— Aos ex-funcionários da Repsol-YPF que, coordenados por um pequeno escritório de advocacia, pediam indenizações altíssimas.
— Aos frigoríficos e às empresas de laticínios.

Além disso, confirmamos várias decisões sobre temas já resolvidos, mas que teimavam em ressurgir, como a redolarização dos fundos de pensão privados; os contratos de *leasing*; os pedidos da Associação de Seguros de Vida e do Instituto Nacional de Associativismo. Aprovamos, também, um decreto que ratificava e reforçava a proibição de se ajustar os balanços das empresas pelo índice da inflação, como tentativa de diminuir o imposto de renda a ser pago.

Um segmento sensível era a imprensa. Em meados de março, nos reunimos com o presidente, em sua residência em Olivos, e com Magneto, do Grupo *Clarín*, que apresentou alguns problemas e interesses, declarando que o candidato Menem tinha se comprometido em resolvê-los caso fosse eleito. Educadamente, não deixou de explicitar que eu, em contrapartida, não estava tratando desses problemas. Duhalde escutou sem assumir qualquer compromisso e deixou uma mensagem implícita que não foi bem recebida por nosso interlocutor: "Façam o que quiserem".

Com o jornal *La Nación*, que passava por um momento difícil, as coisas eram diferentes. José Claudio Escribano me fez uma visita para confirmar que com apoios locais havia resolvido suas dificuldades. O Citibank e o Banco de Boston tinham pressionado bastante o jornal, gerando inclusive um rumor que os bancos venderiam seus créditos a Manzano-De Narváez. Agradeceu minha intervenção. Sem colocar fundos públicos, falei com o segundo homem do Departamento de Estado dos Estados Unidos, Alan Larson, sobre a importância que o jornal tinha na Argentina e enfatizei a necessidade de os bancos norte-americanos, que pressionavam insistentemente o jornal, começarem a enxergar o *La Nación* de um ponto de vista institucional e não somente como uma empresa. Minha iniciativa teve o efeito de facilitar junto aos investidores privados locais a solução do problema. Obviamente, minha postura não modificou em nada a preferência eleitoral do jornal.

Mas não se pode negar que fazer política econômica também inclui muitos *sins* e muitas ações deliberadas, como por exemplo:

— 100 mil subsídios de 150 pesos ao mês para idosos.
— Acordos para baixar entre 6% e 8% o preço do leite em troca de fundos de pré-financiamento de exportações.
— Manter vigente os *tickets* para as cestas básicas oferecidas às pessoas com salários inferiores a 1.500 pesos mensais, favorecendo 1 milhão de trabalhadores.
— Maior flexibilidade para o envio de dólares ao exterior, de 150 mil dólares mensais para 200 mil.
— A importantíssima Lei do Fundo de Incentivo Docente, que permitiu pagar dívidas anteriores e aplicar quase 1,6 bilhão de pesos na área de docência. Pudemos colocar fim à greve dos docentes que havia sido a expressão de muitas reclamações durante longos e trágicos anos.
— Autorizamos o uso de 250 milhões de pesos em títulos voluntários para a compra de veículos e 300 milhões de pesos para a construção de edificações novas.
— Desconto de 3% do IVA para compras com cartão de crédito no valor de até 1.000 pesos mensais.
— Evitamos mudanças bruscas na cotação do dólar, considerando que a volatilidade cambial não era desejada na lógica de nosso plano.
— Demos fim ao inútil gasto fiscal dos Planos de Competitivida-

de, desnecessários levando em consideração o câmbio competitivo e a sanção do Imposto de Renda sobre os *drawbacks*.
— Reconhecemos junto aos credores internos do Estado que pagaríamos até 90% da dívida — de origem não financeira — caso houvesse uma contrapartida de três pesos investidos por cada peso em pagamento. Este sistema complementava o sistema de licitações com quitação de dívidas públicas antigas com fornecedores do Estado.

Infelizmente, não conseguimos pôr em prática outras ações, como, por exemplo, evitar a prorrogação por dez anos sem a estipulação de condições pró-eficiência do Regime Aduaneiro Especial de Tierra del Fuego, que foi emitido sem a minha assinatura, mas embasado pela decisão de um procurador. É evidente que minha intenção era manter o regime, apesar de seus erros e abusos, porque, para além de seu valor econômico, apresentava o valor estratégico de ocupação territorial. A intenção do Ministério era assegurar que a prorrogação tivesse como finalidade desenvolver, com maior intensidade, atividades sustentáveis no futuro, sem dar tratamento diferenciado nem criar conflitos com outras áreas aduaneiras do continente. A pressa impediu que fizéssemos a atualização do regime.

Em se tratando de tarifas, continuávamos com uma árdua disputa legal. As empresas privatizadas de serviços públicos voltaram a reclamar — era a quarta vez —, e respondemos por meio de uma carta formal recomendando que elas requeressem suas exigências junto ao sistema judiciário nacional, pois já havíamos feito quatro tentativas. As empresas evitavam entrar na justiça, assim como no caso das liminares e dos bancos, pois era evidente que preferiam que todo o peso da ação recaísse sobre o Estado. Por acreditar que a queixa registrada em carta poderia ser utilizada futuramente na Corte, optamos por uma resposta formal e também registrada em carta oficial, declarando a inação judicial das empresas.

No entanto, havia uma boa notícia: a empresa de telefonia Telecom conseguiu reestruturar sua dívida de 350 milhões de dólares com um desconto de 50%. Era um caso que evidenciava o quão importante era as empresas reiniciarem suas renegociações, sabendo que o Estado não ofereceria nenhum tipo de ajuda, como seguro cambial ou qualquer outra medida. Era o momento das empresas privadas encararem a nova realidade econômica e trabalharem no sentido de ordenar suas dívidas. O exemplo da Telecom foi de importância crucial e um modelo de como o governo entendia que as empresas deveriam agir.

Nos preparativos para o fim do *corralón*, o Banco Central restringiu ainda mais a política de redescontos, coincidindo com a forte restrição que o Ministério da Economia vinha apregoando sobre a frouxa política de redescontos até então. Mesmo assim, foram alterados os índices para os depósitos compulsórios dos bancos, que era de 40% para as contas-poupança, 0% para os depósitos do *corralón* e 22% para conta-corrente. O compulsório para as contas-poupança mudou para 22% (inclusive para os depósitos do *corralón*) e ficou estabelecida uma escala de acordo com o prazo de vencimento do depósito, numa tentativa de se incentivar as aplicações de renda fixa mais longas. O depósito compulsório para aplicações de até 29 dias ficou em 12%, entre 30 e 59 dias em 9%, e superior a 365 dias em 0%.

5. A política diante das eleições e um balanço comparativo da economia

Carlos Menem insistia em se mostrar para o exterior como o melhor aluno. Néstor Kirchner ia e vinha sobre muitos assuntos sem uma postura definida em praticamente nenhum deles. No caso da malha ferroviária, por exemplo, falava em reestatizá-la, evocando as políticas dos anos 1970. Esse tema voltou a aparecer na segunda metade de seu mandato, a partir de 2006, quando realizou várias estatizações, de fato e de direito, depois de modificar, entre outras coisas, sua equipe econômico-social.

De Comodoro Rivadavia, capital da província de Santa Cruz, no extremo sul, Kirchner disse que aspirava governar uma Argentina sem divisões e que trabalharia para "construir uma só Argentina". Alguns anos depois, não podemos deixar de lembrar que "melhor do que dizer, é fazer". Como tantas outras promessas de campanha, esta foi mais uma que não se cumpriu e, a partir de 2007, ficou cada vez mais clara uma atitude divisionista. Por sua vez, as atitudes do próprio Kirchner e de seus seguidores abriram caminho ao outro extremo, que ele próprio denominou de "condutas fragmentadoras" de certos setores de poder. Quando, pouco tempo depois, no final de 2008, ofereceram anistia à evasão fiscal com o repatriamento de capital fora do país, uma lavagem de dinheiro "sujo", lembramos que também não tinha sido cumprida a promessa feita em um ato político no Teatro Coliseo: "Tragam o traje listrado para os sonegadores".

Felipe Solá agradeceu ao presidente Duhalde por ter arrumado o país e por "priorizar os humildes como não se havia feito nos últimos quinze anos".

Ao mesmo tempo, confirmava-se o aumento do PIB com relação ao quarto trimestre do ano anterior, exatamente como havíamos previsto. Cedia finalmente a depressão econômica, iniciada em 1998, com o crescimento de 0,8% do PIB na comparação trimestral. A queda do PIB interanual, que quando assumi o Ministério era de 16%, contraiu-se para 10,9%, próximo à queda registrada no longínquo ano de 1914, quando a economia argentina diminuiu 10%. Não restavam dúvidas de que saíamos da pior depressão em um século. O primeiro trimestre de 2003 vislumbrava um claro sinal positivo e se converteria no segundo trimestre de crescimento depois de quase dois anos de queda consecutiva do PIB.

Foram criados 861 mil novos postos de trabalho, dos quais 331 mil procediam da iniciativa privada. Menos de meio milhão de pessoas estavam desempregadas, e principalmente os jovens e as mulheres voltavam a procurar emprego de maneira ativa. Com esses dados em mãos, aproveitei para declarar: "Apesar da severa circunstância internacional, a transição do governo será feita com crescimento do PIB e com geração de empregos".

Segundo os dados de fevereiro de 2003, a economia do país crescia a uma taxa de 5,8% ao ano, com estimativas positivas para todo o ano. A indústria progrediu 21,4% nos primeiros dois meses do ano. A produção da indústria têxtil, por exemplo, tinha aumentado 17% na comparação entre abril de 2002 e 2003. A produção de minérios metálicos aumentou em 31,3%, e a de automóveis em 18,9%, no mesmo período. A inflação desacelerava na medida em que o PIB avançava: a taxa de inflação mensal em março foi de 0,5%, diante das taxas de 10,4% para as vendas no varejo e 19,9% no atacado no momento de minha posse (abril de 2002). A cotação do dólar que girava em torno de 4 pesos quando assumi, com previsões de chegar de 8 a 10 pesos, mas cujo máximo foi de 3,95 pesos, estava em março de 2003 flutuando entre 3,10 e 2,98 pesos por dólar, exatamente o que havíamos fixado como ideal (em torno dos 3 pesos). O déficit fiscal das províncias estava em pouco menos de 1,2 bilhões de pesos em dezembro de 2002, comparado aos 6,4 bilhões de dezembro de 2001. As importações, principalmente de bens de capital, aumentaram 24%, representando uma retomada dos investimentos — foi o primeiro aumento das importações desde abril de 2001. Os valores relacionados ao investimento estrangeiro direto, no primeiro trimestre, foram de quase 2 bilhões de dólares e a arrecadação subiu 51%. O total dos investimentos tinha aumentado e o superávit comercial expandido, enquanto os superávits primários da Nação e das províncias se consolidavam. O setor turístico declarava que o verão de 2003 era o melhor em 12 anos.

Nada disso foi suficiente para que a ortodoxia — a direita conservadora — aceitasse nossa equipe econômica. O jornalista Joaquín Morales Solá escrevia que Pedro Lacoste seria o próximo ministro da Economia — outro desejo frustrado, depois de anunciar que López Murphy venceria as eleições.

Após a minha apresentação a convite de Roberto Rocca no Circolo Italiano, habitual ponto de encontro dos descendentes de italianos, o jornal *Ámbito Financiero*, em um artigo assinado com um pseudônimo, fez uma série de piadas racistas e de mau gosto, me qualificando como *ligure*, *genovés* — possivelmente judeu —, e dizendo que me chamavam de "cocaína... por criar a ilusão de tudo estar bem".

Com uma série de opiniões positivas a meu respeito ao longo do mês de abril de 2003, quisessem ou não, meu papel na campanha foi aumentando sem que eu fizesse nada. Cronologicamente, as notícias se deram da seguinte maneira:

— O *Financial Times* elogiou a gestão iniciada em abril de 2002.
— O ministro Aníbal Fernández derramou elogios, sem deixar de reconhecer que em abril de 2002 se inclinou pela escolha de Guillermo Calvo para o Ministério da Economia.
— A revista *The Economist*, quase tapando o nariz, disse: "Fez mais do que reconhecem, mas menos do que deveria".
— Menem, como consequência da "lavagnização" da campanha

eleitoral, optou por evitar comparações e anunciou que não teria um Ministério da Economia, mas apenas uma Secretaria da Fazenda.

— O Mora y Araujo afirmou: "O que ameaça Kirchner é o efeito Lavagna".

— O sempre esquivo Horst Köhler declarou que "a situação está definitivamente estabilizada".

— Alberto Fernández foi contundente: "Lavagna é o piloto que nos tirou da crise".

— Novamente o jornal *Financial Times*, que agora dizia: "Kirchner aproveita o impacto positivo do apoio do ministro Lavagna [...] podem melhorar significativamente suas chances de triunfo".

— A consultoria Analogías, baseada em pesquisas, publicou: "Kirchner vai até o fim com Roberto Lavagna, confia em sua imagem". Todos os entrevistados coincidiam que o "impacto foi positivo".

— Anoop Singh, fazendo referência à nossa equipe, disse: "As discussões ajudaram enormemente a clarear nossas ideias sobre o que é necessário para um crescimento duradouro".

— O próprio Kirchner, sempre pouco disposto a fazer reconhecimentos, disse em uma reportagem ao *Página/12*: "Acredito que com uma posição digna, estando ou não de acordo, Lavagna conseguiu reconstruir um funcionamento diferente da Argentina, interna e externamente".

— Na CGT, com respaldo adicional de Ginés González García, reconheciam uma "gestão muito boa".

— No Federal Reserve, o Banco Central dos Estados Unidos, diziam sobre nossa equipe econômica: "São pessoas sérias, de palavras claras, que transmitem muita confiança. É o que a Argentina mais necessita neste momento".

— Essa declaração veio logo após Kirchner confirmar que eu e minha equipe permaneceríamos no Ministério da Economia "para garantir a governabilidade e previsibilidade", em um anúncio realizado no dia 16 de abril, a duas semanas das eleições presidenciais.

— Alguns meios de comunicação disseram que isso tinha sido

"um gesto desesperado, que colocava Lavagna no meio da disputa eleitoral".

— Outros meios afirmaram: "Homem de governo e de Estado".
— Alberto Fernández, em outro pronunciamento, foi categórico: "Roberto Lavagna é um homem de governo, conseguiu estabilizar, normalizar e iniciar a recuperação econômica, deixando para trás a mais severa crise da história argentina", frase que logo foi usada pela campanha de Kirchner.
— O *Clarín* publicou: "Kirchner se aproxima mais de Lavagna", e citava uma declaração dele: "[Lavagna] não é gerente do setor financeiro".
— O *La Nación* escreveu: "[Lavagna] tem o mérito de haver detido o colapso da economia".

6. Nossa ação. Os últimos dias antes da disputa eleitoral

As medidas dos últimos dias do mandato de Duhalde foram:

— Para o resgate das quase-moedas, foi definido para os funcionários públicos e aposentados um câmbio de 1 pra 1, diferenciando-os dos especuladores, que as compravam por um valor muito inferior ao seu valor nominal.
— Junto ao BCRA, eu e Carlos Heller, presidente do Banco Credicoop, flexibilizamos os pré-requisitos creditícios.
— Não aceitamos o pedido de prorrogação e diminuição do IVA feito pelos representantes do agronegócio, Luciano Miguens, Eduardo Bussi, Manuel Cabanellas e Mario Raitieri. Pela negativa nos ameaçaram não votar em Kirchner, que era o candidato do governo. Alguns anos depois, em 2007, eles se esqueceram da ameaça e votaram na quase reeleição presidencial a favor da candidatura de Cristina Kirchner. Não demoraram em se arrepender. Os dirigentes da Argentina mantêm a regra da volatilidade e da visão de curto prazo.
— Foi anunciado um aumento salarial de 50 pesos além dos 150 pesos já estipulados, no começo do ano, para 4,1 milhões de

trabalhadores. Participei desse anúncio na companhia da ministra do Trabalho e fizemos questão de esclarecer que o aumento era parte do crescimento de 9% da produtividade da economia argentina desde o início da recuperação. O elemento pouco comum na história política argentina e que foi reconhecido pelos meios de comunicação era a presença do ministro da Economia em uma coletiva de imprensa no Ministério do Trabalho.

— Emitimos títulos públicos para o pagamento da diferença gerada pela diminuição dos salários de funcionários públicos e aposentados, realizada ainda no governo da Alianza.

— Descartamos a proposta, que nos chegou pelo vice-chanceler italiano Mario Baccini, de efetuar uma operação de troca para 340 mil italianos com títulos argentinos em moratória. Não era uma proposta viável para uma dívida massiva de aproximadamente 100 bilhões de dólares (note-se que se trata de uma cifra com onze zeros) que tínhamos que reestruturar.

— Ficou estabelecido que os títulos de compensação para as hipotecas que sofreram a troca dos índices de atualização (o índice de preços CER pelo índice salarial CVS) seriam entregues *pari passu* com a ampliação da carteira creditícia. A compensação aos bancos era para que os mesmos pudessem restabelecer o crédito, mas não se tratava de uma medida para fortalecê-los. Tal fato foi a gota d'água para que Jorge Brito deixasse a ABA e refundasse a ADEBA, a Associação de Bancos Nacionais.

— A partir do aprendizado que tivemos como denunciantes no caso já citado contra o Chile, iniciamos uma queixa na OMC, junto com o Ministério de Relações Exteriores, contra as restrições à importação de aço por parte dos Estados Unidos.

— O BCRA desbloqueou 60% dos títulos de compensação entregues aos bancos pela pesificação assimétrica, títulos que foram bloqueados por apresentação, pelos bancos, de valores desencontrados. O caso Citibank era dos mais notáveis. Enquanto o banco se queixava insistentemente com o governo argentino e no exterior por meio de Rhodes, seus auditores externos não entravam em acordo sobre os valores demandados. O bloqueio foi feito justamente para que o Estado pudesse assegurar os valores demandados banco a banco. Seis meses depois, chegamos ao consenso que liberar 60% do valor inicial seria suficiente para compensar os bancos e proteger o Estado.

— Finalmente foram publicados os valores sobre o imposto para a riqueza (imposto sobre bens pessoais). Os arrecadadores totalizavam mais de 100 mil pessoas, número superior ao registrado em 2001. Era o efeito da medida de não indexar isenções e valores mínimos não tributáveis e seguia nosso princípio de equilibrar o peso tributário e os custos dos processos de quebra.

— Houve mais um pequeno atrito com Alfredo Atanasof por sua declaração de que "seria muito importante o papel do FMI na renegociação da dívida com os particulares", contradizendo totalmente nossa estratégia de deixar o FMI de lado por saber que o órgão multilateral ficaria do lado dos indivíduos com títulos públicos em moratória. Não tive escolha a não ser declarar novamente e publicamente que não havia espaço para o FMI na negociação com nossos credores privados. Era um assunto delicado e demonstrava a dificuldade que tínhamos para alinhar as pessoas do governo dentro de nossa estratégia, principalmente fazer com que as pessoas sem responsabilidade direta nos assuntos ficassem de boca fechada.

Também fizemos uma viagem aos Estados Unidos, no dia 10 de abril, para participar de reuniões com os interlocutores de sempre. Nelas, o clima era outro, muito mais ameno, embora tenhamos identificado nossas divergências de critério. Algumas das divergências foram:

— Os bancos públicos, para os quais o FMI tinha proposto limitações, apresentaram resultados muito bons: captaram 41,3% do total de depósitos, sendo que em dezembro de 2001 sua participação era de 31,9%.

— A participação dos bancos estrangeiros nos depósitos caiu de 51% para menos de 44%, e os bancos de capital argentino perderam dois pontos percentuais de participação, ficando com 15% dos depósitos.

— Não estávamos de acordo sobre o que eles chamavam de impostos distorcidos, como as retenções sobre as exportações e o imposto ao cheque.

— O mais importante foi a negociação para ampliação da oferta monetária considerando o aumento da demanda de dinheiro circulante que o país vinha sofrendo. Esse cenário nos permitia comprar dólares no mercado de câmbio ao mesmo tempo em que mantínhamos sua cotação estável devido à diminuição das taxas de juros. Este ponto foi um dos mais críticos em nossa negociação com o FMI, mas fomos autorizados a não ter de absorver 1 bilhão de pesos. Era uma clara demonstração de reconhecimento da genuína demanda de dinheiro que havia no país.

— Singh delineou suas clássicas prioridades mais uma vez: aumento das tarifas de serviços públicos e reforma do sistema financeiro. Esses dois pontos não tinham sido precisados na Carta de Intenção, com o intuito de não assumirmos compromissos e evitar pressões posteriores.

Contra todos os prognósticos, a posição econômica do país era sólida, não somente pelo avanço macroeconômico, mas também pelo programa de desendividamento que iniciamos. No ano do desastre, em 2001, a Argentina tinha recebido 9,6 bilhões de dólares líquidos em crédito; em 2002, pagamos 4,2 bilhões de dólares, e outros 900 milhões de dólares nos primeiros três meses de 2003. Nossa postura argumentativa era muito forte. Nesse momento, resultado do acordo com os organismos multilaterais e da nossa política de diminuição da dívida externa, estávamos em dia com o pagamento (capital e juros) de 52% da dívida argentina. Permanecia em moratória 48%, referentes aos títulos públicos que estavam nas mãos de privados com quem iniciávamos uma negociação.

Em uma reunião de almoço com o vice-presidente David de Ferranti e o Diretório do Banco Mundial, reafirmei minha posição favorável a uma mudança na política do banco, que fosse contra os créditos de ajuste estrutural — empréstimos que eram usados para condicionar as políticas dos países —, e me mostrei favorável à volta dos créditos de investimento.

O holandês Adrian Melkert, ex-ministro do Trabalho e ex-candidato a primeiro-ministro, foi um dos poucos que apoiou minha posição. Minha ideia, no entanto, não foi bem recebida pelos brasileiros e mexicanos. Talvez por suas respectivas situações de endividamento, forçando-os a deixar o maior número de linhas de crédito disponíveis e que quase sempre podem ser disponibilizadas mais rapidamente do que um empréstimo para infraestrutura. Nesse mesmo encontro, destaquei como dado positivo para a Argentina o fato de os candidatos à presidência já não falarem mais sobre a redolarização da economia ou um novo Plano de Convertibilidade.

Com John Taylor, que havia reconhecido a estabilização, conversei sobre o futuro. Dei minha opinião de cidadão favorável a Kirchner, mas não garanti que minha equipe ou eu fôssemos continuar no governo. Os rumores indicavam que, caso eu continuasse, seria como ministro de Relações Exteriores ou como negociador da dívida, mas não como ministro da Economia. Como já foi dito, poucos dias antes das eleições decidiu-se que a equipe econômica seria mantida caso Kirchner fosse eleito — seria o primeiro caso, na história argentina, de manutenção do ministro da Economia na transição entre dois governos constitucionais.

Na companhia de Köhler jantei com ministros de 23 países em desenvolvimento (G-24) e discutimos a situação internacional. O preço do petróleo havia subido e as bolsas caíram em todo mundo. Guillermo Nielsen seguiu viagem a Boston para conversar com investidores institucionais. Como já era habitual, sempre que viajávamos surgia algum inconveniente inesperado, e, nesse caso, o Senado emitiu uma meia sanção a uma nova prorrogação de hipotecas por noventa dias, totalmente desnecessária considerando que o sistema voluntário estava funcionando como previsto.

Em várias reuniões esclareci que, desde que ocupei o cargo de ministro, disponibilizei informações de maneira uniforme a todos os candidatos que me pediram. Um dia antes, Bagdá havia sido tomada pelas forças americanas. Na América Latina, a discussão era se Cuba seria ou não condenada pela Comissão de Direitos Humanos em Genebra. Duhalde decidiu que a Argentina se absteria, assim como fez o Brasil. Os Estados Unidos não deixaram de demonstrar sua decepção com a posição argentina. Não tive participação nesse assunto, mas gostaria de ter dado uma declaração que condenasse veementemente o embargo imposto pelos Estados Unidos, assim como ter feito uma advertência mais firme sobre os direitos humanos em Cuba. Os direitos humanos devem ser defendidos integralmente e não com visões ideológicas e distorcidas. De qualquer maneira, preferi não intervir para respeitar as prioridades políticas, que nesse assunto correspondiam à Chancelaria. No momento da decisão, em meados de abril de 2003, esse tema não apresentava impactos imediatos sobre as questões econômicas.

7. O jogo das pesquisas. Nem derrotistas, nem demagogos

As manobras da imprensa e das pesquisas foram muito fortes nos dias que antecederam as eleições de abril de 2003. Foi algo parecido ao que hoje em dia acontece poucas horas antes de um ato eleitoral. Podíamos observar claramente uma grande manipulação dos números de acordo com o instituto que realizava a pesquisa. Os resultados variavam segundo o contratante da pesquisa ou segundo a maneira de entender a realidade dos institutos, fosse ela mais ou menos próxima às políticas dos anos 1990.

No dia 13 de abril, a maioria das pesquisas apontava Carlos Menem em primeiro lugar, seguido por Adolfo Rodríguez Saá e Ricardo López Murphy. Ali começava uma operação para dar impulso e força a López Murphy, que havia sido ministro da Defesa de Fernando de la Rúa. O jornal *La Nación* e seu principal colunista, o jornalista Joaquín Morales Solá, tiveram um papel destacado.

Na percepção da CGT, segundo Armando Cavalieri, os candidatos favoritos eram Menem e Adolfo Rodríguez Saá.

Como minha equipe e eu participávamos de maneira discreta na campanha, porque não queríamos fazer nada que comprometesse a transição, os opositores criavam ficções a respeito. O portal *Infobae* declarou: "O ministro joga na retranca com Kirchner".

Eu me mantive calado na maioria das vezes, só reagindo diante de declarações derrotistas e demagogas. Quando falavam sobre a "pesada herança" não sabiam o verdadeiro significado do que diziam. "Pesada herança" foi o que recebemos em abril de 2002, quando o país se debatia em uma situação de alta violência social, econômica, política e cultural em meio ao caos institucional e alta instabilidade. Centenas de milhares de compatriotas não tinham o que comer e lutavam entre a pobreza e a indigência, numa queda sem limite. Foram excluídos do mundo pela irresponsabilidade de alguns, sob festas e aplausos de outros. Milhares de argentinos haviam perdido suas poupanças de toda uma vida. "Pesada herança" foi, definitivamente, os panelaços e suas causas, os protestos, a desintegração social, a desnutrição, o colapso do sistema de saúde, a destruição dos salários, o fim dos tempos necessários para as tomadas de decisões, as pressões setoriais a favor de seus interesses sem preocupação com o bem de todos. "Pesada herança" foi o que nos deixou a Convertibilidade dos anos 1990 e a incapacidade de muitos líderes em tomar decisões acertadas com o foco centrado no médio e longo prazo, líderes que entendessem que dizer *não* é também uma decisão estratégica e que a política deve ser uma ferramenta que articule os interesses contrapostos de distintos setores sociais, e nunca — nem o Estado — a ferramenta encarregada de fazer concessões e beneficiar a alguns poucos cidadãos. "Pesada herança" havia sido tudo isso.

Em abril de 2003, o país estava estabilizado. Crescia, redistribuía e tinha todo o espaço necessário para seguir e ampliar o desenho de um projeto de médio e longo prazo. Disse que quem utilizava como argumento isso da "pesada herança" "deveria deixar de reclamar e de inventar desculpas" e que "o governo não é para chorões". Em Córdoba afirmei: "O próximo governo não terá que apagar nenhum incêndio, terá assuntos e problemas a resolver", o que é natural em qualquer país.

Não aceitei demagogia. Menem e López Murphy prometeram diminuir a carga tributária e aumentar significativamente o superávit primário, além de dizer que poderiam conseguir facilmente 20, 25 e até 30 bilhões de dólares no exterior para resolver os problemas do país. Não era verdade e seria uma má política: significaria o retorno ao elevado endividamento.

Insisti que sem crescimento econômico não teríamos como honrar nossas dívidas. Foi o que não disseram em 1995 e terminamos com operações de rolagens e reestruturações da dívida externa que quebraram o país. Ao mesmo tempo, destaquei: "Os planos sociais são absolutamente imprescindíveis".

Adverti contra a ideia de que a redução do número de funcionários públicos seria a solução para os problemas do país. Essa tinha sido precisamente uma das medidas que López Murphy havia tentado implantar em 2001 — antes que fosse substituído por Domingo Cavallo, lamentavelmente, de uma forma muito deselegante — e que o levou a ter que renunciar poucos dias após assumir.

A dança das pesquisas se intensificou a partir de meados de abril. O jornal *La Nación* mostrava que Carlos Menem e López Murphy cresciam e Néstor Kirchner tinha um desempenho ruim. O *Clarín* destacava López Murphy e seu crescimento entre os eleitores. Conforme escrevi em alguns parágrafos acima, no dia 16 de abril Kirchner anunciou que manteria a equipe econômica no programa *Todo Noticias* de um canal da televisão fechada. Quase imediatamente chegou a mim um pedido para que gravasse uma vinheta eleitoral. Alberto Fernández, chefe de campanha, veio até o meu gabinete no Ministério com o texto que eu deveria ler. Prontamente descartei o texto apresentado, que era muito elogioso quanto às qualidades reais ou supostas do candidato — que era apresentado mais como um líder carismático do que como um homem de Estado. Deixei nas mãos de Eduardo Pérez, Federico Poli e Jorge Sarghini a edição do texto final. A vinheta eleitoral, na qual, sem fazer grandes elogios, eu manifestava minha vontade de votar em Kirchner, foi intensamente divulgada nos últimos dias da campanha. Esta foi a minha única participação política naquelas eleições, feita no dia 17 de abril de 2003, dez dias antes das votações.

Nenhum integrante de minha equipe participou do encontro com sessenta economistas ligados a Kirchner ou do ato de encerramento de sua campanha na cidade de La Matanza, onde estiveram entre 15 e 30 mil pessoas, segundo as várias fontes que noticiaram o evento. Duhalde foi o mais ovacionado entre os presentes e, segundo consta, minha ausência foi a mais sentida. Assim como não havia aceitado a demagogia dos outros, não fiz concessões para demagogia do nosso lado. Participei como convidado do popular programa de televisão de Mirtha Legrand e mantive nossa posição sobre concessões aos bancos e ao agronegócio.

Pensando melhor, talvez eu pudesse ter sido um pouco mais político, mais flexível, mais simpático, mas a verdade é que depois de ter passado o que passamos, temendo pela magnitude dos problemas que tínhamos que resolver, meu espírito não estava preparado para as concessões fáceis.

No dia 18 de abril, Julio Aurelio declarou que Menem e López

Murphy iriam para o segundo turno. Menem tirava fotos com Reutemann e falava sobre oferecer a ele um ministério, o que logo foi desmentido pelo próprio Reutemann.

A partir do dia 22 de abril, ficou ainda mais evidente a monumental operação midiática em torno ao segundo turno, em que os candidatos seriam Menem e López Murphy. O jornalista Rosendo Fraga e o *La Nación* eram parte importante desse movimento. Ficava cada vez mais claro que esse embate no segundo turno era desejado por empresários e banqueiros.

Na União Industrial Argentina, a situação não era unânime e a eleição interna, pela primeira vez, contava com dois candidatos: Guillermo Gotelli, com uma visão mais industrialista, e Alberto Álvarez Gaiani, um candidato mais ortodoxo.

Preferi me manter distante e disse apenas que, para uma discussão racional, era importante ter uma direita com papel relevante. Kirchner se aproximava cada vez mais de minha equipe econômica e declarou "que não faria pagamentos que resultassem em fome na Argentina". Menem, depois do fiasco de não conseguir o compromisso com Reutemann, sugeriu colocar o empresário e político Francisco de Narváez como ministro da Saúde.

No dia 24 de abril, os diferentes institutos de pesquisa eleitoral apresentaram os seguintes resultados:

1° Menem, 2° López Murphy (Instituto Mora y Araujo)
1° Menem, 2° López Murphy (Instituto Catterberg)
1° Menem, 2° López Murphy (Instituto Julio Aurelio)
1° López Murphy, 2° Kirchner (Instituto Ricardo Rouvier)
1° Menem, 2° Kirchner (Instituto Fara)
1° Menem, 2° Kirchner (Instituto Enrique Zuleta)
1° Menem, 2° Kirchner (Instituto Analogías)

As pesquisas de Catterberg e Julio Aurelio eram vistas pela maioria da população como as mais "relativamente" independentes.

A maioria apontava Menem em primeiro lugar. A disputa, estava claro, era pelo segundo lugar.

Segundo o jornal *Clarín*, as preferências para ministro da Economia eram: 40% para Lavagna, 29% para Julio Piekarz (aliado de López Murphy) e 16% para Rubén Lo Vuolo (aliado de Elisa Carrió).

Um dos assuntos em que os candidatos apresentavam as mais profundas diferenças era a questão da dívida externa. Segundo a agência de notícias Reuters, Menem e López Murphy defendiam maiores prazos para o pagamento da dívida, assim como menores taxas de juros, mas eram contra a quitação da dívida. Esse era justamente o ponto em que nossa visão diferia radicalmente.

Talvez a nota mais impactante desses dias tenha sido publicada pela revista *Noticias* da Editora Perfil. A capa, com letras garrafais, dizia: "Estúpidos, nosso destino será definido em vinte dias". Analisavam? Pressagiavam? E continuava: "Teremos que escolher entre um ex-presidente que quebrou o país, um ex-ministro de De la Rúa que foi derrubado por um grupo estudantil, uma mulher que não pode governar nem sua sala de estar, um desconhecido e inexistente governador cujo sobrenome a maioria não sabe pronunciar direito, e um peronista que fugiu com sete dias de governo".

8. Chegou a hora. O 27 de abril de 2003

O ato eleitoral foi levado a cabo no país exemplarmente. Como de costume, votei em Saavedra, o bairro de minha residência, na escola da rua Pinto, e depois fiquei em casa desfrutando com toda a família do tradicional raviöli de domingo.

Os resultados, que hoje são de conhecimento de todos, foram:

1º Menem (24,36%), 2º Kirchner (22,0%)

O 5% de diferença que Kirchner teve sobre Menem na província de Buenos Aires, território político de Duhalde, e a política econômica pareciam ter definido o resultado, levando Kirchner ao segundo turno. Decidi ficar em casa até que, várias horas depois de concluído o comício, recebi uma ligação de Daniel Scioli para que o acompanhasse ao hotel Intercontinental. Kirchner e Cristina haviam ficado em Santa Cruz. Scioli, Duhalde e Ginés González García eram as caras que mais apareciam na TV em Buenos Aires. A contragosto, eu aceitei ir ao hotel e, obviamente, tive que dar um comunicado. Devo dizer que mais do que uma mensagem de triunfo minhas palavras destacaram sobriamente a correção do ato, os esforços dos argentinos e as possibilidades futuras.

Nesse momento, cometi um erro — ou um lapso, como queiram —, não citei Duhalde nem Kirchner. O país e a sua gente me pareceram mais importantes do que os políticos.

O segundo turno seria disputado por dois peronistas muito diferentes. Na segunda-feira, mal saiu o resultado, os efeitos foram aparecendo: a bolsa caiu 8,6%, o dólar, em contrapartida, fechou com pouca variação em 2,88 pesos. Menem começou, rapidamente, a eliminar vários nomes com "má reputação" de seu entorno. Entre eles: Eduardo Bauzá e Alberto Kohan. Ao mesmo tempo, sugeriu nomes possíveis para seus ministérios: Cárdenas ou Castro para Relações Exteriores e Rojo ou Melconian para Economia ou Fazenda.

9. Um ano de gestão

No momento de eleger o próximo presidente se cumpria nosso primeiro ano de gestão. Já não existia caos nas ruas; havíamos liberado o *corralón* e o *corralito* e 100% dos depósitos; a unificação monetária estava em processo; o acordo com os organismos financeiros multilaterais tinha sido realizado depois de muitos embates; e o desendividamento do país estava em curso.

A inflação havia sido controlada; a produção e produtividade em alta; os investimentos em expansão; registrávamos superávits fiscal e comercial — feito inédito; a empregabilidade estava em plena recuperação e a situação social, que ainda requeria um forte impulso, melhorava depois dos terríveis níveis alcançados com a queda do sistema econômico dos anos 1990. Eram resultados atingidos em um contexto internacional complexo — muitas vezes desvantajoso e em franca oposição com nossas ideias —; com economias desenvolvidas crescendo pouco; com nosso principal mercado — Brasil-Mercosul — virtualmente em recessão; em *default* com os credores privados, com um menor fluxo de capitais em direção aos países em desenvolvimento, especialmente à América Latina.

Um crítico como Héctor Huergo, o especialista agropecuário do jornal *Clarín*, se referia aos preços agropecuários daquele momento como "preços que ainda estavam em níveis medíocres", certamente abaixo de alguns picos dos anos 1990.

Enquanto a Convertibilidade tinha gozado de um fenomenal crescimento nos fluxos de capital internacional direcionados à América Latina e ao Caribe, que subiram de 10 bilhões em 1991 para 120 bilhões em 1997, estávamos, naquele momento, em um contexto restritivo, não só para o nosso país, como também para toda a região.

O que a Argentina conseguiu foi por conta própria, com o esforço e a inteligência de sua sociedade. Em um contexto internacional desfavorável, como dissemos, em moratória e com a América Latina — e o Brasil em particular — com uma economia estagnada e longe do crescimento de 7,21% dos anos 1990. No meio de tudo isso, a Argentina saiu da pior crise que atravessou em um século, desde a que enfrentou Carlos Pellegrini e seu principal ministro, o general Julio Roca, em 1890.

O Programa de Normalização e Recuperação Econômica alcançou seu objetivo. Iniciava-se agora uma etapa onde o desafio era passar da *recuperação* ao *crescimento*, pois as bases estavam sólidas.

Um dos mentores da Escola Econômica belga, onde estudei, primeiro Prêmio Nobel de Economia (1969), Jan Tinbergen, dizia que o êxito e o fracasso de uma política econômica não são medidos por dados estatísticos — uma simples fotografia —, mas pela "margem de ação para formular a política econômica" deixada por um dirigente ao seu sucessor. Nesse sentido, estávamos satisfeitos. Assumimos sem margem alguma, em meio ao caos social, econômico e político, e terminávamos o mandato com o país de volta à normalidade e a economia em recuperação, com eleições livres e limpas na melhor transição de governos dos últimos anos.

Muita coisa ainda tinha que ser resolvida. O desafio seria o de se alcançar um país socialmente integrado, com uma dinâmica de desenvolvimento tal que pudéssemos dizer com segurança que os filhos viveriam melhor do que seus pais.

Para prestar contas, decidi escrever uma nota a todos os jornais do interior do país. Interior muitas vezes esquecido, mas que nessas circunstâncias tinha sido um firme pilar para a recuperação, da mão do campo, das indústrias e dos serviços relacionados às atividades rurais. O título por si só resumia meu pensamento, o nosso como equipe e o do presidente: "Não há milagre, apenas esforço". Talvez também devesse dizer "... e decisão".

X

A troca de governo (maio de 2003)

> "Quem busca a salvação da alma, da sua e dos outros, não deve fazê-lo seguindo o caminho da política."
>
> Max Weber

1. O final do governo Duhalde

Como era de se esperar, no mês de maio o país foi tomado por assuntos políticos, mas, antes de entrar nessa esfera fundamental, vale a pena destacar alguns fatos relevantes relacionados ao funcionamento cotidiano do país:

— O nível de produção (PIB) durante o primeiro trimestre de 2003 cresceu 5,2%, 22% na indústria, 18,5% na construção civil, com um claro otimismo entre as atividades do agronegócio. E o crescimento estava em processo de aceleração, já que em março de 2003 era 6% superior ao mesmo mês do ano anterior.

— A inflação de abril foi de 0,1% e o preço no atacado mostrava desinflação (redução de preços) de 1,9%, cem vezes menor do que o registrado no ano anterior, quando o índice mensal foi de 10,4% para o varejo e 19,9% para o atacado.

— A arrecadação de impostos aumentou mais de 80% comparada ao mesmo período de 2002. A arrecadação do IVA subiu 88,7%, evidenciando a forte recuperação da atividade econômica; a arrecadação do imposto de renda cresceu 122%, o que era um enorme triunfo uma vez que é um imposto mais justo por captar a capacidade tributária de cada pessoa. O governo tinha feito um esforço colossal para não atender aos pedidos de que se descontasse a inflação do valor do imposto de renda, o que teria diminuído a arrecadação destes impostos imprescindíveis para atender à situação social do país.

— O imposto de renda chamou minha atenção porque a debilidade de arrecadação do país era significativa (uma das mais fracas de toda a América Latina). Até aquele momento, a arrecadação pública dependia basicamente de dezesseis grandes contribuintes: quatros bancos, quatro petroleiras e oito empresas de serviços públicos. Pudemos, então, comprovar que outros setores da economia real, como o agronegócio, a indústria, o comércio, vinculados ao consumo e às exportações, pagavam impostos, numa clara demonstração de que estavam ganhando dinheiro e em melhor situação.

— As províncias terminaram o ano com um superávit fiscal primário (resultado das contas fiscais sem o pagamento de dívidas) no contexto do Programa de Financiamento Ordenado (PFO). Em 2002, conseguimos que dezessete províncias assinassem o PFO, o que foi equivalente a 99% do déficit. Para 2003, Sarghini e o subsecretário Alejandro Arlía apresentaram quinze PFOS assinados, equivalentes a 94% do déficit total previsto (incluindo pagamento e refinanciamento de dívidas).

— Junto a Jorge Sarghini, que deixava o gabinete econômico, apresentamos um Projeto de Lei de Coparticipação, moderno e viável, que assegurava que nenhuma província receberia menos do que havia recebido no final de 2002. Todo o interior do país melhorava a sua participação no fundo que se repartia entre as províncias com esse novo coeficiente, pois a arrecadação vinha aumentando e ficava definido que a maioria dos impostos era coparticipativa (repassados às províncias).

— Com o dólar em torno de 2,98 pesos, o BCRA comprava mais de 100 milhões de dólares diariamente — em média — diante da entrada de capitais. A entrada de divisas externas fez com que liberalizássemos um pouco mais o mercado cambial, autorizando a compra mensal de até meio milhão de dólares por pessoa. Evitávamos assim que a cotação do dólar continuasse caindo.

— Preparamos um mecanismo de controle de ingresso de capitais especulativos para ajudar na estabilização da cotação do dólar e para manter a competitividade das empresas e dos trabalhadores argentinos. Alguns meses depois esses controles foram aplicados. E alguns anos mais tarde essa suposta "heresia" foi aceita internacionalmente, como consequência da crise global de 2008-2009.

— A liberação do *corralón* foi concluída (o *corralito* já havia sido desfeito) e, finalmente, conseguimos a liberação total do sistema financeiro nacional. Ficavam alguns títulos públicos emitidos pela gestão anterior (os títulos CEDROS), mas de forma exclusivamente voluntária e representando apenas 10% dos depósitos do *corralón*.

— O Congresso aprovou o programa de resgate das quase-moedas e declarou a emissão de um título de 7,8 bilhões de pesos que seria entregue de maneira gradual ao BCRA. As moedas provinciais chegaram a representar 40% do total da base monetária nacional. Córdoba foi a primeira província a iniciar o processo de cancelamento dos títulos circulantes emitidos e de unificação da moeda nacional.

— A taxa de juros das letras do BCRA com vencimento de 90 dias estava em 11,5%, sendo que no começo de 2002 ela superava 100%.

— Os bancos, privilegiados durante a Convertibilidade, tinham realizado os ajustes necessários. Fecharam 332 agências e demitiram 10 mil pessoas como consequência do fim dos supernegócios dos anos 1990. Apesar de tudo, a geração de empregos no país se fortalecia após o auge das demissões em setembro de 2002, quando, finalmente, começou a se reverter a marcha recessiva da economia nacional, depois de mais de quatro anos sem crescimento (1998-2002).

— Os bancos públicos aumentaram significativamente sua participação de mercado, sobretudo se comparado aos bancos estrangeiros e de capital nacional (cuja perda de correntistas foi menos acentuada do que as registradas pelos estrangeiros).

— Foi criada a entidade de Reestruturação do Sistema Financeiro, integrada por três membros do Ministério da Economia e outros três do BCRA. A entidade foi encarregada do programa de cobrança dos empréstimos oferecidos pelo BCRA aos bancos. O período para o pagamento dos empréstimos era de 120 meses, com altas taxas de juros, como um desincentivo aos bancos, forçando-os a quitarem o quanto antes suas dívidas com o BCRA. Os bancos, que estavam tão acostumados a fazer *lobby* na Superintendência das Entidades do Banco Central, não gostaram nem um pouco dessa transferência de responsabilidade que fizemos. E foi graças a esse programa que, anos depois, ocorreu algo com poucos precedentes em escala mundial: o dinheiro que se lhes emprestara durante a crise foi devolvido integralmente, com juros.

— Os títulos públicos BODEN 2005 foram pagos.

— A Corte Suprema se negou a dar um parecer sobre as liminares. Não obstante, com a baixa cotação do dólar e as alternativas para retirada dos fundos do *corralón*, os correntistas puderam recuperar entre 80% e 90% do valor original de seus depósitos, o que representou um ponto final para as liminares judiciais.

— Com tão somente cinco minutos de discussão, o Congresso aprovou uma nova prorrogação de noventa dias para as execuções hipotecárias (era a quarta extensão). Tratava-se de uma medida indispensável no início de nosso plano econômico, porém agora entendíamos que essas novas prorrogações eram desnecessárias, uma vez que o novo sistema voluntário de renegociação de hipotecas entre os bancos e seus clientes já tinha sido implantado. Aproximadamente 15 mil hipotecas estavam dentro do novo marco de negociação voluntária. Ainda assim, o Congresso sentiu a necessidade política de uma nova prorrogação. O FMI manifestou-se contrário à medida, mas ela foi mantida já que nem Duhalde, nem Kirchner, já na presidência, a vetaram. Outros legisladores aproveitaram a sessão para manifestar o desejo de que se aprovasse uma lei que determinasse que o resgate das quase-moedas provinciais fosse realizado com paridade de 1 a 1.

Nas negociações externas aconteceram três fatos importantes: em primeiro lugar, Guillermo Nielsen vetou uma proposta das grandes instituições detentoras dos papéis da dívida externa em moratória que lhes conferiria vantagens, fato que tinha desatado a ira dos pequenos investidores. Sua resposta foi: "A Argentina não discrimina [...] Queremos uma mesa de negociação equilibrada", e garantiu igualdade de tratamento para todos os pequenos investidores — cerca de 500 mil indivíduos, sendo mais da metade italianos.

Mantendo essa mesma linha, e sem precisar valores, Kirchner falou aos jornais *La Nación* e *Página/12* sobre a necessidade de se recolher os títulos em moratória, mas com um abatimento do valor nominal dos papéis. O entendimento da equipe econômica, como formulado algumas páginas atrás, era de que o desconto seria entre 65% e 80% sobre o valor nominal dos títulos em moratória.

Em segundo lugar, o juiz Thomas Griessa, de Nova York, deu parecer favorável à Argentina por meio do Ministério da Economia, e contrária à realização de um *action class*, ou seja, uma ação coletiva. Alguns anos depois, entre 2008 e 2009, o juiz Griessa viria a aceitar o pedido de uma ação coletiva, provavelmente por estar cansado dos erros políticos e da política econômica iniciada em 2007, o que gerou um problema no processo para alguns dos credores minoritários.

Finalmente, o terceiro fato relevante foi a declaração do FMI sobre as metas do governo para o primeiro trimestre de 2003, reconhecendo que as mesmas foram cumpridas e — nunca é tarde — que a situação econômica estava muito melhor do que o próprio Fundo previra.

Em janeiro, o FMI tinha estimado que o crescimento do PIB para 2003 seria de 1%, em maio revisaram suas projeções para 4%; a expectativa da inflação caiu de 35% para 15%, sendo que nossa previsão para a inflação em 2003 era de 14%; a cotação do dólar estimada em 3,85 pesos foi revisada para 3 pesos para o fim de 2003.

No fim das contas, os números em 2003 foram muito melhores, com o crescimento do PIB ainda maior e com a taxa de inflação mais baixa. O superávit fiscal foi mantido em 2,5%, como havíamos proposto, e a negociação foi em torno da emissão monetária.

Para manter a cotação do dólar estável era importante ampliar a capacidade de emissão, e assim o fizemos, passando de 36 milhões para 42 milhões de pesos emitidos em 2003. Tal diferença não era um mero detalhe. Muitos no FMI se opuseram, e mesmo na Argentina houve manifestações contrárias por parte dos mais ortodoxos, como Daniel Artana e Carlos Rodríguez, economistas da Universidade CEMA (Centro de Estudos Macroeconômicos da Argentina). Os fatos demonstraram que havia espaço para uma maior emissão monetária graças à estabilidade econômica alcançada e à crescente demanda dos agentes econômicos por moeda. Não foi fácil convencer as opiniões contrárias, mas, por fim, os erros nas previsões do Fundo Monetário Internacional nos favoreceram. O *Financial Times* publicou: "Na relação com o FMI, o ministro Lavagna vem sendo o mais rígido dos ministros argentinos nos últimos anos". E entre aspas apontava que o *staff* do FMI dizia: "Ele é conhecedor dos assuntos".

O lado negativo daqueles dias foi a grande inundação na província de Santa Fé, com milhares de argentinos desabrigados e com um prejuízo estimado em 1,5 bilhões de pesos. O Governo Nacional ofereceu fundos de apoio e, em uma reunião entre Duhalde, o governador Carlos Reutemann e Enrique Iglesias, o presidente do BID ofereceu um crédito para a reconstrução das áreas afetadas.

No dia 21 de maio, simultaneamente com a nomeação do novo Ministério, almocei na Embaixada da França, convidado pelo embaixador Paul Dijou, na companhia dos embaixadores dos Estados Unidos, Grã-Bretanha, Canadá, França, Itália, Alemanha e Japão (os países do G-7), além dos embaixadores russo, espanhol e chinês. O almoço foi para ratificar a continuidade da política econômica e enfatizar que o consumo — o poder de compra dos cidadãos — seria o motor de crescimento da economia argentina. Enfatizei também o caráter estratégico que o Mercosul teria para o país.

Aquele almoço era um sinal de como a Argentina havia recuperado, quase milagrosamente, parte de sua relevância internacional, e uma demonstração de que, além dos assuntos ainda pendentes, como a dívida, tínhamos as portas abertas para propor, debater e encontrar consensos nas relações entre Estados Nacionais.

O recém-nomeado ministro de Relações Exteriores, Rafael Bielsa, embora não tivesse ainda tomado posse, foi convidado a meu pedido. A sua participação não tinha sido confirmada até o último minuto quando, finalmente, sua secretária comunicou que ele não poderia atender ao pedido porque Kirchner não respondera autorizando sua participação. O embaixador francês fez um gesto de expressivo reconhecimento pela atuação do Ministério da Economia. Tal gesto também fora feito alguns meses antes pelo embaixador da União Europeia, Vittorino Alloco. Sem dúvida, a relação com os demais países havia mudado e o novo governo assumiria com maior liberdade.

2. A vergonhosa fuga de Menem e a formação do novo governo

Como foi dito no início deste capítulo, a política dominou os acontecimentos do mês de maio, marcado por dois grandes acontecimentos: o vergonhoso abandono de Menem do segundo turno da eleição presidencial — apesar de ter sido o candidato com maior número de votos no primeiro turno — e as manobras políticas para a formação do novo governo e a formulação de seu programa.

No início de maio tudo indicava que o processo eleitoral seria normal, com o enfrentamento nas urnas entre Menem e Kirchner no segundo turno. Menem fez, inclusive, uma limpeza de última hora, afastando de seu entorno os nomes mais controversos e apresentando caras novas como possíveis ministros.

Com o passar dos dias, no entanto, as pesquisas apontavam para uma vitória esmagadora de Kirchner, com 60% das intenções de voto, enquanto Carlos Menem tinha somente 20%. Em meados de maio as pesquisas apontavam que Kirchner ganharia com 70% dos votos.

Não que Kirchner despertasse o entusiasmo dos eleitores, pelo contrário, o desinteresse na eleição era marcante tanto no país como fora dele. O fator decisivo para a vantagem de Kirchner era a rejeição a Carlos Menem. Outro fator que parecia determinante era a continuidade do Ministério da Economia, o que me fez desempenhar um papel que não tinha previsto e que, mais do que tê-lo assumido ativamente, me foi imposto pela realidade.

Comentar sobre o efeito que a continuidade da equipe econômica causou no processo eleitoral certamente me traz algum desconforto, mas a modéstia neste caso soaria falsa e só dificultaria minha tarefa de explicar o clima político e social de um segundo turno entre um ex-presidente rejeitado por boa parte da população e um candidato desconhecido que não gerava nenhuma expectativa.

Segundo as pesquisas do IBOPE, oito em cada dez entrevistados eram favoráveis à continuidade do ministro da Economia e de sua equipe; o instituto comandado por Julio Aurelio dava a conhecer que nosso trabalho à frente do ministério era aprovado por 70% dos entrevistados. A revista *Veintitrés* me qualificava como "o ás na manga de Néstor Kirchner".

O hebdomadário inglês *The Economist* dizia: "Seu grande trunfo foi anunciar que manteria Roberto Lavagna como ministro da Economia, responsável por salvar a economia da hiperinflação". O *Financial Times* escrevia que o ministro "controlou a inflação, melhorou a situação fiscal e manteve uma posição enérgica com o FMI", e mais adiante: "Lavagna foi fundamental para recuperar as finanças da Argentina até agora". O jornal *Los Angeles Times* relatou: "Kirchner é pouco conhecido e não conta com a notoriedade de Carlos Menem e por isso é um melhor candidato", e foi além ao comentar que "contar com Roberto Lavagna como ministro da Economia aumenta sua credibilidade".

Comentários similares foram publicados também no francês *Le Monde*, na *Gazeta Mercantil* do Brasil, e nos meios espanhóis *El País*, *ABC* e *La Vanguardia*.

Algumas personalidades políticas também demonstraram apreço pelos resultados alcançados pelo Ministério da Economia. Em uma visita que fiz com Kirchner ao Brasil e ao Chile, logo após Menem abandonar o segundo turno, Ricardo Lagos, presidente chileno, disse: "Lavagna é hoje o homem da economia da América Latina" — palavras e respeito que recebi de Lagos com muita honra —, e disse também que tínhamos dado "um exemplo em escala mundial". O presidente Lula falou que nossos esforços econômicos foram gigantescos e Antonio Palocci contou aos jornalistas na coletiva de imprensa que durante a última reunião do FMI, em Washington, no mês de abril, todos os elogios eram para somente duas pessoas: "Lula e Lavagna"; e declarou que após a eleição presidencial na Argentina eu era um ministro "eleito pelo povo".

Outra demonstração de apoio veio do governador da província de Mendoza, Roberto Iglesias, da UCR, no jornal local *Los Andes*: "Tem sido um grande ministro, um dos melhores que tivemos. Ele tirou o país de uma situação muito delicada".

O colunista do *La Nación*, Morales Solá, analisava com certa capacidade de antecipação, apontando o distanciamento com que Kirchner tratava seu vice-presidente, Daniel Scioli: "Kirchner só se deixou fotografar com Lavagna, a quem deve mais do que está disposto a reconhecer".

A maior surpresa, no entanto, veio de Anne Krueger, que em uma reportagem do jornal francês *La Tribune* declarou: "A economia argentina se estabilizou de maneira notável. Para a surpresa de todo o mundo, e minha inclusive, voltou a crescer sem sofrer com hiperinflação". Foi uma mostra de honestidade intelectual que não é muito comum no meio econômico. Posso falar o mesmo de Guillermo Calvo, que, quando lhe perguntaram como avaliaria a gestão do ministro Lavagna, respondeu: "Até agora foi nota dez, chamou a responsabilidade para si e conseguiu estabilizar a economia".

Nas duas viagens que Kirchner e eu fizemos ao Chile e ao Brasil — país que Kirchner não conhecia —, a sintonia entre o candidato e a continuidade do plano econômico foi muito clara.

No Brasil, tivemos uma reunião com Lula e jantamos com Antonio Palocci na casa do eficiente embaixador argentino Juan José Uranga. O tema central do jantar foi um certo mal-entendido causado pelo comentário involuntário de Martín Redrado em um encontro de presidentes de bancos centrais do Mercosul sobre "bandas cambiais [conjuntas] entre Argentina e Brasil". O hiperortodoxo Henrique Meirelles recusou imediatamente a ideia. Naquela época, era grande a entrada de capitais especulativos que depreciavam o dólar, valorizando como consequência o peso argentino e o real brasileiro. O plano econômico do Brasil tinha objetivos claramente diferentes dos nossos, fato que impossibilitava tecnicamente a ideia de bandas cambiais. Não se tratava teoricamente de uma má ideia; eu mesmo defendi essa proposta muitas vezes, mas vista como uma necessidade estratégica, como um passo inicial para a união monetária. De todas as formas, a diferença entre as políticas monetárias dos dois países fazia com que a ideia fosse impraticável, além de gerar conflitos internos no Brasil. Como era de se esperar, os jornalistas brasileiros me perguntaram sobre o assunto e minha resposta foi que cada país deve enfrentar a depreciação do dólar de acordo com suas circunstâncias. O economista da Fundação Getúlio Vargas, Paulo Nogueira Batista Jr., frisou que o plano econômico argentino era uma demonstração de "que se pode administrar a moeda nacional", um ponto de vista diferente do defendido por Henrique Meirelles. No Brasil, houve demonstrações de apoio à equipe econômica argentina por parte de

Guido Mantega, Helio Jaguaribe e pelo ministro de Relações Exteriores Celso Amorim. Até mesmo o senador Aloizio Mercadante declarou que gostaria que eu tivesse me candidatado à presidência argentina.

O único passo em falso durante a viagem aconteceu em um almoço com o respeitável senador Eduardo Matarazzo Suplicy. Enquanto o senador explicava suas interessantes ideias para programas sociais no Brasil, Kirchner deixou a mesa sem dizer palavra e não retornou. Pelo visto ele tinha se fartado do assunto, do portunhol, ou ambas as coisas.

Em nossa viagem ao Chile, o ministro da Fazenda Nicolás Eyzaguirre emitiu uma opinião com a qual nos identificamos: "A luta contra os *lobbies* empresariais é fundamental para uma boa administração", pois "cada concessão que se faz a um grupo de poder é algo que se retira de muitos outros". Eu não poderia estar mais de acordo com as palavras de Eyzaguirre, que é visto por muitos como um economista ortodoxo, mas que entendia as coisas de uma forma que a nossa direita conservadora nunca foi capaz de entender. Todas as vezes que esta governou a Argentina, e o fez na maior parte do tempo nas últimas três ou quatros décadas — em governos democráticos ou militares —, lançou seguidos programas de "ajustes". Vivia falando de superávit fiscal, mas nunca o alcançava, porque era prisioneira de interesses setoriais econômicos de diversos tipos e que iam se modificando com o tempo. Os cortes em salários, aposentadorias e gastos sociais não eram nunca suficientes para compensar o gasto público elevado devido às concessões feitas a alguns poucos setores econômicos. Por não exercer controle sobre os interesses específicos, a direita ortodoxa argentina nunca pôde alcançar o superávit fiscal, coisa que nós sim havíamos conseguido por ter uma concepção diferente do problema.

Nas viagens ao Brasil e ao Chile ficou evidente a diferença entre os dois países quanto à integração comercial continental. O presidente chileno Ricardo Lagos priorizava o Mercosul como um bloco político e salientava a importância da América Latina, chegando a sugerir a entrada do México. O presidente Lula se mostrava partidário de um Mercosul forte na economia e no comércio, e claramente focado nos países da América do Sul. A minha posição era mais próxima da expressada pelo Brasil, e desde os tempos do acordo que propus e negociei entre a Argentina e o Brasil, em 1986, falava-se sobre a participação do México — que nunca aconteceu por causa da integração econômica entre México e Estados Unidos. Do ponto de vista comercial, fazer um acordo com o México implicaria admitir a entrada "pela janela" de produtos norte-americanos (dada a complementariedade das duas economias e o papel do México na montagem de produtos com componentes fabricados nos EUA), sem receber nada em troca.

Poucos dias depois de nossa viagem, realizamos um seminário, na Bolsa de Comércio de Buenos Aires, com o ministro da Fazenda chileno Eyzaguirre e com o ministro do Planejamento Guido Mantega, que alguns anos depois assumiria o ministério da Fazenda brasileiro no lugar de Antonio Palocci.

A propósito do fluxo de capitais, Eyzaguirre declarou que vivíamos "um novo ciclo de reencantamento dos mercados de capitais na América Latina", e Mantega, por sua vez, que tínhamos que "mudar o Consenso de Washington (as políticas econômicas adotadas na década de 1990) para o Consenso da América Latina".

De minha parte, frisei: "O momento mais perigoso não é quando os capitais ficam escassos, mas exatamente quando a liquidez de capital é muito alta. Nesses momentos surgem as bolhas e se cometem erros e fantasias, como foi o caso da Convertibilidade, que logo se tornam muito caros". Em outras palavras, podemos lidar com uma ressaca, mas não com um tsunami.

Voltando à política local, em dado momento um cientista político falou sobre os dois modelos opostos dos candidatos que disputavam o segundo turno: o modelo econômico dos anos 1990, representado por Menem, *versus* o modelo de Lavagna, representado por Kirchner. Menem reforçou a ideia de dois modelos antagônicos ao falar que havia uma "lavagnização" da campanha. Kirchner continuava sendo uma incógnita para a maioria dos cidadãos. A mesma sensação que eu tive quando decidi não aceitar a vice-presidência por não poder me comprometer por quatro anos com alguém que não conhecia o suficiente.

Menem se mostrava nervoso e agressivo, a ponto de dizer, quase transtornado, no tradicional programa televisivo de Mirtha Legrand: "Duhalde me odeia, ele é o chefe de Kirchner e foi quem derrubou De la Rúa". Kirchner, em contrapartida, adotou corretamente uma atitude de anticampanha, e as viagens que fez ao exterior reforçaram sua imagem. Fato é que o movimento contrário a Carlos Menem dominou o segundo turno e foi ganhando mais força com a aproximação das eleições. Finalmente, com muitas dúvidas e pressões favoráveis e contrárias, o ex-presidente decidiu — com desculpas banais — não se apresentar no segundo turno. Durante várias horas alguns grupos de interesse tentaram sustentar a ideia de um segundo turno com López Murphy, que havia ficado em terceiro; ideia que foi rapidamente rechaçada por sua ilegalidade. Kirchner foi então levado ao cargo de presidente da República Argentina com apenas 22% dos votos válidos.

Os mais conservadores não ocultaram seu desencanto e desconfiança, mas o resultado era inapelável. Eu cheguei a pensar — e falei com Kirchner — que, diante da agitação social, talvez fosse conveniente realizar um segundo turno simbólico, mesmo sem candidato, como uma forma de consolidar sua presidência, confirmando os números que as pesquisas vinham divulgando — e não ficar somente com os 22% dos votos que o levaram ao segundo turno. Escutou a sugestão e, após uma reflexão, me disse que de qualquer jeito ele se arranjaria: "Sabe, não se preocupe, para mim 22% é suficiente".

Em seguida veio a formação do novo governo. Nesses dias, antes de nossa viagem ao Chile e Brasil, os novos membros do governo, eu inclusive, participamos de muitas reuniões com Kirchner. Uma de minhas reinvindicações foi aceita: reunificar o Ministério da Economia e o da Produção, que por um curto espaço de tempo estiveram separados.

O Ministério da Economia voltava a controlar as secretarias da Agricultura, Pecuária e Pesca, Indústria e Comércio, e, também, os órgãos de Defesa da Concorrência, do Consumidor e do Desenvolvimento Regional. Por outro lado, abria mão das secretarias de Comunicação, Energia e Transporte que, junto com a nova secretaria de Obras Públicas, seriam agrupadas em um novo ministério.

Muito se escreveu sobre quem ganhava e quem perdia com essa mudança. O certo é que o Ministério da Produção separado do Ministério da Economia era uma caixa vazia, já que é o Ministério da Economia — ou melhor, "era" — quem controlava a política tributária, creditícia, taxa de câmbio, taxas de juros, transferência de tributos às províncias, ou seja, todos os instrumentos dos quais dependem a produção do país.

Em contrapartida, eu entendia que ter um Ministério de Obras Públicas sem as secretarias de Energia, Comunicações e Transporte carecia de sentido. De modo que minha proposta tinha um sentido orgânico mais lógico, sem entrar no mérito de perdas e ganhos. Kirchner aceitou a ideia, seja porque gostou da argumentação técnica ou porque facilitou a nomeação de seus aliados. Duhalde deixou um decreto assinado que lhe facilitava os ajustes antes mesmo da troca de governo.

Na primeira reunião com seus aliados, Kirchner disse "ganhamos juntos", frase repetida quase literalmente por Cristina Fernández de Kirchner quando chegou. Essa era também a opinião de Alberto Fernández, que participou de algumas reuniões. Sugeri que ele prestasse maior atenção a dois órgãos centrais na defesa de interesses do Estado argentino: a Procuração do Tesouro e o SIGEN (Sindicatura General de la Nación).

A dança de nomes para os ministérios era agitada e Kirchner declarou que o único ministério confirmado era o da Economia. Finalmente, faltando cinco dias para sua posse, anunciou de sua província, Santa Cruz, que o ministério seria composto por: Alberto Fernández, chefe de Gabinete; Ginés González García continuaria no Ministério da Saúde; José Pampuro, na Defesa; Carlos Tomada como ministro do Trabalho; Julio de Vido, no Planejamento; Rafael Bielsa como ministro de Relações Exteriores; Aníbal Fernández no Ministério do Interior; Daniel Filmus, na Educação; Gustavo Béliz, na Justiça; e Alicia Kirchner, irmã de Néstor Kirchner, seria a ministra do Desenvolvimento Social.

Aos que continuavam dizendo que eu estava concentrando poder, respondi: "Não sou um *pac-man*", e "Não haverá pacotaços. Não há necessidade de medidas. Havíamos antecipado que a transição não iria requerer medidas de emergência". Era um entendimento comum entre o presidente eleito e eu. Entendimento e acordo foram os símbolos dos primeiros dois anos e meio do governo que assumiu. A própria Cristina, em uma reportagem feita ao *Página/12*, apontou: "Néstor é uma pessoa de gestão cotidiana, assim como Lavagna", e reforçou a ideia de normalidade ao dizer que "Lavagna não é como Cavallo, que tinha a todos como telespectadores à espera de suas medidas. Quando Lavagna fala ninguém sente medo".

O debate sobre a forma de se governar não é algo trivial, especialmente em um país acostumado a declarações grandiloquentes. Durante os treze meses que se passaram, se a direita conservadora e a pseudoesquerda populista concordaram em alguma coisa foi em exigir um plano econômico. Não entendiam, ou não gostavam do fato desse plano, ao invés de ser exposto para depois não ser cumprido, ser executado de forma efetiva no dia a dia.

Se queríamos naquele momento, e se ainda queremos, ter um país "normal", é preciso se acostumar a administrar, executar, atuar mais e falar menos, e, sobretudo, a não criar falsas expectativas com anúncios tão grandiosos como pouco sérios, pouco estudados e pouco críveis. A sociedade argentina foi enganada muitas vezes durante as últimas décadas, e recentemente (2007) foi enganada mais uma vez. Para se resgatar o valor de uma sociedade e para que um país se desenvolva é necessário que o "fazer" esteja acima do "dizer". Neste ponto Kirchner e eu convergimos até dezembro de 2005, dois anos e meio após sua posse, e então tomamos caminhos distintos.

Em um ato político, no qual compartilhei a primeira fila com Cristina Fernández de Kirchner e seu vice-presidente Daniel Scioli, Kirchner entusiasmou a muitos ao afirmar: "Não cheguei aqui para fazer um pacto com o passado". A frase não era dita em vão, uma vez que horas antes tinha vazado, quase simultaneamente com a desistência de Menem, informações sobre manobras para uma negociação de imunidade — ou impunidade — para os protagonistas dos anos 1970 e dos 1990. Recebi em minha casa Daniel Scioli, que me apresentou uma proposta de trabalho conjunto, revelando seu interesse em ter um papel ativo no governo. Nessa ocasião pude perceber certa preocupação de Scioli sobre sua relação com Kirchner.

3. As últimas horas e a posse

Assim chegávamos ao momento de realizar a transição entre o governo de Eduardo Duhalde e o de Néstor Kirchner, mas me parece interessante voltar a quatros comentários prévios.

John Taylor, o homem do Tesouro estadunidense, disse sobre a situação: "Muitas coisas boas aconteceram na Argentina, entre elas, a redução da inflação, a estabilização da cotação da moeda e o crescimento econômico. As políticas que conduziram a esses resultados devem continuar".

Köhler enviou uma carta a Kirchner desejando que o governo "continuasse a recuperação do país com o atual plano econômico". Em

Buenos Aires, Roberto Frenkel, um economista sólido e próximo do partido UCR, escreveu um artigo para o *La Nación* declarando: "A ameaça da hiperinflação surgiu como consequência de uma decisão promovida pelo FMI. A bolha foi detida após a posse do ministro Roberto Lavagna. Em suma, não ocorreu o que o FMI esperava porque *não* foi feito o que o FMI queria". Finalmente, um comentário sobre Duhalde feito por Morales Solá, em sua coluna semanal: "[Duhalde] deixa o governo melhor do que quando chegou".

Efetivamente, tinha razão. Duhalde foi o presidente que teve que governar durante a pior crise social, econômica e, por fim, política em mais de cem anos. Chegou ao poder com enorme fragilidade política, como ele mesmo disse muitas vezes, e, apesar das dificuldades, pôde concluir bem seu mandato. Por ter se arriscado a apoiar políticas distintas e por não se deixar cooptar pelos extremos da política argentina: o conservadorismo retrógrado, concentrador e antissocial, e o populismo imaturo, infantil e irresponsável. Por ter percebido a realidade do país e o humor social com clareza, por haver mantido sua palavra, acabou realizando a melhor transição de governos em muitas décadas.

Era merecedor da homenagem e do calor que recebeu do povo no ato político de San Vicente, no dia 24 de maio, com a participação de todos os membros de seu governo. O responsável pela organização do evento foi Antonio Arcuri, secretário Legal e Técnico.

No dia 25, bem cedo, participei, acompanhado de minha mulher Claudine e boa parte da equipe, com Duhalde e sua esposa, do *Te Deum* de agradecimento na Basílica de Luján. Algumas horas depois, naquele mesmo dia, Duhalde entregaria a faixa presidencial, pacificamente, em um país que era totalmente diferente daquele de janeiro de 2002. Um país melhor, cheio de esperanças e projetos. Em um gesto de valor simbólico, para pessoas que acreditam nas boas relações entre os países da região, como eu, Duhalde viajou no avião do presidente Lula para o Brasil, que o convidara de maneira não protocolar.

Kirchner tomou posse diante de doze presidentes latino-americanos, incluindo todos do Mercosul e o lendário Fidel Castro. Recebeu um telefonema de George W. Bush e prometeu uma Argentina "normal, séria, unida e mais justa".

Fui incumbido, junto com minha equipe, de dar continuidade ao trabalho realizado como ministro da Economia e Produção — acontecimento quase sem precedentes em governos democráticos —, resolvendo questões econômicas (emprego, investimento, produção e produtividade) e financeiras.

Os desafios mais difíceis tinham sido alcançados — liberar os depósitos, recuperar a unidade monetária, conseguir um acordo com os organismos financeiros multilaterais, alcançar o superávit fiscal, estimular a produção de bens, gerar emprego e investimentos, frear a hiperinflação, reestruturar a dívida das províncias e, principalmente, atender a urgência social extrema. Agora a tarefa que devíamos pôr em prática seria de outro tipo. Teríamos que trabalhar para impulsionar, gerar, desatar e apoiar mudanças culturais no sentido de construir uma sociedade menos rígida, mais flexível e mais organizada. Mais disposta a libertar-se de burocracias, de controles, de impedimentos à criatividade dos cidadãos e que, ao mesmo tempo, respeite um Estado cuja iniludível missão é se fazer presente, sobretudo para os cidadãos que se encontram excluídos.

Como escreveu Thomas Friedman no livro *The World Is Flat*, temos o desafio de passar de um mundo vertical, com sistemas de comando e controle, a um mundo mais democrático e horizontal, que funcione com conexão e colaboração. A um mundo onde é essencial estar culturalmente aberto ao que acontece na comunidade global e, por sua vez, culturalmente preparado para aprofundar os aspectos positivos de cada nação.

Uma sociedade que tenha memória e que tenha ilusões, que saiba olhar seu passado e reconhecer acertos e erros, sem ficar presa aos velhos acontecimentos, nem aos ruins e nem aos bons, pois muitas vezes são idealizações extremas do que realmente aconteceu.

As ilusões e os sonhos, acompanhados da ação séria e da decisão firme, constroem o futuro. Um futuro melhor. Era o que deveríamos vislumbrar, após termos conseguido, todos juntos, sair do caos.

Mas essa é, ao menos por ora, outra história.

Epílogo: O desafio da vontade

> "Nada está definitivamente perdido na vida dos povos quando seus líderes não se entregam aos falsos fatalismos da história."
>
> Charles de Gaulle

Quando comecei a escrever esta última parte, repassando o final dos treze meses que estive à frente do Ministério da Economia com Duhalde como presidente, vieram à minha cabeça várias ideias, lembranças e conceitos que, por si mesmos, definiriam diferentes momentos do processo e que, talvez, poderiam definir a experiência como um todo: "Crise", "Desordem", "Desintegração", "Caos", "Esforço Social", "Recuperação", "Oportunidade". São várias as palavras que poderíamos usar indistintamente para definir a Argentina daqueles dias, tão fatídica, escura, sem esperanças e sem rumo, mas ao mesmo tempo com tanta força para recuperar-se.

Com a revisão final, no entanto, optei por ficar com a ideia inicial: a do *desafio da vontade*, ainda que com alguma dúvida. Questionei-me se o desafio era da própria situação, por sua característica caótica, pois então seria esta mesma que se colocava como desafiante "à" nossa vontade coletiva ou se, pelo contrário, o desafio era "da" nossa própria vontade, enquanto povo, de encontrar os caminhos que nos conduzissem da crise à recuperação, da desintegração à oportunidade. Finalmente optei pela segunda opção, mas por quê?

Porque a *vontade* foi, como disse, de todo um povo, de toda uma nação, de toda uma sociedade. Vontade de um presidente e de seu governo. Vontade de um ministro da Economia e de toda sua equipe. É inimaginável — e impossível — sair de uma crise da magnitude que tiveram os trágicos dias do fim de 2001 sem um povo disposto a lutar por isso. Não importa o quanto essa decisão seja racionalizada, consciente e explícita. É irrelevante o que está por trás dessa reação, ainda que haja somente — até mesmo pelo seu próprio instinto de sobrevivência — um motivo inicial: a procura da salvação pessoal. Não importa qual seja a ideologia ou o princípio empregado para sair da crise. O que realmente importa é a soma de milhões de decisões pessoais que resultem em um conjunto de ações que superem a situação de emergência. Todas dirigidas em um mesmo sentido, sem importar como cada um chegou à conclusão de agir.

Tampouco se sai de uma crise dessa magnitude se não há um presidente e um governo que formule princípios orientadores e ideias matrizes que ajudem a coordenar milhares de decisões individuais. É a *vontade* esperançosa de todos de sair do fundo do poço, mas também é o rumo estabelecido, o norte para aonde dirigir as forças — sejam elas poucas ou muitas —, as intenções e as ações. É *vontade*, sim. Mas também é trabalho, projeto, planejamento, determinação, gestão, domínio do público, intermediação de interesses, definição de limites, é dizer *não* aos apetites setoriais, muitas vezes é dizer *não*.

Da mesma forma, não se sai de uma crise econômico-social com consequências internacionais, como a crise que a Argentina enfrentou, sem pessoas — equipes técnicas — capazes de formular políticas econômicas, sociais e de relacionamento com o exterior que atendam o urgente e o importante de maneira simultânea, para que a solução não seja paliativa, mas, ao contrário, que a solução do urgente coincida com uma visão de futuro.

Essa é a *vontade* que tiveram os argentinos, o presidente e sua equipe econômico-social entre abril de 2002 e maio de 2003. Foi essa *vontade* conjunta que permitiu que um novo governo democraticamente eleito iniciasse sua administração com bases totalmente diferentes e infinitamente melhores daquelas que existiam em abril de 2002. A solução dos assuntos urgentes se uniram às decisões públicas importantes para iniciar uma nova e melhor oportunidade para o país.

Desafio "da" e não "à" vontade, disse. Nossa vontade — quer dizer, a opção de escolher entre um ou outro caminho — sempre se encontra ameaçada e condicionada. Muito mais em uma situação-limite como aquela que vivíamos. O surpreendente, o transcendente e inovador foi que nós — como sociedade, governo e equipe econômica — tomamos uma decisão e assumimos um *desafio*: romper com certos esquemas de poder e de governo que até o momento da crise condicionavam a realidade nacional aos interesses de grupos minoritários nacionais e estrangeiros. Poucos, mas poderosos. Poderosos, mas inconsequentes, pois acreditavam que suas próprias realizações eram possíveis em uma sociedade que não estava realizada, ou talvez poderosamente pragmáticos — e irresponsáveis — para maximizar sem limites seus lucros sem se importar com a sociedade como um todo. Uma realidade ilusória de poucos — e de grupos sociais mais amplos que se dedicaram a gozar e desfrutar do presente em curto prazo — que ignoram a ideia de que as "festas" são pagas, mais cedo ou mais tarde, ou que — o que é ainda pior — exigem que essas "festas" sejam pagas por uma maioria que nunca participou delas.

Desafio de recusar as receitas que não foram analisadas e criticadas no sentido de sua compatibilidade com a realidade do país. Os chamados "consensos" de certos grupos de poder que costumeiramente escondem seus interesses. Consensos que se desfazem quando chega o momento de saldar seu custo, como demonstrou a realidade internacional a partir de 2008, e quando chega a hora de adotar novos consensos que justifiquem políticas que fazem das ganâncias privadas, públicas.

É dessa *vontade* e desse *desafio* que falamos. De enfrentá-los com determinação, atentos ao urgente sem perder o foco do importante.

E assim os argentinos encontraram a "saída" entre abril de 2002 e maio de 2003, como se pode ver em alguns poucos dados essenciais:

	Abril 2002	Maio 2003
Taxa de crescimento		
(comparação trimestral entre anos)		
1º trimestre	-16,3%	5,4%
2º trimestre	-13,5%	7,7%
Taxa de inflação		
(ao mês)		
Custo de vida	10,4%	-0,4%
Preços no atacado	19,9%	-0,6%
Risco de hiperinflação	Alto	Nulo
Aumento dos investimentos		
(comparação trimestral entre anos)		
2º trimestre	-43,0%	33,1%

Pessoas empregadas (maio de 2002 e 2003)	11.182.000	12.452.000
Contas públicas	Deficitárias	Superavitárias
Depósitos bancários	*Corralito* e *Corralón*	Livres
Moeda	Moedas múltiplas (nacional e provinciais)	Moeda nacional única

Os dados econômicos são somente uma imagem de uma realidade muito mais complexa que se modificava dia após dia. A saída da crise foi construída a partir de diversas medidas e decisões que estavam muito além do meramente econômico. O governo, em seu conjunto, dedicou várias horas do dia, de todos os dias, para estabelecer consensos a partir de diálogos, mesmo em situações em que as divergências superavam as coincidências. Além disso, conseguimos conter a tensão entre extremos inamovíveis, ou seja, entre o conservadorismo mais duro e o voluntarismo populista, e enfrentamos seriamente o problema no exterior sem claudicar em nossas convicções. Entendíamos o aspecto social nacional como um tema de urgência — o que foi dito em meu primeiro ato público como ministro — e defendemos as liberdades individuais em sua plenitude. Tudo isso foi produto de nossa vontade, mas o resultado foi alcançado por meio de determinações concretas.

Não foram determinações tomadas somente do ponto de vista "econômico". Ao contrário, o "econômico" era apenas um dos pilares que sustentava a complexa visão da realidade política, social e internacional.

Pessoalmente fiquei feliz — sem nunca esquecer que ainda tínhamos muito o que fazer — por poder contribuir com minha vontade — e muitas horas de trabalho — para superar o caos de abril de 2002 — de um governo prestes a cair e assombrado pela hiperinflação — e participar de uma transição de governo, a mais organizada desde o restabelecimento da democracia em 1983. Sentia-me satisfeito também por ter levado adiante uma estratégia que naqueles anos (2002-2003) era contrária ao convencional e às políticas "aceitas" pela ortodoxia local e internacional, e de poder ter feito meu trabalho sem alarde. De ter priorizado a qualidade da transição de governos em detrimento de minha própria candidatura presidencial, evitando assim entrar em jogos políticos. Estava contente por ter montado e trabalhado com uma equipe altamente profissional, com muitos jovens que deverão dar ainda muito mais por um país melhor, o país que merecemos.

Chegou a hora de um novo governo — a partir de maio de 2003 — e o começo de um período de continuidade e consolidação. Os primeiros passos já estavam dados, as bases estavam estabelecidas e eram firmes: estava desfeito o congelamento dos depósitos, o fantasma da hiperinflação não nos rondava mais, as contas públicas eram superavitárias, a emissão monetária ordenada, os bancos estabilizados, a dívida das províncias reestruturada e a moeda nacional unificada. Já não se vivia a tendência de uma queda permanente da produção e do emprego; iniciara-se o processo de recuperação social — sem esquecer que é vergonhoso para nossa sociedade dizer que mais de 50% da população estava abaixo da linha da pobreza —; e alcançara-se um acordo digno com os organismos internacionais, de acordo com nossas próprias políticas definidas internamente.

Um novo período em que a palavra-chave deixava de ser "saída" e passava a ser "crescimento com desenvolvimento", para afirmar a recuperação econômica e social e gerar as condições para mais investimentos, e com isso melhorar a qualidade do emprego.

O próximo desafio seria a negociação da imensa dívida externa do país em moratória com investidores privados e — outra vez — com os organismos internacionais. Esse foi o período entre maio de 2003 e dezembro de 2005 do qual será possível, quem sabe, fazer uma análise em outro momento, respeitando sempre o princípio que me instigou a escrever o presente livro: prestar contas como aquisição cultural para a construção de uma Argentina distinta.

A situação interna da Argentina durante os treze primeiros meses de minha gestão (abril de 2002-maio de 2003) era extremamente complicada, às margens da dissolução — como disse a Igreja Católica argentina —, e a situação externa era tão complexa que muitos sugeriram a intervenção no país. No segundo período (entre maio de 2003 e dezembro de 2005, no mandato do presidente Kirchner), em contrapartida, a situação interna era absolutamente positiva e cheia de realizações e oportunidades, combinado com um cenário externo ainda complicado, dada a reestruturação da maior dívida conhecida, com uma multidão de participantes — centenas de milhares —, exigências legais em diferentes jurisdições, múltiplas moedas e um emaranhado de títulos muito difíceis de administrar.

Vale lembrar, não obstante, que se chegamos ao final de 2005 em pleno crescimento, com claras manifestações de melhoras sociais e com a dívida externa reestruturada, foi porque houve entendimento entre o presidente (Kirchner) e o ministro da Economia (eu), central na engrenagem do poder e no jogo de equilíbrios. Apesar de nossas diferenças de estilo — que é claro que existiam — houve uma "concepção comum" e uma "execução dupla" que nos permitiu superar todos os enormes obstáculos internos e externos. Posso afirmar que, se entre o presidente e o ministro tivesse ocorrido um desacordo mínimo — alguma brecha —, os poderes e interesses que tivemos de enfrentar no caso da dívida externa teriam impedido que conseguíssemos os bons resultados que tivemos.

A partir de dezembro de 2005 e princípios de 2006 até os dias de hoje a Argentina entrou em uma terceira fase. Após as eleições legislativas da metade do mandato de Kirchner, houve um momento de profunda mudança e alteração de rota, que incluiu a troca da equipe econômico-social, modificações de decisões axiais e a continuidade de várias políticas, algumas que duraram poucos meses e outras que duram até hoje, ainda que em contextos diferentes e, como consequência, com resultados distintos.

Conforme dizia um dos ideólogos da nova etapa — que não se cansava de repetir a quem quisesse escutar — sobre esse momento de mudança de rumo, com a troca da equipe econômica: "Agora começa o governo Kirchner". E assim foi. As eleições que aconteceram no fim de 2005 significaram um novo equilíbro político — um novo balanço — de onde surgiram novas orientações que explicariam esse recomeço do governo de Néstor Kirchner proclamado no início de 2006, dois anos e meio depois de ter assumido (maio de 2003). Foi um momento em que o presidente Kirchner passou do "ganhamos juntos" (abril de 2003) ao "agora eu ganhei" (outubro de 2005).

Veio então o desnecessário enfrentamento na Conferência Interamericana de Mar del Plata e um discreto afastamento de nossos aliados (Brasil, Chile e Uruguai); a provocação inútil aos Estados Unidos; o apego à liderança de Hugo Chávez (novembro de 2005); a progressiva perda da solvência fiscal (2006, 2007 e nos anos seguintes); o "milagre" dos subsídios para pessoas que não precisavam; a maquiagem da inflação; a fuga de capitais e a diminuição da taxa de investimento. Vieram também as consequências: uma inflação persistente e crescente; aumento da pobreza; menor criação de postos de trabalho e perda de qualidade dos mesmos. E isso não era tudo, pois voltaram os superpoderes para controlar o descontrolado Orçamento Nacional; modificaram o Conselho de Magistrados para — minimamente — poder bloquear o Poder Judiciário; foi aceito que as medidas provisórias tivessem mais valor do que a lei, já que basta que uma das Câmaras do Congresso — e não as duas — não as vete; foi destruída a credibilidade do INDEC (Instituto Nacional de Estatísticas e Censo) e muitas outras modificações institucionais que decantaram em uma maior concentração de poder.

Houve também a continuação de certas políticas que — corretas do meu ponto de vista — não alcançaram o resultado esperado devido a uma profusão de erros: pode-se citar a política de direitos humanos (sem considerar o uso político e a atuação exagerada); a eliminação dos fundos de pensão privados (também sem entrar no mérito da má gestão posterior); o subsídio universal à infância em situação de pobreza (resultado da pressão da sociedade e da oposição que obrigou o governo a aceitar essa medida); a política de aumento dos rendimentos dos aposentados e dos salários (por mais que só servissem como paliativos para os efeitos nefastos da inflação e, por fim, a perda do poder aquisitivo); o enfoque que adotamos para a Argentina desde 2002 de fazer do "consumo" e do poder aquisitivo da população o motor inicial de crescimento (mas ignoraram a dificuldade que é continuar esse caminho sem reconhecer e frear a inflação e recuperar os investimentos).

Um balanço numérico e sintético dos efeitos positivos e negativos, onde erros e acertos econômicos ficam explícitos, sendo que o institucional é parte essencial da explicação implícita, é, contudo, inapelável:

	2003-2006	2007-2010
Taxa anual de crescimento do PIB	8,9%	3,9%
Taxa anual de inflação	8,8%	22,3%
Taxa anual de crescimento dos investimentos	28,1%	4,9%

Pobreza	8 milhões de pessoas deixaram a linha da pobreza	2,3 milhões de pessoas entraram na linha da pobreza
Contas públicas	Superavitárias	Deficitárias
Competitividade	Alta e estável	Baixando rapidamente

Neste comentário, que excede intencionalmente os treze meses que transcorreram entre abril de 2002 e maio de 2003, pretendo deixar registradas várias considerações sobre o que fizemos — as situações pelas quais passamos e das quais pudemos nos recuperar — e, principalmente, sobre o que podemos fazer, dado o nosso potencial como povo, se conseguirmos ter líderes que possam marcar um rumo apoiado em ideias e projetos de médio e longo prazo. Saímos de uma crise quase terminal, geramos uma chance única em nossa história para utilizar todo nosso potencial, mas, no final, chegamos a um delta lamacento, lembrando as palavras de Claudio Magris: estamos em um presente cheio de incógnitas e, ao mesmo tempo, de enormes oportunidades, próprias de um país capaz de produzir alimentos para centenas de milhares de pessoas e de gerar energia tradicional e alternativa; com reservas de água doce; com variedade climática entre o temperado e o semitemperado; com uma enorme plataforma marítima; semipovoado; com grupos populacionais altamente capacitados cientificamente e tecnicamente, e outros com uma altíssima capacidade de aprendizagem que nos oferece um grande potencial de desenvolvimento na era do conhecimento e da informação; com condições internacionais que desde 2007 são das mais favoráveis em décadas.

A questão é como resolver corretamente estas incógnitas. Longe do populismo voluntarista, que é uma pseudoesquerda falsamente progressista, se nos atermos a seus resultados. Mas longe também do conservadorismo que se volta ao passado — minoritários, mas possuidores de poderes indevidos —, ignorantes da urgência das necessidades de três em cada dez argentinos e até incomodados com as aspirações dos segmentos médios da sociedade.

O tempo que transcorreu entre abril de 2002 e dezembro de 2005 marcou uma direção entre esses dois extremos, com uma clara e manifesta vontade de enfrentar os desafios internos e externos sem titubear nas convicções. Deveríamos observar os resultados — concretos, calculáveis e práticos em termos da vida de cada habitante — no momento de resolver as questões que o presente nos coloca para aproveitar o enorme potencial que temos como país e como sociedade. *Quem sabe o caminho seja retomar o rumo perdido.*

Sem personalismos, sem líderes imprescindíveis nem salvadores, com dirigentes que contribuam com sua experiência para as próximas gerações, sem temor dos desejos e interesses do povo, sem verborragia revolucionária e demagogia cênica. Sem discursos grandiloquentes e realidades obscuras e opacas. Com políticas de todos, para todos. De todos no essencial, para atender não somente o urgente, mas também o importante, que está relacionado com o futuro. Para todos, para incluir aqueles que hoje continuam à margem. Sem inflação, com investimentos, com melhores empregos, com respeito internacional, com uma democracia que vai além da formalidade do voto, com uma república com equilíbrio de poderes, com um país federal.

É possível? Sim, é possível. Tanto como foi gerar uma *vontade* forte o suficiente para enfrentar os *desafios* daquela época de maneira diferente, buscando criar consensos amplos, distantes dos extremos e dos caminhos trilhados.

Lembro-me de um poema do norte-americano Robert Frost, convidado por John F. Kennedy para sua posse presidencial: "Dois caminhos se separam em um bosque. Eu escolhi o menos percorrido e isso fez toda a diferença".

Assim é. Como sociedade tomamos o caminho menos percorrido, diferente do trilhado nas últimas décadas, e isso fez toda a diferença. Saímo-nos bem. Resgatemos a experiência e — adaptados às novas circunstâncias — *retomemos o rumo e aproveitemos a oportunidade.*

Cronologia dos fatos

2002

25 DE ABRIL

De Genebra e Bruxelas a Buenos Aires.

26 DE ABRIL

Primeira reunião com o presidente Eduardo Duhalde.

27 DE ABRIL

Posse como ministro da Economia.

Discurso de Olivos: o social no centro da política econômica e a defesa do federalismo.

28 DE ABRIL

Decisão do fim do feriado bancário.

Os créditos hipotecários das moradias serão ajustados pelo índice dos salários (CVS) e não pelo índice da inflação (CER).

Não ao controle político de preços.

Flutuação da cotação do dólar.

INÍCIO DE MAIO

Forte apoio ao Plano Chefes e Chefas do Lar.

Não à troca de depósitos congelados por títulos compulsórios do Estado, como era pedido pelos bancos.

O problema dos bancos se resolve com dinheiro ou com tempo; nossa escolha é o tempo.

Recusa de uma viagem imediata ao exterior para negociar com o FMI.

Ratificação do papel central dos bancos públicos.
Não se compensará os bancos pelas "liminares" judiciais.
Projeto da Lei de Falências.

MEADOS DE MAIO

Viagem a Europa e aos Estados Unidos.
Com o FMI a Argentina retira o pedido de novos créditos entre 20 e 25 bilhões de dólares. É feito somente o pedido de rolagem da dívida adquirida por governos anteriores.
Política de desendividamento. Pagamento dos juros.
Não ao seguro cambial.
Substituição da Lei de Subversão Econômica pelo Código Penal.
Não à dolarização.
Não à banca *off-shore*.

FINAL DE MAIO-JUNHO

Decreto 905/02: mecanismos para descongelar gradualmente os depósitos bancários com emissão de títulos "voluntários".
Interrupção da política frouxa de "redescontos" aos bancos, vigente até então.
Recusa de todas as exigências da primeira missão do FMI.
Anúncio de que não se pagaria o FMI com reservas em caso de não haver acordo.
Comunicado do G-7 foi significativamente melhor do que o emitido anteriormente no momento da posse da equipe econômica em abril.
Não haverá aumento de tarifas de serviços públicos nos próximos meses.
Não haverá aumento nos salários do setor público nos próximos meses.
Não aceitamos dar imunidade aos funcionários do Banco Central da República Argentina.
Redistribuição de recursos do SIDE e dos ministérios de Defesa e Economia em favor do Plano Chefes e Chefas.
Aumento de salários do setor privado.
Ampliação da cobertura social para crianças e idosos com mais de 70 anos.

Recusa da hipótese do FMI de "hiperinflação controlada".

Acordo para designar uma "Comissão de Sábios" que fará a mediação entre a Argentina e o FMI.

Confirmação ao secretário do Tesouro estadunidense de nossa postura de não adquirir novos empréstimos. A comunidade internacional continuava falando da necessidade de um novo empréstimo entre 20 e 25 bilhões de dólares. Não acreditavam que era possível sair da crise sem novos empréstimos.

JULHO

O presidente anuncia a transferência de governo para o dia 25 de maio de 2003.

Modificações na política do setor automobilístico em favor da produção nacional.

Modificações no sistema de liquidação de débitos do agronegócio em favor dos produtores.

Aumento de aposentadorias mínimas.

Diminuição do imposto de exportação para alguns produtos agropecuários.

Modificação da Lei de Sociedades Anônimas em prol da proteção das empresas.

Reestruturação total das dívidas das províncias com o Governo Nacional.

Políticas de apoio às micro e pequenas empresas.

Relatório da "Comissão de Sábios" coincide com a política econômica argentina, desagradando o FMI.

AGOSTO

Negociação com a Corte Suprema de Justiça para impedir a redolarização dos depósitos congelados.

Prorrogação das execuções de hipotecas de moradia única.

Envio de esboço de Carta de Intenção para o FMI com o intuito de destravar as negociações.

Confirmação do não pagamento e posterior decisão do FMI de prorrogar o vencimento.

Ratificação da não implantação de seguro cambial em favor das grandes empresas.

Início do processo de análise da situação de empresas privatizadas de serviços públicos.

SETEMBRO

Liberação de grande parte dos fundos bloqueados no *corralón* (congelamento da poupança).

Controvérsia com Anne Krueger sobre o Plano Chefes e Chefas do Lar.

Nova opção de Troca II (*Canje II*) para os títulos voluntários de descongelamento de depósitos.

Envio do Orçamento Nacional respeitando a data limite.

OUTUBRO

A recuperação econômica se fortalece.

Consolidação da diminuição da inflação.

Melhora da confiança do consumidor.

Recusa de pressões para fechar acordo com o FMI aceitando as exigências impostas pelo Fundo.

Forte pressão para que se pagasse a dívida ao Banco Mundial com reservas.

NOVEMBRO

Cumpre-se com o anunciado; não se pagou com reservas o Banco Mundial.

Liberação do *corralito* (congelamento das contas-correntes).

Ratificação de que não haveria uso de reservas para pagamentos futuros.

Aumento de salários a partir de janeiro de 2003.

Adiantamento de 13º salário, aposentadorias etc.

Licitação de descontos para pagamento de dívida não financeira do Estado.

Não é aceito o pedido de legalização de dinheiro não declarado, fora do sistema financeiro.

Determina-se pequenos aumentos nas tarifas de serviços públicos com uma ampla tarifa social — sem aumentos — posteriormente recusada pela Justiça.

DEZEMBRO

Pressões da Corte Suprema para redolarizar os depósitos.

Discussões entre o G-7 e o FMI sobre possível acordo.

Primeiras alianças presidenciais para as eleições de abril de 2003.

Redução do IVA ao agronegócio.

Diminuição geral do IVA em 2%, por dois meses.

2003

JANEIRO E FEVEREIRO

Fortes disputas internas no FMI. Contra a opinião do *staff* é firmado o acordo para o período entre janeiro e agosto, mais regularização de situações prévias. O acordo inclui o FMI, Banco Mundial, BID e o Clube de Paris. A base do acordo é a política econômica argentina.

Recusa-se o ajuste pela inflação que diminuiria os pagamentos do Imposto de Renda.

Várias medidas para fortalecer a reativação e estabilização da economia.

Propostas para que eu seja candidato à presidência da República. Idem para a vice-presidência.

Respaldo argentino a uma forte política contra a lavagem de dinheiro.

Anúncio de um grande desconto (75%) para os investidores privados com títulos argentinos em moratória. Início das negociações de reconhecimento.

MARÇO E ABRIL

Decisão da Corte Suprema favorável à redolarização das contas da província de San Luis. Risco de generalização para demais contas.

Liberação do restante dos depósitos do *corralón* para minimizar os riscos; confirmação da forte redução do impacto em relação ao que se imaginava caso a medida tivesse sido tomada no início do plano econômico.

Unificação da moeda e recolhimento das quase-moedas provinciais.

Ratificação de que o desconto dos títulos públicos em poder de detentores privados será entre 65% e 80%.

Lista de recusas dos pedidos setoriais que tentavam se aproveitar dos últimos meses de governo.

A campanha eleitoral e o Ministério da Economia.

Um ano de gestão econômica.

Projeto da Lei de Coparticipação Federal.

Confirmação da equipe econômica como recurso eleitoral.

MAIO

Estado da situação no momento da transferência de governo: opiniões externas favoráveis.

Reestruturação dos ministérios em vista do novo governo.

Entrega do governo.

Nota

Todos os valores monetários em pesos estão expressos em cifras vigentes no ano de 2002 e início de 2003. Esses são os valores com que se tomaram as decisões naqueles momentos.

Dado que a partir da segunda metade de 2006 — e particularmente do ano de 2007 em diante — o país sofre uma alta inflação, quem quiser dimensionar aquelas cifras em valores atuais, ou seja, do primeiro semestre de 2011, deverá multiplicá-las por quatro; deste modo se pode aproximar, simplificadamente, os números do período de abril de 2002 a maio de 2003 aos atuais. Quem desejar fazê-lo para um período posterior deverá computar a inflação adicional.

Assim, por exemplo, a decisão de subir — ou bonificar — os salários em 150 pesos, feita na época, significa hoje um aumento de 600 pesos. Outro exemplo: depósitos bancários bloqueados de 20 bilhões de pesos, em 2002-2003, equivalem a 80 bilhões em 2011.

Agradecimentos

À equipe que me acompanhou na gestão: a caminhada do caos à recuperação não teria sido possível sem a sua vontade e o seu trabalho inteligente.

A Lucy Aguirre, minha insubstituível secretária de tantos anos, por sua lealdade.

A Brian Giménez, que trabalha sem descanso para me integrar à era digital.

E a Aniceto Chambrillon, por seu compromisso com a coordenação editorial deste livro.

Roberto Lavagna

Sumário

Sobre o autor

Roberto Lavagna (1942) é economista e político argentino formado em Economia pela Universidade de Buenos Aires em 1966, com pós-graduação em Econometria e Política Econômica pela Universidade de Bruxelas, onde foi aluno de Jan Tinbergen. Foi também pesquisador associado no Center for International Affairs na Universidade de Harvard em 1995. É doutor *honoris causa* pela Universidade de Concepción, do Uruguai. Em 1998 foi convidado por seu mestre e amigo economista Aldo Ferrer para dirigir o mestrado em Processos de Integração Regional e Mercosul pela Universidade de Buenos Aires, onde também foi professor. Foi coordenador do Mestrado em Economia da Universidade El Salvador (Argentina), em parceria com a Universidade de Paris-I Sorbonne (França). Desde os anos 1990 é membro da junta diretiva do Conselho Argentino de Relações Exteriores (CARI) e do Instituto de Economia Aplicada e Sociedade (IdEAS).

Em 1975, fundou em Buenos Aires a consultoria em macroeconomia e negócios Ecolatina, onde foi diretor até o ano 2000, excetuando-se os anos em que se dedicou a distintos âmbitos da administração pública. Sua extensa e destacada trajetória profissional foi marcada por uma equilibrada atuação entre os setores público e privado. Entre 1985 e 1987 foi secretário de Indústria e Comércio Exterior do governo de Raúl Alfonsín, da União Cívica Radical, deixando de lado questões partidárias (Lavagna é filiado ao Partido Justicialista, peronista) para poder fazer parte do governo democrático após longos anos de ditadura. Entre 1986 e 1987, Lavagna foi também responsável pela formulação e atuou como negociador-chefe do Projeto Estratégico da Associação entre Argentina, Brasil e Uruguai, projeto pioneiro e embrião do que viria a ser poucos anos depois o Mercosul, com a presença do Paraguai. Entre 2000 e 2002, no governo de Fernando de la Rúa, foi embaixador extraordinário e plenipotenciário pela República Argentina na União Europeia, em Bruxelas, e na Organização Mundial do Comércio e em outros órgãos econômicos internacionais, em Genebra.

Em abril de 2002 foi nomeado pelo então presidente interino Eduardo Duhalde para o cargo de ministro da Economia e Produção da Argentina. Foi mantido no cargo pelo presidente eleito Néstor Kirchner até dezembro de 2005. Conduziu a Argentina na recuperação da maior crise econômica e social vivida pelo país em mais de cem anos, considerado como o artífice da surpreendente recuperação econômica argentina após a crise de 2001-2002. Foi responsável pela negociação de aproximadamente 100 bilhões de dólares da dívida externa argentina com bancos multilaterais e investidores privados após o *default* de 2001. Ganhou notoriedade nos Estados Unidos e Europa por sua firme postura negociadora com o Fundo Monetário Internacional e sólida condução da economia de seu país. O jornal *The New York Times* se referiu ao ministro Lavagna como o "czar da economia argentina" durante o governo de Néstor Kirchner. A independência e autonomia no comando do Ministério da Economia marcou sua gestão. Candidatou-se à presidência da República da Argentina em 2007 de forma independente, terminando em terceiro lugar e sendo o candidato mais votado na província de Córdoba, um importante polo industrial e automobilístico do país.

Atualmente, Roberto Lavagna ministra palestras para universitários e meios profissionais, e é autor de diversos artigos acadêmicos e livros. *O desafio da vontade* (Buenos Aires, Editorial Sudamericana, 2011) é seu livro mais recente.

Este livro foi composto em Sabon,
pela Bracher & Malta, com CTP da
New Print e impressão da Graphium
em papel Pólen Soft 80 g/m² da Cia.
Suzano de Papel e Celulose para a
Editora 34, em agosto de 2013.